两岸欧洲研究丛书 3

百年变局与欧洲经济外交

EU's Economic Diplomacy in the Ever-evolving 21st Century

主编 陈 新 朱景鹏

中国社会科学出版社

图书在版编目(CIP)数据

百年变局与欧洲经济外交/陈新，朱景鹏主编.—北京：中国社会科学出版社，2022.6

(两岸欧洲研究丛书)

ISBN 978-7-5227-0123-3

Ⅰ.①百… Ⅱ.①陈…②朱… Ⅲ.①欧洲国家联盟—国际经济关系—研究 Ⅳ.①F114.46

中国版本图书馆CIP数据核字(2022)第066715号

出 版 人　赵剑英
责任编辑　周晓慧
责任校对　刘　念
责任印制　戴　宽

出　　版　中国社会科学出版社
社　　址　北京鼓楼西大街甲158号
邮　　编　100720
网　　址　http://www.csspw.cn
发 行 部　010-84083685
门 市 部　010-84029450
经　　销　新华书店及其他书店

印　　刷　北京明恒达印务有限公司
装　　订　廊坊市广阳区广增装订厂
版　　次　2022年6月第1版
印　　次　2022年6月第1次印刷

开　　本　710×1000　1/16
印　　张　23.25
插　　页　2
字　　数　373千字
定　　价　128.00元

两岸欧洲研究系列
编委会

作者简介

（依文章排序）

陈　新　中国社会科学院研究生院法学博士。现任中国社会科学院欧洲研究所副所长，中国欧洲学会副会长，中国国际经济关系学会常务理事。主要研究领域为欧洲经济、欧洲一体化、中欧经贸关系，以及中东欧研究。

朱景鹏　德国基森大学政治研究所社会科学博士，现任东华大学公共行政系欧盟莫内讲座教授兼副校长、欧盟研究中心主任。主要研究领域为全球化与区域研究、全球化与地方治理研究、两岸关系与中国研究、欧洲联盟与欧洲统合研究。

丁　纯　复旦大学经济学院博士。现任复旦大学世界经济研究所教授，欧洲问题研究中心、中欧人文交流研究中心、荷兰研究中心主任，欧盟莫内讲座教授。兼任中国欧洲学会副会长，中国欧洲学会欧盟研究分会副会长兼秘书长，上海欧洲学会副会长。中国世界经济学会常务理事，中国社会保障学会常务理事兼世界社保分会副会长。主要研究领域为欧洲一体化，欧盟及成员国经济、社会，中欧经贸关系。

罗天宇　清华大学社会科学学院博士生。

洪德钦　伦敦大学学院法学博士。现任“中研院”欧美研究所研究员兼副所长，台湾大学政治学系与政治大学法律科际整合研究所、国际贸易与经营研究所兼职教授。主要研究领域为欧盟经贸法、食品安全法、国际生物科技法、欧元。

陈蔚芳　英国杜伦大学政治学博士。现任东海大学政治学系副教授。

专长研究领域为欧盟政治与制度、欧洲国际关系、区域整合。

罗至美 英国东英格兰大学政治学博士，现任台北大学公共行政暨政策学系莫内讲座教授。专长研究领域为欧洲区域整合、全球化、经济政策与管理、公共政策理论、政治经济学及英国政治。

杨娜 南开大学法学博士。现任南开大学周恩来政府管理学院副教授。主要研究领域为欧洲一体化、全球治理、金砖机制。

杨三亿 华沙大学国际关系博士，现任中兴大学国际政治研究所教授、全球和平与战略中心主任。主要研究领域为欧盟整合、中东欧国家外交政策、中小型国家安全策略。

郑春荣 德国达姆施塔特工业大学哲学博士。现任同济大学德国研究中心主任、同济大学政治与国际关系学院副院长。兼任中国欧洲学会副秘书长、上海欧洲学会副会长、上海国际关系学会常务理事。主要研究领域为德国及欧盟政治与外交、欧洲一体化、中德及中欧关系。

林子立 英国利物浦大学国际关系博士。现任东海大学政治学系暨研究所副教授。研究领域为欧洲文化外交、欧盟对外关系、中欧关系、欧元的整合。近年来以欧洲文化外交在欧盟层次与会员国层次上与会员国的互动作为研究主轴。

刘书彬 德国科隆大学政治学与欧洲研究所博士。现任东吴大学政治学系教授。主要研究领域为德国政府与政治、欧盟政治、政党政治、气候变迁。

李贵英 巴黎第一大学法学博士，现任东吴大学法律系特聘教授、莫内讲座，台湾欧盟中心咨询委员。专长研究领域为国际经济法、国际投资法、国际仲裁，以及欧洲联盟法。2011 年起成为世界贸易组织（WTO）争端解决小组成员。

叶　斌 武汉大学国际法研究所国际法学博士，现任中国社会科学研究院欧洲研究所欧盟法研究室主任。专长研究领域为欧盟法的形成与发展、性质及相关理论；欧盟宪政与立法；欧盟机构法；欧洲市场一体化中的法律问题；欧盟法与成员国法律的关系与协调；欧盟法院与欧盟法的发展；欧盟对外贸易法与国际法实践；中欧关系中的法律问题。

胡子南 中国社会科学院研究生院世界经济专业经济学博士，现任同济大学外国语学院助理教授、同济大学德国研究中心研究员。专长研究领域为跨境投资、国际金融、欧洲经济。

忻华 复旦大学国际关系与公共事务学院国际关系专业法学博士，现任上海外国语大学欧盟研究中心主任、上海欧洲学会学术研究部主任。

杨成玉 现任中国社会科学院欧洲研究所副研究员。

赵怀普 外交学院国际关系博士。现任外交学院国际关系研究所教授。研究专长为当代国际关系、欧盟政治与外交、美欧关系。

卓忠宏 西班牙马德里康普登斯大学政治学博士。自 2000 年即任教于淡江大学至今。现任淡江大学欧洲研究所教授兼所长。研究专长为比较区域主义、区域贸易协定以及西班牙政治与外交。

金　玲 中国社会科学院法学博士。现任中国国际问题研究院欧洲研究所副所长、研究员，中国欧洲学会理事。主要研究领域为欧洲一体化、中欧关系、欧盟对外关系等。

刘明礼 现任中国现代国际关系研究院欧洲所副所长、研究员。

赖昀辰 德国柏林自由大学政治学博士。现任东华大学公共行政学系副教授、国际事务处国际学术合作交流组组长、欧盟研究中心执行长、欧盟莫内模块计划获奖学者。主要研究领域为欧洲联盟与欧洲统合、国际关系、外交政策分析、国际政治经济学。

主编序

本书是海峡两岸从事欧洲研究的学者共同合作的第三本著作。本书定名为“百年变局与欧洲经济外交”，以两个议题为主轴：一是以新冠肺炎疫情危机为背景，探索欧盟组织结构、治理转型、政策因应以及成员国的国家战略选择；二是以经济外交理念作为出发点，探讨欧盟与区域间经贸关系之发展与问题、研析经贸法制、经济主权、外国投资与货币主权竞争。全书共计收录20篇论文，分为上编与下编，其中上编定名为“新冠肺炎疫情与大变局”，共有9篇论文，下编定名为“大变局与欧洲经济外交”，共有11篇论文。兹将各编论文的研究重点摘述如后。

首先，上编是以新冠疫情脉络为主轴的论文。上海复旦大学欧洲问题研究中心主任丁纯与北京清华大学社会科学院博士生罗天宇共同合撰的《新冠肺炎疫情下欧洲的经济表现及政策应对》一文，主要论述欧洲疫情及其抗疫措施、COVID-19下欧洲的经济特征（特别是从GDP成长、各个成员国持续性通货紧缩、财政赤字成长、商品贸易消长，以及外来投资与对外投资比重等趋势层面进行分析）。该文从欧盟层次及成员国层次比较了欧洲应对疫情所采取的经济政策。该文强调COVID-19疫情的控制乃是决定欧洲经济前景的关键因素，特别是疫情危机并非单纯的公共卫生危机及与经济问题之对立，而是一个由公共卫生危机引发的经济危机。

“中研院”欧美研究所洪德钦研究员从组织层面探讨新冠肺炎疫情之危机因应，其文特别以欧洲中央银行（ECB）的政策作为主要分析对象，以法律释义法及政策分析，解释ECB因应措施之法律依据、大流行紧急购置计划（PEPP）、公共部门资产购置计划（PSPPP）等。其文进一步厘析欧盟所采取之政策措施对ECB所产生的合致性影响，亦从欧盟法院针对ECB措施所作的《欧盟运作条约》（TFEU）第123条第1项的释义上提出法制见解，深刻分析它对ECB货币政策、对欧盟团结的影响。其文特别强调欧盟层级措施对于解决新冠肺炎危机更具效益与效率。

东海大学政治系陈蔚芳助理教授从欧债危机财政改革出发，讨论成员国在加强财政监管、建立欧洲稳定机制、发行欧元债券以及新冠肺炎疫情下纾困方案的分歧。陈蔚芳讨论了COVID-19下的欧洲经济困境，特别是其文第四部分从COVID-19下的财政援助措施方面省思欧盟财政改革。其文从债务共同化、纾困机制的可运用性、因应新冠肺炎疫情所产生的日趋严重的经济不平等三个方面进行检讨。作者认为，德国做出让步，调整了财政政策，因而避免了欧盟走向分裂。

台北大学公共行政暨政策学系欧盟莫内讲座罗至美教授则从新冠肺炎危机与欧盟复苏基金两个观察点探讨欧盟统合所带来的冲击，进一步探析欧盟经济治理的典范转移。其文特别评估复苏基金对于新冠肺炎疫情危机究竟是否为一个适切的政策工具。观察的指标包括政策方向、内容与落实。罗至美提出，欧盟复苏基金的出现可谓欧洲版的“新政”，且较之1930年代美国的新政更具企图心，也像1950年代的马歇尔计划，堪称欧洲自助版的马歇尔计划。其结论是善治与法治原则在落实复苏基金的政策中不能也不应该被回避。同时在经济治理典范转移方面，罗至美认为，欧盟已从过去长期信仰的新经济自由主义转变为强调投资驱动、需求面管理的治理模式。

南开大学周恩来政府管理学院杨娜副教授从新冠肺炎疫情危机中探索欧盟的公卫治理，借此深究欧盟模式的韧性。其文是一篇罕见的以爬梳欧盟卫生治理历史发展与制度安排之论文。杨娜认为，欧盟面对新冠肺炎疫情各种因应作为皆是以其卫生治理框架作为准则，由此衍生出其疫情治理整合（一体化）的独特模式：明确而务实的权责分配。借由疫情治理凸显出欧盟的内部团结与外部强大的韧性。杨娜认为，“理念先行”系欧盟治理的特色，并且在公共卫生领域，欧盟更是将“全人类共同享有健康权的公平”以及“缩小分歧，力促一致的团结”两大理念应用于对外卫生治理政策，此也呈现出欧盟的规范软实力。

中兴大学国际政治研究所所长杨三亿教授针对新冠肺炎疫情与欧盟做了若干观察。一方面欧盟及其成员国经历了从疫情暴发初期的恐慌失序到逐渐定神的过程，杨三亿对欧盟从最初的疏忽到意识到问题之严重性做了精彩的回顾与分析，并对执委会之举措加以梳理；另一方面，其文很特别地从疫情期间欧盟部分成员国仍多举行选举活动，针对斯洛伐克、波兰、克罗地亚以及非成员的白俄罗斯的国会或总统选举，分析了新冠疫情与选举结果的关联性。其文提出四个总结性建议：强化欧盟公共卫生与危机管理体系、进行政策协调与整合、力促经济振兴以及探讨欧盟进一步整合的影响。

上海同济大学德国研究中心主任及政治与国际关系学院副院长郑春荣教授特别考察了新冠肺炎疫情下德国在欧盟的领导角色。其文从疫情应对角度认为，受到欧盟职能分配及公共卫生政策的双重影响，德国从领导缺失到成为“方向”与“结构”的转变性角色；在经济援助方面，德国更是发挥了结构型领导与企业型领导作用，协调法国共同推动欧盟的复苏计划，弥合中南欧国家的歧见。其文总结认为新冠肺炎疫情危机已使得德国不再只是单纯依赖“德法轴心”，而是以“诚实的经纪人”角色积极进行利益整合，组成“获胜联盟”，以应对欧盟的新冠肺炎疫情危机，实现其复苏基金和欧盟多年财政预算框架。

东海大学政治系林子立副教授以英国为个案探讨新冠肺炎疫情对经贸战略选择的变化。特别是以《跨太平洋伙伴全面进步协定》（CPTPP）为检视标的分析英国的脱欧入亚战略。其文从民粹主义角度着手解释CPTPP的设计结构，以此阐释英国一面拒绝经济区域化，另一面却又寻求加入日本主导的亚太区域贸易合作的原由。此外，林子立亦从英国三大贸易伙伴（美、中及欧盟）彼此经贸结构的变化方面提出走向亚太CPTPP的原因。其文认为，虽受新冠肺炎疫情危机影响，英国首相约翰逊仍然坚持脱欧日程，认为英国将面临与三大贸易伙伴贸易结构调整的挑战，“脱欧入亚”的战略说明参与区域贸易协定并非越多越好。

东吴大学政治系主任刘书彬教授以近年来欧盟面临的难民危机为例，探讨在新冠肺炎疫情下的政策发展与挑战。其文除了评介欧盟难民政策之建构及法制基础之外，还探讨了在新冠肺炎疫情冲击下，欧盟与各国内部人员之流动规范，以及限制难民流入欧盟与欧盟庇护制度解决问题。特别针对三条难民路线（地中海中西海线、欧土协议陆域难民防疫，以及协助难民原籍国或弱势国家防疫）因应疫情流行和国际情势变迁的状况进行剖析。刘书彬强调难民依然是欧盟尾大不掉的问题，一方面维持欧盟的规范性价值，但另一方面也认为欧盟不宜过度地承担人道主义标准的难民保护责任，并强调着手制定取代“都柏林规则”的新难民法制的刻不容缓。

其次，下编所刊录之论文主要集中在欧盟的经济外交理念与实践方面。东吴大学法律系欧盟莫内讲座李贵英特聘教授评介了冯德莱恩时期欧盟反倾销规则之实践与制度运作。其文以中国大陆非市场经济地位争议以及欧盟对其发动实施的反倾销调查作为核心，对2004年欧盟所提出的五项关于市场经济地位报告的检视，2019年12月及2020年2月冯德莱恩执委会对中国所做出的市场扭曲报告做了翔实的法制与实务见解分析。其文认为，欧盟的新反倾销规则系一种类似于第三国之新计算方法，不过是否完全与WTO反倾销协定规范一致，应视个案实际状况是否适用加以认定。

中国社会科学院欧洲研究所欧盟法研究室主任叶斌教授针对2019年4月10日生效的《欧盟外资安全审查条例》探讨其与资本自由流动原则的不确定性。叶斌分析了该条例所隐含的对经济安全与非现实威胁的意义，但认为其有悖于欧盟法院判例。其文认为，欧盟执委会在中短期内难以取得对外资安全审查的最终决策权，同时存在与包括资本流动原则在内的欧盟既有成文法与判例法的一致性问题。不过，其文认为，与其他国家投资市场相较，欧盟市场仍具有法律制度上的优越性。

上海同济大学外国语学院胡子南助理教授以比较研究方法针对英、法、德三国2020年以来之外国直接投资之国家安全审查制度进行比较分析。经比较他认为，英国实施了全新的安全审查机制，德、法则降低了外商投资审查门槛及扩大监管机构之权限，不过，这三个国家监管政策有趋同之势。其文认为，其主要是由于美国保护主义之影响，对中国投资之忧虑以及新冠肺炎疫情对优势产业及尖端技术之保护三个方面。在文中他提出外国投资者如何在美、法、德进行投资的四个建议：评估交易可行性和敏感度；针对科技创新公司宜选择参股型财务投资；以绿地投资重点投资三国优先发展产业，以及避免侥幸心态，应熟稔监管法规。

上海外国语大学欧盟研究中心主任忻华就冯德莱恩执委会持续推动的欧洲经济主权与技术主权进行战略内涵分析。其文的理论基础是从地缘政治观点出发探讨欧盟经济技术民族主义及干预主义模式，认为欧盟系以产业政策为核心，紧抓战略性价值链。忻华认为，欧盟此举凸显出其对外竞争力之焦虑，同时认为欧盟将强化其对中国之负面态度，减少其对中国之经济依赖。

中国社会科学院欧洲研究所助理研究员杨成玉从法国重塑经济主权之视野出发分析反制美国“长臂管辖”（Long-Arm Jurisdiction）的贸易保护主义和霸权主义。其文从政治经济学角度，从国际经济竞争、全球治理挑战，以及大国战略博弈三个维度阐释美国滥用“长臂管辖”之动因。其文撷取法国所受之教训，系统整理了法国重塑经济主权之反制措施：在欧盟层面积极促动实施防御性措施，以及在法国国内采取攻防兼具之立法与政策工具。杨成玉认为，法国对美国所采取的措施有效地抵御了美国之威胁，特别是其具有域外效力的法律措施更具效益。

外交学院国际关系研究所赵怀普教授及淡江大学欧洲研究所所长卓忠宏教授分别就欧盟与南方共同市场（Mercosur）的合作基础与发展，以及永续发展面向进行了深刻的分析。赵怀普在其文中强调经济利益与战略考量构成双方自由贸易协定的核心驱动力，这是一篇历史进程整理相当完整、具有参考价值的论文，其文在结论中强调双方虽有共同利益与合作但不能消除彼此的歧见，尤其是双方都存在着内部制约与反对因素。卓忠宏的文章详细介绍了双方永续发展的专章内容，特别是其文就欧盟、成员国以及公民团体与知识社群等透过议程设定将食品安全、森林生态保护及温室气体排放置于双边贸易谈判架构中展开分析。在结论中，其文特别指出欧盟政策的优先性除了市场开放外，生态永续和气候变迁已是重要的谈判议题。

如前所述，欧盟的冯德莱恩执委会自诩为地缘政治委员会，其中不论是从历史的殖民背景抑或是从地缘经济战略考量，长期以来欧非关系一直是欧盟对外关系中的重中之重。本书收录两篇与此有关之论文。东华大学公共行政学系欧盟莫内讲座朱景鹏教授特别以欧盟经济外交理论为主轴，检证欧非伙伴关系建构，并以移/难民政策管理与政策因应作为案例，处理三个议题：一是厘清欧盟经济外交理念及其与非洲关系之网络；二是分析欧盟对非贸易外交之政策演进及其意涵；三是评估欧盟对非洲移/难民政策管理因应。其文以 COVID-19 疫情之发展评析欧非关系之趋向。在文中朱景鹏特别指出，2020 年 3 月，欧盟所发布的欧非伙伴关系新框架协议将可能因为冯德莱恩地缘政治委员会的外交理念，而使得双边关系将更具政治与安全战略意涵。中国国际问题研究院欧洲研究所金玲副所长则对近年来在多重危机背景下欧盟对非政策的务实调整做了分析，认为在阻遏性政策目标之下，导致其形成了“移民、安全、发展”三者融合的政策支柱。金玲在文中特别强调欧盟对非关系出现明显的失衡态势，同时针对欧非安全合作的深化有相当深刻的分析视野，认为欧非的发展合作政策具有“工具化”和“经贸化”的趋势。金玲强调欧盟长期建构的“良政—发展—安全”的话语体系将无法自洽，以欧盟利益主导的合作议程难以长期奏效。

中国现代国际关系研究院欧洲研究所刘明礼副所长特别以货币权力竞争作为核心探讨美中的合作性竞争。其文从主导货币体系、干扰他国货币稳定、影响其他国家安全与外交政策，以及威胁国际货币体系四个层面，从理论与实证的角度得出总结性的表现形式。此外，他还从国际竞争角度对布雷顿森林体系与美欧竞争、欧元问世对美元的冲击、美国金融危机与转嫁风险进行了务实的观察与解释。他从理论与实证出发对此做出了几个规律性的总结，包括美欧货币竞争的性质、竞争的方式以及竞争的前景。

东华大学公共行政学系赖昀辰教授长期钻研欧盟的规范性权力（normative power）问题，以此作为基础，针对欧盟执委会容克（J. C. Junker）执政时期欧盟的环境政策做了检视。其文从欧盟所面临的内外部变局出发探讨欧盟环境政策所面临的限制、机会与挑战。其文强调，经济问题促使欧盟对环境政策的思考模式出现转变，其环境政策已非出于单纯的环保考量，而是更多地出自促进经济成长及提升竞争力以产生绿色经济、绿色成长、低碳经济等概念。其文对于容克时期的政策优先任务及环境能源政策做出了十分翔实而深刻的评介。其文还详析了容克时期的政策为冯德莱恩施政奠定了较佳的环境基础。不过，其文亦强调2020年的COVID-19危机对于欧盟是否能够将“绿色构想”作为解决经济问题之方案，仍须观察。

本书总计集合了两岸从事欧洲问题研究的20位专家学者的成果，其专业领域涵盖了法律、政治、经济、国际关系、金融等。从本书主题之研订到邀请各章作者之撰文、上下编结构之安排、整体之讨论与作业安排历时一年零六个月。特别是2019年12月欧盟执委会之换届以及2020年COVID-19疫情之冲击，欧盟之政策因应及其成效等仍然处在持续变动与观察阶段，对之，读者可以从本书收录之上编部分各篇论文中获致一个较为宏观而全面的了解；下编之各篇论文集中于经济法制层面之分析，此对于了解欧盟最新之法制发展、区域经济合作、货币竞争等亦能提供大时代变局下的脉络思考。兹对于20位专家学者所提供的专业与智慧的见解表示敬佩与感谢。

此外，本书之完成若非中国社会科学院欧洲研究所前所长、中国欧洲学会前会长周弘莫内讲座教授，以及台湾欧盟中心主任台大政治系苏宏达莫内讲座教授之共同擘划、协力于两岸欧盟研究之合作，断无可能。本书的出版，得到了中国社会科学院登峰计划“欧洲经济学科建设”经费的支持，同时也得到国家社科规划办为中国欧洲学会提供的奖补部分基金的资助。同时，中国社会科学出版社以其专业、严谨之审核对本书之出版实施了严格之审查程序，在此一并致谢。最后向所有为本书之出版付出心力的学术先进及行政联系人员表达最为诚挚之感谢之意！

陈新，中国社会科学院欧洲研究所副所长

朱景鹏，东华大学副校长

目　　录

上编　新冠肺炎疫情与大变局

下编　大变局与欧洲经济外交

上编　新冠肺炎疫情与大变局

新冠肺炎疫情下欧洲的经济表现及政策应对

丁 纯　罗天宇*

一　欧洲疫情与抗疫措施回顾

2020 年暴发的新冠肺炎疫情给欧洲经济和社会带来了严峻的挑战。就疫情规模而言，欧洲疫情的严重程度在全球范围内仅次于北美。根据欧洲疾控中心（European Centre for Disease Prevention and Control，ECDPC）的数据显示，截至 2021 年 2 月 18 日，在欧盟、欧洲经济区（EEA）及英国范围内（包括欧盟 27 国、英国、列支敦士登、挪威与冰岛，计 31 国）累计确诊新型冠状病毒感染病例 21113083 例，死亡 515119 例，占全球确诊病例的 19.3%。

在不到一年的时间里，欧洲先后经历了两波疫情的冲击，世界卫生组织于 3 月 13 日和 10 月 26 日两度宣布欧洲处于疫情“震中”。欧洲的两波疫情特点略有不同：第一波疫情自西欧国家开始传播——1 月 24 日，法国境内首次报告新冠肺炎病例。此后疫情主要集中于西欧国家，中东欧国家受疫情冲击较小，疫情总体上呈现出“西重东轻”特点。第二波疫情则在欧洲范围内全面暴发，几乎没有地域区别，多国单日确诊人数远远高于第一波疫情期间，对全欧洲构成严峻挑战。①

---

* 丁纯，复旦大学欧洲问题研究中心主任、欧盟让—莫内教授、中国欧洲学会副会长；罗天宇，清华大学社会科学学院博士生。本文部分内容曾发表，曹雪琳对本文亦有贡献。

① 丁纯、纪昊楠：《新冠肺炎疫情下的欧盟经济与中欧经贸关系》，《当代世界与社会主义》2020 年第 6 期。

面对来势汹汹的疫情，早期欧洲的应对并不理想。尽管早在2020年1月17日，欧盟下属健康安全委员会（The Health Security Committee）就召集各成员国与欧盟疾控中心评估了疫情风险，并启动了危机综合响应机制。[①] 但是，此时欧盟及成员国并未意识到疫情的严重性，一方面欧盟及各成员国认为疫情未必会蔓延至全欧洲，另一方面它们也自信于欧洲的公共卫生能力。[②] 即使在2020年3月初，意大利疫情已成“暴点”后，欧盟委员会和理事会的工作重心仍在土耳其边境的难民涌入问题上。欧盟对此的轻视也源于公共卫生领域并非欧盟传统上的核心权能。[③] 欧盟本身就缺乏在该领域约束与惩戒成员国的能力。在这样的心态下，第一波疫情袭来之时欧洲整体缺乏协调，各国表现得各自为战，甚至部分成员国的政策还有以邻为壑之嫌。德国禁止出口医用口罩和呼吸机，法国干脆简单粗暴地扣押了境内的口罩。也正是因此，欧盟委员会主席冯德莱恩在向意大利致歉的时候表示：“刚开始时确实没有人真的（对这场疫情）做好准备。”整体而言，在疫情之初欧洲各国囿于分散制衡、效率有限的权力结构和追求自由、厌恶限制的民众心态，都只能在有限的社会动员范围内，尽力减少医疗系统的压力，而难以真正压制乃至消除域内新冠肺炎疫情。

但是，随着欧盟认识到顶层设计、跨国协调的重要性，渐渐开始采取一系列行动以应对窘境。切断疫情的传播渠道是应对疫情必须采取的措施，因此欧洲各国无不把封锁边境作为应对疫情的首要措施。欧盟亦很快出台边境管理措施指导方针，2020年3月17日，欧盟成员国同意在最初30天内限制前往欧盟的非必要旅行。欧盟委员会随后建议采取三次延长限制，直至6月30日。[④] 3月19日，欧委会决定建立一个欧洲民防医疗设备储备（European civil protection stockpile of medical equipment），

① European Commission, “Timeline of EU Action,” https://ec.europa.eu/info/live-work-travel-eu/health/coronavirus-response/timeline-eu-action_en.

② 金玲：《世界秩序演变中的欧盟一体化前景》，《人民论坛》2020年第22期。

③ 赵晨：《新冠肺炎疫情与欧洲一体化》，《国际政治研究》2020年第3期。

④ https://www.oecd.org/coronavirus/country-policy-tracker/.

其中包括呼吸机和防护口罩。欧盟最初的储备预算为5000万欧元，随后增加到8000万欧元。这些医疗设备的分发将在欧盟一级进行管理。4月2日，欧盟委员会提出了一个立法方案（该法案自4月15日开始实施）。该法案旨在激活和扩展紧急支持工具（Emergency Support Instrument）的范围。欧盟准备从预算中划出30亿欧元直接代表成员国购买医疗设备，并为医疗设备的运输、跨境病人的输入等协调措施提供财政支持。[①] 同时，欧盟还利用“地平线计划”等现有科技框架积极研究疫苗，并在美国退出世卫组织等单边行为下积极倡导多边合作。这一系列行为有效缓解了第一波疫情，同时也展现了欧盟的“韧性”。第一波疫情在2020年4月之后逐渐趋缓，随着疫情逐步好转，欧洲国家开始分阶段、分人群谨慎渐进地解除相关限制性措施，推动复工复产，逐步放开内部与外部的边界。2020年6月11日，欧委会建议自7月1日起逐步放开边境限制，标志着欧盟对第一波疫情的成功应对。

但因为疫情长期化和防控常态化而使一些欧洲民众滋生疲惫和懈怠情绪，防疫松懈以及人们出于压抑和麻木而不愿遵守防疫规定，导致疫情迅速反弹。[②] 这也直接催生了在某种程度上更为严重的第二波疫情。可以预计的是，欧盟既无法承担再次实施严格封锁措施的经济成本，也不可能完全对疫情加以放任自流，再如在第一波疫情发生之时英国、瑞典等以“群体免疫”的说法来掩盖自身在应对疫情上的失职是令国民难以接受的。如西班牙《国家报》报道所言，第二波疫情的致死率已然超过了第一波，尽管疫苗的出现可能会带来希望，但是欧盟需要正视这个问题。[③] 在这种矛盾的心态下，欧盟需要在维持经济发展与控制防疫之间找到最合适的平衡点，可以预计，欧洲政治经济在很长一段时间内仍然需要将疫情问题一并考虑。疫情常态化极有可能成为欧洲必须面对的

---

① https：//www. oecd. org/coronavirus/country-policy-tracker/.

② 《欧洲第二波新冠疫情趋于缓和》，新华网，http：//www. xinhuanet. com/world/2020-11/18/c_ 1126756067. htm。

③ 《“每天有5000个家庭痛失亲人” 欧洲第二波疫情致命性已超春季》，参考消息网，http：//www. cankaoxiaoxi. com/world/20201209/2426710. shtml。

现实。

二 新冠肺炎疫情下欧洲的经济特征

2020 年，新冠肺炎疫情在全球暴发，本有望实现小幅增长的欧盟经济遭遇了 20 世纪 30 年代以来最为严重的衰退，经济、贸易、投资均受重挫。尤其是第二季度以来，各国普遍实施控疫封锁政策，制造业和服务业停摆，失业率飙升，多国 GDP 遭受创纪录的下跌。

新冠肺炎疫情并非导致欧洲经济疲弱的唯一因素，欧洲经济的疲软可以追溯至 2019 年，而 2020 年暴发的疫情又将欧洲往深渊中狠踹了一脚。就 2020 年而言，尽管因为及时应对，欧盟经济第三季度实现小幅回升，但第二波疫情复燃使其再次遭受重创。自第二季度以来，欧盟经济整体呈现“四负”“四高”的发展特征，即负增长、负利率、负收益率、负能量；高强度、高杠杆、高强度政策刺激、高风险。可以预见，欧洲经济社会将在较长一段时间内承受疫情及相应措施所带来的压力。

回顾 2020 年欧盟经济，我们不难看出疫情对其经济发展的影响。

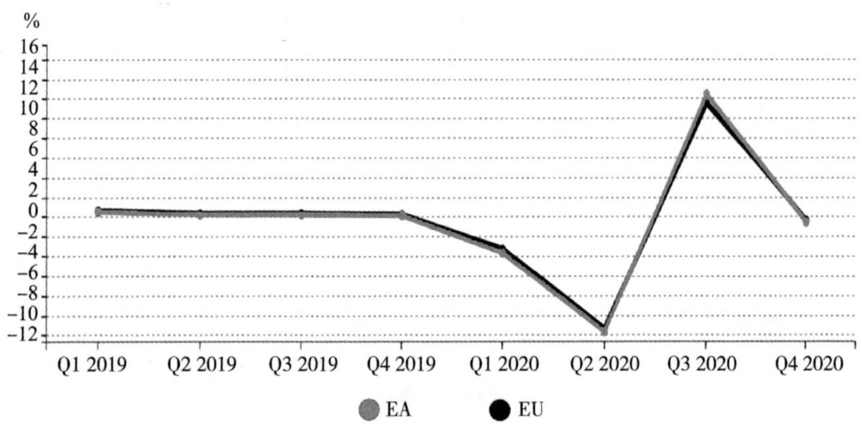

图 1 季度 GDP 增长率

资料来源：Eurostat，European Statistical Recovery Dashboard，https：//ec. europa. eu/eurostat/cache/recovery-dashboard/.

第一，从 GDP 增长来看，欧盟（欧元区）经济在 2020 年遭受创纪录的衰退。在年初疫情暴发后，一时间欧洲多国按下“暂停键”，经济停摆，尤其是 2020 年第二季度（见图 1），欧元区 GDP 环比断崖式下跌 11.7%（金融危机时期 2009 年为 3.1%），欧盟环比下跌 11.4%。曾是“一枝独秀”的德国也陷入困境，跌幅达 -7.1%。经大规模“禁足”后，欧洲疫情一度得到控制，经济也快速回暖，第三季度欧元区 GDP 环比大幅上涨 12.4%，欧盟环比上涨 11.5%。但放松管制及重启经济后疫情快速反弹，“二次疫情”的到来给欧洲经济和社会带来了更加严峻的挑战。第四季度欧盟及欧元区 GDP 再次出现下跌，跌幅分别为 0.4% 与 0.6%。

第二，各国面临持续性的通货紧缩，失业率增速缓于经济降速（见图 2、图 3）。2019 年欧盟通胀率始终保持在 1% 以上。2020 年在疫情冲击下，通胀水平开始下降，3 月以来下降态势明显，8 月，欧盟通胀率接近零点，欧元区则直接跌破零点，出现持续性通缩态势。2019 年，欧盟失业率保持在 6% 左右，欧元区失业率降至近年来最低水平，为 7.4%。2020 年春季疫情期间，欧盟区内各国失业率连续多月上涨，7 月达到峰

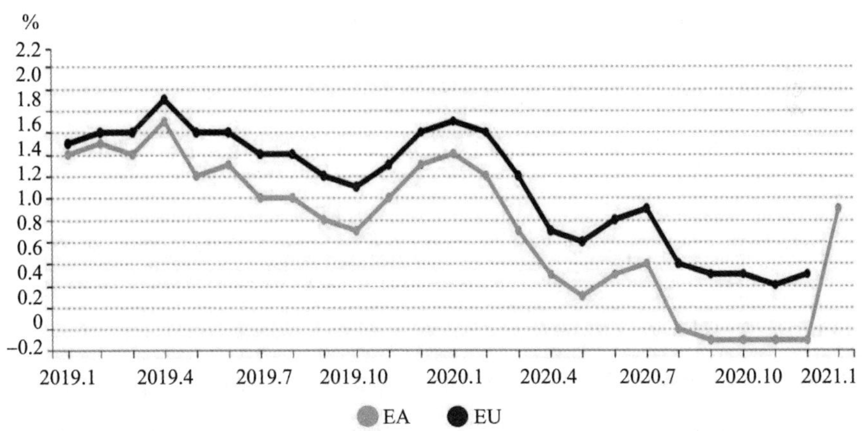

图 2 通货膨胀率（月度）

资料来源：Eurostat，European Statistical Recovery Dashboard，https：//ec. europa. eu/eurostat/cache/recovery-dashboard/.

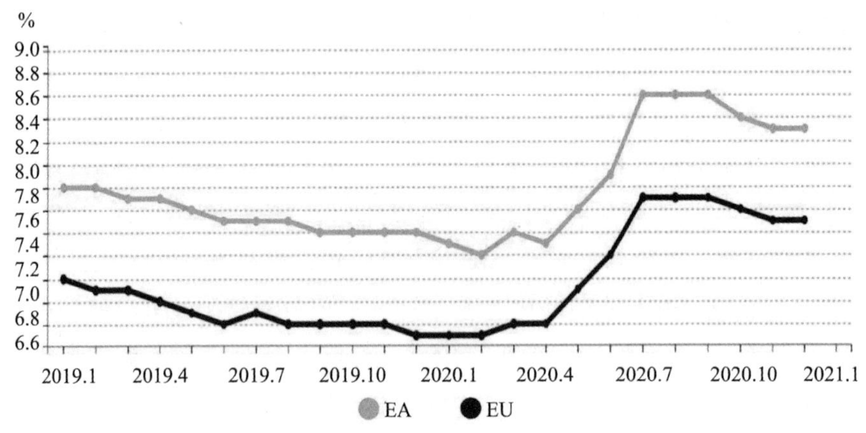

图3　失业率（月度）

资料来源：Eurostat，European Statistical Recovery Dashboard，https：//ec. europa. eu/eurostat/cache/recovery-dashboard/.

值，欧盟各国平均失业率高达7.7%，欧元区失业率升至8.6%。但由于各国出台救济措施，包括短工计划等，失业率得到了较为有效控制，其整体增速小于GDP跌速。同时，第二波疫情并未带来失业率的大幅上升，表现出欧洲各国在应对疫情上逐渐积累了经验。

第三，财政赤字增长，高债务和高杠杆下的债务危机一触即发。经过较长时间的努力和管控，欧盟整体的债务状况和公共财政在疫前得到了较好的控制。2019 年，欧盟以及欧元区内政府赤字率均呈现下降趋势。

2020 年，在疫情影响下欧盟各国均实施一揽子救助计划。如图 4 所示，据欧盟统计局数据，第二季度欧盟和欧元区财政赤字率达历史新高，为11.2%和11.7%（欧债危机时最高达到8.1%和8.7%）。第三季度欧盟和欧元区财政赤字率有所缓解，分别为5.3%与5.7%。与之相对，欧盟和欧元区公共债务与 GDP 的比率在 2019 年基本保持了平缓，甚至在第四季度还出现明显的下降趋势。但是 2020 年疫情暴发以后，负债率呈明显上升趋势，在 2020 年第三季度欧盟和欧元区这一比率分别达到了89.8%和97.3%，已经超过了欧债危机以来的峰值（欧债危机以来最高曾达到87.5%和94%）。而这导致本就债台高筑的国家将更加不堪重负，面临十分严峻的债务风险，其中意大利的政府债务杠杆达到154%，希腊的债务杠杆接近200%，法国、葡萄牙、比利时和西班牙也均超过100%。即使一直以来经济表现出色的德国，债务杠杆也达到了70%。

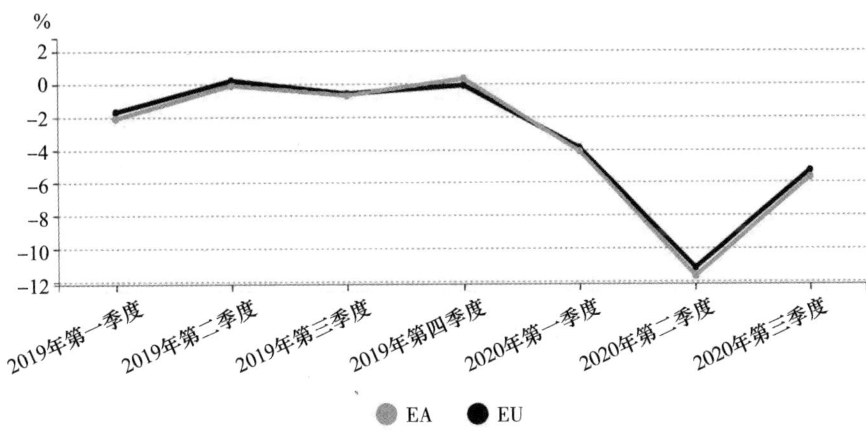

图4 政府盈余/赤字（占本地生产总值的百分比）

资料来源：Eurostat，European Statistical Recovery Dashboard，https：//ec. europa. eu/eurostat/cache/recovery-dashboard/.

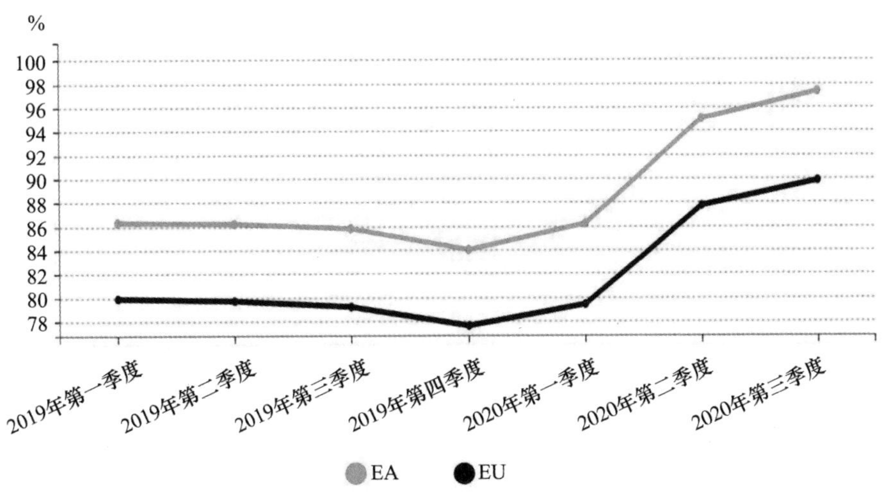

图5 政府债务总额（占本地生产总值的百分比）

资料来源：Eurostat，European Statistical Recovery Dashboard，https：//ec. europa. eu/eurostat/cache/recovery-dashboard/.

第四，商品贸易因受疫情影响，短时出现明显动荡。2019 年，欧洲商品贸易出口基本保持平缓，但是在 2020 年 3 月和 4 月出现显著下降。2020 年 3 月，欧盟和欧元区商品出口环比下降 8.1% 和 7.9%，4 月达到极值 24.1% 和 25.9%。2020 年 5 月以后，随着疫情防控渐入正轨，欧洲对外货物出口开始出现增长。与此同时，从进口来看，波谷也出现在 2020 年 3 月和 4 月这两月。2020 年 3 月，欧盟和欧元区商品进口分别环比下降 9.5% 与 9.6%，2020 年 4 月，这一数值分别是 9.7% 与 13.3%。总的来看，商品贸易进出口主要在第一波疫情期间（第二季度）受到影响，第二波疫情并未对此造成显著影响。

第五，对外投资和利用外资遭受重创。受全球不确定性增加，新兴经济体需求减弱，企业投资意愿下降和欧盟外资法制化加强等的影响，欧盟和欧元区 FDI 的流量和存量自 2018 年起开始下滑，2019 年欧盟 FDI 和 OFDI 的流量和存量均稳步回升，2019 年，欧盟 FDI 存量和流量同比分别增加 5.7% 和 24.1%；欧盟 OFDI 存量和流量同比增加 24.1% 和 4.3%。但 2020 年暴发的疫情再次重挫了欧盟的外资流入。根据联合国发布的《2020 年世界投资报告》，2020 年在疫情的影响下，流向欧洲的直接投资将下降 30%—45%，大大超过了流向北美和其他发达经济体的对外直接投资的跌幅。

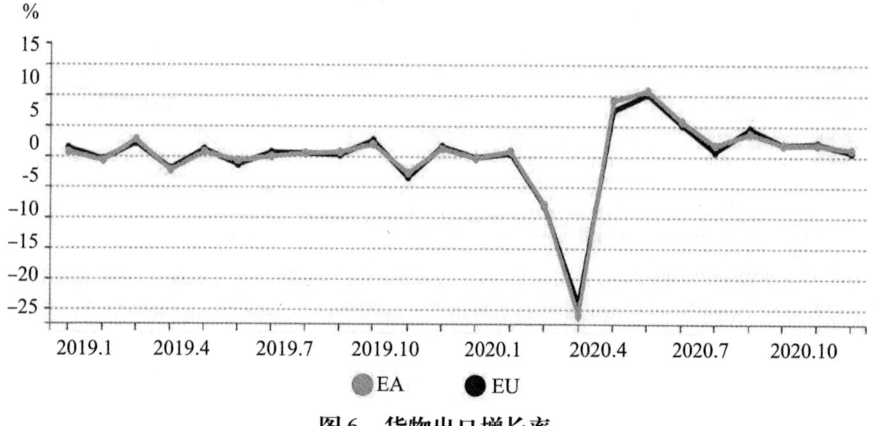

图 6　货物出口增长率

资料来源：Eurostat，European Statistical Recovery Dashboard，https：//ec. europa. eu/eurostat/cache/recovery-dashboard/.

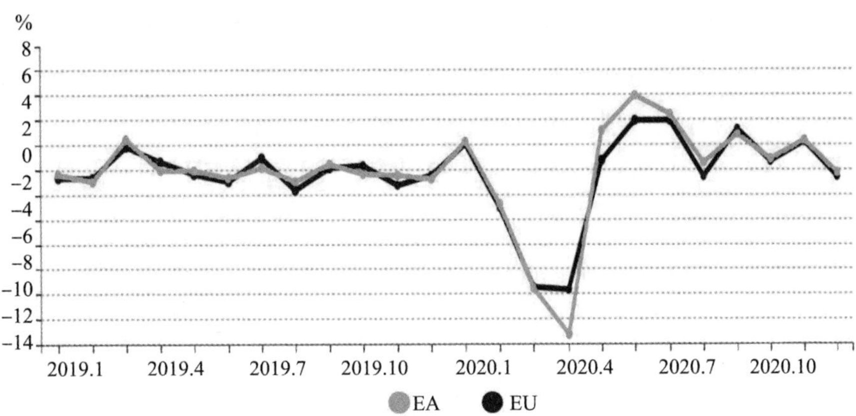

图7　货物进口增长率

资料来源：Eurostat，European Statistical Recovery Dashboard，https：//ec. europa. eu/eurostat/cache/recovery-dashboard/.

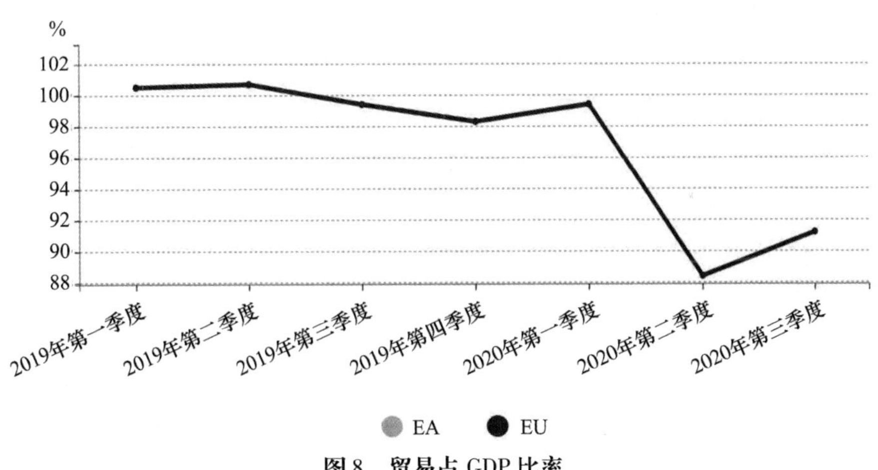

图8　贸易占GDP比率

资料来源：Eurostat，European Statistical Recovery Dashboard，https：//ec. europa. eu/eurostat/cache/recovery-dashboard/.

总体上如默克尔所言："新冠肺炎疫情给欧盟带来了前所未有的挑战。"① 这种挑战并非仅存在于公共卫生领域，而是对欧盟经济产生了全

① 高乔：《德国担任欧盟轮值主席国 欧盟能否再次团结起来?》，《人民日报》（海外版）2020年7月2日。

方位的冲击与影响。在蔓延性疫情下，欧洲各国的人员、货物流动限制措施对欧洲内部的正常生产生活造成了巨大的限制，全球疫情的冲击也通过供应链传导到欧洲，使得本就相当脆弱的欧洲经济陷入内外交困的境地。与美国、日本等发达经济体相比，欧盟经济受到疫情冲击最为严重，经历了惨重的衰退。同时，疫情扩大了欧盟国家之间的经济差距，致使成员国之间分歧加剧，动摇了欧盟存在的基石。

三　欧洲应对疫情的经济政策

疫情对欧洲造成的冲击远远超出了公共卫生领域，随着疫情的持续蔓延，欧洲社会生产生活、人员与商品流通受到严重干扰，企业停工、个人失业问题日益突出。欧盟及成员国不仅要采取措施控制疫情，而且要想办法复苏经济，保护企业和雇员，力图维护社会稳定。从总体上看，这些措施呈现出以下特点：在行动主体上，以成员国为主，欧盟为辅；在政策工具上，以财政政策为主，货币政策为辅。①

就欧盟层次而言，经济政策主要分为两类：一是借助欧元区货币政策制定者——欧洲央行来出台综合举措以稳定市场信心，维持信贷供给。尽管因利率调整空间有限，欧洲央行采取的一系列措施仍有其积极意义。其主要货币手段为资产购买计划、信贷宽松计划、重启互换协议、放松监管。

第一，资产购买计划：欧洲中央银行公布的资产购买计划涵盖两部分：第一部分为常规资产购买计划（APP），即每月新增1200亿欧元的购债规模。第二部分为紧急抗疫购债计划（PEPP），由初始购债规模7500亿欧元增至1.35万亿欧元后，进一步增加到1.85万亿欧元，购债计划期限也延长至2022年3月。

第二，信贷宽松计划：欧洲央行再次进行“长期再融资操作”（TLTRO Ⅲ）和“大流行紧急长期再融资操作”（PELTROs），前者至今累计

① 丁纯、纪昊楠：《新冠肺炎疫情下的欧盟经济与中欧经贸关系》，《当代世界与社会主义》2020年第6期。

发放贷款1.65万亿欧元。后者未设规模上限，向市场注入267亿欧元流动性。另外，欧央行资产负债表从2020年2月的4.7万亿欧元增加到12月底的7万亿欧元。

第三，重启互换协议、放松监管：2020年3月欧洲重启与美联储和其他主要央行的美元互换协议。4月又与克罗地亚、保加利亚等众多非欧元区的中东欧国家达成欧元互换协议。欧洲央行还放松了监管政策，放松了资本流动性和操作方面的监管要求。

二是欧盟层次的救助计划。救助计划主要有以下五种：

第一，加速抗疫物品流通。2020年4月30日，欧委会主席决定暂时免征自第三国（非欧盟国家）进口医疗设备和防护设备的增值税。

第二，降低失业率。欧委会发行了总额高达1000亿欧元的首个社会债券——“缓解失业风险紧急援助”项目（SURE），缓解疫情对劳动力市场所造成的巨大冲击。初始发行规模为170亿欧元，包括100亿欧元的10年期债券和70亿欧元的20年期债券。社会债券自发行以来，吸引了众多机构投资者的认购，订单总额超过2330亿欧元，认购倍数达13倍。

第三，为成员国财政纾困松绑。欧委会首次启动了《稳定与增长公约》的一般免责条款，放松预算规则，允许成员国充分运用财政政策。该政策为财政赤字大开绿灯，各成员国政府可暂停执行原本的财政赤字和政府债务要求，自由地向经济注入财政资源。此外，欧盟委员会还推出了支持疫苗研发等一系列拨款措施。

第四，5400亿欧元抗疫救助计划。2020年4月9日，欧盟各成员国财长同意实施金额为5400亿欧元的大规模救助计划。该计划包括三个方面：1000亿欧元用于保护劳动者和个体商户免受失业冲击；2000亿欧元用于扶持企业渡过难关；2400亿欧元用于帮助成员国政府应对财政压力。

第五，推出名为“下一代欧盟计划”的欧洲复苏基金。2020年7月21日，在原财政框架（MFF）的基础上，欧盟各国领导人就高达7500亿欧元的“复苏基金”达成协议。其中，3900亿欧元以直接拨款形式向经济遭重创的成员国发放，受援国无须偿还；剩余3600亿欧元以贷款形式发放。欧洲复苏基金的提出旨在缓解由疫情所带来的欧元区各国经济发展的不平衡，为负债沉重和发展缓慢的国家纾解因债务进一步增加而引致的危机，调节不平衡的发展趋势。复苏基金协议的达成也意味着欧盟朝着加强财政政策协调迈出了重要的一步。但受制于欧盟复杂的内部程序，复苏基金的落地还存在变数。

同时，欧委会也通过对外经贸措施来提振全球对欧盟经济增长的信心。此类对外经贸措施既包括与墨西哥自由贸易协议的“升级”谈判，也包括在2020年底完成的“中欧投资协定”谈判。

据欧盟内部权能分工，财政政策实施的主体落在了各成员国层面上。各成员国应对疫情的救助计划主要包括：（1）向银行提供流动性以便宽松企业信贷；（2）发放短期补贴、减免和延迟税费征收、救助劳动力市场；（3）出台税收递延以及减免措施；（4）收紧资产保护，加强对关键企业和技术的收购审查等。控制失业和避免大规模倒闭潮是各成员国抗疫期间财政政策的主要目标。①

各成员国采取的财政政策规模可谓空前绝后。如德国的一揽子救助计划包括：在提供借款1560亿欧元，并设立6000亿欧元的欧洲救助基金后又增加1300亿欧元的补充财政刺激计划；2020年8月26日德联邦政府决议，将短工补贴发放时间由12个月延长到24个月。规定企业员工可缩短工作时长，员工现有雇主发放收入与每月原有净收入差额的60%由政府的“短时工作补贴”来支付；法国应对疫情的财政预算不断增长，主要包括增加价值约为3150亿欧元的银行贷款担保和贷款计划，将用于危机的财政预算额度由原来的1100亿欧元提高到1360亿欧元，9月3日，又推出1100亿欧元的经济刺激计划等；意大利在出台800亿欧元的紧急救助计划后，陆续释放约7500亿欧元流动性，并向遇到困难的企业提供贷款担保；西班牙、葡萄牙、荷兰、克罗地亚、瑞典、挪威等其他欧盟成员国也出台了规模不一的经济救助

① European Commission, “Remarks by Commissioner Gentiloni at the Press Conference on the Autumn 2020 Economic Forecast,” https: / /ec. europa. eu/commission/presscorner/detail/en/SPEECH_ 20_ 2040.

和刺激计划。

四 展望与前景

疫情使欧盟经济面临着前所未有的危机。疫情暴露了欧盟经济发展乃至欧盟及其成员国政治经济体制的弱点与问题。

首先，欧盟并非职能统一、行动高效的超国家行为体，欧盟机构与成员国职权分散、功能重叠，且过分强调“程序民主”和“欧洲价值观”。由于欧盟缺乏强制执行政策的能力，协调和交易的成本过高、耗时过长，“各人自扫门前雪”的政策考量成为成员国内部、成员国与欧盟之间博弈后的最优选择。这直接导致欧洲早期抗疫不力的窘迫局面。与美国不同，欧洲不少政治家早早就意识到应对疫情的紧迫性和必要性，亦有很多有识之士不断发出呼吁。但欧盟本身的体制性问题，尤其是有限且分散的财政资源，成员国脆弱的政府财政和就业状况，再加上选举政治对选民的讨好，部分防疫措施可能会带来经济问题进而导致政治危机，现实问题和政党利益使得欧盟及成员国在决策时“瞻前顾后”，严重拖累了欧盟的抗疫表现。而在民众最为关心的健康问题上所暴露出来的欧盟治理体系的深层危机，极有可能彻底动摇欧盟的合法性。

其次，部分成员国金融风险突出。自欧债危机以来，欧洲经济一体化不完善的固有症结——财政碎片化问题仍然严峻。面对汹涌而来的疫情，欧洲无法像其他主权国家一样拿出“一揽子”财政纾困方案，只能等待欧盟峰会讨价还价的结果，再叠加欧盟对于西式“民主”程序的执着，决策效率自然不足，在应对需要做出快速反应的流行性疾病上尤为不利。即使最终财政纾困政策出台，各国持续扩大的财政赤字，令人不得不担忧未来欧盟成员国政府的“后劲”。激增的政府财政赤字与公共债务无疑是在给欧洲埋雷，制约其经济的复苏和一体化的前行。

再次，长期以来，欧盟的经济发展仰赖出口。而新冠肺炎疫情是全球性的重大流行病，这使得出口导向的经济体面临着更大的经济危机。

美国一直是欧盟的主要出口对象，而北美的疫情危机甚至更胜于欧洲，这无不为欧盟的经济复苏蒙上了一层阴影。

最后，随着欧盟不断扩张，其内部本身就存在着发展不平衡的问题。这一问题在欧债危机中已然有所体现，在疫情之后，欧洲的经济复苏极可能出现参差不齐的局面，疫情很可能扩大南欧与北欧国家之间的经济差距，扩大成员国内部的收入差距。尤其是南欧国家的公共债务情况，更使其经济情况不容乐观。再加上当前疫苗分配问题，随着疫情持续时间的延长，欧洲的民粹主义势力在政治上的呼声日益增高，这进一步考验着欧盟的团结和政策协调。

但是危机中往往蕴含着机遇，疫情也为欧洲提供了反思其经济政策的机会，而在应对疫情之中，欧盟也确实展现出了一些值得称道的进步。当然，这一机遇的重要前提是欧洲疫苗已具备大规模接种的条件，这使得经济复苏有了可能。

第一，疫情下复苏基金的出台，包含着债务共同化的实践，彰显了欧洲经济一体化的韧性和欧盟的凝聚力，尽管复苏基金离常态化仍有距离，仍带有浓厚的应急色彩，但是复苏基金仍然在财政一体化道路上迈出了重要一步，为日后可能出现的制度变革埋下了伏笔。

第二，疫情下欧洲央行基本维持了欧元的稳定，展现了欧洲货币一体化的优势，加深了各国让渡货币权的决心，欧洲央行的权威得以被进一步确认，这有利于欧元区乃至欧盟经济在疫情后的统筹发展。

第三，从疫情之初的“各扫门前雪”到其后的统筹应对、团结一致，欧盟加强了自身的韧性。很多国家也因此看到了欧盟存在的必要性及其意义，对其未来的发展有着不言而喻的好处。

第四，新冠肺炎疫情的控制是决定欧洲经济前景的关键因素。正如欧盟委员会主席抗疫特别顾问、比利时病毒学家彼得·皮奥特（Peter Piot）所指出的，欧盟及其成员国必须认识到，“这不是公共卫生与经济问题之间的对立，我们确实需要先解决健康问题才能让经济真正重启”①。

---

① 《欧委会建议成员国加强快速检测与信息共享》，央视网，http：/ /m. news. cctv. com/ 2020 /10 /29 /ARTITW8Frg8jku42TquB4mOm201029. shtml。

只有成功应对疫情，对于欧盟而言才谈得上经济的复苏。当前两拨疫情对欧洲经济与社会的冲击说明了在不解决疫情的前提下，经济复苏不过是空中楼阁。对于欧盟来说，成功应对疫情并非这一波大动荡的结束，甚至不是结束的开始，而是开始的结束。在疫情之后，欧盟能否及时调整自身制度，深化团结原则，才是对欧盟的关键考验。

欧洲中央银行针对新冠肺炎疫情之危机因应

洪德钦*

世界卫生组织（World Health Organization，WHO）于2020年3月11日宣布新冠肺炎（COVID-19）成为全球大流行（pandemic）疾病。① 新冠肺炎疫情乃第二次世界大战之后各国公共卫生的一项重大威胁，同时对各国人民生命健康、工作就业、社会福祉、交通迁徙及生活方式等皆带来重大影响。新冠肺炎疫情对欧元区19个会员国的经济及贸易活动也产生了重大影响。受到新冠肺炎疫情之冲击，欧元区2020年第一季度经济负增长3.8%，比全球金融危机后之2009年第一季度负增长3.2%更为严重。ECB预测欧元区于2020年通货膨胀率仅为0.3%，有通货紧缩之疑虑。②

在新冠肺炎疫情暴发后，许多国家采取封锁（lockdown）及断航或减少班次等政策，影响人员流动，许多工厂被迫停工，大大影响全球生产供应链之生产、贸易与经济活动。劳工失业激增、消费者支出减少；航空业、观光旅游、餐饮业等受到严重影响，各国经济普遍出现衰退。国际货币基金（International Monetary Fund，IMF）针对2020年全球经济

---

* 洪德钦，“中研院”欧美研究所副所长，研究员。

① WHO，2020，WHO Director-General's Opening Remarks at the Media Briefing on COVID-19-11 March 2020，https：//www.who.int/dg/speeches/detail/who-director-general-s-opening-remarks-at-the-media-briefing-on-covid-19-11-march-2020. Latest update 24 July 2020.

② ECB，2020，*Economic Bulletin*，Issue 4，2020：3－4.

增长之预测，从疫情发生前乐观的3.3%，修正为-3%，比2008年全球金融危机发生后，2009年全球经济增长仅0.7%更为严重，乃是1930年代经济大萧条以来世界经济最大衰退幅度。IMF同时预测欧元区2020年经济衰退7.5%，其中西班牙衰退8%、意大利衰退9.1%、德国衰退7%、法国衰退7.2%。①

针对新冠肺炎疫情之因应，欧盟高峰会（European Council）于2020年4月23日通过一项5400亿欧元的一揽子计划，用以支持劳工、企业及会员国三项安全网（three safety nets）。欧盟2020年预算同时增加31亿欧元用以应对新冠肺炎疫情危机。欧盟高峰会也规划进一步建立一项经济复苏基金（a recovery fund），以振兴27个会员国之经济。② 欧洲中央银行（European Central Bank，ECB）自2020年3月12日以来，也采取一系列紧急措施，包括新冠肺炎疫情大流行紧急购买计划（Pandemic Emergency Purchase Programme，PEPP）、公部门资产购买计划（Public Sector Purchase Programme，PSPP）、额外资产购买计划（Additional Asset Purchase Programme，APP）、放宽定向较长期再融通操作（Targeted Longer-Term Refinancing Operations，TLTROs）等，以因应新冠肺炎疫情对欧元区经济所带来之重大冲击及高度不确定性。

本文透过法律释义与政策分析等研究方法，解释欧洲中央银行针对新冠肺炎疫情因应措施的法律依据，以及这些措施在欧盟条约的合致性。采用政策分析法，针对ECB这些措施的政策目标、内容及意涵加以研析，另对ECB价格稳定与货币政策之影响、会员国间的团结合作，以及欧盟预算与欧洲整合等方面之影响加以论证，以掌握ECB新冠肺炎疫情纾困政策之未来发展趋势。

---

① IMF, *World Economic Outlook: The Great Lockdown*, Washington, DC: IMF, 2020, pp. 1, 2, 5, 7.

② European Council, 2020, "Conclusions of the President of the European Council Following the Video Conference of the Members of the European Council, 23 April 2020," in https://www.consilium.europa.eu/en/press/press-releases/2020/04/23/conclusions-by-president-charles-michel-following-the-video-conference-with-members-of-the-european-council-on-23-april-2020/. Latest update 24 July 2020.

一　ECB 新冠肺炎疫情因应措施

（一）ECB 应对新冠肺炎疫情措施公布时间

自 COVID-19 大流行危机发生以来，ECB 宣布许多因应措施：

（1）2020 年 3 月 12 日，在欧元区各国开始实施封锁措施之际，ECB 宣布了一揽子措施，借由放宽第三轮定向较长期再融通操作（TLTROs）的条件，对达到向实体经济放贷基准的银行实施的利率比存款利率低 25 个基点和额外的较长期再融通操作（Longer-Term Refinancing Operations，LTRO），向市场，尤其是中小企业提供立即性流动支援，并将其主要资产购买计划的额度于 2020 年底增加到 1200 亿欧元。同日，ECB 宣布提供银行在危机期间的一些纾困措施。①

（2）3 月 15 日，ECB 宣布与美国联邦储备委员会实施货币换汇机制，以向欧元区银行业提供更多美元。

（3）3 月 18 日，在一些成员国经济增长出现大幅萎缩的情况下，ECB 召开紧急管理委员会会议，宣布一项 7500 亿欧元规模的新冠肺炎疫情大流行紧急购买计划（PEPP）。

（4）3 月 20 日，ECB 通过换汇机制向丹麦中央银行提供欧元，4 月 15 日向克罗地亚中央银行，4 月 22 日向保加利亚中央银行提供这些服务。ECB 还将美元换汇操作的时间从每周一次改为每日一次。

（5）4 月 7 日，ECB 宣布抵押品宽松措施，特别是减少 20% 的抵押品折价率（Collateral Haircuts）。

（6）4 月 15 日，ECB 认可各国政府所采取的宏观审慎政策措施。

（7）4 月 22 日，ECB 宣布，就其抵押品框架而言，将从 4 月 7 日起冻结信用评级，以避免潜在降级对抵押品顺景气循环（pro-cyclical）的影响。

---

① TLTROs 之法律依据是 Decision 2014/541 on measures relating to targeted long-term refinancing operations，ECB/2014/34，OJ 2014，L258/11。第三轮的依据是 2019 年 9 月 12 日 ECB 的第 2019/1558 号决议于 2019 年 11 月 1 日重新启动，详见 Decision 2019/1558 of 12 September，ECB/2019/28，OJ 2019，L238/2。

（8）4 月 30 日，ECB 宣布放宽 TLTROs 的条件，在 2020 年 6 月至 2021 年 6 月将利率调降 25 个基点，为 -0.5%，即比存款机制利率低 50 个基点，并为触及 TLTROs 竞标限制的银行、有非合格贷款（不动产、对公营事业的贷款）的银行以及 TLTROs 操作银行推出新的疫情紧急长期再融通操作（Pandemic Emergency Longer-Term Refinancing Operations，PELTROs）。[①]

综上所述，ECB 针对新冠肺炎疫情大流行所采取的扩大货币政策的因应措施主要包括三大类：（1）调降融通操作利率，例如 TLTROs 及 LTRO；（2）推出新的融通机制，例如 PELTROs；（3）扩大资产购买计划，例如 PEPP 等。ECB 的资产负债表在短短两个月内增加了近 7000 亿欧元，从 3 月 6 日的 4702 亿欧元增加到 5 月 1 日的 5395 亿欧元。到 2020 年底，ECB 资产负债表的规模可能达到 7 兆欧元左右，相当于欧元区 GDP 的 60% 左右。ECB 于短短二个月内采取多项新冠肺炎疫情紧急因应措施并重新调整目标贷款操作业务，规模庞大，以支持实体经济活动，振兴欧元区及会员国经济，并维持社会及金融稳定，可见新冠肺炎疫情的严重性以及对欧元区经济的破坏性。

（二）新冠肺炎疫情大流行紧急购买计划

ECB 于 2020 年 3 月 18 日宣布一项 7500 亿欧元的新冠肺炎疫情大流行紧急购买计划（PEPP），连同 2020 年 3 月 12 日决定的 1200 亿欧元额外资产购买计划（APP），两者合计大约占欧元区 GDP 的 7.3%。另外结合目前每月 200 亿欧元的净购买额，至 2020 年底将使欧元体系资产持有量比 2014 年 10 月增加大约 39%。鉴于欧元区于 2020 年第一季度经济大幅衰退 3.8%，比 2008 年金融危机更加严重。ECB 于 2020 年 3 月 26 日宣布取消之前 7500 亿欧元 PEPP 上限，赋予 ECB 更大职权及弹性，以因应新冠肺炎疫情对欧元区经济之冲击。ECB 于 6 月 4 日决定增加 6000 亿

---

① ECB，2020，“ECB Recalibrates Targeted Lending Operations to Further Support real Economy,” *Press Release*，in https：//www.ecb.europa.eu/press/pr/date/2020/html/ecb.pr200430~fa46f38486.en.html. Latest update 24 July 2020.

欧元 PEPP，使 PEPP 总额达到 1.35 兆欧元规模，同时将 PEPP 延长至 2021 年 6 月并于 2022 年底前持续将 PEPP 购买债券之到期本金进行再投资。[①] PEPP 的主要目的是透过购买会员国公债及公司债券等资产，降低借贷成本并增加欧元区贷款意愿及贷放规模，增加市场流动性及投资、消费意愿，活络经济，避免各会员国总需求之下降而产生通货紧缩，进而确保价格稳定及金融稳定。

2020 年 4 月 7 日，ECB 宣布了一揽子暂时性放宽担保要求的措施：[②]

（1）暂时将抵押品评估的担保品折价率全面调降 20%，以提高欧元体系的风险承受能力。

（2）暂时性扩张额外信用声明（Additional Credit Claims，ACCs）的框架：扩大可接受的信用评估范围；降低贷款之报告要求，以便在报告基础要件全部满足之前，贷款人可以较快地从 ACCs 框架中受益。

（3）其他暂时性措施：会员国信贷对象债权的最小规模门槛值从原来最低 25000 欧元，调降为 0 欧元；可作为抵押的无担保债务工具的最大数额从 2.5% 提高到 10%；豁免希腊政府债券的最低信贷质量要求，以便接受它们作为抵押品。

额外信用声明框架乃欧元体系在向银行从事放款并提供流动性时，银行必须提供适足抵押品作为担保。ECB 每天会发布数以千种可以出售的资产及适格抵押品之清单，例如政府公债等。2020 年 4 月 7 日，ECB 决定扩大 ACCs 框架，使 ACCs 在未满足一般抵押品条件下，暂时性授与适格标准的信用声明。ACCs 除了对一般抵押框架的公共部门、私人公司及中小企业从事放款之外，也可以向家庭及消费者从事贷放，以扩大并放宽贷放对象范围及抵押品种类。ACCs 的信用要求因此较一般抵押品框架更为宽松。另外，ACCs 亦可以欧元以外其他货币计价，更具弹性并满

① ECB, 2020, "ECB Announces 750 Billion Pandemic Emergency Purchase Programme (PEPP)," *Press Release*, in https://www.ecb.europa.eu/press/pr/date/2020/html/ecb.pr200318_1~3949d6f266.en.html. Latest update 24 July 2020; ECB, 2020, "Monetary Policy Decision," *Press Release.* in https://www.ecb.europa.eu/press/pr/date/2020/html/ecb.mp200604~a307d3429c.en.html. Latest up 24 July 2020.

② ECB, 2020, "ECB Announces Package of Temporary Collateral Easing Measures," *Press Release.* in https://www.ecb.europa.eu/press/pr/date/2020/html/ecb.pr200407~2472a8ccda.en.html. Latest up 24 July 2020.

足不同需求，促使银行从事更大范围之放款活动，以增加公私部门及家庭个人之流动性。[①] ACCs 显示，ECB 除了扩大公部门债券购买计划之外，还直接对中小企业及家庭个人提供融通，且更加快速、便捷及有利，以因应社会封锁对中小企业带来之经营危机，维持消费及经济活动，避免经济急遽衰退，危及经济及社会稳定。

2020 年 6 月 4 日，ECB 针对新冠肺炎疫情，做出下列货币政策决定：[②]

（1）新冠肺炎疫情大流行紧急购买计划（PEPP）增加 6000 亿欧元，使总额达到 1.35 万亿欧元。PEPP 的扩张将进一步放宽货币政策立场，以支持欧元区会员国政府企业及家庭的融资需求，避免消费支出减少，导致通货紧缩，不利于 ECB 追求物价稳定，期使通胀率趋近 2% 的目标。ECB 将以灵活方式，进行跨时间、跨类别资产及跨辖区间的资产购买计划，提前向不同会员国及不同市场购买不同类别资产，以活化融通管道，尤其针对受新冠肺炎疫情严重影响的会员国进行融通，以发挥货币政策价格传递功能。[③]

（2）PEPP 购买计划延长至 2021 年 6 月底，并由 ECB 判断新冠肺炎疫情危机是否已结束，而中止 PEPP。

（3）依据 PEPP 购买债券的到期本金，于 2020 年底之前将进行再投资，循环使用，扩大融通效益。

（4）资产购买计划（APP）的购买净额将以每月 200 亿欧元的规模进行，并于 2020 年底之前另以 1200 亿欧元临时额度进行购买，以调适 ECB 低利率政策之负面影响。

---

① ECB, 2020, "What Are Additional Credit Claim (ACC) Frameworks?" in https://www.ecb.europa.eu/explainers/tell-me-more/html/acc_frameworks.en.html#:~:text=Additional%20credit%20claims%20(ACCs)%20are, assets%20temporarily%20eligible%20as%20collateral.&text=The%20general%20Eurosystem%20collateral%20framework,%2Dsized%20enterprises%20(SMEs). Latest up 24 July 2020.

② ECB, 2020, "Monetary Policy Decision," *Press Release*, in https://www.ecb.europa.eu/press/pr/date/2020/html/ecb.mp200604~a307d3429c.en.html, Latest up 24 July 2020.

③ 洪德钦：《欧洲中央银行货币政策》，李贵英（主编）：《欧洲联盟经贸政策之新页》，台北：台大出版中心 2011 年版，第 94 页。

（5）ECB 可以继续延长 APP 购买的到期债券本金支付的再投资，以维持有利的流动性条件及充分的货币宽松政策。

（6）主要再融通业务利率，边际贷款工具及存款利率维持不变，分别为 0%、0.25% 及 -0.5%。ECB 低利率政策将维持到欧元区通胀趋近 2%，以发挥货币政策的传递功能。

ECB 针对新冠肺炎疫情紧急因应措施，主要是放宽并扩大可以作为担保品的资产条件及规范、扩大资产购买计划，除了会员国政府公债外，还包括公司债券、扩大量化宽松并延长原来量化宽松实施时间，将希腊公债纳入购买计划，豁免相关限制规定。ECB 须调高自我设定的量化宽松持有限制，做好扩大资产购买计划，ECB 并需自我判断欧元区是否已渡过新冠肺炎疫情危机，以决定退场时机。ECB 的 PEPP 及 QE 政策有助于希腊、意大利、西班牙及葡萄牙等赤字较高及债信较差国家取得较大的金额之纾困，以渡过新冠肺炎疫情所带来的经济衰退危机，避免欧元区会员国之分裂，而危及欧盟团结及整合。ECB 也采取多项监管措施，以提高银行贷款能力，暂时性地降低银行面对风险时须持有的资本额。银行资本减免额总计 1200 亿欧元，可用于吸收损失或从事放款融资。①

ECB 上述紧急措施有助于为欧元区企业及家庭提供融资并减轻其贷款成本，协助欧元区会员国渡过新冠肺炎疫情所造成的经济衰退及财政紧缩等困难。紧急措施在放宽欧元区的融资条件、改善市场流动性，避免中小企业破产、维护金融及社会稳定、协助欧元区会员国经济复苏等方面皆至关重要，可以说是及时雨措施。ECB 虽然不能站在欧盟对抗新冠肺炎疫情的第一线或最前线，但是在高度不确定及紧急危机时期，其所采取的应急措施即为维持欧盟经济及欧元汇率稳定的一项重要因素，可以避免某些会员国经济大萧条而引发欧元区经济恐慌及欧元大幅贬值

---

① Collins，Christopher G. & Joseph E. Gagnon，2020，“Exchange Rate Policy in the COVID-19 Pandemic，” in *How the G20 Can Hasten Recovery from COVID-19*，eds. M. Obstfeld & A. S. Posen. Washington，DC：Peterson Institute for International Economics，61 - 63；以及 IMF，2020，“Global Financial Stability Report. Markets in Time of COVID-19，” in https：//www. imf. org/en/Publications/GFSR/Issues/2020/04/14/global-financial-stability-report-april-2020. Latest up 24 July 2020.

之危机。ECB 及欧盟新冠肺炎疫情紧急纾困措施，对维持欧元区市场信心及市场功能之运作皆有助益。①

除了 ECB 因应措施外，欧盟针对新冠肺炎疫情大流行也采取了扩张性的财政措施。欧元集团（Eurogroup）推出 5400 亿欧元纾困措施：（1）欧洲稳定机制（European Stability Mechanism，ESM）提供欧元区紧急备用信贷额度 2400 亿欧元；（2）欧洲投资银行（European Investment Bank，EIB）额外向欧洲中小企业提供 2000 亿欧元；（3）成立暂时性失业风险贷款计划（SURE Scheme），规模为 1000 亿欧元，以对欧盟会员国提供贷款以支应实施短期工时制度费用之所需。欧盟执委会提出欧洲复苏计划（European Recovery Plan），预定成立 7500 亿欧元之复苏基金，其中 5000 亿欧元作为补助款项，2500 亿欧元为贷款，唯最快 2021 年才能执行。综上所述，ECB 之大规模债务购买计划以及欧盟对会员国之纾困措施，对于欧洲经济及 ECB 货币政策，皆会产生重大影响。

在公债购买流程方面，PSPP 的购买由整个欧元体系进行，ECB 则负责协调欧元体系内的所有资产购买。ECB 决定每月新增购买资产规模，例如 2019 年 9 月后每月新增 200 亿欧元购债，再依据各国央行出资比例（Capital Key），决定各会员国央行每月的购买规模。②

各国央行依据各自分配的规模去购买自己国家的政府公债，少部分国家为满足购买额度会购买一定比例的超国家债券资产。换句话说，ECB 持有的德国公债皆由德国央行购买。PSPP 购买的有价债务工具（marketable debt instruments）将可用于证券借贷（securities lending）。这将按照 PSPP

① European Parliament, "Banking Union: Corona Crisis Effects," PE 651.352, May 2020, p.2; BIS, 2020, "COVID-19 and Corporate Sector Liquidity," *BIS Bulletin* 10: 1; Collins, Christopher G. & Joseph E. Gagnon, "Exchange Rate in the COVID-19 Pandemic," *PIIE*, *Realtime Economic Issue Watch.* in https://www.piie.com/blogs/realtime-economic-issues-watch/exchange-rate-policy-covid-19-pandemic. Latest up 24 July 2020; 以及 ECB, 2020, "US Dollar (USD)," in https://www.ecb.europa.eu/stats/policy_and_exchange_rates/euro_reference_exchange_rates/html/eurofxref-graph-usd.en.html. Latest up 24 July 2020.

② ECB, 2020, "Public Sector Purchase Programme (PSPP) -Questions & Answers," in https://www.ecb.europa.eu/mopo/implement/omt/html/pspp-qa.en.html. Latest up 24 July 2020.

的组成方式，以分散形式实施。欧元体系使用其现有基础设施下可用的证券借贷渠道借出证券，包括国际中央证券存管机构及代理借贷等。[①]

在各项购买计划的规模及实践方面：（1）资产购买计划（APP）：ECB 的资产购买计划是非标准货币政策措施组合的一部分，该措施还包括针对性的长期再融资操作，该计划依据 ECB 第 2014/40 号决定于 2014 年启动，让 ECB 在金融市场上直接购买债券，以提高对欧元区经济的信贷，支持货币政策的传导机制并提供需要之政策调整，促使通膨率趋近 2% 的水平，以确保价格稳定。[②] APP 之一系列子计划包括：

（a）企业部门资产购买计划（Corporate Sector Purchase Programme，CSPP）。

（b）公部门资产购买计划（PSPP）。

（c）资产支持证券购买计划（Asset-Backed Securities Purchase Programme，ABSPP）。

（d）第三期担保债券购买计划（Third Covered Bond Purchase Programme，CBPP3）。

2014 年 10 月至 2018 年 12 月，ECB 进行一项或多项资产购买计划，即 APP 计划，其规模分别是：2015 年 3 月至 2016 年 3 月为 600 亿欧元；2016 年 4 月至 2017 年 3 月为 800 亿欧元；2017 年 4 月至 2017 年 12 月为 600 亿欧元；2018 年 1 月至 9 月为 300 亿欧元；2018 年 10 月至 12 月为 150 亿欧元。APP 计划目前正持续进行着，仅于 2019 年 1 月至 10 月短暂中止过，每月购买规模则随着欧洲经济和物价而有所调整，最高曾经高达每月 800 亿欧元。自 2019 年 11 月开始，APP 计划净购买金额为每月 200 亿欧元，在新冠肺炎疫情发生后于 2020 年追加 1200 亿欧元的购买规模。[③]

---

① ECB，2020，"Implementation Aspects of the Public Sector Purchase Programme（PSPP），" in https：//www. ecb. europa. eu/mopo/implement/omt/html/pspp. en. html. Latest up 24 July 2020.

② Decision on the Implementation of the Third Covered Bond Purchase Programme，ECB/2014/40，OJ 2014，L335/22.

③ ECB，2020，"Asset Purchase Programmes，" in https：//www. ecb. europa. eu/mopo/implement/omt/html/index. en. html. Latest up 24 July 2020.

（2）公部门资产购买计划（PSPP）：是 APP 计划的主力子计划，主要购买之产品为各会员国的主权公债，占整个 APP 规模的八成以上，截至 2019 年底已累计持有 2. 1 兆欧元的公债资产。

欧元体系在 2015 年 3 月 9 日至 2018 年 12 月 19 日根据 PSPP 进行了公共部门证券的净购买。截至 2019 年 1 月，欧元体系继续将 PSPP 投资组合所持有的到期证券的本金进行再投资。自 2019 年 11 月 1 日起，欧元体系根据 PSPP 重新开始了净购买。

PSPP 涵盖的证券包括：一是名义和通胀挂钩的中央政府债券，二是欧元区认可机构、区域和地方政府，国际组织和多边开发银行发行的债券 2018 年 12 月以来，政府债券和官方机构占欧元体系投资总额的 90%左右，而国际组织和多边开发银行发行的证券约占 10%。上述比例将继续指导净购买量。①

ECB 在二级市场上的公共部门资产购买计划（PSPP）以第 2015/774 号决定作为法律依据。② 第 2015/774 号决定的法源基础是《欧盟运行条约》（Treaty on Functioning of the European Union，TFEU）第 127 条第 2 项，以及 ESCB/ECB 条例第 3 条第 1 项、第 12 条第 1 项及第 18 条第 1 项。PSPP 之目的乃增加欧元区会员国之信贷，减轻企业及家庭借贷成本，增加消费及投资，促使通胀率回升，趋近 2%，避免欧元区经济出现衰退风险，以符合 ECB 维持价格稳定之主要目标，以及促进欧元区总体经济增长等其他目标之实现。

PSPP 必须完全遵守《欧盟条约》禁止 ECB 从事货币融资之相关规定，并依据开放市场经济及自由竞争原则，进行 PSPP 之操作。为了确保 PSPP 的有效性，ECB 依据 PSPP 购买的有价债券，必须接受与私人投资者相同待遇，亦即依据市场条件进行，并且有盈亏之结果。为了降低

---

① ECB, 2020, "Asset Purchase Programmes," in https://www.ecb.europa.eu/mopo/implement/omt/html/index.en.html. Latest up 24 July 2020.

② Decision 2015/774 on a Secondary Markets Public Sector Asset Purchase Programme, OJ 2015, L121/20. 本决定被第 2016/702 号决定等所修正，Decision 2016/702，OJ 2016，L121/24 现行法规是 Decision 2020/188 on a Secondary Markets Public Asset Purchase Programme，ECB/2020/9，OJ 2020，L39/12.

PSPP之风险，第2015/774号决定规定了一些保障措施，包括适格会员国央行及适格可出售资产标准（第3条）、购买限制（第4条）、购买限额（第5条）、投资组合的分配及10%损失上限（第6条）、合格交易对手（第7条）、公布信息及透明性（第8条）等。适格资产标准详细规定于第2015/510号指引第4篇。[①] 这些保障措施乃关于PSPP的风险管理，以促进PSPP在市场上的平稳操作，避免妨碍有序的债务重组，以对会员国金融危机及债务危机之解决有所帮助，维护金融稳定，促进经济增长，并对通胀趋近2%的目标有所助益。

（3）新冠肺炎疫情大流行紧急购买计划（PEPP）：2020年3月18日ECB针对疫情推出规模7500亿欧元的私有和公共部门证券的临时资产购买计划，为一项非标准的货币政策措施。现有符合资产购买计划（APP）条件的所有资产类别也符合新计划的条件。随后更是取消了PEPP计划的购买上限，以增加购债的灵活弹性。一旦理事会确定新冠肺炎疫情危机阶段已经结束，将终止PEPP下的净资产购买，目前估计至少会持续至2020年底。[②]

二 应对新冠肺炎疫情措施对ECB的影响

（一）应对新冠肺炎疫情措施之合致性

自1993年11月1日旧的《欧盟条约》生效后，《欧盟条约》即明文规定ECB不得扮演“最后贷款者”（lender of last resort）角色。《欧共体条约》第103条规定，ECB或各会员国中央银行皆禁止对欧盟组织或机构、会员国各级政府、公营企业等公家单位，从事融资或其他形式之授信及贷款。ECB及各国央行同时被禁止向上述公家单位直接购买债券。ESCB/ECB条例第21条第1项亦有相同内容之规定。

《里斯本条约》于2009年12月1日生效后，《欧共体条约》第103

① Guideline 2015/510, ECB/2014/60, OJ 2015, L91/3.

② ECB, 2020, “Pandemic Emergency Purchase Programme (PEPP),” in https://www.ecb.europa.eu/mopo/implement/pepp/html/index.en.html. Latest up 24 July 2020.

条被《欧盟运行条约》（TFEU）第 123 条所取代，TFEU 第 123 条规定，欧盟不应对会员国中央、区域、地方政府或其他公共机关、公法人、公营机构负担或承诺债务，除非针对共同执行一项特别计划的相互财务保证。

TFEU 第 123 条不得贷款条款，主要是确保欧盟及欧元区物价稳定，乃是 ECB 之主要目标。TFEU 第 127 条规定 ECB 及欧洲央行体系（ESCB）的主要目标是维持价格稳定。在不影响价格稳定目标的情况下，ECB 及 ESCB 应支持欧盟总体经济政策，以促使《欧盟条约》第 3 条促进经济增长，确保充分就业、落实内部市场功能等目标之实现。ESCB/ECB 条例第 2 条有关 ECB 目标条款亦有相同规定。

ESCB/ECB 条例第 3 条规定，ECB 之基本任务包括：（1）制定并执行欧盟之货币政策；（2）从事外汇操作；（3）持有并管理各会员国之外汇准备；（4）促进支付系统之顺利运作等。ECB 之其他任务包括：发行欧元（第 16 条）、咨询功能（第 4 条）、搜集统计资料（第 5 条）、提供报告（第 15 条）、审慎监理（第 25 条）、公开市场及信用操作（第 18 条）、清算及支付系统（第 22 条）及国际合作（第 6 条）等。

第 12 条规定管理委员会（Governing Council）乃 ECB 之决策单位，应订立必要准则并做出决定，以确保 ECB 任务之履行。管理委员会应厘订欧盟之货币政策，包括中间目标、主要利率、准备金之提供，以及执行必要准则。ECB 资产购买计划之决定第 12 条乃是其中一项法源依据。

第 18 条规定 ECB 得从事公开市场及信用操作，包括在金融市场上从事现货及期货之买卖与附买回协定方式之交易，贷与或出借金融请求权与具市场性之工具。ECB 亦得与银行、金融公司及其他市场参与者从事信用操作，如放款则需有适足担保品（adequate collateral）。第 19 条规定，欧元区银行必须在 ECB 及各会员国央行提存最低存款准备（minimum reserves），才得以成为 ECB 商业操作之合格交易对手。

针对适足担保品，ECB 在实践上采取广义认定，包括两类：第一类资产（tier one）包括具市场流动性之债务工具；第二类资产（tier two）包括其他可流通转让及不可流通转让之额外资产。第二类资产乃由各会员国依据其国内金融市场及银行体系的不同特点订立，唯须符合 ECB 最低要求之合格资产（eligible assets）。

《欧盟条约》及ESCB/ECB条例相关条款，规定ECB不得在初级市场上购买欧元区会员国公部门债券。但是，ECB并不被禁止在二级市场上购买会员国公债，这也会留下一块法律灰色领域，让ECB间接购买会员国公债。2012年欧元因欧债危机受到威胁，ECB原先拟推出直接货币交易计划（Outright Monetary Transactions，OMT），在二级市场上无限额地购买1—3年期欧元区主权债券。但是，此一OMT计划因受到德国反对而未付诸施行。

ECB在公开市场上的信用操作，以及在2020年之前各类资产购买计划（APP），一般要求需有适足担保品才提供信贷及放款。2020年之后，ECB针对新冠肺炎疫情所推动的PEPP则放宽担保品适格要求，甚至也可以购买信评较低的希腊公债。

ECB改变了常规货币政策的运作模式，尤其是在传统公开市场上及信用操作方面，对ECB货币政策目标、独立性及信誉皆带来一定的影响。公开市场操作是ECB最主要的货币政策工具，用以管理市场流动性、调整市场利率及引导货币政策方向。ECB可运用之公开市场操作工具包括抵押担保贷款，即在市场上买卖到期之有价证券，但只限于符合ESCB条例第19条第1项规定的合格交易对手（counter parties）；同时依据ESCB/ECB条例第18条第1项的规定必须提供优先担保品（underlying assets）。在新冠肺炎疫情期间，ECB实施紧急担保品贷款政策，并且降低担保品最低门槛并接受希腊主权债券，这种举措是否违反ECB货币政策，以及对ECB独立性及追求物价稳定之货币政策目标是否带来潜在的负面影响，再次引发会员国及欧盟公民的严重关切。①

（二）欧盟法院之实践

PSPP的法源依据即第2015/774号决定通过后，Heinrich Weiss等人就该决定在德国之执行，要德国宪法法院（Bundesverfassungsgericht，BVerfG）采取四项宪法性司法行动。德国就第2015/774号决定之效力及

① 洪德钦：《欧洲中央银行独立性之研究》，《台大法学论丛》2004年第5期。

《欧盟条约》第4条第2项及TFEU第123条及第125条之解释，申请一项先行裁决（a preliminary ruling）。

Weiss等人声称第2015/774号决定并未遵守TFEU第119条欧盟与会员国职权划分规定，该决定不属于TFEU第127条第1项及第2项、ESCB/ECB条例第17条至第24条所规定的ECB职权。第2015/774号决定因此违反TFEU第123条规定。另外，德国宪法法院表示，如果第2015/774号决定逾越ECB职权或违反TFEU第123条规定，其将支持Weiss等人之行动。[①] 第2015/774号决定仅由德国中央银行参与决策，德国联邦政府及国会皆未参与，影响德国国会预算权，同时违反德国基本法（Grundgesetz）之民主原则并破坏德国宪政认同（constitutional identity）。

欧盟法院解释说，TFEU第123条第1项仅限制ECB及欧元区会员国央行直接向欧盟机构及会员国政府与官方机构提供纾困办法（overdraft facilities），或任何形式的购买官方公债的金融援助。然而，第123条并未排除ECB购买欧元区会员国先前发行的公债；ECB可以在二级市场上间接购买政府公债。此等见解在欧盟法院*Pringle*及*Gauweiler*等案例中，已被认肯。[②] 所以，PSPP及在二级市场上间接购买之政府公债不能视为等同对会员国提供之财政纾困援助（financial assistance）。[③]

欧盟法院指出，第2015/774号决定前言第4段的特别目标，皆符合TFEU第127条第1项及第282条第2项规定的目标。ECB货币政策的主要目标是稳定物价，在不违反此一目标的情况下仍得支持欧盟总体经济发展。经济政策措施对价格及物价亦会产生影响，进而对货币政策产生间接影响，如同ECB货币政策包括利率工具在内，亦会对政府公债及银行利率产生影响一样。PSPP及负利率政策皆在市场上提供更多、更低成本的流动性，以对抗全球金融危机及欧债危机而产生的通货紧缩风险，此等风险将严重威胁ECB追求物价稳定之目标。

---

① Case C-493/17, Weiss and Others, Paragraphs 13 – 15.

② Case C-370/12, *Pringle*, EU: C: 2012: 756, para. 132；以及 Case C-62/14, *Gauweiler and Others*, EU: C: 2015: 400, para. 95.

③ Case C-493/17, Weiss and Others, paras. 102, 104.

所以，TFEU 第 123 条第 1 项不禁止 ECB 购买 PSPP 架构下的政府公债。另外，第 2015/774 号决定之目标及 PSPP 措施，符合 ECB 货币政策物价稳定目标。①

在德国国会预算权方面，欧盟法院指出，ECB 必须依据 TFEU 第 119 条规定之原则从事治理。TFEU 第 130 条及第 282 条第 3 项也规定 ECB 享有独立性。欧元区会员国的货币职权已移交给 ECB 行使共同货币政策及单一汇率政策。TFEU 条约规定 ECB 主要目标是稳定物价，但并未限制 ECB 仅可以采取货币政策，仍得采取相关措施以支持总体经济发展。TFEU 第 123 条限制 ECB 对会员国直接纾困或购买公债，才足以维护 ECB 独立性，其货币政策可以不受来自欧盟机构及会员国政府之压力。同样地，ECB 可以推动 PSPP 在二级市场上购买公债，也应不受来自会员国之阻挡，才可以维护其独立地位，并追求其货币政策目标。所以，第 2015/774 号决定并不侵犯会员国预算权。另外，第 2015/774 号决定规定了完整的保障措施，公开市场操作也是 ECB 货币政策的一项职权。所以，第 2015/774 号决定也没有违反比例原则。②

值得注意的是，欧盟法院在本案中同时指出，首先，ECB 仅在二级市场上购买会员国公债才具有效力。其次，ECB 的购买计划也需提供充分的保障措施，遵守第 2015/774 号决定的规定，例如该决定第 5 条第 1 项及第 2 项规定，ECB 购买单一会员国公债不得超过该国公债总额的 33%，以符合 TFEU 第 123 条规定要求，并确保会员国预算之健全，亦即避免会员国大量发行公债，导致超额赤字，以及负债总额大幅提升，而违反欧盟年度举债不得超过 GDP 的 3%，负债总额不得超过 GDP 的 60% 之规定。③ 事实上，在 *Gauweiler* 案例中已有相同见解，所以 ECB 的公债购买计划不得视为降低了会员国遵守健全预算政策之意愿或违反了相关规定。

综上所述，ECB 的 PSPP 必须提供充分保障措施，避免变相成为对会

---

① Case C-493/17, Weiss and Others, paras. 154, 158. 另见 Case C-62/14, Gauweiler and Others, paras. 109, 121, 127.

② Case C-493/17, Weiss and Others, paras. 60, 64, 66, 67, 70, 94, 95, 96, 100.

③ Case C-493/17, paras. 106, 107.

员国之纾困措施，以符合 ECB 物价稳定目标。另外，会员国仍须确保其预算及财政之健全，以符合欧盟条约规定，并避免债务危机而波及欧盟金融稳定。

三　应对新冠肺炎危机措施的影响

（一）对 ECB 货币政策之影响

PEPP 如同 ECB 于 2015 年 4 月 2 日开始启动的资产购买计划（APP），乃是非常规（unconventional）货币政策之一种。APP 又被称为量化宽松（QE），以支持欧元区经济增长，并追求通货膨胀趋近但低于 2% 之目标。APP 及 PEPP 的目标虽然明确，然而，这些非常规措施在较长时间里并大规模使用，也可能衍生出一些潜在影响，包括退场不易及 ECB 呆账增加等问题。

ECB 因应 2008 年全球金融危机及 2012 年欧洲债务危机之措施，主要是透过长期再融通操作（LTOs）对银行及金融机构融资、实施资产购买计划（APP）及采取负利率政策等。2015 年 4 月至 2017 年 3 月，ECB 进行投资及债券购买计划，即实施量化宽松（QE）政策，每月购买 600 亿欧元，其间合计释出近 1.5 兆欧元流动性，使 ECB 资产负债规模大幅增长 130%，主要资产是债券，主要负债则为流通欧元货币。ECB 的目标主要在于维持欧元区金融稳定，事后，为了因应欧元区通货紧缩而启动资产购买计划。物价稳定因此不是 ECB 针对金融及债务危机因应措施的主要目标。

事实上，ECB 于 2009 年至 2019 年，物价上涨水平皆维持在 2% 以下，通货紧缩反而成为一项新问题，APP 政策对于促进消费及经济增长并使通胀趋近 2% 之成效，也受到质疑。另外，欧元区有 19 个会员国，会员国间经济结构不一致，ECB 货币政策、APP 及 PEPP 如何调和各国经济利益及不同需求，也会影响 APP 及 PEPP 之成效，此乃超国家央行 ECB 货币政策的结构性问题。①

① 朱美智：《Fed 及 ECB 因应危机措施对其资产负债表之影响》，《国际金融参考资料》2016 年第 69 期。

在退场方面，APP 及 PEPP 乃紧急性购买计划，理应为暂时性应急措施，以提供流动性给银行及金融体系。然而，自从 2008 年全球金融危机后，各国及 ECB 所采取的 APP 一直持续到 2020 年仍在进行，已非暂时性应急措施。APP 及 PEPP 购买规模不但没有缩减，反而进一步扩大，有违 TFEU 第 123 条 ECB 不得担任最后贷款者角色之规定。[①] ECB 公开市场操作以及资产购买计划，其本身伴随着亏损风险。APP 依据第 2014/40 号决定第 2 条，ECB 购买的债券，必须提供适格担保品。ECB 长期维持低利率及融通非金融企业，放宽贷款抵押品适格要求，不良贷款可能倍增，将使银行风险提高，不良银行之增加亦会波及欧洲金融稳定。[②] 另外缺乏竞争力，甚至生存力的公司可以获得廉价贷款，继续存续，可能衍生出更多僵尸企业（zombie firms）或不良银行（bad banks），也有道德风险（moral hazard），并破坏人们对 ECB 的信心。[③]

APP 及 PEPP 如果不易退场，使用期过长，成为常规化，也将破坏 ECB 货币政策常规工具之效果，包括货币发行量、利率政策及传递功能等。ECB 于 2020 年新冠肺炎疫情大流行之后，仍维持利率不变，主要原因乃 ECB 多年来已采取负利率政策，进一步调降利率以刺激银行从事放款，预期效果较为有限。此一现象可局部说明，自 2014 年 6 月 5 日以来 ECB 一直采用负利率政策，目前存款利率为 -0.5%；负利率政策已维持一段时间，使利率政策此一常规政策工具之功能趋于弹性疲乏，值得警惕。

ECB 实施负利率政策之后，欧元区银行放款金额年增长率约为 1.73%；2014 年第二季度至 2020 年第一季度名义 GDP 增长约 12.8%。然而，在 ECB 执行负利率期间，欧元区通货膨胀率从 2014 年 5 月的 2.05% 下降为 2020 年 5 月的 0.98%，对通胀的影响并不显著，未能达

---

① 洪德钦：《欧债危机与欧盟财政规范的改革》，《中华国际法与超国界法评论》2012 年第 2 期。

② C. Dias, K. Grigaite & M. Magnus, April 2020, *Banking Union: Corona Crisis Effects*, Briefing, European Parliament, PE 645.739, p. 1.

③ Karl Whelan, *The ECB's Mandate and Legal Constraints*, Monetary Dialogue Paper, June 2020, PE 648.808, May 2020, pp. 22-23.

到借由负利率促使通胀趋于2%，以避免通货紧缩，并促使欧元区经济增长等目标之实现。另外，欧洲银行在负利率政策之下，为避免存款流失而不实施负存款利率，将减损银行获利而影响银行中介功能，也不利于 ECB 货币政策传递机制的实施。[①]

ECB 为了达成适用于维持中期物价稳定的货币政策立场，管理委员会设定了 ECB 的利率。在正常环境下，这类主要利率是再融资业务的最低投标利率、重贴现窗口操作利率以及存款窗口操作利率，其在最低投标利率附近形成一个利率区间。ECB 货币政策最初传递给实体经济的是那些短期贷款利率水平的降低，最终会影响物价升降。货币市场利率变动会传递到银行贷款利率上，进而影响货币发行数量、信用成长及资产价格等变量。这些影响与外部因素会导致总体经济需求与供给的变动，且最终导致通货膨胀变动。[②] ECB 负利率维持时间如果过长，将导致扭曲且无法为银行部门提供促进持续经济增长与长期稳定物价的适当诱因。由于负利率具有非常规措施性质，仅于例外情况才可以实施，且应谨慎为之，于新冠肺炎疫情获得控制，市场恢复正常之后，也须逐步退场（phasing-out），以恢复 ECB 货币政策传递功能的正常运作。[③]

ECB 实施资产购买计划，直接向银行业及市场提供流动性，扮演直接贷款人角色，超越央行传统上只向商业银行提供融通之角色，也会增加 ECB 经营之风险。[④] APP 及 PEPP 等的量化宽松，为银行及金融机构提供数量庞大的流动性资金，如果没有针对私人企业及家庭个人等单位而从事放款，对实体经济不会有太大效益。市场资金过于泛滥，如果不当投入股市及房市等高风险市场，以追求较高利润或较快回报，反而容易推升资产价格，形成泡沫经济，不利于金融稳定。房价大幅上涨，拉大

---

① Miguel, Boucinha, & Lorenzo Burlon, 2020, "Negative Rates and the Transmission of Monetary Policy," *ECB Economic Bulletin Issue* 3/2020.

② ECB, 2008, "10th Anniversary of the ECB," *Monthly Bulletins*, Special Edition, pp. 51 - 53.

③ 洪德钦：《欧洲中央银行货币政策》，李贵英（主编）：《欧洲联盟经贸政策之新页》，台北：台大出版中心 2011 年版，第 121 页。

④ 朱美智：《Fed 及 ECB 因应危机措施对其资产负债表之影响》，《国际金融参考资料》2016 年第 69 期。

社会贫富差距，形成居住不正义问题，也会损及 ECB 长期以来建立的信誉。[①] 大规模 QE 也有政府债务货币化之风险，导致货币政策与财政政策界限趋于模糊，如果导致政府负债大幅增加，还有债务危机之潜在风险。

（二）对欧盟团结之影响

ECB 债券购买计划（APP）及 QE 政策，在会员国间一直有不同意见，德国一向采取保留立场。ECB 的 APP 及 QE 政策在德国内部甚至引起很大争议，尤其针对这些措施是否符合《欧盟条约》及 TFEU 相关规定，以及是否侵害德国预算主权、民主机制及国家认同等。欧盟法院就此等措施也做出多项先行程序裁决。APP 及 QE 政策涉及 ECB、会员国间之互动、ECB 货币政策、欧洲金融稳定、债务危机等相关问题，可见 APP 及 QE 政策具有高度政治敏感性、法律复杂性及经济重要性。

针对金融危机及衍生的欧债危机，ECB 于 2012 年 8 月 2 日宣布 Outright Monetary Transactions（OMT）计划，预定直接购买 1—3 年期欧元区会员国主权债券，且 OMT 没有交易规模之上限，其中一个项目乃是不惜代价以支撑欧元之价值，避免其崩盘。[②] 德国央行反对此一 OMT 计划，认为可能使债务国家依赖 OMT 而降低财政改革之意愿。在 *Gauweiler* 一案中，欧盟法院针对 OMT 于 2015 年 6 月 16 日做出裁决，认为 OMT 乃附有条件的，不会逾越 ECB 货币政策之职权，所以没有违反《欧盟条约》及相关法律规定。[③]

OMT 的要素包括仅购买 1—3 年期主权债券；每周公布购买金额，以提高透明度；控制 OMT 创造的流动性；附加欧洲金融稳定机制（European Financial Stability Facilities，EFSF），以及欧洲稳定机制（ESM）的

---

① 欧盟中央银行（2020）：《6 月 18 日央行理监事会后记者会参考资料》，中央银行网页，https：//www. cbc. gov. tw/tw/cp-357-114966-67300-1. html，第 101 页，2020/07/10。

② ECB，2012，“Technical Features of Outright Monetary Transactions，” in https：//www. ecb. europa. eu/press/pr/date/2012/html/pr120906_ 1. en. html#： ~ ： text = Transactions% 20will% 20be% 20focused% 20on， size% 20of% 20Outright% 20Monetary% 20Transactions. Latest up 24 July 2020；ECB，2012，“Introductory Statement to the Press Conference（with Q&A），” in https：//www. xecb. europa. eu/press/pressconf/2020/html/ecb. is200123 ~ 0bc778277b. en. html. Latest up 24 July 2020.

③ Case C-62/14，Gauweiler and Others，EU：C：20：C：2015：400，16 June 2015.

预防或总体经济调整计划。OMT 实际上并未付诸实施，但 ECB 仅仅宣布将推动 OMT，就对欧洲金融市场产生了重大影响，导致欧债国家意大利及西班牙二年期政府公债利率大幅下降约 200 个基点，有效矫正借贷成本，有利于欧债国家重回私人资本市场，并提供 10 年期公债。①

2012 年欧债危机是欧元于 1999 年发行后所遭受的第一次重大危机。ECB 总裁德拉吉（Mario Draghi）声称，将不惜一切代价避免欧元崩盘。OMT 乃维护欧元之一项重要计划，没有购买数量之上限，这也是德国反对它的一个重要原因。OMT 虽然没有真正付诸实施，但是在德国及欧盟衍生出一系列适法性争议。ECB 于 2019 年 9 月 13 日重新启动公部门资产购买计划（PSPP），另于 2019 年 11 月 1 日启动第三轮 TLTROs，遭到德国、奥地利及荷兰央行总裁的公开批评。德国籍欧盟执行委员 Sabine Lauterschläger 辞职以示抗议。

在新冠肺炎疫情发生后，德国等国反对 ECB 再度降息，这也是 ECB 决定维持 -0.5% 利率不变之一项原因。在新冠肺炎疫情发生后，ECB 或欧盟采取的 PSPP、PEPP、OMT、QE 或其他形式的纾困措施，涉及庞大的财政负担，欧盟会员国间的持续争辩将会影响欧盟危机之治理及效率。

面对新冠肺炎疫情冲击所引发的经济衰退，意大利及西班牙等疫情严重的国家认为，ECB 提供会员国应对新冠肺炎疫情的政策工具相当有限，PSPP 及 QE 等政策也缓不济急，所以该等国家寻求欧盟之直接财政纾困援助，越过 ECB 之主导，以规避 ECB 违反 TFEU 第 123 条不得扮演最后贷款者的规定。欧盟执委会乃于 2020 年 5 月 8 日推出欧盟版“新冠肺炎疫情复苏计划”提案，以协助会员国之经济复苏。②

本项提案之法源依据是 TFEU 第 122 条有关例外性临时措施规定，以欧盟层级提出经济复苏措施的效果及效益皆较好，可以资助财政状况较差之会员国，促使欧洲经济普遍复苏，恢复内部市场功能，并展现会

---

① C. Altavilla, D. Giannone, & M. Lenza, 2014, *The Financial and Macroeconomic Effects of OMT Announcements*, Working Paper Series 1707: 2, 8.

② COM (2020) 441 Final/2, Proposal for a Council Regulation Establishing a European Union Recovery Instrument to Support the Recovery in the Aftermath of the COVID-19 Pandemic, 8 May 2020.

员国间之团结（solidarity）精神及真诚合作（sincere cooperation），尤其是在危机时期加强合作（enhanced cooperation）。[①]

本项复苏计划融资总额是7500亿欧元，其中包括5000亿欧元的无须偿还补助金（non-repayable supports），对会员国直接纾困，以回应新冠肺炎疫情对会员国经济及财政等方面之影响，使各国有足够能力吸纳经济及财政所受冲击。2020年7月17日至21日召开的欧盟高峰会，27个会员国经过漫长及艰辛的谈判，通过一项7500亿欧元“在下一代欧盟架构下的特别复苏努力计划”，其中包括3600亿欧元低利贷款（loan），以及3125亿欧元无偿补助金（grant）。[②] 此一无偿补助金乃会员国间的一项政治妥协，虽然比执委会提案的5000亿欧元缩水很多，但可以提高欧盟复苏计划的稳健性，且较容易得到欧洲议会之批准。

欧盟复苏计划涉及对会员国无须偿还的直接纾困，金额高达3125亿欧元，涉及许多敏感性议题，包括纾困规模、财政来源、欧盟及会员国如何分担、纾困是否附有条件、纾困援助在会员国间如何分配、对欧盟及会员国预算、税收及经济之影响，是否附带指定用途及监督机制或要求会员国必须强化法治及财政纪律等，皆具有高度争议。欧盟高峰会议决议欧盟执委会将在国际金融市场上发行欧洲公债，筹措经济复苏计划所需的7500亿欧元。欧盟会员国必须制订计划，概述如何利用新资金；欧盟还建立了一个暂停机制，以强化对补助金之监督。意大利、西班牙及波兰等国将获得较多份额补助金及贷款。意大利是最大净受益国，将获得大约810亿欧元补助金及1270亿欧元贷款，共2080亿欧元，占7500亿复苏计划融资总额约28%。西班牙共计获得1400亿欧元，用以振兴经济。欧盟经济复苏计划于2021年开始拨款，并于2026年结束，预定于2058年前偿还所有新债务。

值得注意的是，欧盟复苏计划及其他扩张性财政政策，是否会弱化

① 《里斯本条约》于2009年12月1日生效后之《欧盟条约》（TEU）第4条第3项规定会员国间应“真诚合作”。另外，《欧盟运行条约》（TFEU）第222条规定会员国的“团结”，第326条至第334条规定“加强合作”。

② European Council, “Special Meeting of the European Council (17, 18, 19, 20 and 21 July 2020) -Conclusions,” EUCO 10/20, Brussels, 21 July 2020, pp. 1, 2, 5.

ECB 货币政策之功能？或影响 ECB 货币政策之独立性？另外，在负利率宽松货币政策下，会员国、企业及家庭债务如果大幅增加，也会导致金融脆弱性，并埋下新的债务危机之危险因子。综上所述，欧盟复苏计划及 PEPP 等，乃是一种具有多重面向及复杂影响的措施。欧盟纾困或不纾困、经济复苏或不复苏，在会员国间皆有不同争论，也将深刻地影响新冠肺炎疫情之解决成效、欧元区会员国经济之复苏、会员国间之团结合作以及欧盟整合之未来。

德国宪法法院于 2020 年 5 月 5 日做出判决[①]，ECB 于 2015 年推动的公部门资产购买计划（PSPP），至 2018 年已高达 2.6 兆欧元，乃一量化宽松（QE）措施，因而有违反德国宪法之虞。该判决指出，ECB 没有审核这些措施是否适当，另外，德国政府及国会也未对此采取任何审查行动；ECB 的主要职责是确保价格稳定，而购债并不在此一范围内，因此不符合比例原则并侵犯了基本权利，因此 ECB 有关 APP 的相关决议在德国不具拘束力。德国宪法法院本项判决，明显背离德国基本法第 23 条遵循欧盟法律的规定，也拒绝遵守欧盟法院在 *Weiss* 案中有关 APP 适用合致性之判决，德国宪法法院本项判决甚至要求 ECB 于判决后 3 个月内重新提出修正的决定。此一判决并非针对新冠肺炎疫情后欧盟及 ECB 纾困措施，尤其是 PEPP 所做的裁决，但 APP 及 PEPP 皆是量化宽松及购债计划，且 PEPP 扩大至私部门之购债，其妥当性及合致性在德国内部势必会引起新的争议，同时会引发德国与欧盟之紧张关系，不利于欧盟整合之未来发展。[②]

欧盟及 ECB 庞大的纾困金额，亦会增加会员国的财政负担，新冠肺炎疫情再次凸显了欧盟会员国间危机因应政策的不一致，也会连带影响欧盟及 ECB 纾困措施实施的速度、规模及有效性，并间接影响欧元价值、汇率稳定及国际地位。会员国间立场不一致，尤其是德国，针对纾

---

① Judgement of 2 May 2020, Federal Constitutional Court, 2 BvR 859/15, 2 BvR 1651/15, 2 BvR 2006/15, 2 BvR 980/16.

② Guest Editorial, 2010, "The No-Bailout Clause and Rescue Packages," *Common Market Law Review* 47 (4): 977 – 978; Busch, Danny, 2020, "Is the European Union Going to Help us Over-Come the COVID-19 Crisis?" *Capital Market Law Journal*, 2020: 11 – 14.

困规模仍留有底线。[①] 凡此都显示出 ECB 应对新冠肺炎疫情措施对 ECB 货币政策、欧元价值、物价稳定目标及欧元区经济发展等有着重大的深远影响。欧盟货币联盟以及欧盟整合之未来，仍是一个漫长且不确定的发展过程，欧元区的金融稳定、货币政策目标及欧元汇率，在欧盟遭遇外部经济冲击及各种金融危机时，将会再度受到波动及挑战。[②]

四　结论

新冠肺炎疫情大流行对欧元区会员国经济产生严重冲击，各会员国普遍遭受经济衰退。ECB 因此采取一系列新冠肺炎疫情因应措施，包括定向较长期的融通操作（TLTROs）、新冠肺炎疫情大流行紧急购买计划（PEPP）、额外资产购买计划（APP）、公部门资产购买计划（PSPP）等，并放宽购买资产抵押品以及希腊公债之条件等。这些措施主要为市场提供流动性，降低银行、企业、家庭申请贷款条件及成本，期使欧元区生产、投资及消费等经济活动正常运作，避免通货紧缩，使通胀率趋近 2%，确保物价的稳定，并对经济成长、就业保障等有所助益，以维护金融、经济及社会稳定。

PSPP 等资产购买计划在会员国间一向存有极大争议，尤其是德国内部对其适法性，是否符合 TFEU 第 123 条 ECB 不得扮演最后贷款者角色之规定，存有极大疑虑。ECB 及欧盟新冠疫情因应措施，在会员国间将不可避免地持续争辩着。尤其是 ECB 及欧盟新冠肺炎疫情应对措施金额庞大，欧盟新冠肺炎疫情复苏计划，其中又包括无须偿还的对会员国直接纾困措施。这些措施对欧盟预算、财源、纾困资金的分配、货币与财

---

① Buras, Piotr & John Dalhuisen, 2020, "The German Constitutional Court's Ruling: A Wake-up Call for Europe," Commentary, European Council on Foreign Relations. in https://www.ecfr.eu/article/commentary_the_german_constitutional_courts_ruling_a_wake_up_call_for_europ#:~:text=The%20German%20Constitutional%20Court's%20ruling%3A%20A%20wake%2Dup%20call%20for%20Europe, -Commentary&text=The%20EU's%20institutions%20and%20member, not%20be%20enough%20in%20themselves.&text=This%20is%20bad%20for%20Poland%20and%20deeply%20damaging%20for%20the%20EU. Latest up 24 July 2020.

② 《欧元的价值及汇率》，详见洪德钦《欧元之法律分析》，《欧美研究》1999 年第 2 期。

政政策之分际等皆将带来重大影响，具有高度政治性、法律复杂性及经济重要性。

欧盟层级措施针对新冠肺炎疫情危机的解决更具效率与效益。危机也是转机，团结力量大，欧盟的整合过程也遭受着各种危机，历经艰难而得到进一步深化及广化，为欧洲带来持久性繁荣、安全、稳定与和平。凡此种种，在在考验着 ECB 与欧盟的政治决心与智慧，以及会员国间的团结精神与真诚合作，以有效应对新冠肺炎疫情危机，维护欧元区物价稳定，并对欧盟及会员国经济复苏有所助益。

新冠肺炎疫情对欧盟财政改革的挑战：一个制度面的分析

陈蔚芳*

欧债危机肇因于会员国的货币政策高度集中化，但是经济与财政政策仍然高度分化。为了强化会员国的财政结构以及促进成员的财政协调，欧盟自欧债危机以来便着手改革，透过强化监管机制与纾困措施，协调会员国的财政结构，减少类似欧债危机的情况再度发生。不过，在新冠肺炎疫情期间探讨纾困方案时，会员国对于财政政策的立场仍然相当分歧，显示出欧盟财政改革之路仍然很漫长。据此，本文从欧债危机后的财政改革出发，讨论会员国在加强财政监管、建立欧洲稳定机制、发行欧元债券、单一监管机制再到关于新冠肺炎疫情纾困方案的分歧，探讨会员国对财政治理的不同偏好如何反映在欧债危机后的财政改革路径上，以及说明欧盟财政改革若要继续前行，除了需要协调会员国财政治理体系的差异外，还需要解决日益严峻的发展不平衡问题。

一　新冠肺炎疫情下的经济困境

2020 年对全世界来说都是深具冲击性的一年。新冠肺炎疫情在 2020 年初来势汹汹，疫情从亚洲开始，随后席卷全球，欧洲多国也由于疫情的缘故而遭遇经济衰退的困境，甚至被视为第二次世界大战以来最严重

* 陈蔚芳，东海大学政治学系助理教授。

的经济危机。[①] 为了缓解经济困境并促进疫情后的经济复苏，欧盟于2020年3月底召开高峰会议，讨论如何因应新冠肺炎疫情所造成的社会经济冲击，部分会员国借机提出由欧盟发行“新冠债券”（corona bonds）作为纾困措施。[②]

“新冠债券”是以欧盟机构的名义向市场融资，利用更弹性的方式扩大财源，将所获得的资金用于援助因疫情而遭受经济困顿的会员国。不过，这个构想并未在3月的高峰会议上被采纳，欧盟于4月初举行财长会议时通过5400亿欧元纾困方案，但是，当时也未接纳发行“新冠债券”的倡议，一直到7月21日，欧盟才正式在高峰会议上做出决定，同意由执委会代表所有会员国向外发行总额为7500亿欧元的债券，募得资金中的3900亿欧元将以“赠款”（grants）的形式直接拨付给经济受到疫情冲击严重的区域和部门（regions and sectors），另外3600亿欧元则以低利贷款的形式提供给会员国。[③]

这个被称为“复兴基金”（recovery fund）或是“下世代欧盟”（Next Generation EU，NGEU）的计划不只是一个经济振兴方案，事实上，这是欧盟建立单一货币体系以来最不寻常的财政措施。不寻常的原因并不在于其庞大的金额，而是资金筹措以及运用的方式。一方面，这是首次以欧盟的名义向国际金融市场进行的融资，不仅是一种新型筹措资金的方式，欧盟机构也被授权拥有对外融资权，虽然这是因应疫情冲击所采取的短期财政措施，但是也开启了在特殊情况下，欧盟能够以弹性方式扩大财源的可能性。另一方面，这项振兴计划代表着会员国的“债务共同化”（debt mutualisation），等于是由所有会员国共同承担NGEU计划的举债，不过，由于过半资金将无条件拨付给急需经济刺激

① *The Nye York Time*, 30 April 2020, “European Slump is Worst since World War II, Report Show,” https://www.nytimes.com/2020/04/30/business/europe-economy-coronavirus-recession.html（最后登录日期：2020年8月31日）.

② 提议欧盟发行“新冠债券”的会员国有意大利、法国、比利时、希腊、葡萄牙、西班牙、爱尔兰、斯洛文尼亚与卢森堡九国。

③ Special Meeting of the European Council-Conclusions, 17–21 July 2020, https://www.consilium.europa.eu/media/45109/210720-euco-final-conclusions-en.pdf（最后登录日期：2020年8月31日）.

的会员国，对于不可能从“赠款”中受益的会员国来说，它们自然有所不满，并且这与欧盟自欧债危机以来，积极整顿会员国财政纪律的改革背道而驰，因此在2020年7月的高峰会议上持不同立场的会员国彼此针锋相对，最终耗时5天才取得共识，打破欧盟高峰会议召开时长的纪录。

随着疫情对欧洲经济的影响越来越显著，不可能仅仅仰赖个别会员国各自进行纾困或振兴经济行动，而是需从欧盟的层次来采取共同行动，为单一市场的经济复苏注入活力。不过，NGEU计划的提出再度使会员国对于财政与金融改革的矛盾浮上台面，同时这也反映出尽管单一货币体系建立已经超过20年，但是会员国对于应该采取货币优先还是财政优先的发展路径仍然存在不同见解，同时也表现出欧盟机构与会员国，也就是超国家主义与政府间主义的角力。

二　欧元主权债务危机所反映的问题

早在1970年代欧洲共同体进行汇率协调时，会员国对于如何实现货币统合便存在着不同看法，这个分歧表现在1970年代对魏纳报告（Werner Report）[①] 的争论之中。其中德国与荷兰代表的是“经济优先”路线，主张需由独立的中央银行先推动经济与财政政策的协调，在达到政策趋同后，货币统合自然水到渠成；法国、意大利与西班牙等货币相较于德国马克较为弱势的会员国则支持“货币优先”路线，这些国家认为在建立单一货币体系以后，各国的经济与财政结构自然会随之进行协调与改革，同时这些国家也偏向扩张性财政政策，认为欧元可作为一种工具，使采取紧缩性财政政策的德国向它们靠拢。[②] 换言之，究竟采取“经济优先”还是“货币优先”路线，反映的是应该由经济来调节货币，

① 魏纳报告全名为“关于在共同体内分阶段实现经济和货币联盟的报告”，由时任卢森堡首相的Pierre Werner于1970年提出，该报告建议从1971—1980年分三个阶段实施欧洲货币统合，但是，由于1970年代爆发全球金融危机以及由石油危机所引起的经济衰退，不利于创造整合氛围而未能落实。有关魏纳报告的详细内容请参考：https：//ec. europa. eu/economy_ finance/publications/pages/publication6142_ en. pdf（最后登录日期：2020年8月31日）.

② A. Moravcsik，“Europe after the Crisis：How to Sustain a Common Currency，” *Foreign Relations* 91（3），2012，pp. 55－56.

还是由货币来调节经济的不同主张。①

从后来欧元发展的历史来看，最后采取的是“货币先行”路线，不过也建立了独立央行来管理汇利率以抑制通货膨胀，并透过《稳定与财政公约》维持会员国的财政纪律，这种做法能够更快地实现单一货币体系。不过，由于会员国将部分调节经济的权力（例如提高货币供给或限制货币流动、汇率的政策操作）交付欧洲中央银行，也减少了会员国自行调节经济的空间。

然而，由于会员国的经济结构与体制不同，竞争力也互有强弱，其实很难共享单一货币的果实，也不保证所有会员国的经济发展速度能够趋同。更棘手的是，即使面临同样的经济危机，由于各自竞争力与国内社会经济环境的差异，所承受的冲击也有所不同。因此在爆发主权债务危机以前的欧元区，虽然因为单一货币体系而提供了更多的投资机会，但是机会的分配却是不均等的，呈现出竞争力较佳的会员国获得更多的投资机会，而竞争力较弱的会员国不但缺乏投资机会，还由于货币主权受到限制，而无法透过利率或汇率来调节国内市场，因此转而透过支出扩张以及举债来满足国内对发展与资金的需求。换言之，在原有的单一货币体系下，会员国的货币政策高度集中化，但是各自的财政、薪资与银行政策却仍然高度分化②，这种不一致的危险性在欧债危机时一发不可收拾。

希腊自2010年2月开始，由于其财政的不稳定而爆发主权债务危机（简称“欧债危机”），其周边的欧元区国家，如意大利、西班牙、葡萄牙以及爱尔兰等，也由于各自不同的经济与财政问题而陷入债务危机，所引发的多米诺骨牌效应与经济冲击使欧盟不得不对这些国家进行纾困。事实上，在决定是否与如何对遭遇债务危机的国家进行纾困时，欧盟内

---

① 有关会员国对于实现经济和货币联盟的不同意见，请参见张亚中《欧洲统合：政府间主义与超国家主义的互动》，台北：扬智出版社1999年版，第176—178页；Fratianni, M. & von Hagen, J., “The European Monetary System Ten Years after,” *Carnegie-Rochester Conference Series on Public Policy*, 32, 1990, pp. s177 - 181.

② Georgiou, C., 2017, “Economic Governance in the EU after the Eurozone Crisis: A State of Affairs,” https://www.academia.edu/33778749/Economic_governance_in_the_EU_after_the_Eurozone_crisis_a_state_of_affairs（最后登录日期：2020年8月31日）.

部并非意见一致。例如，德国最初对纾困计划持消极与反对态度，主要的原因在于德国认为这些国家是因为本身财政纪律不佳才会陷入危机的，但是除了希腊以外，其他陷入危机的国家并非导因于财政纪律的问题，例如爱尔兰与西班牙是美国次贷危机所引发的不动产资产泡沫与银行危机，意大利与葡萄牙则是结构性的长期成长危机①，而德国在危机初始阶段采取的消极态度也被指责使危机情势变得更为严重。②

欧债危机凸显了欧盟制度改革的迫切性。以希腊为例，其财政遭遇困境的原因主要有二：一方面是其本身内部的问题，也就是过于仰赖举债来支应过高的政府开支，另一方面则是欧盟整体对危机的应对迟钝，无法及时挽救希腊持续扩大的公共赤字与恶化的财政状况。③ 换言之，欧债危机反映的是当个别国家遭遇突如其来的经济或财政危机，欧盟的超国家机构，如执委会或欧洲央行，无法做出及时回应，而会员国间对于危机处理又缺乏共识的时候，就有可能造成单一市场的存续性危机。④这些结构性问题使得欧盟对欧元治理的改革不能仅从宏观层次的制度改革下手，还须解决会员国各自积累已久的经济发展分化与财政纪律不一的问题。

三　欧债危机后的财政改革

对于采行单一货币的国家而言，它们的命运在某种程度上是捆绑在一起的，因此当一个经济较疲弱的国家爆发经济危机时，也会带累其他原先经济较不佳的国家，如意大利、西班牙、葡萄牙等国。再加上欧盟内部是一个单一市场，当欧元区发生经济危机时，自然也会冲击到其他非欧元区的国家，以致欧债危机虽然从希腊开始，最后却演

---

① 罗至美：《欧洲主权债务危机之解析》，《问题与研究》2013 年第 52 期。

② Young, B. & Semmler, W., "The European Sovereign Debt Crisis: Is Germany to Blame?" *German Politics & Society*, 97 (29), 2011, pp. 5 – 6.

③ Kouretas, G. P. & Vlamis, P., "The Greek Crisis: Causes and Implications," *Panoeconomicus*, 57 (4), 2010, pp. 393 – 394.

④ Featherstone, K., "The Greek Sovereign Debt Crisis and EMU: A Failing State in a Skewed Regime," *Journal of Common Market Studies*, 49 (2), 2011, pp. 199 – 200.

变为整个欧盟的经济危机，结果促使欧盟进行改革，例如提出财政契约（Fiscal Compact）、出现完善欧洲银行联盟以及银行业单一监管机制等，以期达到有效率的经济治理，并形成一个足以承受外部危机的制度架构。

（一）加强财政监管

原先监管欧元区国家财政体系的是1997年签订的《稳定与增长公约》（Stability and Growth Pact），将欧元区成员国的预算赤字与公共债务比例分别设定在上限GDP的3%与GDP的60%，但是因为对会员国规定的预算规则太过复杂，反而可能造成缺乏透明性与未来政治上的可预测性，因此欧盟在欧债危机后便思考如何简化规定。

为了使欧元区经济从欧债危机的冲击中正稳，并使受影响较严重的国家如希腊、葡萄牙、意大利与西班牙等国的国债停止波动，进一步调节其财务状况，以及扩大欧盟对会员国财政与金融的监督权限，欧盟执委会于2010年10月提出“六部立法”（Six-Pack）①，于2011年10月底完成立法程序，同年12月生效。六部立法被视为《稳定与增长公约》的加强版，内容包括五个规章与一个指令，意在调整欧盟总体经济与财政体制，避免类似欧债危机的情况再次出现。根据六部立法的规定，欧元区会员国必须处理预算赤字的问题，不遵守规定者可能会遭受欧盟理事会的制裁；关于公债比例上限的规定则适用于所有会员国，会员国必须采取措施逐年减少政府债务。连同2013年通过的“两部立法”（Two-Pack）② 一起被包含在“欧洲学期”（European semester）财政监管机制之中。

财政契约的倡议由德、法在2011年8月共同提出，目的是用条约的方式强化预算目标，规范会员国的财政平衡，欧盟机构可对未遵守规定

① 关于六部立法的规定内容可参见欧盟执委会网站，https：//ec. europa. eu/commission/presscorner/detail/en/MEMO_ 11_ 898（最后登录日期：2020年8月31日）.

② 两部立法分别为Regulation No 472/2013与Regulation No 473/2013，其内容可参见 https：//eur-lex. europa. eu/legal-content/EN/ALL/？ uri = CELEX：32013R0472与https：//eur-lex. europa. eu/legal-content/EN/ALL/？ uri = CELEX：32013R0473（最后登录日期：2020年8月31日）。

的国家自动实施惩罚，而会员国也有将相关规定纳入国内法律体系的义务，以深化欧盟经济与财政治理的整合。该契约最后被正式命名为《稳定、协调与治理公约》（Treaty on Stability，Coordination and Governance in EMU，TSCG，又名“财政稳定条约”或“财政契约”）[①]，于2012年完成谈判，2013年1月正式生效。这个以政府间条约约束会员国财政纪律的方式，有将会员国的预算主权逐步过渡到欧盟层面的意味，可视为朝财政联盟的方向迈进，不过，英国与捷克以该公约可能损害单一市场以及不合国内宪政规定为由拒绝签署。[②]

实际上，财政契约的政治意义大于实质意义，是一种透过政府间条约明确宣示会员国对欧元的支持，以及凝聚各界对欧元认同的方式。德国基民盟联邦议会的党团主席 Volker Kaude 曾提到，欧债危机肇因于各国不遵守财政纪律，因此需透过立法与新的政策来贯彻财政纪律。[③] 不过，虽然财政契约的概念是由德、法共同提出的，但是在运作上，两国甚至存在带头违反的情况，加上德国在疫情危机暴发初期的消极作为，使外界质疑欧盟空有规定，财政纪律却荡然无存，人民反对欧盟的声音也逐渐升高，这不免加深了疑欧派与拥欧派的对立。

另外，欧盟机构与会员国对于财政改革的重点也存在不同想法。例如欧盟负责经济事务的意大利籍执委 Paolo Gentiloni 认为，修改《稳定与增长公约》，松绑财政规范以及减少过度的细节规定并非逃避问题，而是为了将注意力集中在需要解决的重大问题上，例如气候变化、低增长率与通货膨胀，因此需要放松现有的财政规范门槛。但是对于财政较为保守的国家来说，例如德国与荷兰，则认为严格的财政与金融监理是必要的，反对为了资助欧盟的发展项目［例如绿色计划（Green Project）］

---

① TSCG的内容可参见欧盟执委会网站，https：//ec. europa. eu/commission/presscorner/detail/fr/DOC_ 12_ 2（最后登录日期：2020年8月31日）。

② 由于英国脱欧后捷克成为最后一个未加入财政契约的会员国，为了不显得格格不入，捷克已在2019年3月签署加入。

③ Besselink, L. F. M. , “Parameters of Constitutional Development：The Fiscal Compact in between EU and Member State Constitutions,” In L. S. Rossi, & F. Casolari (eds.), *The EU after Lisbon：Amending or Coping with the Existing Treaties?*, 2014, pp. 30 – 31.

而放松预算规则[①]，他们认为在现今规范下，欧盟已经具备足够的弹性来让会员国进行公共投资，并且严格的财政措施应该是纾困受灾严重会员国的必要条件。[②]

（二）改革欧洲稳定机制

欧洲稳定机制（European Stability Mechanism，ESM）是欧元区国家在2012年签订政府间条约时所建立的机制，其前身为欧洲金融稳定机制（the European Financial Stability Mechanism，EFSM）和欧洲金融稳定基金（the European Financial Stability Facility，EFSF），是为了建立永久性的财政与金融稳定机制，为遭遇非结构性经济或金融危机的会员国提供财政救助。其主要责任有以下几个：第一，向会员国赠款以作为宏观经济调整计划的一部分；第二，在一、二级金融市场上购买债务证券；第三，以信贷额度的方式提供财务援助；第四，通过向会员国政府提供贷款为金融机构的资本重组提供资金。[③]

ESM本质上是一种纾困机制，而鉴于德国向来反对纾困，因此其总理Angela Merkel在一开始谈判ESM时就抱持反对态度。[④] Merkel认为，德国作为资助希腊的主要出资者，已经为协助希腊渡过难关付出许多，德国内部也反对建立永久性纾困机制，因此拒绝一个需要出资更多的机制。不过，法国选择与欧盟南方国家站在一起，原因在于法国的财政情况也不太理想，受南欧国家牵连的可能性较高。为了使法国不致遭受严重的财务危机，时任法国总统Francois Hollande积极推动纾困机制制度化。最终ESM条约于2012年生效，资本总额为7000亿欧元，欧元国家

---

① https：//www. ft. com/content/26707a24-1b69-11ea-97df-cc63de1d73f4（最后登录日期：2020年8月31日）。

② https：//www. ft. com/content/b67bcf4e-4817-11ea-aeb3-955839e06441（最后登录日期：2020年8月31日）。

③ https：//www. transform-network. net/blog/article/stop-the-reform-of-european-stability-mechanism/（最后登录日期：2020年8月31日）。

④ Wen，P.，Hosli，M. O. & Lantmeeters，M.，“Liberal Intergovernmentalism and the Establishment of the European Stability Mechnanism，” Working Paper in *Institute on Comparative Regional Integration Studies*，2019，pp. 12－13.

按本国 GDP 占欧元区总 GDP 比例出资，其中 800 亿欧元分 5 年先行缴付，6200 亿欧元则为承诺资本，在收到通知时须立即缴付。欧元区国家是 ESM 当然成员，GDP 占比最大的四国——德国、法国、意大利与西班牙出资总额占 ESM 总资本额近八成，其中德国就占 27%，是 ESM 的最大股东。

不过，虽然 ESM 被视为是可以解决欧债危机的架构，但在运作上也面临着一些问题，特别是捐款规模太小与纾困决策太慢。① 虽然 ESM 资本总额为 7000 亿欧元，但是实际上会员国仅先支付 800 亿欧元，并且所有会员国的公共债务加总起来有近 10 兆欧元，而危机情势较为严重的希腊、爱尔兰、意大利、葡萄牙与西班牙的公债总额加总起来便超过 3 兆欧元，远远超过 ESM 能够纾困的规模。

为了提高 ESM 应对金融危机的能力，2019 年意大利总理 Giuseppe Conte 与其他受先前欧债危机影响严重的国家共同提出应改革 ESM，简化未来的主权债务重组程序，并加入共同银行存款担保以及共同失业保险机制，在发生重大银行危机时，欧元区的银行可在自身资金用罄的情况下向 ESM 申请贷款，将 ESM 作为欧元区银行的资金后盾，并赋予其更多的权力来处理金融危机，扩大对欧元区国家的监督权，并在需要时促进政府债务的重组。不过，由于反建制派的五星运动不支持 Conte 的改革倡议，在内阁中引发不小的风波。② 可以想见，ESM 未来的改革方向以及意大利的经济政策走向与其国内政治的态势息息相关。

（三）欧元债券的倡议

欧元债券的构想最早于 2011 年由前执委会主席 José Manuel Barroso 提出，有两个类型：一个是由欧盟作为一个整体向外发行，所有会员国共同承担债务；另一个是会员国可自行发行债券，同时欧盟也可以共同机构的名义发行债券，会员国对于欧盟共同发行的债券不负担保责任。

---

① Sapir, A. & Schoenmaker, D., "The Time Is Right for a European Monetary Fund," *Policy Brief*, 4, 2017, pp. 1–9.

② https://www.reuters.com/article/us-italy-europe-esm/italy-pm-defends-reform-of-euro-zone-bailout-fund-but-seeks-concessions-idUSKBN1Y60OF（最后登录日期：2020 年 8 月 31 日）.

发行欧元债券的目的在于利用联合发行债券的方式来降低会员国的融资成本。

欧元债券的构想一提出便在欧盟内部引发不同的声音。支持这个构想的国家包括葡萄牙、意大利、西班牙和希腊等，它们认为共同担保的债券可以恢复对主权资金贷款的信心。① 西班牙首相 Mariano Rajoy 更是在 2017 年向执委会提案，表达支持欧元债券以及建立银行联盟的意愿，并且希望建立共同失业保险计划。它们认为，欧元区仍然容易受到经济冲击，却缺乏可以吸收这种冲击的机制，因此主张若会员国之间可以形成一定程度的债务共同化，将有助于欧盟对欧元区国家进行结构性改革。②

以德国为首的北方国家，例如荷兰、芬兰以及卢森堡则反对欧元区的国家应该共同保证其他国家的债务，它们认为这样会造成债务责任不公平，使得高负债的国家不必承担相应的比较多的责任。③ 其中，Merkel 便曾提到，欧元债券的提案是令人忧心且不适当的，德国财政状况较好，借贷成本也相对很低，担心若将自身的债务与意大利、西班牙或希腊等财政状况较差的国家联系在一起，将大幅提高借贷成本。④ 当时德国的主流民意也反对发行欧元债券，约有 76% 的民众表示反对，仅有 15% 的民众表示支持。⑤

关于欧元债券的争议也牵动着德、法两国的关系。例如 Hollande 希望将债务共储于欧盟，以共同一致的方式来解决；然而 Merkel 反对这种做法，因为这会牵涉到德国宪法以及国内十余项个别法律的修法。⑥ 也

---

① https：//www. dw. com/en/eurobonds-a-cure-or-a-curse/a-15548559（最后登录日期：2020 年 8 月 31 日）.

② https：//www. politico. eu/article/spain-wants-euro-bonds-and-common-unemployment-insurance/（最后登录日期：2020 年 8 月 31 日）.

③ https：//www. euractiv. com/section/euro-finance/news/soros-germany-should-accept-eurobonds-or-leave-the-euro/（最后登录日期：2020 年 8 月 31 日）.

④ https：//www. dw. com/en/eu-commission-proposes-eurobonds-as-crisis-weapon/a-15550962（最后登录日期：2020 年 8 月 31 日）.

⑤ https：//www. spiegel. de/international/europe/another-nein-merkel-renews-euro-bond-rejection-a-781566. html（最后登录日期：2020 年 8 月 31 日）.

⑥ https：//www. theguardian. com/business/2012/may/23/eurozone-crisis-france-germany-divide（最后登录日期：2020 年 8 月 31 日）.

就是说，德国反对由整体欧盟国家承担债务，也不愿意看到债务共同化的实现，德国认为应该增加原先《稳定与增长公约》下的财政纪律，而非使举债变得更有弹性或是成本更低，因为这种做法最终会让欧盟成为债务联盟。[①] 荷兰也呼应德国的主张，认为不能以一个新形式的债务来解决一场债务危机。那些受影响严重的国家必须收紧预算并进行改革，才能使国家回到正轨。[②]

（四）建立银行业的单一监管机制（Single Supervisory Mechanism，SSM）

欧债危机对欧盟银行业造成严重冲击，并对欧盟的金融稳定带来威胁。为了长远的经济与财政整合，欧盟执委会在 2012 年 5 月呼吁建立银行联盟，以恢复对银行与欧元的信心，单一监管机制则作为建立欧盟银行联盟的第一步，并根据欧盟理事会第 1024/2013 号规章设立。[③]

单一监管机制于 2014 年 11 月实施，其建立是为了使欧元区更有能力应对银行业出现的各种危机。在单一监管机制下，欧洲央行是所有金融机构的主管机关，负责监管各国最大的银行，其余银行则由各国自行监管，欧洲央行与会员国共同合作确保各家银行遵守欧盟的银行规则。[④] 欧元区国家为当然成员，非欧元区国家也可以自愿加入。单一监管机制规定，欧洲央行有权要求银行业符合最低的金融标准，例如开展银行业务需得到欧洲央行授权，并确保欧洲央行监理的要求得到落实。不过，单一监管机制虽然是为了稳定欧元区的金融体系而设立，但是也存在若干问题。例如新规定与原先银行的规定不同，但是对于监管责任授权与更具体的法律框架仍缺乏明确规定，容易使会员国对于新的规则无所适

---

① https：//www. dw. com/en/merkel-affirms-her-rejection-of-eurobonds-in-budget-debate/a-15552009（最后登录日期：2020 年 8 月 31 日）.

② https：//www. spiegel. de/international/spiegel/dutch-finance-minister-on-the-debt-crisis-we-are-all-threatened-by-contagion-a-781622. html（最后登录日期：2020 年 8 月 31 日）.

③ https：//eur-lex. europa. eu/legal-content/EN/TXT/? uri = CELEX% 3A32013R1024（最后登录日期：2020 年 8 月 31 日）.

④ https：//ec. europa. eu/info/business-economy-euro/banking-and-finance/banking-union/single-supervisory-mechanism_ en（最后登录日期：2020 年 8 月 31 日）.

从，造成银行业的整合缺乏效率。①

另外，关于单一监管机制的主席人选也有争议。欧洲央行在2019年决定由原先担任欧洲央行监事会（European Banking Authority，EBA）主席的意大利经济学家Andrea Enria接任单一监管机制的主席，但是这个决定在意大利内部与其他欧盟会员国都引发了争议。一方面，意大利民粹主义者认为意大利的银行多面临经济疲弱的挑战，但是Andrea Enria的想法时常过于鹰派，不能维护意大利的利益。另一方面，Andrea Enria的提名代表意大利将在欧盟的银行业监管体系中保持领导地位，西班牙、葡萄牙、希腊、马耳他与塞浦路斯对此表示支持，但是德国、奥地利、荷兰与比利时等国认为意大利财政不佳，不应该由该国人士担任这么高的职位，而是支持由爱尔兰的中央银行副行长Sharon Donnery担任。② 不过，由于欧洲央行对此职位有任命权，因此最终仍由Andrea Enria担任主席，其任期到2023年结束。

四　Covid-19的财政救助对欧盟财政改革的省思

欧盟在疫情初期主要仰赖会员国各自采取财政措施。例如德国提出Kurzarbeitergeld计划，由政府支付被削减工时的工人的薪水，补助规模高达六—八成，同时提出数千亿欧元的过渡时期贷款担保，以及为自由业和小型企业设立纾困基金。在2020年的内阁会议中，也进一步通过100亿欧元的刺激经济方案。③ 不过，随着疫情对欧洲经济的冲击日益严重，从欧盟层次采取应对措施也成为必要的手段。不过，从会员国对于财政救助方案的立场分歧来看，欧盟若要继续推动财政改革，使欧元区的财政体系更为健全，仍有许多难关要克服。

---

① https：//core. ac. uk/download/pdf/34704057. pdf（最后登录日期：2020年8月31日）.

② https：//www. politico. eu/article/top-italian-banking-regulator-andrea-enria-italy-didnt-want-european-central-bank-european-banking-authority/（最后登录日期：2020年8月31日）.

③ "Germany Excels among Its European Peers," *The Economist*, 25 April 2020, https：//www. economist. com/europe/2020/04/25/germany-excels-among-its-european-peers（最后登录日期：2020年8月31日）.

首先，债务共同化方案使南北分歧更加突出。从会员国对“新冠债券”以及债务共同化的立场来看，南方国家多持赞成态度，北方国家则对此持较为保留的态度，两者立场针锋相对，导致欧盟长达数月无法取得共识。“新冠债券”的构想虽然早在 2020 年 3 月就已被提出，但是当时未被采纳，而后来能够通过的原因与德国态度转变有很大关系。德国向来反对大规模援助计划，原先也不赞成以债务共同化的方式纾解会员国的经济困境，不过由于疫情迟迟未能缓解，申根国家在疫情期间也纷纷关闭边界，严重阻碍单一市场的四大流通自由，这种只顾及自身利益的情况也严重伤害欧盟的凝聚力。鉴于单一市场的复苏需要很长时间，为了促进团结，Merkel 不得不有所妥协，转而与法国共同提出由欧盟预算支应援助计划。①

根据德法倡议，5000 亿欧元的复兴基金由会员国共同负担，出资比例根据其在欧盟多年期预算框架中的比例而定，因此德国必须贡献其中的 27%，也就是 1350 亿欧元，成为复兴基金中的最大出资者；德国同意受到援助的国家可以直接将资金用于急需的部门和地区，并且不需要偿还。意大利将德法倡议视为意大利的“重大胜利”（great victory），因为这样可以避免增加债务并且减少借贷成本。② 意大利联盟党主席 Matteo Salvini 还带头反对向 ESM 借款，认为 ESM 利率过高，所要求的财政措施也会使意大利感到屈辱。

不过，除了德国以外，奥地利、丹麦、荷兰、瑞典与芬兰等国也不乐见欧盟“慷慨”援助那些需要欧盟伸出援手的国家。这些被称为“节俭五国”（frugal five）的国家要求降低赠款比例，并对贷款设置更严格的条件，甚至提出向欧盟借贷的国家应该进行结构性改革的要求。③“节

① “The Merkel-Macron Plan to Bail out Europe is Surprisingly Ambitious,” *The Economist*, 21 May 2020, https://www.economist.com/europe/2020/05/21/the-merkel-macron-plan-to-bail-out-europe-is-surprisingly-ambitious（最后登录日期：2020 年 8 月 31 日）.

② “In Need of Assistance—An Interview with Luigi Di Maio,” *The Economist*, 30 April 2020, https://www.economist.com/europe/2020/04/30/an-interview-with-luigi-di-maio（最后登录日期：2020 年 8 月 31 日）.

③ “In Need of Assistance—An Interview with Luigi Di Maio,” *The Economist*, 30 April 2020, https://www.economist.com/europe/2020/04/30/an-interview-with-luigi-di-maio（最后登录日期：2020 年 8 月 31 日）.

俭五国”对债务共同化的反对不只是担心被财政不佳的国家所拖累，也担心欧盟会走向进一步的财政整合，而这些国家不只是或多或少地具有疑欧主义的传统，近年来也面临国内极右民粹主义高涨的挑战，因此并不希望欧盟走向可能要求会员国让渡更多主权的财政联盟。除了奥地利以外，这些国家都为北欧国家，经济与财政状况相比于南欧国家来说较好，这种对于债务共同化的立场对立，不只是源于财政原则的差异，也是经济发展差距的反映。若发展差距无法有效缩短，在未来仍可能是单一市场与欧元区的未爆弹。

其次，新冠肺炎疫情也让欧盟反思既有纾困机制的可行性。ESM 在欧债危机之后设立，原意就是为经济陷入困境的国家提供援助，但是在讨论运用已有的纾困机制时，会员国对于是否动用 ESM 却出现了分歧。德国、荷兰、奥地利与北欧国家认为应该利用 ESM 来为经济遭遇困境的国家提供资金，但是受疫情冲击较严重的国家，例如意大利与西班牙却反对动用 ESM，后者认为，ESM 的附加条件过于苛刻，若接受 ESM 的资金，受援国必须进行一些相应的财政改革，所造成的社会经济冲击难以预估。与前述分歧类似，会员国对于是否动用 ESM 的不同意见，显示出南欧国家与北欧国家长期以来在财政政策原则上的分歧仍然未能解决，而两者的分歧能否调和，不仅决定着新冠肺炎疫情复兴基金能否到位，也会影响财政改革的发展方向。

最后，除了短期的纾困措施外，欧盟还需要因应由于新冠肺炎疫情而加重的经济不平等。部分会员国国内兼职与临时劳工人数众多，这类工作本身就存在着缺乏福利保障与工作稳定性的问题，当受到疫情冲击而停工时，这些缺乏固定工作的人口可能会立即陷入经济困顿中，也会导致国内贫富差距的迅速拉大，由于会员国缓和贫富差距的能力与资源各有不同，这还会在会员国之间形成另一种形式的不平等。若欧盟无法提出整体应对这种不平等的有效方案，将不利于单一市场的持续整合。

五　结论

新冠肺炎疫情使会员国深刻地体认到彼此命运是紧密相连的，但是在疫情扩大的当下也见识到了各国仍然以各自利益为优先，导致合作难以进行，欧盟几乎花了半年的时间才就纾困方案取得共识，后续还需要欧盟执委会、欧洲议会与欧盟理事会协商出具体方案，并且交由会员国批准，因此预料复兴基金方案不会太快实施。

从欧盟财政改革以及疫情期间关于纾困方案的讨论来看，欧盟的制度发展和会员国各自的利益考量有很大关系，欧债危机后的财政改革始末，正反映了欧盟层次的制度改革与会员国国内政治之间的互动，因此未来欧盟会如何走，很大一部分仍然取决于这个走向是否符合会员国的利益与国内民意。

最后，欧盟能否提出有效措施使会员国的经济从疫情的困境中复苏，并缓解因为疫情所加重的不平等问题，是决定欧盟能否借由危机团结在一起的关键。德、法能够携手合作，主要是由于德国的妥协，而 Merkel 让步的原因便在于新冠肺炎疫情对欧洲的冲击前所未见，危机的特殊性使德国不得不调整其长期以来在财政政策上的立场，这个妥协也有助于避免欧盟进一步走向分裂。不过，除了短期的补贴或纾困外，单一货币体系的稳健仍有赖于欧盟采取宏观的监管措施来强化会员国财政框架，并提高财政规划的协调性与纪律性，才有可能降低任何会员国再次陷入金融困境的可能性。

新冠肺炎疫情危机、欧盟复苏基金及其对欧洲统合的意涵：经济治理的典范转移

罗至美*

新冠肺炎疫情的发生重创了欧盟地区，使得部分欧盟国家成为全球疫情严重的地区。对于欧洲受创的严重程度，德国总理 Angela Merkel 形容为“是欧盟创立以来最大的考验”（“its biggest test since its foundation”）（Posaner and Mischke，2020）。疫情的快速传播使得一场公共卫生危机转化成为一场经济危机。除了少数几个欧盟国家外，欧盟大部分地区都采取了封城措施以抑制疫情的蔓延，从而导致欧盟经济陷入欧盟执委会（European Commission）所称的：“是自 1930 年代经济大萧条以来，史上最严重的经济衰退”（“the deepest economic recession in its history”）。欧盟经济预估会衰退达欧盟总体 GDP 的 7.5%。① 欧盟执委会预估，疫情的高度不可预测性，提高了欧盟经济前景的不确定性，预期未来欧盟经济只能出现所谓的 U 形复苏。②

法国总统 Emmanuel Macron 因此认为，欧盟经济进入了“经济与财

---

* 罗至美，台北大学公共行政暨政策学系欧盟莫内讲座教授。

① European Commission（2020a），“European Economic Forecast：Spring 2020，” *Institutional Paper* 125，May 2020，Brussels：European Commission.

② European Commission（2020a），“European Economic Forecast：Spring 2020，” *Institutional Paper* 125，May 2020，Brussels：European Commission.

务上的关键点”（“crucial economic and financial point”）。如何因应新冠肺炎疫情此一“前所未见的危机”（“a crisis like no other”）对欧盟经济所带来的严峻挑战，成为欧盟主政者与评论者热议的议题。欧盟领导人在2020年7月同意采取一非传统的政策选项：向资本市场筹资，设立一规模达7500亿欧元的复苏基金（recovery fund），作为因应新冠肺炎疫情危机所带来的经济挑战的政策回应之道。

此一史无前例的欧盟复苏基金，未来如能成功落实执行，将是一个革命性的措施，不论是从金额规模的数量还是从政策本质上而言。复苏基金的出现代表着欧盟经济治理进入一新的断层线：从2010年代的撙节经济学进入2020年代以需求为导向的经济治理重点。欧盟对欧债危机实施的错误的危机管理，在某种程度上催生了反欧盟极右派政党在欧洲政治中的兴起。欧盟复苏基金的出现与实施对未来数年欧洲统合的发展，预期亦将产生极为关键的政治意涵。

本文的目的即在评估复苏基金作为欧盟对疫情后经济政策的回应，是不是一正确的解答，进而探讨与分析此一政策回应对欧洲统合的意义与意涵。本文认为，从政策方向、政策方法途径、政策内容重点观之，复苏基金均为一正确的政策选择。它同时对欧元区完成财政联盟、对欧盟执委会体制性功能的扩张、对欧洲统合平抑反欧盟的极右派民粹势力的发展等面向，具有重要意涵。复苏基金未来将如何被落实执行，将是此一政策成效之变量。

后续的讨论安排如下：首先，本文将探讨新冠肺炎疫情是如何在欧盟会员国发展成欧洲疫情震央的，从而出现这一场罕见的公共卫生危机，以及此一公共卫生危机的发生与欧盟此前经济治理的关联性。在此一脉络下，本文接着分析基于数项政策实务性与道德正当性的缘由，疫后的欧盟经济治理在意识形态与方法途径上出现典范转移是必要的。基于前述的衡量观点，欧盟的复苏基金将被评估是否符合此一可欲性的需求。进而探讨欧盟复苏基金对欧洲统合的意义与意涵，最后得出本文的结论。

一　疫情发生在欧盟社会脆弱之际冲击着欧盟

本节将探讨欧盟于2010年代所采行的经济治理对欧盟社会所造成的后果以及如何影响疫情在欧盟的扩大。

（一）疫情如何在欧盟的震央区发展成危机：受创的医疗系统与政治领导人的交互作用

新冠肺炎疫情是对一国领导人能力与医疗体系质量的双测试。前者是在国家总体层次上的第一道防火墙，后者则是在个体层次上的第二道防火墙。许多评论者认为，民粹型的政治领导者在疫情中表现得较非民粹型的领导者为差，且其领导方式与疫情的快速蔓延是有正面相关性的。欧盟地区所出现的第一个震央——意大利，即被认为是一典型的案例。① 意大利的联合政府是由民粹政党的五星运动与中间左派的民主党所组成，该政府被批评为在疫情发生的关键时间——从2月21日到3月22日毫无作为，忽视病毒的蔓延，漠视医疗公共卫生专家的警告与试图淡化疫情传播的严重性。Horowitz et al. 等人相信，如果能提早10天实施封城，意大利的疫情将会出现极为不同的结果。②

---

① Landwehr, C. and A. Schafer (2020), "Populist, Technocratic, and Authoritarian Responses to Covid-19," *Social Science Research Council Items*, issued on 23 July 2020, New York: Social Science Research Council. Available at https://items.ssrc.org/covid-19-and-the-social-sciences/democracy-and-pandemics/populist-technocratic-and-authoritarian-responses-to-covid-19/ (accessed 29 January 2021). Blackburn, C. and L. Ruyle (2020), "How Leadership in Various Countries Has Affected COVID-19 Response Effectiveness," *The Conversation*, Issued on 27 May 2020. Available athttps://theconversation.com/how-leadership-in-various-countries-has-affected-covid-19-response-effectiveness-138692 (accessed 29 January 2021). McKee, M., A. Gugushvili, J. Koltai and D. Stuckler (2020), "Are Populist Leaders Creating the Conditions for the Spread of COVID-19?," *International Journal of Health Policy and Management*, doi 10.34172/ijhpm.2020, 124. Gugushvili, A., J. Koltai, D. Stuckler and M. McKee (2020), "Votes, Populism and Pandemics," *International Journal of Public Health*, 65: 721–2. Lassa, J. and M. Booth (2020), "Are Populist Leaders a Liability during COVID-19?," *The Conversation*, Issued on 8 April 2020. Available at https://theconversation.com/are-populist-leaders-a-liability-during-covid-19-135431 (accessed 29 January 2021).

② Horowitz, J., E. Bubola, and E. Povoledo (2020), "Italy, Pandemic's New Epicenter, Has Lessons for the World," *New York Times*, 21 March 2020. Available at https://www.nytimes.com/2020/03/21/world/europe/italy-coronavirus-center-lessons.html (accessed 29 January 2021).

然而，Pisano et al. 等人认为，意大利政府在疫情发生时出现管理不当的问题不应归因于其民粹型的政治领导人，而是人性的自然趋向：习惯于攫取与自身立场偏好相符的信息与避免痛苦的决策。Capano 进一步解释说，当面临未知或是非预期的事件时，例如新冠肺炎疫情的发生，多数的政策设计都会经历相同的问题认知过程（problem-recognition process）——从一开始否认问题的存在，继而反应不足，到最后认知到问题的存在。[①] 不论他们的论点是否无可非议，意大利领导人在疫情初期犯下的致命错误——错失了控制疫情的时间优势从而导致疫情在意大利大规模暴发，不可避免地导致了第二道防火墙——意大利的医疗体系，面临严峻的考验。

新冠肺炎疫情发生在意大利医疗系统历经了 10 年的财政撙节时机。意大利的国家医疗体系（National Health System，NHS）曾于 WHO 在其 2000 年全球医疗体系的评比中，被评为是全球表现第二佳的国家体系，相较之下，一向被公认是高医疗水平的德国，则在该评比中列全球第 25 名。[②] 意大利的国家医疗体系因此一度被视为是该国福利体系中最优异的部分。2010 年代所采取的一系列财政撙节措施，不但伤害其医疗质量，也损害其医疗服务普遍性的本质。经费的删减不仅减少了医疗院所的病床数与住院率，增加了患者的自负额，也减少了医疗人员的聘雇人数，并降低了医疗人员的薪资水平。总计在 2009—2015 年，意大利的国家医疗体系从业人员减少了 6.5%。医疗体系因而出现人员不足与装备不足的双欠缺现象。[③]

意大利医疗体系医疗人员与装备双缺乏的现象，如同 Sanfelici 所言，是“不足以面对医疗危机发生的”[④]。新冠肺炎疫情的发生突显了意大利

---

① Capano, G. (2020), “Policy Design and State Capacity in the COVID-19 Emergency in Italy: If You Are Not Prepared for the (un) Expected, You Can Be Only What You Already Are,” *Policy and Society*, 39 (3): 326 - 344.

② World Health Organization (2000), *The World Health Report* 2000-*Health Systems*: *Improving Performance*, Geneva: WHO.

③ Neri, S. (2019), “The Italian Health Service after the Economic Crisis: From Decentralization to Differentiated federalism,” in M. Serapioni and P. Hespanha eds., *Crisis*, *Austerity and Health Inequalities in Southern European Countries*, Portugal: Centro De Estudos Socias, pp. 147 - 169.

④ Sanfelici, M. (2020), “The Italian Response to the COVID-19 Crisis: Lessons Learned and Future Direction in Social Development,” *The International Journal of Community and Social Development*, 2 (2): 191 - 210.

医疗体系原本的缺陷：连最基本的个人保护装备——从医用口罩与防护衣，到医护人员与病床数，均严重不足，加护病房数量的短缺尤其严重。在疫情期间，意大利的医护人员被迫在高压下，长时间无法休息的过度工作，医护人员过劳现象因此可以解释为何意大利医护人员的染疫比例是各国中相对较高的，达9%。[①] 在同一时间，医疗院所被迫实施“检伤分类”（triaging），以取舍有限的医疗资源该优先投入何种染疫病患的救治是最为有效的。[②] 意大利的新冠肺炎死亡率亦相对较其他西欧先进国家为高，为9%。Torri *et al.* 等人将此一结果归因于医疗院所与加护病房对患者的低可及性（low availability），加上意大利的人口较为老龄化与疫情集中在人口较稠密的北部地区等因素。[③] 许多意大利的第一线医护工作者以亲身经历指出，在疫情最严重的地区，医疗体系已接近崩溃。[④] 尽管意大利各地对疫情的控制呈现出地区的差异性（例如同样在北部 Veneto 地区，不论在确诊数与死亡率上，都高于 Lombardy 地区），但如同时任意大利总理 Giuseppe Conte 所指出的，新冠疫情“是二战后意大利所面临的最严重的危机”。在政府领导人的误判与资源不足的医疗体系两者因素的共伴效应下，新冠肺炎疫情在意大利演变成为一场医

---

① Nava, S., R. Tonelli and E. M. Clini (2020), "An Ltalian Sacrifice to the COVID-19 Epidemic," *European Respiratory Journal*, 55: 2001445; doi: 10.1183/13993003.01445-2020.

Pisano, G., R. Sadun, and M. Zanini (2020), "Lessons from Italy's Response to Coronavirus," *Harvard Business Review*, 27 March 2020. Available at https://hbr.org/2020/03/lessons-from-italys-response-to-coronavirus (accessed 29 January 2021).

② Palaniappan, A., U. Dave, and B. Gosine (2020), "Comparing South Korea and Italy's Healthcare Systems and Initiatives to Combat COVID-19," *Pan American Journal of Public Health*, 44, http://doi.org.10.26633/RPSP.2020.53.

③ Torri, E., L. G. Sbrogio, E. D. Rosa, S. Cinquetti, F. Francia, and A. Ferro (2020), "Italian Public Health Response to the COVID-19 Pandemic," *International Journal of Environmental Research and Public Health*, 17: 3666, doi: 10.3390/ijerph17103666.

④ Armocida, B., B. Formenti, S. Ussai, F. Palestra, and E. Missoni (2020), "The Italian Health System and the COVID-19 Challenge," *The Lancet*, 5 (5): E253.

Paterlini, M. (2020), "On the Front Lines of Coronavirus: The Italian Response to COVID-19," *British Medical Journal*, 368: m1065, doi: 10.1136/bmj.m1065.

Indolfi, C. and C. Spaccarotella (2020), "The outbreak of COVID-19 in Italy," *JACC: Case Reports*, 2 (9): 1414-1418.

Nava, S., R. Tonelli and E. M. Clini (2020), "An Ltalian Sacrifice to the COVID-19 Epidemic," *European Respiratory Journal*, 55: 2001445; doi: 10.1183/13993003.01445-2020.

疗与公共卫生上的灾难，进而形成欧盟地区的第一个新冠肺炎疫情震央。

欧盟的第二个疫情震央——西班牙，亦是循着与意大利案例相似的路径发展出来的。西班牙政治领导者对疫情的发生，一开始亦是先否认疫情的存在（“西班牙没有新冠病毒”）到反应不足（对疫情可能发生几无准备），到最后认知到问题的严重性（实施严格的封城措施）。Henriquez et al. 等人认为，封城措施对有效降低西班牙新冠肺炎疫情的传播产生80%的效果，而如果政府的封城措施能早一周实施，还能进一步再降低12.8%的染疫人数。[①] 然而，Enriquez 却认为，新冠肺炎疫情在西班牙出现大暴发是因为西班牙人的体质基因、人口的老化与稠密度、社交习惯以及西班牙经历了新冠肺炎疫情发展的不同阶段所致，而不能完全归咎于政府的疏失与延迟作为。[②] 不论原因为何，西班牙政府第一道防火墙的失败终究导致第二道防火墙——西班牙医疗体系，面临着严重的压力。

西班牙的医疗体系与意大利相同，曾被视为是该国现代化建设的旗舰标杆。西班牙的国家医疗体系曾名列国际前茅，曾被 WHO 评为全球第七佳的国家体系。[③] 2011—2020 年所实施的财政撙节措施大幅删减了西班牙的医疗预算，从占 GDP 总额的 6.8%，降到 2020 年的 5.9%，远低于欧盟的平均值 7.5%。这些经费预算的删减，导致病床数减少、临时性契约型的医疗人员增加、医疗专业训练经费减少 75% 以及一连串的私有化政策。私有化政策在疫情发生后被视为是有效控制疫情的一项阻碍因素。以马德里地区为例，该区医疗体系即经历了一波显著的私有化改革，使得该区在新冠肺炎疫情发生时，医疗体系面临着极大的压力，

① Henriquez, J., E. G. Almorox, M. Garcia-Goni and F. Paolucci (2020), "The First Months of the COVID-19 Pandemic in Spain," *Health Policy and Technology*, doi: https://doi.org/10.1016/j.hlpt.2020.08.013.

② Enriquez, C. G. (2020), "Is Spain Doing Well or Badly in Its Response to COVID-19?," *Expert Comment* 16/2020, Issued on 4 May 2020, Madrid: Elcano Royal Institute.

③ World Health Organization (2000), *The World Health Report* 2000-*Health Systems: Improving Performance*, Geneva: WHO.

从而使得马德里地区成为新冠肺炎疫情在西班牙的震央。[①] 总体而言，财政撙节改革使得西班牙在 2011—2014 年失去了 2.85 万名公立医疗体系人员。[②] Franklin et al. and Legido-Quigley et al. 因此批评说，财政撙节措施从根本上改变了西班牙的国家公立医疗体系（NHS），从过去原本是提供全民医疗的普遍性质（universal coverage），转变为以个人负担为基础的系统（contribution system），其所导致的结果就是西班牙公民面对医疗服务在可及性、可负担性、质量上的多重恶化。[③] 在医疗服务的供给面上，西班牙医疗人员面对的是更低的薪资福利、更差的工作条件、更少的人力。这些工作条件的恶化使得西班牙医疗人员曾于 2018 年底发起一连串的示威抗议游行，西班牙社会俗称之为“白色浪潮”（“white tides”）。[④]

因此，在新冠肺炎疫情发生之前，西班牙的国家医疗体系（Spanish NHS）已经处在一个极脆弱的状态，面对新冠病毒所引致的如此大规模的疫情，Henriquez et al. 等人认为“完全无法面对”[⑤]。在疫情发生后，医疗人员与物资上的缺乏使得西班牙的医疗体系紧绷到极致。尽管西班牙政府透过诸多措施，例如改以中央指挥的方式统整原本地方分权的医

---

① Hedgecoe (2020), “In Spain, Austerity Legacy Cripples Coronavirus Fight,” *Politico*, 28 March 2020. Available at https://www.politico.eu/article/in-spain-austerity-legacy-cripples-coronavirus-fight/ (accessed 29 January 2021). Legido-Quigley, H., L. Otero, D. la Parra, C. Alvarez-Dardet, J. M. Martin-Moreno and M. McKee (2013), “Will Austerity Cuts Dismantle the Spanish Healthcare System?,” *British Medical Journal*, 346: f2363.

② Amnesty International (2018), *Wrong Prescription: The Impact of Austerity Measures on the Right to Health in Spain*, London: Amnesty International.

③ Legido-Quigley, H., L. Otero, D. la Parra, C. Alvarez-Dardet, J. M. Martin-Moreno and M. McKee (2013), “Will Austerity Cuts Dismantle the Spanish Healthcare System?,” *British Medical Journal*, 346: f2363. Franklin, B., D. Hochlaf and G. Holley-Moore (2017), *Public Health in Europe during the Austerity Years*, London: International Longevity Centre UK.

④ Cordoba-Dona, J. A. and A. Escolar-Pujolar (2019), “The Lasting Effects of a ‘Relentless Crisis’: The Great Recession and Health Inequalities in Spain,” in M. Serapioni and P. Hespanha eds., *Crisis, Austerity and Health Inequalities in Southern European Countries*, Portugal: Centro De Estudos Socias, pp. 68–92.

⑤ Henriquez, J., E. G. Almorox, M. Garcia-Goni and F. Paolucci (2020), “The First Months of the COVID-19 Pandemic in Spain,” *Health Policy and Technology*, doi: https://doi.org/10.1016/j.hlpt.2020.08.013.

疗指挥系统、同意动用私人医疗资源以及召回退休的医生与护士，以避免西班牙医疗体系的崩溃①，但截至2020年9月，西班牙仍是全欧洲染疫人数最高的国家。该国医护人员的染疫比例达14%，甚至高于意大利。② 然而，最糟的情况发生在西班牙的老人照护中心。由于对疫情的发生准备不足与照护人力原本就吃紧，西班牙老人照护中心的健康情况在疫情发生后急速恶化。③ 西班牙所登录的新冠肺炎疫情死亡案例，有2/3的高比例是发生在老人照护中心。西班牙老人照护中心生活条件之恶化令人震惊，被形容为是一场“真实的人道危机”（“true humanitarian crisis”）。④

西班牙国家医疗体系的系统性缺失使得该国形成欧盟地区第二个新冠肺炎疫情的震央。欧盟对西班牙推动医疗体系进行财政撙节改革所扮演的角色，是无法否认与粉饰的。例如欧盟理事会在对西班牙的建议报告中曾经指出：“继续对医疗体系推动具成本效益的改革措施与整并措施是必要的。”⑤ 2011—2018年，欧盟执委会对欧债危机国家总计发出63项指示，建议降低医疗经费预算或是进行私有化医疗服务。因此 Aubry and Schirdewan（2020）等人认为，“布鲁塞尔应承担该有的责备”⑥。

---

① Legido-Quigley，H.，J. T. Mateos-Garcia，V. R. Campos，M. Gea-Sanchez，C. Muntaner，and M. McKee（2020），“The Resilience of the Spanish Health System against the COVID-19 Pandemic，” *The Lancet*，5：e251 – 252. Henriquez，J.，E. G. Almorox，M. Garcia-Goni and F. Paolucci（2020），“The First Months of the COVID-19 Pandemic in Spain，” *Health Policy and Technology*，doi：https：//doi. org/10. 1016/j. hlpt. 2020. 08. 013.

② Nava，S.，R. Tonelli and E. M. Clini（2020），“An Ltalian Sacrifice to the COVID-19 Epidemic，” *European Respiratory Journal*，55：2001445；doi：10. 1183/13993003. 01445 – 2020.

③ Thornton，J.（2020），“Covid-19：Care homes in Belgium and Spain had ‘Alarming Living Conditions’，Says MSF Report，” *British Medical Journal*，370：m3271.

④ Henriquez，J.，E. G. Almorox，M. Garcia-Goni and F. Paolucci（2020），“The First Months of the COVID-19 Pandemic in Spain，” *Health Policy and Technology*，doi：https：//doi. org/10. 1016/j. hlpt. 2020. 08. 013. Thornton，J.（2020），“Covid-19：Care Homes in Belgium and Spain Had ‘Alarming Living Conditions’，Says MSF Report，” *British Medical Journal*，370：m3271.

⑤ Amnesty International（2018），*Wrong Prescription：The Impact of Austerity Measures on the Right to Health in Spain*，London：Amnesty International.

⑥ Aubry，M. and M. Schirdewan（2020），“Solidarity is the Cure for Post-pandemic Europe，” *EU Observer*，12 May 2020. Available at https：//euobserver. com/stakeholders/148324（accessed 29 January 2021）.

对同样是欧债国家的希腊与葡萄牙而言，如果不是在疫情发生的初期阶段即断然地采取封城措施，新冠肺炎疫情在这两国本会是一场比意大利、西班牙疫情更严重的灾难。财政撙节措施使得希腊与葡萄牙的公立医疗体系出现严重的医疗人员与资源缺乏。希腊官员曾于2019年表示，在希腊1100万的人口总数中，全国仅有560张加护病床（ICU beds）。而在葡萄牙，则是平均每10万人仅有4.2张重症病床（critical care beds），是欧盟27个国家中比例最低者。认知到国家公立医疗体系的脆弱性，希腊政府与葡萄牙政府均在本国出现少数确诊案例的疫情初期阶段，即断然地采取封城措施。①

Franklinet al. 等人早于新冠肺炎疫情发生前即预测："医疗撙节的改革措施为今日节省了经费，却为未来积存了问题"（"save costs today while storing up problems for the future"）。② 这些问题在新冠肺炎疫情冲击意大利与西班牙时显露无遗。英国经验亦提供了相似的实证证据。尽管英国不是欧债危机国家，英国主政的保守党政府在治理的意识形态上即采行财政撙节措施以因应全球金融危机对该国税收下降所造成的冲击。英国医疗资源的预算占其GDP的比例，于2009—2010年至2018—2019年10年间下降了7%。医疗经费撙节的结果导致英格兰居民自2010年以来，出现人均寿命停滞不再增加的罕见现象，为该国100年来首见。③ 该国资源吃紧的医疗体系与民粹政治领导人在疫情发生初期不负责任的消极作为，导致欧洲地区的第三个震央在英国出现。我们不能否认即使是医疗资源最丰沛的国家，例如德国，亦难以充分抵挡如新冠肺炎疫情如此大规模的疫情。然而，如果意大利与西班牙能有较佳的医疗资源与

---

① Perrigo, B. and J. Hincks (2020), "Greece Has an Elderly Population and a Fragile Economy. How Has it Escaped the Worst of the Coronavirus So far?," *Time*, 23 April 2020. Available at https://time.com/5824836/greece-coronavirus/ (accessed 29 January 2021). Ames, P. (2020), "How Portugal Became Europe's Coronavirus Exception," *Politico*, 14 April 2020. Available at https://www.politico.eu/article/how-portugal-became-europes-coronavirus-exception/ (accessed 29 January 2021).

② Franklin, B., D. Hochlaf and G. Holley-Moore (2017), *Public Health in Europe during the Austerity Years*, London: International Longevity Centre UK.

③ Marmot, M., J. Allen, T. Boyce, P. Goldblatt and J. Morrison (2020), *Health Equality in England: The Marmot Review 10 Years On*, London: The Health Foundation.

系统韧性，两国所遭受的严重的生命损失与伤害是可以避免与不会发生的。

（二）脆弱的劳动市场与社会状态

在封城期间，除了医护人员之外，司机、外送人员、基础服务人员等是依旧继续工作的例外族群。这些人员冒着对个人健康的高风险而持续工作的一个主要原因即在于他们多数处在“零工时契约”（zero-hour contracts）的工作条件下——所谓的“零工经济”（gig-economy），亦即他们的工作无任何固定有薪时数的保障。在疫情中仍持续工作是此类“零工时契约”工作者维系收入的唯一方式，因为零工时就业提供非常少的就业工作保护，而此类劳工多数不符合政府对一般劳工在封城期间被迫放无薪假所提供的就业津贴补助。零工经济是欧盟在数年前所推动的劳动市场改革的产物。劳动市场改革的推动是为了降低欧债危机国家所出现的高失业率，企图透过对劳动保护法规的松绑提供聘雇方更多的弹性与自由。在个体经济层面推动的劳动市场改革，加上在总体经济层面实施的财政撙节措施使得许多劳工进入零工经济中的低质量、低就业保护、低薪资的就业形态。① 以西班牙而言，1/3 的劳动就业人口被划分为所谓的独立工作者，其中有42%的高比例是“被迫”（“out of necessity”）接受零工经济的就业形态，而不是出于有选择性的（“by choice”）。同时，有61%的零工经济工作者是年轻世代，在他们之中，有过半以上的比例（56%）来自低所得的家庭。②

Braun et al. 等人即指出，新冠肺炎疫情在欧洲快速且大规模的暴发说明了标榜自由与弹性的劳动市场改革所产生的平台经济或零工经济完全无法保障个人最基本的健康与福祉。③ Foster 观察到，即使明知自己已

---

① Marmot, M., J. Allen, T. Boyce, P. Goldblatt and J. Morrison (2020), *Health Equality in England: The Marmot Review 10 Years On*, London: The Health Foundation.

② McKinsey Global Institute (2016), *Independent Work: Choice, Necessity, and the Gig Economy*, US and Europe: McKinsey & Company.

③ Braun, E., L. Kayali and P. Tamma (2020), “Coronavirus Pandemic Leaves Gig Economy Workers Exposed,” *Politico*, 19 March 2020. Available at https://www.politico.eu/article/coronavirus-pandemic-leaves-gig-economy-workers-exposed/ (accessed 29 January 2021).

经生病且继续工作对个人健康有高度危害，这些“零工时经济”工作者不敢冒失去工作的风险而请假，他们之中包括那些每天在政治人物上班地点做打扫清洁的工人，因为害怕自己随时可以被取代而不敢请假休息。另外，医疗体系在财政撙节改革后提高自负额的医疗收费方式亦使得此类低薪工作者因财务考量而不愿主动就医。①

“零工时经济”工作者所承受的较差的工作条件以及不适当的个人健康保护措施因而成为各国防疫中的安全漏洞，从而使得病毒在未侦测到的漏洞中继续传播。Michell 与 Foster 等人指出，在医疗体系的一线工作者、照护中心人员、基础服务人员等这些在新冠肺炎疫情危机中承受最大风险的族群，亦是在欧盟所推动的财政撙节与劳动市场改革中受害最深与保障最少的族群。在疫情中仍然持续运作的零工经济形态将“零工时”工作者所承受的个人健康风险进一步转化为社会全体的集体性风险。②

总之，新冠肺炎疫情发生在欧盟社会处于一个风险性相对较高、安全韧性相对较低的时机。欧盟在后欧债危机时期所采取的经济治理形态——在总体经济治理上的财政撙节、在个体经济治理上的劳动市场改革，在一种程度上留给欧盟一个高风险的社会环境。前者留给部分欧债危机国家一个受损、资源不足的医疗体系；后者留给欧盟社会一种脆弱的就业保障条件，从而使得零工经济成为病毒传播的突破口却无法有效被侦测到，继而减损了各国在控制疫情上的有效性。政治上的不利领导使得新冠肺炎疫情未能被有效阻绝于第一道防线，而第二道防线的缺陷——受损的医疗体系与高风险的劳动市场环境，则加重了欧盟新冠肺炎疫情危机的广度与深度。财政撙节与零工经济形态的劳动市场因此成为 Foster（2020）所形容的“新冠病毒的零号病人”（“patient zero of

① Foster，D.（2020），“Austerity Is the Patient Zero of Coronavirus，” *Jacobin*，12 March 2020. Available at https：//www. jacobinmag. com/2020/03/coronavirus-austerity-nhs-sick-leave（accessed 29 January 2021）.

② Foster，D.（2020），“Austerity Is the Patient Zero of Coronavirus，” *Jacobin*，12 March 2020. Available at https：//www. jacobinmag. com/2020/03/coronavirus-austerity-nhs-sick-leave（accessed 29 January 2021）.

coronavirus”)。[①]

二 改变欧盟经济治理“游戏规则”的必要性：典范转移的时刻

为有效治疗欧盟的“新冠肺炎零号病人”以及防范未来再出现此类自我加重的危机，欧盟在经济治理上所依循的意识形态与方法途径，不论是基于实务还是道德性理由，两者均必须进行根本性的改变。

（一）实务与道德性理由

首先，就现实面而言，经历了2010年代的实验，已经证明欧盟过去所采用的个别会员国式、以纾困换撙节式的危机处理方式是一无效的政策解决方案。此方法事实上未能有效降低欧债危机国家的高负债比率。[②]尽管欧债危机国家的高政府负债情况出现了改善的迹象，但多数国家仍处于负债的高档阶段，仅有爱尔兰一国是例外（参见表1）。此一事实意味着这些财政能力薄弱的国家，例如意大利、西班牙（亦是欧盟的两大疫情震央），仅拥有非常有限的财政空间，即便是欧盟执委会在疫情期间暂时冻结欧元国家在政府预算上的上限规范。欧盟执委会所给予的政策假期，对这些高负债、财政能力薄弱的国家而言，事实上是不切实际的，如果不是不可能的话。Bergsen即指出，不论理由如何合法正当，这些国家在政府支出上的任何提高都会引发资本市场上对该国债务规模可维系性的质疑。因此，欧盟执委会所给予的财政运作空间，只能由财政条件较为强健的欧元会员国所享有。否则，欧元区便可能出现由意大利

---

① Foster, D.（2020）, “Austerity Is the Patient Zero of Coronavirus,” *Jacobin*, 12 March 2020. Available at https://www.jacobinmag.com/2020/03/coronavirus-austerity-nhs-sick-leave（accessed 29 January 2021）.

② 一个有趣与吊诡的现象是，尽管历经了多年的财政撙节仍无法有效降低欧债危机国家政府的高负债问题，然而，Michell（2020）观察到，这些国家的政府公债利率是持续下降的，Michell, J.（2020）, “Coronavirus Reveals the Cost of Austerity,” *Tribune*, 10 April 2020. Available at https://tribunemag.co.uk/2020/04/coronavirus-reveals-the-cost-of-austerity（accessed 29 January 2021）.

与西班牙所引发的第二次欧债危机。[①] 此一事实说明了，为何自疫情发生以来，欧盟执委会同意发放的国家补助津贴，有半数以上发生在德国这一单一国家。[②] 尽管欧盟执委会给予所有的欧盟会员国同样的财政空间以因应疫情的需要，例如可运用占 GDP 20% 的比例，但意大利与西班牙所面临的举债成本远高于德国、奥地利、瑞典等财政条件强健的国家。Odendahl and Springford 等人估计，前类国家所面临的清偿债务成本将高达其 GDP 的 0.5%，而后类国家几乎不会面临额外的偿债成本（“little-to-no additional cost”），就是因为两者在政府债务规模上的差距所致。[③] 欧盟执委会承认，由于受限于较薄弱的财政地位，被新冠肺炎疫情重创的会员国实际上无法采取必要的支持措施以因应疫情需要。[④]

表 1　**政府公债与失业率**（Government Debt and Unemployment）

年度	政府公债，2016—2019（% of GDP）				失业率（%）
	2016	2017	2018	2019	2018（3 year average）
希腊	178.5	176.2	181.2	176.6	21.5
爱尔兰	73.8	67.7	63.5	58.8	7.0
意大利	134.8	134.1	134.8	134.8	11.2
葡萄牙	131.5	126.1	122.0	117.7	9.1
西班牙	99.2	98.6	97.6	95.5	17.4
欧元区	90.0	87.8	85.8	84.1	—

资料来源：有关政府公债的数据资料取自 Eurostat（2020），“Government Finance Statistics”；有关失业率的数据资料取自 Eurostat（2019），“News Release：Macroeconomic Imbalance Procedure Scoreboard”.

① Bergsen，P.（2020），“Coronavirus：Why the EU Needs to Unleash the ECB，” *Expert Comments of Royal Institute of International Affairs*，Published on 18 March 2020，London：Chatham House.

② Grant，C.（2020），*CER Insight*：*Coronavirus Is Pushing the EU in New and Undesirable Directions*，London，Brussels and Berlin：Centre for European Reform.

③ Odendahl，C. and J. Springford（2020），*Three Ways COVID-19 Will Cause Economic Divergence in Europe*，London，Brussels and Berlin：Centre for European Reform.

④ European Commission（2020b），*Commission Staff Working Document*：*Identifying Europe's Recovery Needs*，Brussels：European Commission.

其次，就经济上而言，财政撙节措施已经被证明无法提振经济与降低失业率（参见表 1），而此二者是后疫情时代十分紧要的施政重点。Manson 认为，希腊在后欧债危机时期的实证经验意味着，如果欧盟在后疫情时代为降低疫情期间所增加的政府负债而继续采行撙节措施，那么欧盟经济预期将会出现 L 形的经济衰退①，如同 Michell 所解释的，这是因为经济的总体需求在家户消费与政府开支双双降低的情况下，无法刺激经济增长，导致财政撙节遏止了经济成长的结果。经济增长就仅能靠中央银行一连串的量化宽松政策所塑造的金融扩张来支撑。而金融扩张对实体经济所创造的需求多是由房地产市场或是过度膨胀的金融性资产所产生的临时性的、低薪的工作，而不是需求强劲、可持续性的经济复苏。② 确实，缺乏生产性投资所创造的合宜的工作，任何劳动市场的改革只会鼓励零工经济的兴起。在此情况下，任何财政撙节措施都仅能对降低政府高负债产生有限的效果，因为植根于实体经济的税基事实上是萎缩的。

最后，就政治上而言，欧盟当前兴起的民粹主义风潮系发生在欧债危机之后。此一现象与历史上的发展相符合，亦即民粹主义通常是危机处理不当的政治产物。相较于欧债危机，新冠肺炎疫情对欧盟经济所造成的危机与挑战显然更为巨大，部分评论者因此感到忧虑，新冠肺炎危机是否会在欧盟政治中引发另一波民粹主义？

在本文撰写之际，民调显示，多数欧盟会员国的民众是支持他们的政府处理疫情的方式的，在同一时间里，极右派民粹主义政党的支持度则出现下降的现象。③ 然而，此一因疫情而出现的“聚旗效应”（“rall-

① Manson, P. (2020), “After the Coronavirus Crisis, A New Struggle against Austerity Will Begin,” *New Statesman*, 1 April 2020. Available at https://www.newstatesman.com/politics/economy/2020/04/after-coronavirus-crisis-new-struggle-against-austerity-will-begin (accessed 29 January 2021).

② Michell, J. (2020), “Coronavirus Reveals the Cost of Austerity,” *Tribune*, 10 April 2020. Available at https://tribunemag.co.uk/2020/04/coronavirus-reveals-the-cost-of-austerity (accessed 29 January 2021).

③ Kleine-Brockhoff (2020), “Why Populist Nationalists Are Not Having a Good Crisis Yet?,” *Policy Brief* No. 5, Issued on 4 September 2020, Washington, DC: The German Marshall Fund of the United States.

ying around the flag”）恐将无法长期维系，如果欧盟在后疫情时期的政策回应是错置的，就会使得所期待的经济复苏不能实时、有效地实现。国际货币基金会估计，欧盟的两大疫情震央国：意大利与西班牙2020年的经济预计会出现GDP 12.8%的重度衰退，是全球经济衰退十分严重的国家。[①] Bergsen et al. 等人警告，缺少欧盟的支援，那些财政能力薄弱的国家将无法凭借一己之力将其经济从衰退带向复苏，而可能会因此强化民粹主义者反欧盟、脱离欧盟的诉求。[②] 一份在疫情高峰期间（2020年4月）所做的民意调查显示，近半数（49%）的意大利民众希望离开欧盟。[③] 意大利民众对疫情发生初期，欧盟对意大利人所遭受的苦难表现出来的缺乏同理心与支持，仍记忆犹新，从而对意大利作为欧盟会员国的实际利益产生疑问。一个鼓吹意大利脱离欧盟的政党——意大利脱欧党（Italexit Party）已于2020年7月正式成立。缺乏来自欧盟层次的集体性救援方案，在欧盟经济中最脆弱的环节——那些财政能力薄弱又是疫情受创严重的国家，将有高度风险演变为欧盟政治中最脆弱的环节，为民粹主义的再起提供有利条件。

部分论者或许会忧虑，以集体性的经济救援方案因应后疫情时期的经济复苏将会引发道德性风险，从而在财政保守型国家，如德国、荷兰、奥地利等，引发反对而出现民粹主义再起的风潮。此类质疑与忧虑陷入了所谓知识论的谬误中。道德风险的出现是存在于受益者本身必须为灾难的发生负责的前提下的。此一道德性风险并不存在于新冠肺炎疫情危机之中。没有一个欧盟会员国应该为新冠肺炎疫情的发生负责，而所有的欧盟会员国均是受害者，而非问题制造者。再进一步而言，是欧盟官方于后欧债时期所推动的财政撙节与劳动市场改革措施伤害了欧债危机国家的医疗体系与劳动市场的安全韧性，从而降低了这些国家在面对疫

① International Monetary Fund（2020），*World Economic Outlook Update：A Crisis Like No Other. An Uncertain Recovery*，Washington，DC：IMF.

② Bergsen，P.，A. Billion-Galland，H. Kundnani，V. Ntousas and T. Raines（2020），“Europe After Coronavirus：The EU and a New Political Economy，” *Research Paper of Royal Institute of International Affairs*，June 2020，pp. 1－20.

③ Grant，C.（2020），*CER Insight：Coronavirus Is Pushing the EU in New and Undesirable Directions*，London，Brussels and Berlin：Centre for European Reform.

情时的防疫、抗疫能力，因此，欧盟在后疫情时代所应承担的经济复苏与社会复原责任，亦不应被免除。

（二）需要新治理典范

就意识形态而言，疫后的经济复苏需要欧盟走向一种全新的经济治理形态——以当前新经济自由主义所强调的供给面改革为重心，导向一种以需求面驱动成长的经济管理模式。新经济自由主义长期以来作为欧盟经济治理的意识形态正统，在新冠肺炎疫情中已经证明是有重大缺陷的。财政撙节与劳动市场改革的后遗症在此次危机中显露无遗。新经济自由主义将经济增长仰赖市场机制作为唯一重心而忽略了其所创造的就业形态与经济增长是何种质量，以及它对社会所造成的成本代价为何？在欧盟实证经验中，新经济自由主义的经济治理所创造的是虚弱的经济增长、零工经济形态的劳动市场就业，以及一个风险性相对较高的社会状态——正是所谓的“新冠病毒的零号病人”。在新冠危机中应吸取的经验教训是：任何经济意识形态的政治正确都不应该是以市场为中心（market-centered），而应以人为中心的（human-centered）。只有当多数人的福祉在适当的经济安全与健康保护之下获得真实提升，社会才能对任何危机的发生展现出强劲的安全韧性。

因此本文认为，因应疫后经济复苏所需的经济管理形态应该是以创造需求的投资为导向的。其中以新公共投资导入生产性、未来性产业的凯恩斯式的财政刺激模式不仅是可欲的政策方向，而且是必要的。公共投资的优先项目，首先应聚焦在重建欧盟部分国家因财政撙节而受损的医疗体系方面。最理想的目标是如 Creel et al. 等人所言，建立起欧盟共同医疗政策与欧盟医疗联盟。[①] 新冠肺炎疫情危机暴露了欧盟在面对大规模疫情时，各会员国医疗资源不均衡问题。此一医疗资源不均衡问题，仅透过一规模完整的医疗联盟始能有效处理。同时，由于经济规模是生产疫苗与医疗设备的先决条件，因此建立起一个欧盟共同医疗政策是达

① Creel，J.，M. Holzner，F. Saraceno，A. Watt，J. Wittwer（2020），“How to Spend It：A Proposal for a European COVID-19 Recovery Programme，” *Policy Brief* 72，Issued on 18 June 2020，Paris：French Economic Observatory .

成欧盟在医疗资源上实现战略自主目标的最佳途径。[①] 其次，经济治理的焦点应从对财政完善的单一考量转变为关切就业创造与经济增长的质量为何？只有当经济增长是强健的与可持续的，劳动市场改革的正面效益始能大于负面效益。因此，公共投资的方向应导入生产性、未来性的实业投资，透过优质的投资带动优质的就业与经济增长。透过此一经济治理上的典范转移，孕育出“新冠病毒零号病人”的经济环境方能被有效地去除。

就治理的方法论而言，过去欧盟习于个案途径的解决方式，例如在欧元危机中，以对个别国家提供金援纾困，纾困国则以实施财政撙节作为接受条件的模式，已不再可行。如前节所言，不论是基于实务还是道德性理由，一个集体性的、欧盟层次上的政策途径是因应疫后欧盟经济复苏的必要做法。“团结”（solidarity）一词在欧盟政治危机管理中，向来仅是一美好的理想而非实际的决策作风。但个别性、个案性考量的传统危机管理模式，事实上，完全没有为欧盟解决任何问题！此一模式既未能为欧债危机国家解决高政府负债问题，也未能使这些国家的经济回到常轨。相反地，此一管理模式为欧盟制造出新的问题——受损的医疗体系与高风险的社会状态。当外部环境出现新挑战时，这些新问题就易演变为另一个新的危机。

新冠肺炎疫情的经验说明个别会员国所面临的个别问题，会变成欧盟全体的系统性问题。如果新冠肺炎疫情在意大利与西班牙没有失控，出现大爆发的局面，而成为欧盟地区的两个疫情震央，全欧盟地区疫情的严重性与伤害性也能较为减缓。新冠肺炎疫情危机与过去的危机不同，疫情并不是个别国家的危机，而是欧盟集体性的危机。如同 Aubry and Schirdewan 所言：“一个国家的失败，就是全体的失败”（“where failure of one is the failure of all”）。[②] Odendahl and Springford 亦指出，由于欧盟

---

① Creel, J. , M. Holzner, F. Saraceno, A. Watt, J. Wittwer (2020), “How to Spend It: A Proposal for a European COVID-19 Recovery Programme,” *Policy Brief* 72, Issued on 18 June 2020, Paris: French Economic Observatory .

② Aubry, M. and M. Schirdewan (2020), “Solidarity is the Cure for Post-pandemic Europe,” *EU Observer*, 12 May 2020. Available at https://euobserver.com/stakeholders/148324 (accessed 29 January 2021).

会员国彼此间存在高度的经济互依性，各国的经济前景均依赖彼此经济复苏的程度。只有当每一个会员国的经济都出现复苏，欧盟经济完全、完整的复苏才能实现。[①] 如同《纽约时报》在其社论中所提醒的：此次新冠危机，所有的欧盟国家“都被绑在一起，也唯有一起共同克服”（“in this together and can only conquer it together”）。[②] 展现出集体力量的欧盟团结因此不仅仅是一个道德呼吁，而是欧盟面对此次新冠肺炎疫情危机唯一有效的政策解决途径。

综上言之，基于实务性与道德性的理由，欧盟对传统所依循的经济治理模式在意识形态与方法途径两方面进行游戏规则的改变是必要的。在意识形态上，一个有别于当前新经济自由主义的、以人为中心的、投资驱动的、成长导向的新管理模式是疫后经济复苏所需要的。在方法途径上，尽管新冠肺炎危机在不同会员国引起不对称的效应，但此类系统性危机所需要的是整体性的解决方案。欧盟的经济治理因此进入了一个典范转移的时刻。

三 评估欧盟的新冠肺炎疫情的危机管理：复苏基金（Recovery Fund）

基于以上的判准，欧盟于 2020 年 7 月峰会上决议采行创设共同复苏基金的政策方向与方法，应为正确之举。

2020 年 7 月，欧盟领导人在历经马拉松式的谈判之后，同意创设共同复苏基金以因应欧盟经济的疫后复苏。决议授权欧盟执委会将以欧盟的名义，透过发行债券的形式，在资本市场上筹措 7500 亿欧元的资金——市场名之为“新冠债券”。此一借贷之金额将于 2027—2058 年的 30 年里，由欧盟预算经费与未来可能课征之新税，逐步偿还。在此一

---

① Odendahl, C. and J. Springford (2020), *Three Ways COVID-19 Will Cause Economic Divergence in Europe*, London, Brussels and Berlin: Centre for European Reform.

② “Europe Poised to Repeat Austerity Mistakes in Coronavirus,” the Editorial Board, *New York Times*, 8 April 2020. Available at https://www.nytimes.com/2020/04/08/opinion/europe-coronavirus.html (accessed 29 January 2021).

7500 亿欧元的复苏基金中，其中的 3900 亿欧元将以直接补助的形式，发放给会员国与受创严重的部门。其余的 3600 亿欧元则将以贷款形式，为会员国提供借贷。在复苏基金之外，欧盟 2021—2017 年的预算——Multiannual Financial Framework 2021—2027（MFF），也将与复苏基金结合，形成一政策包裹，启动欧盟的公共投资，将资金投入三个主要领域：绿能与数字转型、战略部门的价值链产业与医疗安全。①

从很多方面来看，欧盟所提出的复苏基金之议是相当革命性的。就政策方向而言，它是增长导向的；就政策内容而言，它是投资驱动的；就方法论而言，它属于欧盟层次上的集体性作为。复苏基金背后所蕴含的意识形态与过去欧盟传统的经济治理呈现出很大的反差与背离。复苏基金的出现可被视为是凯恩斯经济学的重返欧洲。凯恩斯经济学的经济治理模式在战后一度盛行，后来因在石油危机出现后的 1970 年代而没落。此一模式在新冠肺炎疫情危机后重返欧盟经济治理可被诠释为欧盟领导人对自冷战结束后即高度信仰与奉行的新自由主义经济学管理模式所缺失的认知。复苏基金的出现与采行因此标示了欧盟在经济治理上进行的一次典范转移。

就方法论而言，以欧盟集体名义发行的“新冠债券”、由会员国贡献的欧盟总经费与可能的新税源偿还债务的形式，在实质上已是完全的债务共同化的实现。同时，在经费分配上，复苏基金的分配不是以各会员国对欧盟经费贡献之多寡，而是视会员国受创之需求。在经费形态上，复苏基金过半的经费是直接发放的补助款，而不是借贷款项。这些新做法可被视为欧盟以财务形式展现出的集体团结力量。复苏基金较具争议的部分是法律层面。欧盟执委会发行“新冠债券”以及债务共同化的实质意义可能会触发《欧盟条约》的适法性问题，因而可能牵动未来是否应修改《欧盟运行条约》（Treaty on the Functioning of

① European Commission（2020c），“Europe's Moment：Repair and Prepare for the Next Generation，” *Press Release*，Issued on 27 May 2020，Brussels：European Commission. European Council（2020），Special European Council，17 – 21 2020：Main Results，Brussels：European Council. Available at https：//www. consilium. europa. eu/en/meetings/european-council/2020/07/17-21/（accessed 29 January 2021）.

the European Union）的第310条款。[①] 就政治上而言，复苏基金的出现实为一开创之举，因为过去债务共同化在欧盟政治中是一禁忌性的议题，尤其是对德国而言。这也可以说明，为何德国政府始终强调“新冠债券”是一临时性、一次性的做法。最后，复苏基金与过去在做法上的不同是，它所诉求的对象较以往更为直接与广泛，例如数字教育行动计划与紧急失业风险救助等措施，就是直接诉诸欧洲公民，而不再经由会员国政府转化。

复苏基金的主要缺失一是在于最后被同意的补助金规模——3900亿欧元，较预期的为低。此为在西北欧会员国，如荷兰、奥地利、瑞典、丹麦等所谓的“节俭四国”（“the frugal 4”）的压力下，一个可理解但令人遗憾的妥协；二是欧盟错失了建立欧盟医疗政策的机会之窗。决议采纳的复苏方案仅承诺将强化现有机构，主要是欧洲药物署（European Medicines Agency）与欧洲疾病控制中心（European Centre for Disease Control）的协调统合之功能角色，而未提到未来将在医疗政策上做更进一步的整合。[②] 在这些法律争议与缺失之下，欧盟复苏基金仍具体体现了欧盟的经济治理，不论是意识形态还是方法论上的，均出现了游戏规则的改变，这些改变也蕴含着欧盟政治中显著的政策突破。这些过去被视为禁忌的政策突破，在疫情发生之前，是无法想象与不可能达成的。这些政策突破是欧盟经济所需要与期待已久的，亦符合本文于前节所主张的政策偏好。

复苏基金除了作为欧盟对新冠肺炎疫情危机的实时管理之意义之外，它还预期着将对欧洲统合的长期发展产生影响。

四　对欧洲统合的意涵

复苏基金对欧洲统合产生的意涵是多面向的。对欧元区而言，复苏基金的本质与筹资方法象征了欧元区迈向财政联盟重要的第一步。欧盟

① Leino, P. (2020), “Next Generation EU: Breaking a Taboo or Breaking the Law?,” *CEPS in Brief*, Published on 24 June 2020, Brussels: Centre for European Policy Studies.

② European Commission (2020c), “Europe's Moment: Repair and Prepare for the Next Generation,” *Press Release*, Issued on 27 May 2020, Brussels: European Commission.

的经济与货币联盟（Economic and Monetary Union，EMU）自 1999 年成立以来，迄今已超过 20 年，仅有货币联盟而缺乏财政联盟一直是 EMU 的致命弱点。欧元会员国在 EMU 成立后，在经济增长上持续展现出的分歧性，而不是聚合性表现，以及欧债危机的发生，都证实了 EMU 成立财政联盟的必要性。欧盟机构的五位领导人——从央行总裁、欧元区主席到执委会主席①，以及法国总统 Emmanuel Macron② 均尝试推动建立财政联盟。然而，基于德国长期抗拒财政联盟的反对态度，因恐财政联盟变成财政转移联盟的顾虑，这些推动财政联盟的努力均告失败。但此次复苏基金的做法，是来自德国与法国的共同提案，说明了德国在此一议题上出现了明显的政策转变。③ 德国财政部长 Olaf Scholz 即将复苏基金比喻成美国的“汉米尔顿协议”（“Hamilton's deal”），该协议启动了美国各州进行财政整合，最终促使 1790 年美国财政联盟的建立。④ 许多评论者争论说，“新冠债券”的发行究竟是否象征着欧元区所谓的“汉米尔顿时刻”（“Hamiltonian moment”）?⑤ 本文认为，从“新冠债券”发行的形

① Juncker, J.-C., D. Tusk, J. Dijsselbloem, M. Draghi, and M. Schulz (2015), *Completing Europe's Economic and Monetary Union*, Brussels: European Commission.

② *DW* (2020), 'How France's Emmanuel Macron Wants to Reform the EU', 16 March 2018. Available at https://www.dw.com/en/how-frances-emmanuel-macron-wants-to-reform-the-eu/a-43002078 (accessed 29 January 2021).

③ Johnson 将德国政策出现明显的转变归因于以下原因：一是新冠肺炎危机对欧盟所有的会员国都产生了对称性的冲击（“symmetrical impact”）。二是德国宪法法院裁决欧洲央行购买会员国政府公债的做法违反德国宪法，此一判决意味着欧盟疫后的经济复苏不再能依赖欧洲央行的货币政策工具。三是疫情受创十分严重的南欧会员国仍旧处于高政府负债的现实中。[Johnson, K. (2020), “Are the Germans Edging Closer to the True Fiscal Union?,” *Foreign Policy*, Published on 20 May 2020. Available athttps://foreignpolicy.com/2020/05/20/germany-fiscal-union-france-euro-fund/ (accessed 29 January 2021)] 德国政府对此一政策转变则于官方声明中说明：“是对危机……的教训做出深度的反省”（“in-depth reflection on the lessons…from the crisis”）(De Bundesregierung (2020), “A French-German Initiative for the European recovery from the Coronavirus Crisis,” *Pressemitteilung Number* 173/20, Issued on 18 May 2020)。

④ Crane, M. (2020), “Opinion: Angela Merkel's Moment to Define the EU's Future,” *DW*, 30 June 2020. Available at https://www.dw.com/en/opinion-angela-merkels-moment-to-define-the-eus-future/a-53994546 (accessed 29 January 2021).

⑤ Bergsen, P., A. Billion-Galland, H. Kundnani, V. Ntousas and T. Raines (2020), “Europe After Coronavirus: The EU and a New Political Economy,” *Research Paper of Royal Institute of International Affairs*, June 2020, pp. 1–20. Rodrigues, M. J. (2020), “An Historical Breakthrough for the European Union?,” *EU Today*, 1 June 2020. Available at https://eutoday.net/news/politics/2020/new-entry-1 (accessed 29 January 2021). Gros, D. (2020), “Europe's New Deal Moment,” *CEPS in Brief*, Issued on 11 June 2020, Brussels: Centre for European Policy Studies. Available at https://www.ceps.eu/europes-new-deal-moment/ (accessed 29 January 2021).

式与本质来看，复苏基金确实可被称为欧元区财政转移联盟的出现。首先，就债券发行的形式而言，欧盟执委会本身是债券发行单位，而未来偿付的财源很大部分将来自可能的新税收——目前考虑的是课征数字交易税与金融交易税，以支撑欧盟的偿债能力。其次，它的用途本质上有过半数的比例是直接发放补助金给予最需要者，而不是附有先决条件的借予会员国的贷款。此两项特质确实构成了一个真实的财政联盟无法争辩的要素。欧盟的复苏基金确实如德国与西北欧会员国所屡次强调的，是一次性政策工具。但如同 Reichlin①、Leino②、Creel et al. ③ 等人所言，透过复苏基金建立起的先例，以及该基金相当长期的特质（直到 2058 年）可以看出，此一当代性的政策实务做法确实可为欧元区朝向完整的财政联盟建立起一个常态性的、体制性的运作架构与基础。

对欧盟执委会而言，复苏基金的出现象征着其“新政”的时刻。“新政”（“New Deal”）是美国在 1930 年代为克服经济大萧条，透过扩大财政预算与扩大联邦政府的职能而首次出现的做法。就体制性功能而言，复苏计划将欧盟执委会执掌的功能延伸到部分过去属于会员国专属执掌的政策领域，例如医疗与社会福利领域。就政策的方向与内容而言，复苏计划比美国当年的“新政”更具企图心与范围更为广远。欧盟执委会所提出的复苏计划不仅是当前疫后经济的救援方案，同时也显现出重塑欧盟意图的产业发展。复苏基金将指导公共投资投入具有战略重要性的产业部门，目的是使欧盟在变迁的全球政治中，更具战略自主性。这些公共投资的方向既是建构未来安全韧性导向的，亦是地缘政治导向的。就此意义而言，Von der Leyen 所领导的执委会，不仅单纯是欧盟理事会

① Reichlin, L. (2020), “Everything You Need to Know about the EU's 500 Billion COVID-19 Recovery Fund,” *The World Economic Forum COVID Action Platform*, Published on 4 June 2020. Available at https://www.weforum.org/agenda/2020/06/european-union-germany-france-proposal/ (accessed 29 January 2021).

② Leino, P. (2020), “Next Generation EU: Breaking a Taboo or Breaking the Law?,” *CEPS in Brief*, Published on 24 June 2020, Brussels: Centre for European Policy Studies

③ Creel, J., M. Holzner, F. Saraceno, A. Watt, J. Wittwer (2020), “How to Spend It: A Proposal for a European COVID-19 Recovery Programme,” *Policy Brief* 72, Issued on 18 June 2020, Paris: French Economic Observatory.

的政策执行机构，它同时也在欧盟未来关键的经济转型中扮演着积极的政策行为者角色。

对欧洲统合本身而言，复苏基金象征了第二次马歇尔计划。马歇尔计划是在二战后的1950年提出的，目的在于透过美国的金援，重建欧洲战后残破的经济，以防止欧洲国家滑向共产主义。欧盟在经历了危机不断的2010年代之后，尤其是英国脱欧事件，欧洲统合运动显得问题重重。国家本位主义与民粹主义成为欧盟政治的主旋律。然而，一场前所未有的大疫情，以及它所带来的严重的经济挑战，改变了欧盟领导人与人民的政治心理。欧盟外交关系理事会（European Council on Foreign Relations）针对9个欧盟会员国所做的民调显示，疫情模糊了原本持疑欧立场的国家本位主义者与亲欧盟的统合主义者两者对欧洲统合看法的界限。两者均同意，欧洲统合是保有与强化民族国家主权的最佳方式。欧洲国家所面临的威胁，被认为多是由外在环境所引起的，不论是美中之间正在形成的新冷战，还是如华为或脸书等跨国科技巨擘，抑或是不知源自何处的病毒。尽管多数受访者不满意欧盟在疫情早期的作为，但绝大多数的受访者（63%）认为，在欧洲层次上有更多的合作是必需的。而一个能透过财务互相支援分担表现出更强有力与更团结的欧盟，被多数民众认为是回应这些外部挑战的最佳保险工具。如同德国总理Merkel所形容的，一个对于“独自因应危机的民族国家没有未来”（“nation state has no future standing alone”）的新共识再一次在欧盟政治中形成。①

此一欧洲自助版的“马歇尔计划”是否能因此代表欧洲统合“希望时刻”（“the moment of hope”）的到来，并且从一度被认为势不可挡的民粹主义中拯救出来？在很大程度上取决于复苏计划是否和如何被执行，以及其执行内容与方式是否正视、处理了民粹主义兴起的根源。尽管如德国总理Merkel在对欧洲议会的演讲中所指出的，在疫情发生后，对医疗人员专业知识与权威的尊重重新受到重视，以及习于否认事实与科学

① Krastev，I. and M. Leonard（2020），*Europe's Pandemic Politics*：*How the Virus Has Changed the Public's Worldview*，Berlin：European Council on Foreign Relations.

的民粹主义在控制疫情中显示出其治理能力的有限性①，但民粹主义政府在疫情中的错误治理此一单一因素本身，并不会必然导致该类政党在政治上的落败。反欧盟的民粹主义政党的兴起并不是因为它们展现出比主流政党更优越的治理才华与能力，而是乘着因欧债危机的错误治理所恶化的经济公平与分配正义此一浪潮而起。随着疫情所导致的经济与社会效应与影响逐渐展开，这些疫情效应与影响的不公平分配，以及欧盟所采取的政策回应，方为民粹主义兴衰轨迹的真实试验。修复受损的公立医疗体系、复苏经济与就业、促进社会经济阶级流动以及因应气候变迁等政策，是欧洲民众在欧洲议会的一份调查中明确表示的民心最可欲的政策。② 这些政策即为治疗反欧盟的民粹主义病根之最佳解药。从欧盟执委会目前所透露的复苏计划内容观之，欧盟应是朝着民心所期待的政策方向移动的。在政策方向、原则大体正确的情况下，复苏基金实施成效的变量在于其执行层面。复苏基金要能确实落实，必须依循法治的规范（rule of law）。缺少了法治，则复苏基金很难被期待不被误用、滥用，从而不能产生可欲的政策结果，反而可能因此陷入为民粹威权型政府提供更多的政策资源与工具以遂其统治之政治风险。然而，对复苏基金使用的善治原则（good governance），在欧盟峰会后的理事会声明中，仅被模糊地带过。善治原则如何在政策执行中落实与考核？对之需要进一步的定义与厘清。此一前所未见的复苏基金是否会在欧盟政治中创造出新的政治分野，进而重启欧洲统合停滞已久的动力，仍有待观察。

五　结论

新冠肺炎疫情在欧盟医疗与社会条件安全韧性较低、风险系数较高的时刻，冲击了欧盟。此一低韧性、高风险的医疗体系与社会劳动市场是欧盟在后欧债危机时期的经济治理所留下的后遗症。政府领导因素交

---

① Ruser, A. and A. Machin (2020), "Rally around the Flag? The Far-Right Response to Covid-19," *Green European Journal*, 11 September 2020.

② European Parliament (2020), *Public Opinion in the EU: In Times of COVID-19n* (3rd Survey), Brussels: European Parliament.

织了受损的医疗体系与脆弱的劳动市场条件，为欧盟的两大疫情震央——意大利与西班牙，发展出了“新冠病毒零号病人”。本文以政策现实、经济复苏、欧盟政治发展等实务性理由，以及道德性理由两层面说明了疫后的欧盟经济治理必须在意识形态与方法论上进行游戏规则的改变。基于此一观点与评判标准，欧盟对新冠肺炎疫情危机的政策回应——提出一革命性的复苏基金，尽管有其不足，但在政策方向、政策焦点、政策方法上呼应了本文所指向的政策偏好。本文因此欢迎欧盟在经济治理上所出现的典范转移——从过去长期所信仰、强调供给面改革的新经济自由主义，转变为强调投资驱动、需求面管理的治理模式。欧盟的复苏基金，依其规模、性质、时间跨度、与涉入的政策领域，都可被预期将超越不只是作为一当前危机救援的意义而已。它对欧元区迈向财政联盟、对欧盟执委会组织职能的延展、对停滞许久的欧洲统合的再启动，均蕴含了重要的意义。如同 Rodrigues（2020）所解释的：“欧洲统合历史上的关键时刻都如同此刻一般：一个很严重的危机、一个面临崩解的风险、一个新的集体性的解决方案”（“all crucial moments in the history of European integration have been like this：a deep crisis，a risk of collapse，a new collective solution”）。[①]

在厘清政策方向与焦点应属正确之后，复苏基金是否能达成所欲的政策产出？此最后一里路将取决于它将如何被执行。善治与法治原则此一棘手议题在欧盟峰会上与会后的声明中被淡化处理，但它们是不能、也不应该回避的关键议题。欧盟领导者应该理解，新冠肺炎疫情危机是欧盟在后英国脱欧时期向欧洲公民证明其存在正当性的一极为关键的事情，如果不是最后的机会的话。复苏基金，如同 Creel et al. 等人所言，是一可以向欧洲公民证明“我的福祉也与欧盟的基金息息相关”的具体呈现。[②] 唯有透

① Rodrigues，M. J.（2020），“An Historical Breakthrough for the European Union?，” *EU Today*，1 June 2020. Available at https：//eutoday. net/news/politics/2020/new-entry-1（accessed 29 January 2021）.

② Creel，J.，M. Holzner，F. Saraceno，A. Watt，J. Wittwer（2020），“How to Spend It：A Proposal for a European COVID-19 Recovery Programme，” *Policy Brief* 72，Issued on 18 June 2020，Paris：French Economic Observatory .

过精确的政策执行，正确的决策始能让民众真实地感受与被传达。如果能有效执行，复苏基金可望为欧洲统合展开新页，再次向欧洲公民彰显出所谓的欧盟价值，亦即提升一般欧洲公民的福祉。相反地，如果执行不当，将会使欧洲统合陷入更为分裂的境地，而导致反欧盟的民粹主义更加的成长与强势。

新冠肺炎疫情与欧盟卫生治理：欧洲模式的韧性

杨　娜*

相较于其他地区的一体化共同体，欧盟的治理能力更为突出，但新冠肺炎疫情同样使其暴露出卫生治理乃至超国家治理所存在的诸多问题。因而在疫情暴发后欧盟表现究竟怎样？如何衡量？仍是需要深入考察的问题。如果将疫情期间欧盟的行为置于欧盟卫生治理架构下考察，那么又如何认识当下欧盟的卫生治理？21 世纪以来，欧盟历经制宪、欧债、难民以及英国脱欧等数次重大危机，但其仍在正常运行，且各方试图通过变革创新，不断加强内部凝聚力，提升国际影响力，由此也足以显示出欧洲模式的韧性。因而，本文拟梳理和分析新冠肺炎疫情下的欧盟卫生治理，并从这一特定节点和角度出发对欧洲一体化的进程和模式展开进一步的深入思考。

一　欧盟卫生治理框架的建立与完善

早期的公共卫生相关规定散见于各重要条约之中，后因公共卫生事件频发、人员自由流动对异地医疗的需求增加以及医疗器械销售和医疗技术转让急需市场规范，欧盟公共卫生政策逐渐形成。超国家机构承担

---

* 杨娜，南开大学周恩来政府管理学院副教授。原文发表于《外交评论》2020 年第 6 期，本文是缩写版。

起制定和执行公共卫生政策的职能，公共卫生领域的共同规则得以确立，欧盟卫生治理框架日趋完善。

（一）欧盟卫生治理的发展过程

第一阶段，欧盟公共卫生领域共同政策的萌芽。流感的强传染性、艾滋病的广泛传播以及疯牛病的暴发，使欧盟成员国意识到传染病的蔓延性要求在共同体层面出台统一政策。《单一欧洲法案》第100A（3）条款要求欧盟委员会就更高层次的公共卫生保护协调措施拟定提案。在《马斯特里赫特条约》之前，与公共卫生有关的规定常散见于其他相关部门管理中，如空气、水污染等与人类健康密切相关的事务由环境总司负责，公共卫生研究基金由研究总司掌握，食品消费则属共同农业政策范畴。[①] 欧盟政治家随后发现，共同卫生政策有一个难以协调的本质性矛盾，即欧盟法律明确提出卫生相关政策属成员国职责，但由于人员、产品、服务的自由流通，成员国的卫生体系不得不与欧盟相应的规则发生关系，这就造成国家的部分公共卫生活动事实上需服从欧盟的法律或政策[②]，只有克服这一矛盾，欧盟卫生治理才能取得实质性进展。

第二阶段，《欧盟条约》明确了欧盟与成员国在公共卫生领域的权责，共同卫生政策正式形成。1993年《马斯特里赫特条约》生效，明确了欧盟在公共卫生领域的职权，其中第129条第3款规定，欧盟在疾病预防和健康保护方面发挥作用。[③]《阿姆斯特丹条约》第152条第2款明确对欧盟机构和成员国在公共卫生领域进行权力分工，该条约保留了成员国在该领域较为敏感方面的自主权。[④]《里斯本条约》第168条赋予欧

① Martin Mckee, Tamara Hervey and Anna Gilmore, "Public Health Policies," in E. Mossialos, G. Permanand, R. Baeten, T. Hervey, eds., *Health Systems Governance in Europe: The Role of EU Law and Policy*, CUP, 2010, pp. 233 – 234.

② Elias Mossialos, Govin Permanand, Rita Baeten and Tamara Hervey, "Health Systems Governance in Europe: The Role of European Union Law and Policy," in E. Mossialos, G. Permanand, R. Baeten, T. Hervey, eds., *Health Systems Governance in Europe: The Role of EU Law and Policy*, CUP, 2010, p. 4.

③ European Union, *Treaty on European Union*, 1992/C, 191.

④ D. Cohen, "EU Residents May Be Able to Travel to any Member State for Care from 2010," *British Medical Journal*, Vol. 335, 2007, p. 1115.

盟在公共卫生政策中的权力。[①] 2013 年，由欧盟委员会提案、欧洲议会积极推动通过了《跨界卫生威胁决定》，在欧盟层面设置了早期预警和响应系统，创建了卫生安全委员会及其传播者网络，与成员国公共卫生管理部门保持持续、畅通的政策和行动沟通渠道。[②]

第三阶段，推进公共卫生领域的具体项目并增添公共卫生新议题，充实和细化欧盟卫生治理内涵。首个公共卫生框架项目（2003—2008）细化的内容包括对公共卫生威胁的快速反应，例如成员国就公共卫生信息加强交流，以应对在公共卫生领域出现的物理、化学和生物威胁。[③] 2005 年推出了第二个公共卫生项目，欧盟委员会试图将公共卫生与消费者保护合并在同一项目中。[④] 欧盟委员会将卫生领域老龄化问题和女性儿童公共卫生问题归入卫生不平等议题[⑤]，至此，一些与公共卫生相关的社会议题也被纳入欧盟卫生治理中，拓展了欧盟卫生治理的范畴。

第四阶段，将积极参与全球公共卫生治理纳入欧盟卫生治理目标中。2002 年欧盟发布《关于发展中国家的健康与减贫》报告，首次提出要建立一个单一共同体的政策框架，用以支持在公共健康、治疗艾滋病、减贫等方面对发展中国家的援助政策。[⑥] 2007 年，欧盟出台《携手为健康：

---

① Scott L. Greer, Holly Jarman and Rita Baeten, "The New Political Economy of Health Care in the European Union," *International Journal of Health Services*, Vol. 46, No. 2, 2016, p. 263.

② "Decision No 1082/2013/EU of the European Parliament and of the Council of 22 October 2013 on Serious Cross-border Threats to Health and Repealing Decision No 2119/98/EC," https://ec.europa.eu/health/sites/health/files/preparedness_response/docs/decision_serious_crossborder_threats_22102013_en.pdf.

③ "Decision 1786/2002/EC of the European Parliament and of the Council of Sep. 23rd, Concerning the Adoption of a Program of Community Action in the Field of Public Health (2003 - 2008)," Annex 2. 4.

④ European Commission, "Proposal for a European Parliament and Council Decision Establishing a Programme of Community Action in the Field of Health and Consumer Protection 2007 - 2013," COM, 2005, 115 Final, 2005.

⑤ European Commission, "Communication from the Commission Pursuant to the Second Subparagraph of Article 251 (2) of the EC Treaty Concerning the Common Position of the Council on the Adoption of a European Parliament and Council Decision Establishing a Second Programme of Community Action in the Field of Health (2007 - 2013)," COM, 2007, 150 Final, 2007.

⑥ European Commission, "Communication from the Commission to the Council and the European Parliament: Health and Poverty Reduction in Developing Countries," 2002.

2008—2013年欧盟卫生战略》，其中特别指出了欧盟在全球健康领域的重要贡献和全球卫生事务对共同体卫生政策的影响。① 2010年《欧盟在全球卫生事务中的角色》这一文件强调，欧盟应当将共同价值观和团结的理念原则践行于普适且公平的联盟内外公共卫生部门，主张在全球卫生领域形成一致立场。②

第五阶段，新形势下欧盟卫生治理的深化与变革。受疫情影响，欧盟卫生治理在以下方面做出了改变：一是真正将“公平”“团结”从单纯的理念变成现实政策，具体体现为对疫情严重的欧盟成员国甚至域外国家的支援；二是对公共卫生领域治理的重视程度增加，为应对此次突发卫生危机，欧盟加大了资金、技术人员等投入，欧盟主要机构就应对疫情召开数次会议；三是欧盟大国与欧盟机构在卫生治理中的作用愈加突出。德、法协力推出经济恢复措施，成立“疫苗联盟”。2020年9月，欧盟委员会主席冯德莱恩发表年度盟情咨文《从脆弱迈向新活力》，她认为，欧洲需要构建一个更加强大的“欧洲健康联盟”（European Health Union）。③

（二）欧盟卫生治理的机构与决策

欧盟及其成员国合力构建了较为完善的卫生治理机制，其中既包含欧盟层面负责公共卫生政策制定与执行的治理机构，也涵盖了相关制度规范。

在公共卫生领域，欧盟委员会发挥的主要作用包括发布绿皮书或白皮书、制订行动计划和进行信息沟通、建立更扁平化的和更严密的公共

① European Commission, *Together for Health: A Strategic Approach for the EU* 2008 - 2013, White Paper, COM (2007) 630 Final, October 232007, https: //ec. europa. eu/health/ph_ overview/Documents/strategy_ wp_ en. pdf.

② European Commission, Communication from the Commission to the Council, the European Parliament, the European Economic and Social Committee and the Committee of the Regions, "The EU Role in Global Health," 2010, Brussels.

③ "State of the Union Address by President von der Leyen at the European Parliament Plenary, Building the World We Want to Live in: A Union of Vitality in a World of Fragility," https: //eeas. europa. eu/headquarters/headquarters-homepage/85315/building-world-we-want-live-union-vitality-world-fragility_ en.

卫生服务和医疗保健高级别小组。① 关于欧盟卫生治理的法律规范，除成员国须强制接受和执行的“硬法”（如条约）外，还有更为灵活、有指导意义却无须强制执行的“软法”②，而软法是欧盟与成员国之间的“润滑剂”，与“硬法”形成互补关系。

在公共卫生问题上，欧盟委员会和欧洲法院是代表欧盟整体利益的超国家决策机构，这就使得它们常与成员国就医药专利、医疗保障等较为敏感的规则、规定产生矛盾。欧盟决策程序复杂，一旦公共卫生领域提案与医疗保障、社会福利等再分配政策相关联，国内利益集团之间、成员国之间、欧盟与成员国之间在政策目标、实施途径等方面的分歧较大，往往导致难以通过投票将提案转变为法律政策。即使涉及卫生的相关法律规则能够以“条约”中的条款、决定等具有强制力的方式颁布，但在政策执行过程中，成员国出于利益考量、根据国内政治现实以及所面对问题的复杂程度，可能采取消极执行的态度，甚至组成针对该政策的“反对联盟”，导致共同政策的执行不力。

欧盟委员会设置了下属机构“卫生安全委员会”，用于协调共同体的公共卫生与安全事务。欧盟“第 1082/2013 号决定”扩大了传染病检测网络的范围，由卫生安全委员会向通过网络连接的所有成员国卫生机构发送传染病数据和最新情况等信息。③ 欧盟针对传染性疾病的防控与监管创建了特定的“欧盟网络”，例如，基本监测网络、欧洲艾滋病流行病学监测中心、疫苗可预防传染病监测社区网络和欧洲流感监测计划是具体疾病或研究项目的监管或协调机制。④ 欧盟还建立了预警和反应

---

① Elias Mossialos, Govin Permanand, Rita Baeten and Tamara Hervey, “Health Systems Governance in Europe: The Role of European Union Law and Policy,” in E. Mossialos, G. Permanand, R. Baeten, T. Hervey, eds., *Health Systems Governance in Europe: The Role of EU Law and Policy*, p. 50.

② S. Greer, “Choosing Paths in EU Health Services Policy: A Political Analysis of A Critical Juncture,” *Journal of European Social Policy*, No. 2008, pp. 219 – 231.

③ Kayvon Modjarrad, et al., “Developing Global Norms for Sharing Data and Results during Public Health Emergencies,” *PLOS Medicine*, Vol. 13, No. 1, 2016.

④ Ralf Reintjes, “International and European Responses to the Threat of Communicable Disease,” in Richard Coker, Rifat Atun, Martin McKee, eds., *Health Systems and the Challenge of Communicable Disease: Experiences from Europe and Latin America*, McGraw Hill, 2008, pp. 141 – 153.

系统及欧洲疾病预防控制中心等整体性监管机构。在发生突发公共卫生事件时，前者可发出警报并与成员国进行沟通，后者被用于评估新发传染病对人类健康所造成的威胁，促进成员国之间的卫生资源共享。

财政框架也是欧盟卫生治理架构的重要组成部分。2014—2020 年财政框架（MFF）对卫生政策的财政支持为 4.5 亿欧元，超出 2003—2007 年（3.1 亿欧元）、2008—2013 年（3.2 亿欧元）预算中的卫生投入。[①] 除此之外，欧洲结构和投资基金（ESI）对 2014—2020 年团结基金中与公共卫生有关的议题给予支持。欧洲地区发展基金（ERDF）支持卫生基础设施和设备、电子公共卫生和公共卫生研究。欧洲社会基金（ESF）则对老龄化问题、改善卫生不平等、培训卫生人员等给予资助。[②]

二 欧盟卫生治理架构下的疫情治理

欧盟的疫情治理在公共卫生治理框架之下行事，其中既包含欧盟应对疫情的举措及经济社会领域的扶植措施，也包括欧盟对成员国的医疗卫生支援及行动协调，既包含对外卫生援助，又体现为积极参与全球卫生治理进程。

（一）欧盟的疫情响应及其与成员国的互动

欧盟不仅充当卫生公共产品的提供者、协调成员国的防疫措施，还在受疫情影响较大的经济社会领域出台扶持措施，以期将消极影响降到最低。疫情中的欧盟职能体现在化解成员分歧、协调成员行动、增强联盟内部凝聚力等方面。

1. 公共卫生领域的举措

2020 年 2 月以来，欧洲理事会主席宣布全面启动综合性政治危机响应机制（IPCR），将欧盟相关机构及专家、受疫情冲击的成员国聚在一

① Nicole Scholz, Monika Kiss, and Alina Dobreva, "Health and Social Security," European Parliament Research Service, 2019, p. 5.

② Nicole Scholz, Monika Kiss, and Alina Dobreva, "Health and Social Security," European Parliament Research Service, 2019.

起召开圆桌会议，商讨应对之策。随后，理事会主席与成员国举行了视频会议，确定了限制病毒传播、确保医疗设备供应、促进疫苗研究以及应对社会经济问题四个优先事项。[①] 4月，理事会修正2020年预算，提供31亿欧元专项资金用于购买医疗用品、增产检测盒、建立户外医院等。[②]

自2020年伊始，欧盟委员会下设的卫生安全委员会相继召开了六次会议，就新冠肺炎疫情问题发布了公共卫生报告。其主要内容包括：由卫生安全委员会、欧盟航空安全机构、欧洲药监局等部门参与，号召多部门共同防控疫情；与成员国合作建立传染病临床研究协调网络，共享实验室信息，协同管理入境点。[③] 欧盟委员会提交《关于建立2021—2027年第四项卫生计划的法规提案》，旨在强化欧盟卫生系统，预计新计划的预算比当前卫生计划的投入（2014—2020年约4.5亿欧元）增加约25倍。[④] 欧盟委员会还发布了《冠状病毒：欧盟应对大流行的全球应对措施》报告，提出针对疫情的扩散，欧盟应建立“欧盟队”（Team Europe），向成员国与合作伙伴提供快速、有针对性的支持。划拨28亿欧元用于支持疫情研究、建设卫生和供水系统，允许欧盟从抗击艾滋病、结核病和疟疾的基金中拿出一笔资金专门应对冠状病毒；划拨122.8亿欧元用于解决疫情所造成的社会经济问题；拨付5.02亿欧元用于支持欧洲增加个人防护设备和医疗设备生产，在健康、环境卫生和后勤方面向重灾国提供人道主义支持。[⑤] 欧盟委员会下辖的欧盟疾病预防与控制中心分别制定了欧盟与成员国的疫情监测战略，追踪病毒的变化以配合药

---

① Council of the European Union, “Statement on the Situation with COVID-19,” http://www.consilium.europa.eu/en/press/press-releases/2020/03/04/statement-on-the-situation-with-covid-19/.

② European Council, “Timeline-Council Actions on COVID-19,” https://www.consilium.europa.eu/en/policies/coronavirus/timeline/.

③ European Commission, “Novel Coronavirus 2019-nCoV-Health Security Committee Meetings,” https://ec.europa.eu/health/coronavirus/hsc_en.

④ European Council, “Timeline-Council Actions on COVID-19,” https://ec.europa.eu/health/coronavirus/hsc_en.

⑤ European Commission, “Coronavirus: EU Global Response to Fight the Pandemic,” https://ec.europa.eu/international-partnerships/news/coronavirus-eu-global-response-fight-pandemic_en.

物和疫苗研发，监测疫情对医疗保健系统的影响。[①]

2. 经济社会领域的扶植措施

欧盟委员会成立了新冠肺炎疫情应对小组，其主要职责不仅包含公共卫生领域的应急救灾措施，还涵盖了受疫情影响的经济领域、商业部门和交通等行业。2020 年 4 月初，欧元区财长会议通过了 5400 亿欧元的财政救助计划。7 月，欧盟就 7500 亿欧元“恢复基金”达成一致，用于扶持因疫情而受到冲击的经济体。原定 5000 亿欧元的无偿拨款被削减为 3900 亿欧元，其余 3600 亿欧元以低息贷款形式发放，主要用于基础设施建设、技术研发与数字化、社会投资等领域。[②]

欧盟为促进经济恢复还给予了政策支持。成员国财长们就欧元区国家在疫情影响下欧洲稳定机制的标准化条款达成了一致，成员国最多可以借用占其 GDP 2% 的资金作为直接和间接的治疗和预防费用。欧盟领导人还就制定《联合复苏路线图》达成一致。该路线图规定了单一市场、大额投资、欧盟全球行动和更好的治理四个关键行动领域，它还列出了诸如团结、凝聚力和融合等重要原则。此外，欧盟贸易部长也讨论了疫情对贸易和全球供应链的影响，欧盟委员会提交了针对某些个人防护设备（PPE）采取新的出口许可措施的提案，并发布了关于外国直接投资审查指南。[③]

欧盟各领域治理政策与抗疫政策相结合并不断做出调整。在劳动就业方面，欧盟国家负责就业和社会事务的部长就如何保证国家就业和社会稳定及劳动力市场更具弹性展开讨论，包括灵活的工作安排和工作时间、创新劳动技能等，以应对疫情引起的工作方式的变化，与正在推进的数字和绿色产业转型相结合。“紧急状态下减轻失业风险援助”（SURE）是为降低紧急情况下失业风险提供支持的安全网之一，它由欧盟预算提供资金，成员国根据自身在欧盟国民总收入中的份额提供担保。[④] 在国防安

---

① European Centre for Disease Prevention and Control, “Strategies for the Surveillance of COVID-19,” https://www.ecdc.europa.eu/en/publications-data/strategies-surveillance-covid-19.

② “Einigung Beim EU-Gipfel Das Billionen-Finanzpaket Steht,” Tagesschau.de, https://www.tagesschau.de/ausland/-eu-gipfel-einigung-101.html.

③ European Council, “Timeline-Council Actions on COVID-19,” https://ec.europa.eu/health/coronavirus/hsc_en.

④ European Council, “Timeline-Council Actions on COVID-19,” https://ec.europa.eu/health/coronavirus/hsc_en.

全领域，欧盟国家国防部长通过视频会议，重点讨论了在卫生危机期间军方应提供的援助，以及欧盟在第三国的军事和民用任务及行动情况，提出成员国武装部队通过运输与后勤支援，在最短时间内建立医院、部署医务人员以及支持警察和其他服务部门为抗击肺炎疫情大流行做出贡献。①

疫情波及多个行业，欧盟出台相应措施协助各行业协力渡过危机。由于新冠肺炎疫情导致空中交通量急剧下降，欧盟理事会通过了对航空服务规则的临时修正案，支援航空公司和机场运营；延长公路、铁路和水路运输证书和许可证的有效期，放宽了对船舶使用港口基础设施收费的规定；以法规形式批准成员国通过特殊措施向农民拨付补贴，向从事农产品生产、棉花加工和销售的中小企业拨付最高 5 万欧元的费用；还通过了旨在减轻疫情对渔业和水产养殖部门影响的新法案，在 2014—2020 年供资计划范围内，修订了欧洲海洋和渔业基金（EMFF）法规及共同市场组织（CMO）法规。②

3. 协助成员国应对疫情、弥合内部分歧

自疫情暴发以来，欧盟在诸多方面协助成员国对抗疫情。2020 年 4 月，欧盟委员会向成员国医疗系统直接拨款 27 亿欧元用于协助各国抗击疫情。③ 欧盟委员会还通过战略救援储备（RescEU Stockpile），将呼吸机、防护服、口罩等重要的医疗物资运送到疫情十分严重的成员国。④在机制构建方面，欧盟建立了“欧洲稳定追踪器”（The European Solidarity Tracker），通过收集疫情期间成员国之间、欧盟与成员国之间的紧密互助与合作网络信息，以可视化的方式展现欧盟机构之间、欧盟与成员

---

① European Council, “Timeline-Council Actions on COVID-19,” https://ec.europa.eu/health/coronavirus/hsc_en.

② European Council, “Timeline-Council Actions on COVID-19,” https://ec.europa.eu/health/coronavirus/hsc_en.

③ European Commission, “Coronavirus: € 2.7 Billion from the EU Budget to Support the EU Healthcare Sector,” April 14, 2020, https://ec.europa.eu/cyprus/news/20200414_2_en.

④ European Commission, “Coronavirus: RescEU Masks Delivered to Spain, Italy and Croatia,” May 2, 2020, https://ec.europa.eu/commission/presscorner/detail/en/ip_20_785.

国之间的团结和稳定。[①] 在欧盟的协调下，成员国加强了联合防疫的步伐。2020 年 5 月，德国工业联盟与法国和意大利工业联合会发布联合声明，支持欧盟内部受疫情影响极为严重的地区，以减轻其商业和社会遭受疫情冲击的程度。[②] 在医疗研发方面，6 月，法国、德国、意大利与荷兰结成“包容性疫苗联盟”，加速欧洲本土的疫苗研发工作。

2020 年 7 月，在欧盟领导人峰会上，荷兰、奥地利等国要求对“复苏基金”所提供的贷款附加严格条件，并反对以无偿拨款的方式发放，意大利和西班牙等国坚决反对。迫于国内压力，德国联邦宪法法院在 2020 年 5 月裁定，欧洲央行实施的公共债务购买计划部分违反了德国宪法。欧洲央行不得不考虑调整购债计划中的资金总额和购债方式，争取获得德国的资金支持。为了缓解成员国之间日益加剧的矛盾，欧盟将各方聚在一起商讨可能之策。法、德两国共同提出“欧洲复兴计划”，提议由欧盟委员会提供资金，分配给受疫情冲击极大的国家和行业，用于协助极困难的盟国尽快从疫情中恢复，以弥合成员国之间的分歧。

（二）疫情下欧盟卫生治理的外部举措

欧盟在协调成员国合作抗击疫情的同时，还积极参与全球卫生治理进程，与相关国际组织开展合作，并与主要大国商讨合作应对疫情。

1. 欧盟与其他国际组织的疫情治理合作

欧盟积极推进与联合国、七国集团、二十国集团等国际机构的疫情治理合作。具体体现为支持二十国集团为应对新冠肺炎大流行而采取的集体行动，防止贸易供应链中断；与金融稳定委员会（FSB）合作，协调各国针对疫情所采取的金融部门监管措施等。[③] 2020 年 5 月，欧盟联

---

① European Commission, “Coronavirus: European Solidarity in Action,” June 26, 2020, https://ec.europa.eu/info/live-work-travel-eu/health/coronavirus-response/coronavirus-european-solidarity-action_en.

② 金玲：《临危受命，德国能否引领欧盟走出危机》，《世界知识》2020 年第 16 期。

③ European Commission, “Joint Communication to the European Parliament, the Council, the European Economic and Social Committee and the Committee of the Regions: Communication on the Global EU Response to COVID-19,” Brussels, August 4, 2020, Join (2020) 11 Final, https://ec.europa.eu/international-partnerships/system/files/joint-comm-2020-eu-global-response_en.pdf.

合世界卫生组织共同发起全球募捐活动，拟筹集近 75 亿欧元资助全球抗疫行动。[①] 在 6 月举行的全球疫苗峰会上，欧盟委员会为全球疫苗免疫联盟捐款 3 亿欧元。

2. 疫情期间欧盟的对外医疗卫生援助

在疫情期间，非洲地区是欧盟对外卫生援助的重点。欧洲投资银行计划投入 14 亿欧元，与世卫组织一起助力非洲抗疫。欧盟研究与创新计划（Horizon 2020）资助逾 2500 万欧元用以支持非洲的医学研究。欧盟与发展中国家建立了临床试验合作关系（EDCTP），其中包括支持对冠状病毒的研究，加强撒哈拉以南非洲地区的病毒研究能力。[②] 欧盟还对非洲遭受疫情冲击较为严重的国家给予重点支持。例如，2016 年启动对埃塞俄比亚卫生部门的预算支持计划，总拨款达 1.65 亿欧元，助其购买新冠病毒诊断设备、增建实验室、赠送测试盒、援建治疗中心等。[③] 欧盟还通过其“推动利比里亚改善服务与公共投资”财政支持项目，无偿援助利比里亚政府 625 万欧元用于抗击新冠肺炎疫情。[④]

支援周边应对疫情也是欧盟的重中之重。为此，欧洲理事会通过了高达 30 亿欧元的“一揽子”援助计划，向欧盟 10 个邻国及伙伴国提供优惠贷款，协助这些国家应对新冠肺炎疫情所造成的经济影响。欧盟邀请西巴尔干半岛国家加入欧盟的《联合采购协议》，将这些国家纳入欧盟医疗设备联合采购程序。欧盟在这一地区投入 3800 万欧元，向其卫生

---

① European Commission, “Coronavirus Global Response: €7.4 Billion Raised for Universal Access to Vaccines,” May 4, 2020, https://ec.europa.eu/neighbourhood-enlargement/news_corner/news/coronavirus-global-response-€74-billion-raised-universal-access-vaccines_en.

② European Commission, “Joint Communication to the European Parliament, the Council, the European Economic and Social Committee and the Committee of the Regions: Communication on the Global EU Response to COVID-19,” https://ec.europa.eu/international-partnerships/system/files/joint-comm-2020-eu-global-response_en.pdf, p. 4.

③ European Commission, “Joint Communication to the European Parliament, the Council, the European Economic and Social Committee and the Committee of the Regions: Communication on the Global EU Response to COVID-19,” https://ec.europa.eu/international-partnerships/system/files/joint-comm-2020-eu-global-response_en.pdf, p. 4.

④ 驻利比里亚共和国大使馆经济商务处：《欧盟援助利比里亚政府 625 万欧元抗击新冠肺炎疫情》，2020 年 6 月 4 日，http://www.mofcom.gov.cn/article/i/jyjl/k/202006/20200602971159.shtml。

部门提供支援，启动了价值超过3000万欧元的紧急卫生支援计划。[①] 欧盟支持塞尔维亚等南部邻国的医院共采购了3500个手术和呼吸面罩，建立分诊和隔离空间，并协助当地工作人员进行医疗执业培训。[②]

欧盟向加勒比海公共卫生局提供了总额为800万欧元的资金支持，包括提供防护材料、试剂、疫苗，以及增加卫生人力支援。欧盟出资900万欧元支援泛美卫生组织和红十字与红新月国际联合会采取行动，促进包括难民在内的弱势人群获取必要的卫生条件。[③]

3. 欧盟与主要大国的疫情治理互动

欧盟与中国都公开表示支持世卫组织，反对美国对世卫组织的态度，并谴责其单边主义行径。中国和欧盟都支持“全球合作加速开发、生产、公平获取新冠肺炎疫情防控新工具”倡议。[④] 在疫情暴发初期，中国、欧盟企业便纷纷牵手联合开发新冠疫苗。例如，上海复星医药集团与德国生物新技术公司共同推进生物新技术公司开发mRNA新冠疫苗。但疫情下欧盟对中国的态度颇为纠结。2020年10月，欧洲理事会主席米歇尔公开表示，在应对新冠肺炎疫情等全球性挑战方面，中国是欧盟的重要伙伴，同时，伴随着中国地缘政治影响力的提升，欧盟表现出越来越多的警惕和担忧。[⑤]

针对特朗普退出世卫组织的举动，欧盟委员会表示，欧盟支持国际

---

① European Commission, “Joint Communication to the European Parliament, the Council, the European Economic and Social Committee and the Committee of the Regions: Communication on the Global EU Response to COVID-19,” https://ec.europa.eu/international-partnerships/system/files/joint-comm-2020-eu-global-response_en.pdf, p. 5.

② European Commission, “Joint Communication to the European Parliament, the Council, the European Economic and Social Committee and the Committee of the Regions: Communication on the Global EU Response to COVID-19,” https://ec.europa.eu/international-partnerships/system/files/joint-comm-2020-eu-global-response_en.pdf, p. 5.

③ European Commission, “Joint Communication to the European Parliament, the Council, the European Economic and Social Committee and the Committee of the Regions: Communication on the Global EU Response to COVID-19,” https://ec.europa.eu/international-partnerships/system/files/joint-comm-2020-eu-global-response_en.pdf, p. 5.

④ 任彦：《应对新冠肺炎疫情国际认捐大会举行，为全球共同抗疫贡献力量》，《人民日报》2020年5月6日。

⑤ 弗拉基米尔·费奥多罗夫：《欧盟应学会将中国视为可靠伙伴，而非对手》，俄罗斯卫星通讯社，2020年3月26日，http://sputniknews.cn/china/202003261031094439/。

合作和多边解决方案，并对世卫组织提供额外的资金支持。美国作为欧盟的盟友却未参加由欧盟发起的国际认捐大会，欧盟有官员公开批评美国这一“自我孤立”行为。然而，当俄罗斯在联合国大会上呼吁在疫情发生的特殊时期，各国应放弃贸易战和绕开联合国安理会实施单方制裁时，欧盟却与美国站在一起表示反对。[①] 总之，在疫情加剧、国际形势恶化的情况下，欧盟一方面反对美国在全球疫情治理上的不合作态度和单边主义做法，另一方面出于美欧传统盟友关系以及对中俄的警惕，因疫情加剧经贸困境致使多种因素复杂交织，欧盟及其成员国在具体行动时也会和美国持相近立场。

三　欧盟疫情治理与欧洲一体化模式

周弘和贝娅特·科勒—科赫在《欧盟治理模式》一书的绪论中指出，欧盟作为一种模式，实现了“主权汇集”，以更加灵活的治理方式应对联盟内部的复杂性和异质性，权能在不同治理层面分散。从社会和社会组织角度考察“治理”，其实质是协调公共和私人部门之间的正式与非正式互动关系，治理在诸多功能领域有差异和变化。欧盟自我定位为“民事力量”，其特征是“自觉的规范性取向”，在外交政策目标上体现为通过“软实力”塑造世界秩序和规则的对外关系模式。[②] 欧洲一体化模式的独特性在疫情治理中亦有所体现。

首先，欧盟多层级治理主要表现为欧盟与成员国的权责分配，权能转移不足以使欧盟陷入治理困境，为弥补能力缺陷，促使欧盟以解决问题为导向采取更为务实的政策。

“欧盟治理是成员国行使共享汇合的主权的一种表现形式，欧盟治理旨在更好地集中力量解决欧洲国家无法单独解决的共同难题。”[③] 然而，

---

① 俄罗斯卫星通讯社：《美英和欧盟在联大反对俄罗斯有关取消制裁一致抗疫的提案》，2020 年 4 月 3 日，http：//sputniknews. cn/politics/202004031031143327/。

② 参见周弘、贝娅特·科勒—科赫主编《欧盟治理模式》，社会科学文献出版社 2008 年版，第 1—11 页。

③ 伍贻康：《关于欧洲模式的探索和思辨》，《欧洲研究》2008 年第 4 期。

在治理进程中欧盟易陷入“治理困境”。成员国既不能像普通主权国家那样完全自由行使权力，又不能全部依赖共同体资源解决问题。于是，一旦发生重大突发事件或危机，成员国因受联盟条约或法案掣肘而无法快速有效应对，欧盟也由于不具备主权国家的权力和资源而无法靠一己之力克服危机。究其原因，欧盟多重危机制约了成员国向欧盟转移权能的“超国家化”发展，权能转移不足又导致其能力缺陷，继而引发一体化僵局。[①] 在公共卫生领域，由于欧盟与成员国之间没有上下级隶属关系，且该领域的公共产品供给不足，当发生重大的突发卫生危机时，这种非主权国家的弱应急能力缺陷便暴露出来。自新冠肺炎疫情暴发以来，欧盟非主权国家的弊端凸显，医疗资源由国家调配的不均衡状况导致疫情防控力度不同。随着疫情有所缓解，欧盟逐渐以更为务实的姿态和更加落地的政策，在资金投入、资源共享和配套支持等方面有针对性地进行弥补并加强整合。

其次，欧盟期望通过协调公共和私人部门的关系推动治理进程，然而不同领域的现实状况却造成治理水平的差异。

欧盟治理不能由欧盟机构独自担当，而是应该包括广泛的社会行为体参与，应将治理理解为公共和私人行为体共同合作，寻求解决问题的最佳方式。[②] 欧盟对具体议题领域有针对性地实施细化管理，在其擅长的领域发挥优势，而在其弱势领域则尊重差异、不强求高度统一的治理模式。“多速欧洲”不仅体现于不同成员国治理进程的差异上，还表现为多个领域或议题的超国家化程度不同。欧盟力图通过公共与私人部门的相互配合以协调卫生治理行动，然而，尽管该领域与民众切身利益息息相关，但投入的资源不能起到“立竿见影”的政治效果。欧盟的资金来自成员国，当成员国没有能力或意愿给予财政支持时，欧盟便陷入财政困难，进而极大地影响其公共产品供应，像公共卫生这种与成员国核心利益关联不大的领域，便首当其冲地遭受波及。

---

① 金玲：《欧洲一体化困境及其路径重塑》，《国际问题研究》2017 年第 3 期。

② 贝娅特·科勒—科赫：《对欧盟治理的批判性评价》，金玲译，《欧洲研究》2008 年第 2 期。

再次，试图获得并维持欧盟机构间、成员国之间、政治精英与民众“三组关系”的平衡。

一是欧盟委员会、理事会和欧洲议会等机构在欧盟治理进程中所发挥的关键性作用，它们之间的权力保持着一种相互制衡的格局。在公共卫生领域，欧盟委员会从欧盟整体利益出发，积极提出公共卫生相关提案。欧盟理事会就公共卫生相关提案进行表决，欧洲议会则调整相关预算，并对其使用进行监督。二是欧盟成员国之间的平衡更多地体现为“领导力”与“责任”的匹配。大国在欧盟疫情治理中提供了地区公共产品，例如，德、法协力支持欧盟“重振计划”，德国将意大利的部分重症患者接到德国治疗，德国为欧盟应急预算和失业保险应急基金提供资金支持。三是为淡化“精英决策”的固有印象，欧盟政治精英愈加重视获得民众的理解和支持。欧盟机构通过出版皮书、发布文件等方式，阐明疫情的严峻性和成员国共同应对疫情的重要性，促使普通民众更好地理解欧盟公共卫生现状与政策，进而支持欧盟决策。

最后，借助规范性权力约束内部成员行为、影响国际规则，发挥“软实力”优势以扩大全球影响力。

欧盟被称为“规范性力量”，崇尚国际多边制度合作，以输出欧盟特色的理念和制度等“软力量”方式提高自身的国际影响力，向外界展示欧盟的制度优势。欧盟通过睦邻政策援助周边国家，强调共同利益，以“规范性方式”提升地区主义。[①] 欧盟继而将自身行为标准扩展至国际体系，通过使用规范性权力，按照其标准影响国际规范的设定。[②] 欧盟及其成员国在全球卫生治理中做出“双重贡献”，德、法等成员国发挥技术或财力优势，欧盟则在筹集援助资金、协调成员对外卫生援助行动方面发挥作用，为全球卫生治理规则制定和应用贡献经验。而且，相对于主权国家的对外援助行为，被视作“民事力量”的欧盟提供物质援

① Federica Bicchi, “Our Size Fits All: Nornative Power Europe and the Mediterranean,” *Journal of European Public Policy*, Vol. 13, No. 2, 2006, p. 287.

② 宋黎磊：《欧盟特性研究：作为一种规范性力量的欧盟》，《国际论坛》2008 年第 2 期。

助、制度借鉴等方式更容易被受援助国所接受。

四　结语

欧盟之所以遭受多次危机，都能够化险为夷，皆是因为其具有强大的自我修复和调适能力，也就是通常所说的“韧性”。“韧性”一方面表现为欧盟内部面对内外危机时能够逐渐适应不断变化的环境并逐步恢复常态，另一方面体现在与欧盟的睦邻政策紧密相关的、协助周边国家提高解决危机的能力上。

首先，维护和平、避免战争、实现经济繁荣与发展是建立欧共体的初衷和最终目标，也是欧洲模式保持韧性的根源所在。一体化建立的初衷是将德国约束在共同体框架内，保持欧洲的力量平衡，进而维护欧洲的持久和平。控制病毒的蔓延、保护居民的健康与生命、恢复经济发展和正常的社会秩序、防止出现政治动荡，是此次新冠肺炎疫情暴发以来欧盟与成员国疫情治理的共同目标。虽然双方在具体卫生治理政策制定与落实过程中存在分歧，但它们仍可以在应对疫情和恢复经济方面，通过协商、妥协的方式达成共识。

其次，欧盟的多主体和多层级特性，要求必须有较为完善的制度安排保障一体化进程的顺利推进，这是欧盟模式的制度韧性。在欧盟层面，欧盟主要机构承担各自职责，在必要时发布文件、颁布法律、制定规则，规范成员国的行为。在国家层面，成员国既要维护自身利益，又不能违背欧盟法律。然而，多层级治理主体之间并非隶属关系，且卫生治理规范缺乏强制约束力，成员国因多重顾虑而致其在执行欧盟卫生政策时大打折扣。若要弥补这一缺陷，必须重视各层级的权责分配、强化奖罚机制。由欧盟疫情治理的表现可以看出，虽然在应对短期突发事件时较为乏力，但欧盟更为擅长创建长效治理机制。

再次，欧盟拥有较为充足的物质资源支持欧盟及成员国共渡危机、实现共有目标，这是欧洲模式的能力韧性。欧盟是全球较大的经济体之一。2018 年，欧盟占全球 GDP 的总量为 21.8%，仅次于美国。欧洲国家在 OECD 成员卫生支出前五名中占四个。[①] 在疫情发生以来，欧盟设立逾 30 亿欧元医疗卫生专项资金，拟投入 7500 亿欧元的“恢复基金”用于支援医疗卫生及受疫情冲击的经济社会领域。由此可知，欧盟及其成员国的经济实力和医疗卫生领域的资金投入均居世界前列，这是支撑欧盟应对疫情和开展卫生治理的物质基础。

最后，“理念先行”是欧盟治理的一大特色，欧盟的共同价值和共有理念构成了欧洲模式的价值韧性。对“欧洲人”的共有身份认同和对公平、团结理念的推崇，指导着欧盟共同政策的制定与执行，更是欧盟内部分歧的“黏合剂”。在公共卫生领域，欧盟推崇“全人类共同享有健康权”的“公平”理念和“缩小分歧、力促一致”的“团结”理念，并且注重将两大治理理念应用于其对外卫生治理政策中，体现了欧盟治理与对外战略中欧盟特性的统一。

总之，欧盟这一超国家组织的特殊性在于，其可以弥补民族国家的诸种不足之处，在成员国差异的基础上找寻一致性，同时发挥着“缓冲器”和“制动阀”的作用，在成员有分歧时协调行动，当成员有激进行为时及时将其拉回正轨。故而，对欧洲一体化的作用既不能过于乐观，也不宜过于悲观，应以一种实用的视角对其进行观察。当前的欧洲一体化进程愈加具有韧性，主要原因在于：一是外在压力增加，如中国的崛起和美国全球战略的不确定性，对欧盟及其成员造成一种迫切需要团结行动的动力；二是内部压力增大，即域内经济、政治和社会风险攀升，急需欧盟及其成员团结应对。疫情下欧盟的卫生治理正体现出欧洲模式的韧性。域内超国家机构组织与协调行动、共同推进卫生治理，对外担负起全球责任，加强对外卫生援助，积极参与全球卫生治理进程。欧洲模式的韧性不仅体现为共有规范和理念，而且应当将其放在漫长的历史

① 详见 OECD，“Health at a Glance 2019：OECD Indicators，” November 7，2019，https：//www.oecd-ilibrary.org/docserver/4dd50c09-en.pdf? expires = 1603079007&id = id&accname = guest&checksum = FFB03BCED280488A1DA26C9D6278C919.

过程中加以考察。即使短期内暂时未能及时有效解决难题或危机，但从长期来看，凭借欧盟与成员国的权责重置、制度规范的日益完善，欧盟仍然可以从危机中恢复过来，在这一创造性模式中不断探索新的发展路径。

新冠肺炎疫情与欧盟：若干观察

杨三亿*

新冠肺炎疫情2020年初于欧洲大规模暴发，突如其来的新冠肺炎病毒传播让全世界各地都传出公共卫生灾情，本文主要集中探讨肺炎疫情对欧盟整合之影响。从整合的负面角度来说，公共卫生危机被认为是欧盟整合进程的重大打击，因为疫情于欧洲开始蔓延时，欧盟初期对危机回应的速度较慢，也未能采取积极作为应对病毒扩散，会员国为回应危机的主要行为者。随着时间的深化，欧盟的角色逐渐变得重要起来，欧洲各国越发认知到一个整合性的协调工作是所有欧洲国家所需要的，病毒并不会因为国界而停止传播。截至本文写作日，面临公共卫生危机的各式管理作为，如医疗物品统购、边境管理、疫苗研发、经费纾困等都需要各国进行政策协调，一个具效率、能整合各国行动且具有前瞻性作为的欧盟组织，将是遏止疫情扩散的最有效良方。

一　疫情传播：全球化下的苦果

自古以来，疫情传播就是人类在自然界生存的重大挑战，回顾过往，中世纪科学发展未如今日，当时人类在面临大规模疫情流行时仅能以相当有限的知识与资源加以回应，14世纪的黑死病即为一例，它使整个欧洲陷入极端恐慌状态。黑死病之称乃是由于病患皮肤因皮下出血变黑最

---

* 杨三亿，中兴大学国际政治研究所所长，教授。

终死去而得来的。黑死病快速传播于整个欧洲大陆与世界其他地区，这一致死率极高的疫情造成数千万人不幸罹难，后人根据历史文件和各种病症，推断出黑死病可能的传染源是寄生在老鼠身上的跳蚤，此种传播方式加上当时卫生条件低下，使其成为史上十分严重的疫情危机之一。

要理解黑死病是如何打击人类生存的，一个观察面向是黑死病对欧洲产生了哪些影响。因欧洲各国地缘位置相近、整合程度日深，疫情不只对人类生命造成冲击，也对欧洲产生了政治、经济与社会的多重打击。从政治权威角度来说，当时天主教会是至高无上的权威来源，但因为天主教对黑死病如何产生、如何传播与如何遏止一无所知，毫无回应能力，导致民众质疑天主教权威，这也对后来文艺复兴运动的推进产生连带影响。另外，黑死病的传染也促成了群众迁徙与经济结构重组，因为摆脱疫情的本能驱动，所以灾民从疫情灾区向疫情症状较轻地区进行大规模迁徙，其结果就是促进欧洲地区不同民族的流动，此举间接带动欧洲各地经济结构与产业重组，回首过往，这些都是黑死病留下来的历史遗绪。①

时至今日，人类免疫缺陷病毒（Human Immunodeficiency Virus，HIV）、伊波拉病毒（Ebola）、甲型流感病毒 H1N1 亚型（Influenza A Virus Subtype H1N1）、兹卡病毒感染症（Zika Virus Infection）、严重急性呼吸道症候群（Severe Acute Respiratory Syndrome，SARS）都是人类“闻毒色变”的重大挑战。2020 年暴发的疫情主要来自于新型冠状病毒引发的大型传染，是由一种严重急性呼吸综合征 2 型冠状病毒（Severe acute respiratory syndrome coronavirus 2，SARS-CoV-2）所引起的，2019 年底就有传播迹象，因此外界多以 COVID-19 为其简称，不过，实际上 2020 年才造成全球大流行。

疫情能这么快速且大规模地传播到世界各地，一个很重要的原因就是全球化的来临。全球化重要的当代意涵是既有效率又有便捷的路上、海上、空中交通系统。透过这些移动迅速、班次密集的巴士、火

① Şevket Pamuk，“The Black Death and the Origins of the ‘Great Divergence’ across Europe，1300 – 1600，” *European Review of Economic History*，Vol. 11，No. 3（2007），pp. 289 – 317.

车、油轮、飞行器，人们可以很轻易地抵达世界上任何一个角落，于是以人类为宿主、交通系统为载体的病毒就这么轻易地散播至世界各国。

根据半岛电视台的追踪，截至2020年8月6日，全世界仅有基里巴斯、马绍尔群岛、密克罗尼西亚、瑙鲁、朝鲜、帕劳、萨摩亚、所罗门群岛、汤加、土库曼斯坦、图瓦卢、瓦努阿图12国仍未有肺炎疫情传出，这些国家多是位于海洋上的岛国，能免于疫情传播的重要因素之一即交通不便。另外，朝鲜与土库曼斯坦则是得益于相对孤立的国际参与，较少和其他国家交流成为反全球化下的优势。不过，名单上可能还包括了部分隐匿疫情、知情不报或检疫能力有限的国家，如按此等逻辑估算，全世界要能找到一个毫无疫情肆虐之地，实际上是非常困难的。[①]

二　欧洲疫情来袭：欧盟及其会员国的恐慌与回神

当2020年新冠肺炎疫情向全世界扩散之际，欧洲不仅难以幸免，而且是全世界几个较早暴发疫情的地区。根据统计，欧洲因受到疫情影响而死亡人数的比例十分严重的居前十名的国家依序为比利时、英国、西班牙、意大利、瑞典、法国、爱尔兰、荷兰、卢森堡、葡萄牙，死亡比例较低的居后五名的国家为塞浦路斯、希腊、马耳他、拉脱维亚、斯洛伐克。[②]

在疫情暴发的当下，各国首先以保命为重，由于过往在SARS疫情流行期间欧洲并未出现大规模的感染迹象，因此2020年的疫情传播可谓是欧洲人近数十年来第一次面对此种公共卫生的巨大挑战，欧盟与各会员国面对疫情的经验不足与恐慌心态可想而知。欧盟执委会虽于2020年1月9日正式发布早期预警通知（Alert Notification on the Early Warning

① https：//www. aljazeera. com/news/2020/04/countries-reported-coronavirus-cases-200412093314762. html，accessed on 10 Aug 2020.

② https：//www. statista. com/statistics/1111779/coronavirus-death-rate-europe-by-country/，accessed on 4 June 2020.

and Response System，EWRS），开启了欧盟对抗新冠肺炎病毒传染的政策作为，不过，执委会还没有认真对待此一疫情。起初，欧盟还相当乐观的以人道救援理念为由，援助中国30万吨以上的各式医疗物资，以展示欧盟善尽国际社会一分子的责任。不过，随着疫情逐步升温、欧洲确诊人数不断增加、死亡病例数也逐步攀升，欧盟执委会开始意识到问题的严重性，立即把政策作为导回欧盟内部，欧盟执委会主席冯德莱恩（von der Leyen）于3月2日正式成立肺炎因应小组（coronavirus response team）以为应变。

实际上，欧盟对新冠肺炎疫情大流行的回应在初期显得力不从心，意大利在疫情暴发初期向欧盟求援，意大利欧盟常驻代表马萨里（Massar）立即向欧盟要求启动民事保护机制（EU Civil Protection Mechanism），为意大利紧急保护提供医疗设备。这个机制过去曾发挥了功效，在单一国家无法单独面对紧急时刻的天灾时，其他国家可立即志愿提供各式援助，例如瑞典2018年发生森林大火，斯德哥尔摩很快向外求援，葡萄牙便立即派遣两架消防机、德国派出5架直升机与53位消防员、法国派出两架直升机与60位消防员、丹麦派出60位消防员、波兰派出130位消防员与4辆消防车、意大利派出两架消防机，这些行为说明了欧盟体系内原本就有一套面临灾害应变的运作机制。[①]

但很不幸，当意大利向外求援之际，欧盟会员国没有一个国家向意大利提供医疗所需，意大利3月11日依此机制紧急向各国提出需求、3月14日该国确诊案例超过2万例、死亡人数攀升到1441人，其孤立无援之心态可想而知。当时欧洲急迫的时空状态是可以理解的，当欧洲大陆疫情暴发之际，德国与法国首先禁止医疗用品（包含口罩与呼吸器）出口，欧盟执委会虽然也愿意提供紧急援助基金，无奈市场上难以购买到所需的医疗器材。特别值得一提的是中国适时提供的相关器材成为最受瞩目的外交行动（中国提供了1000具呼吸器、200万个口罩、2万件防护衣、5万个试剂与医疗人员），“雪中送炭”的行为适时为意大利提供了相当程度的支援。不过，在此危机时刻，中国政府的举措也连带引

① https：//foreignpolicy. com/2020/03/14/coronavirus-eu-abandoning-italy-china-aid/.

起许多讨论，认为这些举动影响了会员国与欧盟间的互动，助长了若干国家的疑欧心态。①

回应疫情暴发之初的恐慌心态是可以理解的，不过，所幸欧盟能够很快从紊乱的协调机制中回过神来，改以正面积极的态度回应疫情的发展。3 月 19 日，欧盟执委会终于在会员国的共识下成功建立起一套医疗用品的战略储备计划（Strategic RescEU Stockpile of Medical Equipment），其方式是欧盟出资 5 亿欧元，透过集中采购、分散储存的方式保存这些医疗物资，并希望将医疗物资发送给十分需要的国家或地区，以此避免出现各国为求自助而牺牲其他国家的自私现象。②

另外，疫情不仅使人员伤亡，同时也使经济活动规模减小、失业人数攀升。欧盟为此展开了打击失业行动、提供 1000 亿欧元失业救助金（Support Mitigating Unemployment Risks in Emergency，SURE）的方式拯救那些因疫情而失去工作机会的民众。SURE 援助计划是欧盟执委会以《欧盟条约》第 122 条所赋予的经济危机应变权力，允许欧盟向成员国全体收取 250 亿欧元作为担保，然后再由欧盟执委会出面向市场借贷 1000 亿欧元，并转借给有需要的成员国。由欧盟执委会举债然后再借贷（on-lending）给南欧国家而非采取各自举债的方式，有效地规避与减轻了南欧国家债务上升的风险。

从政府间主义角度来看，较为富裕的北方国家也同意这个方案，理由有二：第一，不采取由南欧成员国各自举债而是由欧盟执委会举债再借贷给所需要的国家，可以达成缩小风险的政策目标，也可避免若干国家过度举债所产生的负面效果；第二，此举是紧急状态下的权限扩张行为，仅于危难时使用而非永久性措施，所以北方国家的忧虑也可稍为降低，可以安抚担忧举债成为日后常态做法的北方国家。北欧国家在过去很长时间里对南方国家有着财政上的不信任感，由欧盟执委会扮演中介者角色可以让北方国家借由执委会监督南方国家债务状况与还款计划，

① https：//www. theguardian. com/world/2020/mar/11/italy-criticises-eu-being-slow-help-coronavirus-epidemic.

② 欧盟一直到 4 月 7 日才开始派遣医疗团（由罗马尼亚与挪威人员组成）到意大利进行援助并向之提供了 3000 公升消毒药水（由奥地利提供）。

从而大幅降低债务违约风险，在欧债危机中欧盟与会员国也采取这种方式应对难关。

欧盟紧急应变方案所提供的各式援助，如 SURE 计划的 1000 亿欧元、欧洲投资银行出资的 2000 亿（用于企业贷款）、欧元区紧急备用基金欧洲稳定机制（European Stability Mechanism）的 2400 亿欧元（用于国家低利贷款）等，都是欧盟重要的纾困方案。2020 年 7 月欧盟高峰会通过的复苏方案则更为完整，欧盟与 27 个会员国同意共同发行复苏基金（recovery fund），这个基金有两个重点：

1. 提供 7500 亿欧元贷款。这笔贷款分为两部分，其中一笔即 3900 亿欧元采用直接拨付方式，提供给严重需要经济援助的国家；另一笔即 3600 亿欧元则以低利贷款方式拨发。这些资金来源由欧盟执委会利用市场借款方式筹措。

2. 条件设定。一如往常，欧盟对那些需要纾困金的会员国设下条件限制，会员国须制订强化就业、经济发展、社经稳定等相应计划才能获得援助。

由于本次经济危机甚为严重，欧盟提出的纾困方案也历经会员国相当长时间的讨论，其中一个担忧就是未来财政缺口的挑战。对此欧盟采取几个方式因应未来的财政缺口：其一是设下 2058 年前将筹资偿债还毕的限制。为达此一目标，欧盟较为富裕的国家如德国、瑞典和荷兰等，缴给欧盟的增值税将无法再获退税，其他项目（如塑胶）也不能再行课税。自 2023 年起欧盟还将对碳排放标准较低国家的进口商品课税，以此条件引导那些国家提升它们的碳排放标准。另外欧盟未来也很可能会将碳排放交易体系扩张至海运和航空领域。其二是争取会员国对复苏基金的支持，给予荷兰、瑞典、奥地利、丹麦和德国等国更多的财政返还，这些国家将依其经济体大小，得到比以前更高比率的退款。

与此复苏基金相关的是欧盟年度预算的编列，本次预算采取积极做法。欧盟上一个 7 年度的预算为 9600 亿欧元，约占 EU GNI 的 1%，但 2020 年 5 月欧盟执委会在疫情持续蔓延的险恶环境下提出新的 7 年度（2021—2027）预算方案，将整体预算拉高到 1.1 兆欧元。在英国脱欧限制下欧盟提出此种高度扩张预算方案（增长幅度约 14.58%），这笔预算不仅用于刺激经济增长，同时还要求预算编列符合巴黎协议的温室气体减排目标，以此作为欧盟史上最大的绿色刺激计划。①

三　疫情下的政治发展

虽然疫情暴发不在众人的意料之中，但欧盟各国在这段时期仍有中央层级的选举活动进行。在观察疫情期间，自 2020 年 2 月至本文写作日（2020 年 8 月）止，欧盟总共有斯洛伐克（2020 年 2 月 29 日国会选举）、波兰（2020 年 7 月 12 日总统选举）、克罗地亚（2020 年 7 月 5 日国会选举）等几个会员国举行总统或国会大选。另外，非欧盟会员国白俄罗斯也有选举（2020 年 8 月 9 日总统选举）举行。

表 1　斯洛伐克国会选举

选举日期	国会总席次	执政党得票率/席次	最大反对党得票率/席次
2020 年 2 月 29 日	150 席	Ordinary People and Independent Personalities（25.02%/53 席）	Direction-Social Democracy（18.29%/38 席）
2016 年 3 月 5 日	150 席	Direction-Social Democracy（28.28%/49 席）	Freedom and Solidarity（12.1%/21 席）

资料来源：作者自行整理。

表 2　波兰总统大选

选举日期	执政党（独立）参选人得票率	最大反对党（独立）参选人得票率
2020 年 7 月 12 日	Andrzej Duda（51.0%）	Rafał Trzaskowski（49.0%）
2015 年 5 月 24 日	Andrzej Duda（51.5%）	Bronisław Komorowski（48.5%）

资料来源：作者自行整理。

① https://ec.europa.eu/info/live-work-travel-eu/health/coronavirus-response/recovery-plan-europe_en.

表 3 克罗地亚国会选举

选举日期	国会总席次	执政党得票率/席次	最大反对党得票率/席次
2020 年 7 月 5 日	151 席	HDZ-led Coalition （37.26%/66 席）	Restart Coalition （24.87%/41 席）
2016 年 9 月 11 日	151 席	HDZ-led Coalition （36.27%/61 席）	People's Coalition （33.45%/54 席）

资料来源：作者自行整理。

表 4 白俄罗斯总统选举

选举日期	执政党（独立）参选人得票率	最大反对党（独立）参选人得票率
2020 年 8 月 9 日	Alexander Lukashenko（80.1%）	Sviatlana Tsikhanouskaya（10.12%）
2015 年 10 月 11 日	Alexander Lukashenko（84.14%）	Tatsiana Karatkevich（4.48%）

资料来源：作者自行整理。

表 1 至表 4 所列出的选举恰巧都发生在中东欧地区，这几次选举有以下几个特色：

第一，因为选举期间遇上疫情暴发，所以这些国家在竞选期间，朝野政党多半将重心集中在选举是否如期举行、竞选活动是否照常进行的辩论上，这些国家朝野政党对此皆有热烈讨论。以波兰为例，波兰总统大选原本预定于 2020 年 5 月 10 日举行，但因疫情关系，朝野政党对选举是否应该延期，各方态度并不相同。执政党法律与正义党（Law and Justice Party）偏好按既定日期进行选举，其主因是现任总统任期至 2020 年 8 月 6 日，延期或可能对总统职权的合法性运作造成冲击。另一个关键处则是疫情对选情的影响，一般来说，拉长选举战线对反对党似乎较有利，其主因是当下对疫情的传播判断，因传播时间越长、影响的确诊人数变因也就越不容易掌握，波兰现任政府一方面坚持大选应尽速举行，另一方面在竞选期间禁止政党从事各项大规模的竞选活动可为明证。

第二，由于疫情暴发，为求快速且有效地遏止疫情传播，多数国家政府权限迅速扩大，例如斯洛伐克于疫情暴发之初很快宣布自我隔离、社交距离、居家工作、旅游限制等禁止令，但由于斯洛伐克选举日定在2月29日，由于该国第一例确诊案例发生在3月6日，因此斯洛伐克新任政府拥有较强的民意委任以处理遏止疫情扩散的紧急事态，也采取较严格的隔离措施。[①] 克罗地亚是另一种状态，根据欧盟疾病预防与管制中心（European Centre for Disease Prevention and Control）的统计，如果以确诊数来看，克罗地亚的疫情相当严峻，截至2020年8月24日的统计，克罗地亚每10万人的确诊数为63.1人，这个数字仅低于西班牙的152.7人、马耳他的122.4人、卢森堡的96.3人、罗马尼亚的86.3人、法国的67.1人。[②] 克罗地亚初期严峻的形势的确为执政党带来许多挑战，防疫专家早期的处置作为也有若干做法遭受极大抨击，不过，民众对政府防疫做法仍给予相对高度的支持，甚至有若干争议性的宣示，如开放宗教性活动（早于其他各类社会性活动，如演唱会），虽有诸多可议处，但执政党仍然赢得国会大选，克罗地亚的个案说明在大规模的危机来临时，民众多半仍愿意支持政府作为以抵抗危机。[③]

第三，从投票结果来看，疫情暴发对现任政府的选情基本上是有利的，波兰总统 Andrzej Duda、克罗地亚执政党 HDZ-led Coalition、白俄罗斯总统 Alexander Lukashenko 都顺利获得当选，唯一例外的是斯洛伐克的执政党由 Direction-Social Democracy 改为 Ordinary People and Independent Personalities。不过我们认为，斯洛伐克选举变天与疫情关联不大，2月初，欧陆各国大抵上对新冠肺炎病毒的破坏力还没有警觉，斯洛伐克在进行投票时欧洲大陆疫情并不严重，斯洛伐克一直到3月6日才出现第一个病例，所以疫情并不算是影响斯洛伐克选举的主要变因。

---

① Slavomíra Henčeková and Šimon Drugda, "Slovakia: Change of Government under COVID-19 Emergency," Verfassungsblog on Matters Constitutional, 22 May 2020; or see https://verfassungsblog.de/slovakia-change-of-government-under-covid-19-emergency/.

② European Centre for Disease Prevention and Control, COVID-19 Situation Update for the EU/EEA and the UK, as of 24 August 2020, or see https://www.ecdc.europa.eu/en/cases-2019-ncov-eueea.

③ Nika Bačić Selanec, "Croatia's Response to COVID-19: On Legal Form and Constitutional Safeguards in Times of Pandemic," Verfassungsblog on Matters Constitutional, 9 May 2020; or see https://verfassungsblog.de/croatias-response-to-covid-19-on-legal-form-and-constitutional-safeguards-in-times-of-pandemic/.

四　疫情暴发下欧盟对邻近国家的援助

如果说疫情造成了全世界几乎难以避免病毒侵袭的后果，那么令人受到鼓舞的是即便在如此艰困的环境下，欧盟仍愿意协助其他国家对抗病毒蔓延。从全球化角度来看，欧盟与其他国家的公共卫生合作非常重要，因为防止病毒扩散仅由一个国家或邻近国家的努力是不够的，全球各国一同抵抗新冠肺炎疫情传播是更为重要的，这个概念与其他非传统安全议题（如难民）高度类似，如果仅有一个国家单独从事疫情打击工作，那么这道国家防线很快就会被击溃，这在各国领土相邻的欧洲地区尤其如此，合作安全（cooperation security）的概念是欧洲地区在后冷战时期重要的跨国合作精神之所在。在这个宗旨下，欧盟与邻近的东欧、中东、北非国家进行密切合作，欧盟在疫情的蔓延下主动为这些国家提供低利贷款：乌克兰 12 亿欧元、摩尔多瓦 1 亿 欧元、格鲁吉亚 1.5 亿欧元、科索沃 1 亿欧元、波斯尼亚和黑塞哥维那 2.5 亿欧元、黑山 6000 万欧元、阿尔巴尼亚 1.8 亿欧元、北马其顿 1.6 亿欧元、突尼斯 6 亿欧元、约旦 2 亿欧元，构成总额 30 亿欧元的新冠肺炎疫情援助包裹。[①] 这个援助包裹有以下几个特色：

第一，援助及时。欧盟高峰会对于援助周边国家的举措很快在 5 月便达成共识，拟定提供总额高达 30 亿欧元的援助方案。虽然这 30 亿欧元的援助方案多以低利贷款方式进行，不过为求疫情风暴来袭时能支撑受援国的财政稳定，欧盟的援助可谓相当及时。[②]

第二，以邻近地区为主。从受援助的名单来看，本次援助以欧盟的候选国与邻近国家为主，主要涵盖东欧、巴尔干、高加索、中东、北非

---

① European Council, "COVID-19: Council Greenlights €3 Billion Assistance Package to Support Neighbouring Partners," or see https://www.consilium.europa.eu/en/press/press-releases/2020/05/05/covid-19-council-greenlights-3-billion-assistance-package-to-support-neighbouring-countries/.

② Council of the European Union, Proposal for a Decision of the European Parliament and of the Council on providing Macro-Financial Assistance to Enlargement and Neighbourhood Partners in the Context of the COVID-19 Pandemic Crisis, Brussels, 30 April 2020.

等地。从过往欧盟的对外政策来说，这些区域即是欧盟候选国与睦邻政策伙伴国区域，同时也是欧盟各主要会员国最关心的区域，这些国家也与欧盟的社会与经济稳定息息相关。

第三，除上述国家外，白俄罗斯、亚美尼亚、阿塞拜疆、塞尔维亚、波斯尼亚等国，或因疫情，或因受制裁等因素，目前仍未被纳入欧盟对外援助名单内。这些未被纳入受援名单中的国家以白俄罗斯最受瞩目，由于白俄罗斯处在地缘政治竞争的断层带，卢卡申科自 1994 年当选白俄罗斯总统后连任至今，2020 年 8 月又因总统大选争议而挑起国内反对派的不满，连带引发大规模的政治示威运动。截至本文撰稿之日，卢卡申科决定以大规模镇压的方式逮捕反对派。白俄罗斯与上述这些未被纳入受援名单中的国家，因其位于地缘政治断层带的特性而让其不可避免地同时受到欧盟与俄国权力竞争的影响，由欧盟本次的援助政策设计来看，未来这些国家有可能成为地缘政治的未爆弹，可能在特定的时空环境下引发地缘政治动荡。

五　总结观察

疫情暴发对欧洲乃至全世界都产生了巨大冲击，从负面效应来看，新冠肺炎疫情造成许多人确诊，其中一部分人因此而不幸丧生，以及造成诸多家庭的崩坏。不过，从欧盟政治经济整合的角度来看，疫情也冲击了欧盟的政治发展，本文根据当前疫情暴发的历程与阶段性回顾，综合观察过往这一段时期的欧盟政治发展并提出以下几点观察：

第一，强化欧盟公共卫生与危机管理体系之必要性。

欧盟原先对应公共卫生体系的制度是“欧洲疾病预防与管制中心”（European Centre for Disease Prevention and Control），该中心年度预算仅为 6600 万美元，雇员 300 人，从预算规模与人员来说，这在所有欧盟各次级机构中属相对弱小的。本次疫情暴发促使欧盟有必要增强该中心的预算、人员与横向的沟通协调机制。除欧洲疾病预防与管制中心外，欧盟还需要重新改革行政与立法相关部门的机构效率，例如强化欧洲议会的健康安全委员会（Health Security Committee）、引进民意机构对公共卫生进行监督，是欧盟整合的重要措施之一。欧盟也应该强化欧洲危机管理，特别是大规模公共灾害发生时的跨国危机管理，当前欧盟已经有民防机制（EU Civil Protection Mechanism），该机制主要的负责单位为“紧急应变协调中心”（The Emergency Response Coordination Centre，ERCC），该中心自 2013 年起已运作多年，其运作不仅涉及所有会员国，同时还将邻近的马其顿、冰岛、黑山、挪威、塞尔维亚纳入应变计划中，显见其执行有一定的成效，不过，应对新冠肺炎疫情这一超大型危机，显然，欧盟还有许多需学习之处。

第二，更多的政策协调与整合。

近期欧盟提出一些讨论，如针对财政纪律的松绑、对补助规范的松绑，这些政策作为都需要会员国的合作。① 多数国家对疫情暴发前忽视防疫工作，导致疫情暴发时仅能采取直觉式的膝跳反应，在危机爆发时刻禁止出口医疗物品、关闭边界与人员往来等。这些举措对当下防疫或许有帮助，不过，这些举措所造成的恐慌也甚为可观，因此欧盟有必要就未来可能出现的紧急状态制定一个更能协调各国的行动方案。② 另外，在疫情蔓延期间所造成的经济衰退与企业倒闭现象，也让许多外国企业趁机并购欧洲公司，这给欧盟希望强化资金审查的做法带来了变数。③

第三，后疫情时代的经济振兴。

后疫情时代欧盟的经济政策将从效率面向转至振兴（resilience）面向，这也将是执委会主席冯德莱恩（von der Leyen）这一任期的重大任务，虽然欧盟已经就复苏基金达成共识，决定提供 7500 亿欧元的资金以对抗疫情所带来的经济危机，不过，这笔资金能否真正落实、能否提振经济发展仍在未定之天。④ 根据欧盟执委会的预估，2020 年欧盟整体经

---

① Sophia Russack and Steven Blockmans, “How Is EU Cooperation on the Covid-19 Crisis Perceived in Member States?” Centre for European Policy Studies, 21 April 2020.

② Réka Szemerkényi, “The EU and COVID-19,” Centre for European Policy Studies, 26 March 2020.

③ https://www.euractiv.com/section/global-europe/news/eu-warns-virus-could-expose-firms-to-foreign-buy-outs/1447540/.

④ Andrea Renda and Rosa J. Castro, “Chronicle of a Pandemic Foretold,” Centre for European Policy Studies, No. 2020-05 / March 2020, pp. 1-18.

济将衰退 8.3%，2021 年虽因基点甚低而将成长 5.8%，不过即便对未来经济复苏相对乐观，但经济回复的动力并不一定均匀地散布在欧洲各地，国际货币基金组织预估意大利、法国、西班牙等可能是 2020 年受创很严重的国家，德国受到的影响则相对较轻微。假使经济回复动力不能相对均匀地散布在欧洲各地，这对欧盟整合也可能会产生难以预期的负面作用。①

第四，在危机中不断前进的欧盟整合。回顾过去欧盟整合史，我们可以发现欧洲过去遭遇多次危机，每一次危机总是对欧盟整合产生了许多正面或负面的影响，本文总结这些关键时刻所发生的重大事件及其对欧盟所产生的效应（见表 5）。

表 5　**重大危机事件及其对欧盟整合影响**

	新冠肺炎疫情危机	难民危机	欧债危机
时间	2019 年底至 2020 年	从 2011 年起，2015 年为高峰期	2009 年
成因	暴发于武汉的新型冠状病毒	中东北非民主化导致难民潮危机	希腊债务危机与南欧国家经济竞争力
解决之道	透过公共卫生、跨国移动、经济援助等措施遏止疫情扩散	透过边界管理、难民配额、移民事务等遏止危机	透过各式财政性手段遏止经济恶化
观察	1. 疫情（初期）强化欧盟分裂力量 2. 复苏基金与各式紧急应变方案推动各国共同作为	1. 强化边界管理 2. 东西南北欧国家皆同受难民政治效应的影响 3. 强化右派极端主义浪潮	1. 除希腊外，多数国家已脱离债务危机漩涡 2. 建立财政稳定机制 3. 南北欧国家财政纪律对立

资料来源：作者自行整理。

① Silvia Amaro, "EU Cuts Economic Forecasts for the Region, now Projecting a 8.3% Slump This Year", CNBC, 7 July 2020, or see https: //www.cnbc.com/2020/07/07/eu-cuts-economic-forecasts-for-the-region.html; World Economic Outlook Reports, "World Economic Outlook Update, June 2020," International Monetary Fund, June 2020, or see https: //www.imf.org/en/Publications/WEO/Issues/2020/06/24/WEOUpdateJune2020.

从过往经验来看，爆发于南欧国家的财政问题很快影响了整个欧盟，欧债危机对欧盟整合带来巨大的财政与经济挑战，欧盟与其会员国为提供纾困方案与追求财政稳定，对此产生极为激烈的内部争辩。难民危机对会员国的政治合作影响程度尤大，中东欧国家面对布鲁塞尔的难民援助与配额方案采取坚决反对的立场，此举也同时成为各会员国右派政党崛起的重要因素。在新冠肺炎疫情危机暴发初期各国纷纷以关闭边界为遏止手段，此举加深了民众对欧盟组织的不信任感并促使右派力量的崛起。

虽然历次危机爆发对欧盟都产生了负面影响，不过危机也促成了欧盟认真思考如何解决危机所需的各种整合政策，例如欧债危机促成的对会员国财政纪律的要求、难民危机引发的强化边界管理的要求，以及新冠肺炎疫情蔓延导致的推出复苏基金等各式应变方案，这些举措都促使会员国合意下的欧盟架构达成；从这个面向来看，欧盟因为危机爆发而使得欧盟与会员国不断思考政策应该如何整合、借以对抗不断产生的危机，从这个面向上看，欧盟的整合似乎正不断向前跨越。

新冠肺炎疫情背景下德国在欧盟的领导角色

郑春荣*

2020年3月中旬，欧洲成为新冠肺炎大流行病的中心。在经历一个疫情高峰后，欧洲曾经在一段时间内成功地控制住疫情，但是，自8、9月以来疫情又卷土重来，其后疫情越演越烈，接连出现了第二波和第三波疫情，截止到2021年3月，疫情仍未得到有效控制。伴随着疫情下申根区重启边境检查和一些城市实施封锁，欧盟内部的商品、服务、资本和人员流动自由遭到破坏，同时经济陷入大衰退中：欧盟经济2020年衰退6.2%，欧元区经济下行幅度则达到6.6%。①

在这场严峻的系统性危机中，德国虽然在第一波疫情期间凭借低死亡率、高治愈率交出了一份相较其他欧洲国家更为出色的本国防疫答卷，但作为欧盟核心成员国，德国在疫情暴发初期并未果断施援，缓解欧盟其他成员国的“燃眉之急”，遭到了广泛诟病。好在随着疫情的发展，德国积极向其他重疫国提供物资和医疗援助，捍卫了欧盟的团结。此外，面对疫情所造成的经济衰退，德国在是否引入“新冠债券”和如何设立欧盟“复苏基金”问题上，以及在确定未来欧盟经济治理举措的方向上

---

* 郑春荣，同济大学德国研究中心主任、同济大学政治与国际关系学院副院长，教授。本文主要内容基于作者与范一杨合作撰写的论文《新冠疫情背景下德国在欧盟领导角色分析》，载《德国研究》2020年第2期，此处有更新和修订。

① European Parliament, Economic Governance Support Unit (EGOV), *EU Economic Developments and Projections*, Briefing, March 2021.

扮演了关键角色。那么，究竟应如何评价德国在欧盟抗疫和经济复苏中所扮演的角色？对此，本文从领导理论出发，结合德国在欧盟抗疫和经济复苏举措中的作用，分析疫情背景下德国在欧盟的领导角色从缺失到发挥的转变及其原因，并对后疫情时期德国在欧盟的领导力和欧洲一体化前景做出研判。

一 领导理论及其分析要素

“领导”可以定义为“在正式或非正式位置上的行为体运用权力资源带领其他行为体追求共同目标，并最终实现制度变迁的过程”[①]。领导的产生由结构层面和行为体层面这两个条件促成。在结构层面，必要的制度框架构成发挥领导力的基础，欧盟与成员国在不同领域的权能分配影响领导能否产生和发挥领导作用的形式。行为体层面强调领导的产生是领导者与追随者互动的结果。[②] 潜在的领导者需要具备一定规模的权力资源和调动权力资源创造公共产品的主观意愿[③]，而其他行为体作为潜在追随者有对该行为体扮演领导角色的期待。[④] 潜在的被领导者需要权衡领导者缺失的现状所造成的损失和参与集体行动的收益，潜在的领导者则会对扮演领导角色的成本—收益进行评估。如果集体领导缺失所造成的损失大于担任领导的成本，或领导的收益大于领导缺失的收益，则有利于集体领导的出现。[⑤]

此外，为使领导角色的分析更具可操作性，英国学者查尔斯·帕克（Charles Parker）和克里斯特·卡尔森（Christer Karlsson）根据奥兰·扬

① Magnus G. Schoeller, “Providing Political Leadership? Three Case Studies on Germany's Ambiguous role in the Eurozone Crisis,” *Journal of European Public Policy*, Vol. 24, No. 1, 2017, pp. 1 – 20.

② Lisbeth Aggestam, Markus Johannson, “The Leadership Paradox in EU Foreign Policy,” *Journal of Common Market Studies*, Vol. 55, No. 6, 2017, pp. 1203 – 1220, here p. 1204.

③ Norman Frohlich, Joe A. Oppenheimer, Oran R. Young, *Political Leadership and Collective Goods*, Princeton: Princeton University Press, 1971, p. 7.

④ Walter Mattli, *The Logic of Regional Integration*, New York: Columbia University, 1999.

⑤ Jonas Tallberg, “The Power of the Chair: Formal Leadership in International Cooperation,” *International Studies Quarterly*, Vol. 54, No. 1, 2010, pp. 241 – 265.

（Oran R. Young）等人有关政治领导的学说将领导划分为四种类型[①]，分别是“结构型领导”（structural leadership），即基于处于优势地位的政治与经济实力，通过塑造机构、法律和程序方式树立权威、施加影响[②]；“企业型领导”（entrepreneurial leadership），即扮演“掮客”的身份，通过企业家的方式促成各方达成互惠协议；“理念型领导”（ideational leadership），即通过提供专业引导和理念创新树立新的共同目标、激励追随者改变其行为偏好；“方向型领导”（directional leadership），即通过运用理念优势或本国示范，影响和改变其他国家感受以达到所期望目标的能力。与“企业型领导”和“理念型领导”所不同的是，“方向型领导”并不强调领导者与追随者之间的主动协商和积极互动，而是强调领导者本身的模范作用。需要指出的是，领导者可以并且通常会采取不同类型领导相结合的方式发挥领导角色。区分不同类型的领导有助于细化分析领导者在不同情况下的表现，从而探究领导产生的条件和原因。

二　德国在欧盟应对新冠肺炎疫情和恢复经济中的表现

在第二波疫情复燃前，根据德国在疫情中的表现，疫情应对在欧盟的演进大致可以分为以下三个阶段。

（一）第一阶段：专注本土疫情防控

在疫情暴发初期，欧盟各成员国主要依据本国疫情发展情况采取封锁措施。由于疫情的走势尚不明朗，德国政界和医学界对其严重程度普遍持悲观态度。考虑到德国随时可能会面临可投入重症、急症救治的医疗资源不足的局面，德国无心顾及同样深陷困境的其他成员国，而是采

---

① Charles Packer, Christer Karlsson, “Leadership and International Cooperation,” in R. A. W. Rhodes, Paul Hart (eds.), *The Oxford Handbook of Political Leadership*, Oxford: Oxford University Press, 2014, pp. 580 – 594.

② Matthias Matthijs, “The Three Faces of German Leadership,” *Survivals*, Vol. 58, No. 2, 2016, pp. 135 – 154.

取了“本国优先”的做法。3 月 4 日，德国危机管理小组宣布将由联邦卫生部集中采购医用防护物资（口罩、手套、防护服等），并限制其出口到包括欧盟成员国在内的其他国家。面对防护物资严重紧缺的局面，各成员国之间甚至互相截留他国进口的医疗物资。意大利在此时请求激活欧盟民事保护机制以争取物资援助，但没有国家响应。在此情况下意大利向中国和俄罗斯请求支援，并得到积极回应。

德国的“本国优先”倾向同样体现在申根区边境封锁问题上。3 月 15 日，德国内政部宣布于次日关闭与奥地利、瑞士、法国、卢森堡和丹麦五国的陆路边境，除货运交通和往返上班者外禁止其余一切人员和货物的通行。虽然内政部长泽霍夫表示“边境管控是与邻国商议好决定的”，但法国立刻表达了对德国这一“单边主义措施”的不满，因为法国原本希望在欧盟层面商讨申根区内部边境管控的共同方案。

为保障经济在疫情下的运行，欧洲中央银行和欧盟委员会首先通过调整货币政策以应对新冠肺炎疫情对欧元区经济预期所造成的重大风险。其中，欧盟委员会也首次启动欧洲《稳定与增长公约》中的“一般性例外条款”，取消了对欧元区成员国新增和存量公共债务的上限约束，由此，各成员国政府可按需给本国经济注入流动性。欧盟内经济实力最强的德国迅速行动，3 月 25 日联邦议会就通过了“2020 年补充预算”法案，将 2020 年的财政预算从原先的 3620 亿欧元提高到了 4845 亿欧元，并新增负债 1560 亿欧元。加上德国复兴信贷银行（KfW）的特别贷款援助计划以及各种其他减负和福利补贴，德国经济救助计划总额高达史无前例的 7500 亿欧元。

但是，债务松绑也暴露了各成员国财政政策伸缩空间上的差异。在新冠肺炎疫情暴发前，意大利的公共负债总额已经达到国内生产总值的 130%，超出《稳定与增长公约》所规定的 60% 一倍还多。这意味着进一步增加政府负债不仅将损害意大利的财政安全，还可能进一步推高意大利原本已高于德国的融资成本。在此背景下，以法国、意大利、西班牙为首的 9 个欧元区成员国在 3 月 25 日正式提出有关发行“新冠债券”（Corona-Bonds）的计划。“新冠债券”是南欧国家在欧债危机时期提出的欧元债券的翻版，它意味着欧元国不必调整其现行债务标准，而其他成员国将分担受援助国家的债务。但是，德国和北欧国家对于此种欧元债券的翻版总体上持反对立场。由此欧盟进入了经济援助方案的拉锯战中。

（二）第二阶段：加强与其他欧盟成员国协调、规划经济援助方案

各成员国“自扫门前雪”的做法令欧盟内部的团结和凝聚力遭到质疑。在国内外舆论的压力下，德国成为首个向意大利提供援助的欧盟成员国，随后德国还陆续向西班牙、奥地利和罗马尼亚等国捐赠医疗物资，并从3月21日起陆续转运、收治意大利和法国的重症患者。德国的行动起到了示范作用，在3月13日至5月13日的两个月中，意大利陆续收到来自欧盟其他成员国的33批援助物资。①

相比之下，欧盟在医疗物资投入方面的行动显得迟缓。欧盟委员会不得不颁布指导方针，要求医疗物资应优先保证欧盟内部市场供给，出口应征得本国政府同意。此外，欧盟委员会主席冯德莱恩强调，如果在政治或经济上继续抛弃意大利，欧盟将付出更高的代价。但此时，冯德莱恩在发行“新冠债券”问题上更多地站在德国立场上。冯德莱恩这一公开站队的表态引起以法国为代表的“新冠债券”支持国的不满。冯德莱恩的设想是，欧盟应充分利用2021—2027年的多年财政预算框架（Multiannual Financial Framework，MFR），发挥类似于二战后美国“马歇尔计划”的功能，通过加强对数字化、去碳化和经济增长韧性的投资，拉动欧盟在后疫情时期的经济恢复。

以德国、荷兰和奥地利为代表的国家是“新冠债券”的反对者。例如，默克尔认为“新冠债券”无论是对于短期内摆脱疫情还是长期经济复苏都不具有可持续性和针对性，是“大水漫灌式”的补救措施。同时，引入新的债务分担机制会破坏欧盟现行财政契约，行政成本较高。②德国建议通过欧洲稳定机制（ESM）、欧洲投资银行（EIB）和欧盟多年

① European Council on Foreign Relations，“European Solidarity Tracker，” https：//www. ecfr. eu/solidaritytracker，登录日期：2020年6月28日。

② Regierungserklärung von Bundeskanzlerin Dr. Angela Merkel zur Bewältigung der Covid-19-Pandemie in Deutschland und Europa vor dem Deutschen Bundestag am 23. April 2020 in Berlin.

财政预算这三种现有财政工具作为“组合拳”疏解疫情所带来的经济压力。

其后，南北欧成员国在财政政策上的分歧充分暴露出来。最终，欧盟采取了以德国为首的北欧国家所支持的方案：第一，受援助的成员国可以从欧洲稳定机制中获得约合其国内生产总值2%的低息贷款，总资金池达2400亿欧元，其中意大利大约可获得390亿欧元贷款。第二，欧洲投资银行将仿照德国复兴信贷银行的方式，对需要紧急经济援助的企业总计投资2000亿欧元，其中需要成员国提供250亿欧元作为担保。第三，欧盟委员会提出“SURE”计划（Support to Mitigate Unemployment Risks in an Emergency），用于为欧盟成员国的短时工作提供资助。该计划的构想是：欧盟成员国承诺提供250亿欧元作为担保，在此基础上欧盟委员会计划融资1000亿欧元，将其作为贷款提供给那些无法以如此低廉成本融资的成员国。

在4月23日的欧盟峰会视频会议上，欧元区国家领导人批准了上述方案，并决定下一步讨论在欧盟多年财政预算（2021—2027）内设立用于经济复建的“复苏基金”。这也意味着欧盟关于经济纾困的讨论逐渐进入“深水区”。

（三）第三阶段：规划后疫情时期的欧盟经济复建

进入5月后，各成员国的现有确诊病例数呈下降趋势，疫情逐渐趋于好转。疫情对各行业所造成的冲击成为社会焦点，恢复正常生产秩序需尽快提上日程。在此背景下，欧洲各地陆续推出解封政策，进入抗击疫情和恢复经济并行的阶段。

5月18日，德国和法国发布欧洲后疫情时期的经济复苏倡议，强调两国“在任何条件下都承担着帮助欧洲走出危机的责任”。这一倡议主要包括四个方面：第一，增强欧盟健康卫生领域的战略主权，提高欧盟在疫苗药品方面的自主研发和生产能力，保证关键医疗物资的战略储备，建立欧盟流行病防治标准化行动方案。第二，在欧盟多年财政预算框架内设立5000亿欧元的“复苏基金”，帮助受疫情影响严重的部门和地区增强经济发展的韧性和竞争力。第三，加快落实欧盟绿色新政，致力于实现2050年“气候中和”的目标。促进欧盟数字化进程，通过5G技术建立安全、可信赖的网络基础设施和数字服务。第四，增强欧盟经济和工业的抗风险能力和自主性，为内部市场一体化注入新的动力。①

默克尔在新闻发布会上特意强调，“复苏基金”是一项有雄心的、有时间限制和特定目标的计划，专门用于应对新冠肺炎疫情所造成的经济损失。显然，默克尔试图通过一系列限定，否定“复苏基金”会迈向转移支付和债务联盟的可能性，但德国同意将5000亿欧元以直接补贴而非借贷的形式发放给受援国，被认为是德国在“新冠债券”问题上的让步。与此同时，该倡议赋予欧盟以自己的名义在金融市场上融资、发行债券的权力，27个成员国以其认缴会费作为担保，因此被学者视为将欧盟引向“财政联盟”的“汉密尔顿时刻”②。

这一倡议虽富有雄心，但有各种反对声音质疑这一倡议是否能兼顾维护欧盟团结的政治目标和刺激欧盟内部市场发展的经济目标，北欧“节俭国”和南欧“债务国”之间的分歧再次放大。面对欧盟内的立场分歧，欧盟委员会提出自己的方案以增加南北欧国家博弈的空间。5月27日，冯德莱恩推出总额达7500亿欧元的“下一代欧盟”（Next Generation EU）经济复苏计划。该计划与欧盟多年财政预算框架相配套，即在原2021—2027年1.1万亿欧元预算基础上将欧盟自有资金上限提高到成员国国民总收入（GNI）的2%，欧盟委员会以此为担保发行共同债券，在金融市场上融资7500亿欧元并将其纳入多年财政预算框架。该资金的大部分将在2020年至2024年使用，其中，5000亿欧元为直接补贴，另2500亿欧元为优惠贷款。③

欧盟委员会提出的“下一代欧盟”经济复苏计划不仅是一项经济发展倡议，而且是尝试平衡不同成员国利益诉求、致力于实现欧盟战略发

① Presse- und Informationsamt der Bundesregierung (BPA), “Deutsch-französische Initiative zur wirtschaftlichen Erholung Europas nach der Coronakrise,” *Pressemitteilung* 173, 18. Mai 2020.

② Hans-Werner Sinn, “Der Hamilton Moment,” *Faz. Net*, 22. Mai 2020, https://www.faz.net/aktuell/wirtschaft/standpunkt-der-hamilton-moment-16780180.html#void. 登录日期：2020年5月23日。

③ European Commission, “Financing the Recovery Plan for Europe,” 27 May 2020, https://ec.europa.eu/info/sites/info/files/factsheet_3_04.06.pdf. 登录日期：2020年6月8日。

展目标的政治倡议。首先，从融资渠道上看，它扩展了欧盟的财政自主权。欧盟委员会将以欧盟的名义作为独立债权人在金融市场上发行3—30年期的债券，每个国家只担保自己本国负责的部分，这弱化了成员国作为“债权国”或“债务国”的角色划分，避免欧盟走向“债务共同体”。其次，从资金的投放领域来看，经济复苏计划与欧盟委员会气候治理和数字化改革议程深度捆绑，这使受援成员国的经济发展方向与新一任欧盟领导层的战略规划相契合。第三，“下一代欧盟”计划在德、法倡议的基础上考虑到中东欧国家的利益诉求，兼顾欧盟团结政策与农业政策领域。①

自7月1日起，德国担任为期6个月的欧盟轮值主席国。寻求各成员国对复兴计划的妥协和共识是德国任期的首要任务。在此期间，德国和法国已分头开启外交游说工作，争取其他成员国对该计划的支持。7月21日，经过长达4天的艰苦谈判，欧盟各国领导人终于就7500亿欧元的“复苏基金”达成协议。其中，直接拨款金额较此前德法两国建议的5000亿欧元大幅缩减，降至3900亿欧元，另外3600亿欧元以贷款形式用于各成员国恢复经济。协议还规定，“复苏基金”的大部分应当用于成员国的数字化、绿色化转型。

“复苏基金”计划此后的批准过程也是一波三折。由于欧洲议会要求将欧盟资金的发放与“遵守法制”相挂钩，匈牙利、波兰否决了欧盟的多年预算框架，导致“复苏基金”计划也一度被搁浅。后来同样经过德国提出折中方案，即在欧洲法院对新规则的合法性做出裁定之前，不能启动此类制裁，匈牙利、波兰才接受妥协，欧盟得以在2020年12月11日批准欧盟财政预算方案和“复苏基金”计划。

三 基于领导理论对德国表现的分析

如前所述，结构层面（即制度框架层面）和行为体层面的影响因素

① Peter Becker, “Der Haushalt der EU als Chance in der Krise,” *SWP-Aktuell*, Nr. 56, Juni 2020.

对德国在不同阶段领导角色的扮演起到促进或阻碍作用。以下，本文从新冠肺炎疫情应对和经济复苏这两个方面展开分析。

（一）德国在欧盟新冠肺炎疫情应对上的领导角色分析

在疫情应对方面，成员国在疫情暴发初期“自扫门前雪”的做法使欧盟团结遭到质疑，但德国随后发挥“方向型领导”作用，在物资和人员援助方面起到示范作用。欧洲对外关系委员会（ECFR）对欧盟 27 个成员国自 2020 年 3 月以来在医疗援助、人员往来、政策宣誓、经济支持等五个方面的团结互助行为进行追踪统计，其中德国以 61 项团结互助行为排名首位，其中包括参与了 34 次医疗物资援助，远超法国的 35 项团结互助行为和 5 次医疗物资援助。而欧盟仅直接参与了 28 项医疗服务工作，其工作重点主要是给予成员国经济援助。①

成员国主要以政府间合作的形式展开互助，这主要是由欧盟和成员国在公共卫生领域的权能划分所致，但是，这一制度因素客观上也限制了德国在这一政策领域发挥领导角色。

首先，根据《欧洲联盟运行条约》第 168 条第 1 款的规定，欧盟在公共卫生政策领域享有补充性权能。条约第 168 条第 2 款和第 3 款分别规定，欧盟鼓励各成员国之间、成员国与第三国和国际组织之间开展公共卫生领域的合作。这一柔性治理方式意味着，欧盟自上而下发挥影响力的作用空间有限，德国难以通过“欧洲化”的方式发挥领导作用。

其次，德国参与欧盟公共卫生政策的领导在一定程度上也受制于其本国联邦制下公共卫生政策的分权体系。在联邦制下，医疗卫生事务的权能属于各联邦州，各州有独立的疾病防控法案，联邦政府只能起到协调作用。因此，各个联邦州视各自情况部署防疫措施，州与州之间甚至会制定出截然相反的防疫措施，形成地方上相互竞争的局面。联邦制的分权体系虽然可以发挥地方层面的灵活性与积极性，但面对来势凶猛的疫情，联邦政府则会出现反应迟缓、指挥协调不力的情况。成员国内部

---

① European Council on Foreign Relations, “European Solidarity Tracker,” https: //www. ecfr. eu/solidaritytracker. 登录日期：2020 年 6 月 28 日。

采取高效、统一行动尚且困难，成员国之间的协调合作则更是如此。

在行为体层面，德国在公共卫生领域多边合作中的表现始终较为消极。例如，德国在欧盟层面的行动始终避免动用医疗之外的资源，避免触及其他领域的权能，因此，德国仅仅参与了欧盟卫生领域的个别倡议和行动。

德国之所以采取上述立场在一定程度上是因为公共卫生政策与各国的福利国家水平密切相关。在 2008—2009 年经济危机后，财政赤字严重、经济景气程度较差的欧盟成员国不得不削减福利开支，医疗卫生领域的公共支出也随之严重缩水，医疗卫生行业迎来私有化高潮。由此，各国之间的医疗水平差距进一步拉大。总之，公共卫生领域一体化不足的情况是由各国财政政策不平衡所致，这一深层结构性问题只有在弥补财政缺口的前提下才有可能推进。

（二）德国在欧盟经济恢复举措上的领导角色分析

在经济恢复方面，欧盟充分利用欧债危机后所建立的财政治理机制，通过债务松绑、欧洲稳定机制、欧洲投资银行和短时工作援助计划“SURE”展开经济援助。对于德国而言，这些政策工具不仅可以避免调动更多的权力资源，而且与德国本国所采取的 7500 亿欧元刺激计划理念相一致，它们都是通过有限地扩大财政赤字的方式降低企业流动性风险，抵抗疫情冲击。但是各成员国经济韧性和抗风险能力的差距在疫情中进一步放大，有关“新冠债券”的讨论应运而生。与欧债危机时的犹豫不决所不同的是，德国此次较快进入领导角色，并选择与法国携手，启动“德法轴心”，发挥“结构型领导”贡献“复苏基金”的具体方案、发挥“企业型领导”争取各国对此方案的支持。德国之所以在经济恢复方面积极扮演领导角色主要受到如下因素的综合影响。

第一，出于维护欧洲一体化的政治意志，德国有强烈的领导意愿和对领导角色的自我认知。新冠肺炎疫情使得“内部团结”对于南欧和北欧国家而言已经成为“甲之蜜糖，乙之砒霜”的政治口号。从“经济复苏计划拉锯战”中可以看出，南北欧国家财政治理模式差异在新冠肺炎疫情中进一步放大，各成员国不愿以牺牲本国经济利益为代价为一体化的政治目标做出让步。因此，作为欧盟核心成员国的德国不仅需要在关键时刻发挥出维持货币联盟的能力，而且要展现出维护政治联盟的意愿。意大利是欧盟第三大经济体，在英国脱欧后，意大利作为欧盟核心成员国的地位愈发突出。这意味着意大利已经“大到不能倒”，意大利的经济崩盘对欧洲一体化将会产生边际效益递增的冲击。因此，德国对南欧国家的援助诉求做出妥协是释放维护欧盟团结与凝聚力的信号。

第二，经济利益考量促使德国在经济援助方面让步。德国的经济实力，确切地说，其基于制造业的实力在全球和欧盟区域价值链中的优势地位构成其引领欧洲一体化前进的权力资源；而掌握区域规则制定的主导权也是德国维持其经济利益所得的客观需要。[①] 德国 60% 的出口面向欧盟内部市场。根据欧盟委员会发布的经济预测，新冠肺炎疫情将从全球市场需求、供应链、劳动力市场、工业产出、商品价格和外国投资等多个方面造成影响，欧盟经济将出现“历史性衰退”。所谓“意大利发烧了德国也会感冒”，这种相互依存的共生关系使得新冠肺炎疫情所导致的经济衰退必然会反作用到德国身上。更何况此次经济衰退主要由新冠肺炎疫情这一不可抵抗的外生因素所致，德国便不再遵循“罪与罚”的逻辑、将整肃财政纪律作为施援的先决条件，而是面向未来发展，以经济援助促进欧盟朝着绿色经济、数字化方向转型。

第三，德国国内和欧盟内部的右翼民粹主义力量如同跷跷板的两端，同时对德国扮演领导角色起到牵制和倒逼作用。一方面，右翼民粹主义政党是欧盟经济援助计划的阻挠者和反对者。例如，德国另类选择党始终反对德国在欧盟经济援助中发挥积极作用，认为这一方面会加重德国作为欧盟最大净支出国的财政负担，同时会使欧盟权力渗透到社会保障领域，迫使成员国进一步让渡权能、破坏欧盟的辅助性原则。另一方面，德国若不能成功将欧盟从经济衰退的泥沼中拉回来，势必又会给疑欧、反欧的右翼民粹主义政党借题发挥的空间。

第四，德国联邦宪法法院对欧洲中央银行量化宽松政策的立场，对

① 余南平、黄郑亮：《全球与区域中的国际权力变化与转移——以德国全球价值链的研究为视角》，《欧洲研究》2019 年第 2 期。

德国向法国靠拢、形成联合领导起到推动作用。法国作为“新冠债券”诉求的发起国之一，希望以不用偿还的援助而非贷款的形式设立“复苏基金”。德国方面一开始并未直接响应。但是，德国联邦宪法法院在5月5日对欧洲中央银行有关“公共部门购买计划”（Public Sector Purchase Programme，PSPP）的判决在很大程度上促成了德国的让步。德国联邦宪法法院宣布，欧洲中央银行国债购买方案逾越其货币政策的权能，干涉到德国的财政政策，因此部分违反德国《基本法》。[①] 根据这一判决，联邦政府和联邦议会应要求欧洲中央银行在三个月内对“公共部门购买计划”的适当性进行说明，否则联邦宪法法院有权要求德国联邦银行停止参与注资。自2015年3月推行以来，该计划已经向欧元区市场注资超过2.1万亿欧元。虽然欧洲中央银行为应对新冠肺炎疫情而启动的7500亿欧元购债计划不在此次裁决适用范围内，但这一裁决无疑释放出了政治信号，即德国需要对欧洲中央银行的量化宽松政策保持警惕。这压缩了欧洲中央银行“不惜一切代价”防止欧元崩溃的政策空间，促使德国不得不考虑在“复苏基金”问题上做出其他替代性让步。

四 结语

新冠肺炎疫情不仅为德国和欧盟带来前所未有的经济和政治危机，同时也是对德国领导方式和领导能力的考验。固然出于欧盟团结和欧盟内部市场对自身经济利益重要性的考量，德国有发挥领导角色的驱动力，但作为一个疫情防控中“迟到的领导者”，应该说，德国在很大程度上是被危机中的舆论压力倒逼着扮演领导角色的。作为欧盟经济治理中的“否决玩家”，德国对经济援助方式的选择和在“复苏基金”问题上的有限让步也受到了内政因素的驱使，德国欧洲政策“内顾化”特征依然明显。

但是，对于德国应该扮演怎样的领导角色，或者说欧盟需要怎样的

① Bundesverfassungsgericht, “Beschlüsse der EZB zum Staatsanleihekaufprogramm Kompetenzwidrig,” *Pressemitteilung* Nr. 32/2020 vom 5. Mai 2020.

领导权威，其他成员国也没有给出明确、一致的角色期待，这在一定程度上是欧洲一体化缺乏目标性的体现。由于欧盟成员国的实力水平参差不齐、利益诉求各有侧重，各成员国对“内部团结”的理解也是被内政需求工具化的：在南欧国家看来，欧盟慷慨地施以援助是团结的象征；而在北欧国家看来，以改革为前提使投资流向真正的需求才是捍卫团结的明智之举。

鉴于欧盟内部存在的分歧，德国在从7月1日起担任欧盟轮值主席国期间，联合欧盟委员会组成“获胜联盟”，实现了欧盟“复苏基金”和欧盟多年财政预算框架的通过。需要指出的是，德国在欧盟内的领导风格发生了调整，虽然“复苏基金”计划源于德、法倡议，但是，德国并未站在法国一边，也未和“节俭国”坚守阵线，而是携手欧盟委员会，在欧盟各国之间进行斡旋，在谈判中更多地扮演了“诚实的经纪人”的角色，这不仅最终促成了各方之间的妥协，还如德国所愿，将绿色化和数字化结构转型与经济复苏计划的实施相挂钩。

从中长期来看，新冠肺炎疫情将给德国扮演欧盟的领导角色带来压力和动力。一方面，疫情从整体上削弱了欧洲的实力，但是，德国由于底子好、经济韧性佳，在欧盟各国中抗风险能力更强，由此，欧盟内德国与其他成员国之间经济实力的不对称性会进一步增强。这也意味着，德国依然需要在欧盟内发挥领导力。好在德国国内对德国在欧盟担当领导角色的支持度有所上升。另一方面，德国及欧洲目前面临着疫情的复燃，如何尽快控制住疫情，以及经济何时能有效恢复，是德国及欧洲面临的严峻挑战，毕竟保证国内经济快速、全面复苏是德国维持其领导意愿和领导实力的基础。对疫情危机的应对还表明，鉴于欧盟内离心力的上升，德国需要改变其迄今为止在很大程度上仅仅依靠法国的领导风格，在欧盟各国之间进行斡旋，组建尽可能广泛的“获胜联盟”，以维护欧盟的团结与行动力。

新冠肺炎疫情危机后英国经贸战略选择之探讨

——脱欧入亚之 CPTPP

林子立*

一　简介

英国脱欧已是毫无新鲜感的旧闻，人们早被日复一日进展甚微的谈判磨去兴趣，直到约翰逊（Boris Jason）如愿以偿当选英国首相，长达三年半纠缠不清的各种脱欧版本无法通过的困境，也被他以提前大选（2019 年）策略提出的“搞定脱欧”（Get Brexit Done）竞选口号，成功地创下保守党长达 30 年以来没有过的好成绩：获得 365 席（共 650 席，占 56.1%）。大选后 8 天新国会同意约翰逊的脱欧版本，翌年一月欧洲议会也顺利通过。不过好景不长，2020 年 3 月新冠肺炎疾病（COVID-19）开始肆虐英国，使英国成为欧洲疫情重灾区之一。截至 2020 年 8 月，英国死亡人数高居欧洲地区的第一名。不仅约翰逊自己住进加护病房，甚至双方的退欧谈判代表巴尼耶（Michel Barnier，欧方）与弗罗斯特（David Frost，英方）都感染了病毒，脱欧协议谈判进度严重落后，欧盟预计 10 月底前能达成贸易协定，11 月送交欧洲议会批准，否则过渡期将于 2020 年 12 月 31 日止，只能走向无协议脱欧，以 WTO 的规范与欧盟进行贸易。发挥民粹精神成功脱欧的英国，如何维系经济繁荣是

* 林子立，东海大学政治系副教授。

其当务之急，约翰逊政府精准的选举能力配上惨不忍睹的防疫成效，在外贸政策上必须更为积极。

在2021年正式脱欧后，以过去数字观察对欧盟进出口的打击，2012年至2014年，英国向欧盟出口的商品平均略高于50%，到2019年此数字下降到43%。在对欧出口数额逐渐萎缩的情况下，在2016年公投通过后，中国市场自然成为英国寄予厚望的替代市场。因此，美国2015年施压英国政府不得加入亚洲基础设施投资银行（亚投行），或是2019年要求英国政府禁止华为参与英国5G建设，都没有成功。然而，到了2020年，新冠肺炎疫情与《中华人民共和国香港特别行政区维护国家安全法》的施行改变了伦敦的看法，特别是后者更是引起英国举国哗然，纷纷要求政府"挺港人"。善于顺应民心的约翰逊，也同意300万持有BNO（英国国民海外护照，British National Overseas Passport）的港人，可以延长在英国居留达一年的时间，有利后续申请入籍英国。对此，中国的激烈反应可想而知，中国外交部在5月29日批评英国政府的做法违背承诺及违反国际法，中国驻英公使陈雯更是威胁英国势必会为此"付出代价"①。

同时，对于华为的政策出现大转弯（U Turn），推翻2020年1月允许华为提供英国35%的5G设备决定。约翰逊政府宣布英国电信商在2020年12月31日后就不能采购华为5G设备，已安装的也须在2027年全数移除。这主要是源于保守党内有多达60位党内后排议员要求排除华为。原本反对华为的议员只有38位，正是因为2020年5月的中国两会决定以《中华人民共和国香港特别行政区维护国家安全法》解决香港反中问题，反华为的保守党议员增加到60位，再加上工党与苏格兰民族党议员就足以击败保守党在国会的优势，约翰逊才忍痛宣布禁止华为。英国的舆论认为中国违反国际协定，将1984年《中英联合声明》视为不具现实意义"历史文件"，利用国内法将香港从"一国两制"变成"一

① 孙宇青：《英拟接纳300万港人 中驻英公使：势必付出代价》，《自由时报》2020年6月5日。

国一制”，片面地不顾国家间法律承诺，等于是替英国国会与反华为阵营找到正当性。更多的英国人开始认为中国很可能会利用英国依赖华为电信设备而获得政治让步，甚至是影响英国网络安全。5G 是未来经济科技创新至关重要的基础设施，它将以前所未有的速度渗透到许多国家及其经济中。英国对华为的禁令代价愈益高昂，对英中之间的贸易影响就越巨大。对英国来说，不仅脱离欧洲单一市场，放眼中国市场的计划也难以乐观。民粹主义当道的英国对贸易倾向于保护主义，对欧盟与美国的贸易谈判态度消极，但又出人意料地宣布加入日本所主导的 CPTPP——《跨太平洋伙伴全面进步协定》（The Comprehensive and Progressive Agreement for Trans- Pacific Partnership），决定脱欧入亚。这并不是临时的决定，从 2018 年开始，特蕾莎·梅政府内阁就开始讨论、研拟加入 CPTPP，更符合英国追求全球自由贸易的拥护者角色。[①]

二　民粹主义与英国经济

只有理解民粹主义在英国的发展，才足以解释英国为何走向亚太地区的贸易协定。本文首先将民粹主义定义为：宣称与人民在一起来自我包装、具有排他性诉求、对现状不满、使用煽动性语言宣传他们的理想主义。以此进行文献探讨就变得相当有意义。进一步把民粹主义的语言落实到外交政策上，在英国的经验中可以发现民粹主义属于较“薄”的意识形态，相较于传统较“厚”的意识形态“左、右”，这两种概念是欧洲对民粹主义进行比较分析的主要框架。[②] 对于英国保守党而言，就是属于右翼民粹政党，追求本土主义（nativism），反对移民，对国家主权的关注以及拒绝经济和文化全球化。

对于民粹主义的诠释有非常多的种类，像是 Demertzis 以情绪切入，

---

① Deborah Elms (October 2018), “A Roadmap for UK Accession to CPTPP,” published by IFT Ltd. Initiative for Free Trade, p. 3.

② Angelos Chryssogelos (2017), “Populism in Foreign Policy,” *Oxford Research Encyclopedia of Politics*, Oxford University Press.

确实可以发现民粹主义的支持者对于精英的愤怒与对外来者的排斥，都是一种感情的表现。[①] 在英国脱欧成功的案例中，民粹主义来自于地缘政治的衰落、不均衡发展和不平等的加剧。[②] 不仅如此，学界对于民粹主义的研究已经很丰硕，可是对于“民粹主义之后”的研究，也就是采取民粹政策的结果，显得相对贫乏。民粹政客以保护主义的方式，提高对本土企业的保障，会带来许多问题。简言之，一方面，自由贸易是国家经济繁荣的命脉，保护本国市场而只重视出口的经济结构是行不通的。另一方面，虽然自由贸易带来经济成长，如果政府没有同步提高社会福利支出，保障那些处于经济社会弱势的族群，就会引起穷人的愤怒，美国贸易保护主义情绪就是源自于此。Hendrix 在 2016 年就指出，如果没有启动新的政府支出和补偿计划以应对技术和贸易冲击，保护主义甚至民粹主义的兴起，未来贸易战都可能成为现实。[③] 随着川普的当选与他四处引发的贸易冲突，Hendrix 的研究显然非常有价值。

事实上，民粹主义是对自由主义的反扑，因为后者所鼓励的开放与竞争，使得许多没有竞争力的弱势族群，包含劳工以及农民，由于外国移民的涌入而失去工作，更让他们觉得被精英阶层所背叛。为解决共同问题而成立的国际组织虽然把许多国家整合在一起，甚至拆除了国界的阻隔，但竞争力、贸易关系和发展的严重不平衡情况日益严重，人民相对剥夺感愈来愈重，在国家内部与区域间失衡的状态下，处处都是助长民粹主义的芽苗。[④] 民粹主义一直都是民主政治下的常态，但并不总是会危害民主社会。只有在国家处于严重的贫富差距状态时，民粹政客就能利用贫富对立与煽动排外借以得到支持。民粹主义是政治人物在言词上将人民视为国家中最重要的，并将精英与外来者排除在外，因为滥用

---

① Nicolas Demertzis (2006), “Emotions and Populism,” In Clarke, S., Hoggett, P., Thompson, S. (eds.), *Emotion, Politics and Society*, Palgrave Macmillan, London.

② Veit Bachmanna, James Sidaway (2016), “Brexit Geopolitics,” Geoforum, Vol. 77, pp. 47－50.

③ Cullen Hendrix, “Protectionism in the 2016 Election: Causes and Consequences, Truths and Fictions,” *Policy Brief*, Peterson Institute for International Economics, 2016.

④ Paul Whiteley, Erik Larsen, Matthew Goodwin, Harold Clarke (October 2019), “Party Activism in the Populist Radical Right: The Case of the UK Independence Party,” *Party Politics*, XX (X), pp. 1－12.

权力与贪污的精英已经背叛人民，在未来则会侵蚀本土文化。最后，民粹主义者要求人民至上必须恢复。① 讽刺的是，民粹主义者大多出身于精英富裕阶层，只是为了取得选举胜利而惯于将社会裂解为精英与平民，再宣称自己是平民代言人，利用人性中易于对外来者的排斥而将移民污名化，并联系到国家安全，甚至宣称移民是本国人生存的威胁。②

民粹政客在掌权之后，在政策上改变传统外交政策，以履行竞选政见。他们的当选通常是代表选民对全球化的认知：自由派政府在全球化后开放边界、拥抱市场、国家放松管制，这些统统是对国家主权与经济的伤害。在某种程度上这代表了一部分事实，不论是近因——2009 年欧债危机，还是远因——新自由主义政策，皆恶化了贫富差距，选民自然以选票回应眼前的政治和经济危机。在这种情况下，大多数民粹主义外交与贸易政策都反映了对主权的“拿回控制”（Take back Control），既然无力改变已建立的欧洲区域秩序，即便危害国家经济利益也要离开。不过，选民所不知道的是，主权让渡是国际合作的根本，拿回主权不代表贫富差距的问题就可以解决。

约翰逊政府已正式向欧盟提出要求，即在北爱尔兰港口建立边境检查站以应付脱欧后的入境问题。硬脱欧（Hard Brexit）的关键就是切断与欧盟单一市场的四大自由：人员、货物、服务与资金。英国本土与欧洲有英吉利海峡阻隔，但是北爱尔兰与爱尔兰之间的边境如果没有重新建立起来，北爱就会让脱欧变成假脱欧。因此，约翰逊政府通过新的协议，让北爱尔兰在法律上从属英国关税，在执行时则改采欧盟关税与单一市场机制，因此爱尔兰及北爱尔兰之间不会存在硬边界（Hard Border），货物往来不用过关。由此来看，北爱就成为英国中的例外，未来英国货物销往北爱尔兰则免税，进入欧盟区则有关税。这样的政策虽然免除了北爱尔兰与爱尔兰的冲突，但给未来英—北爱关系蒙上一层阴影。

---

① Yves Meny, Yves Surel, *Democracies and the Populist Challenge*, Algrave Macmillan, 2002, p. 14.

② Jan-Werner Müller (2016), *What Is Populism*? University of Pennsylvania Press, pp. 2 – 14.

全球化的内涵是自由贸易，是现代国家实践经济增长与繁荣的关键，更是伦敦不受脱欧影响而仍然是全球金融中心的关键。拒绝全球化与自由贸易而走上孤立主义，在实务上对于英国是不可能的。因此英美两国民粹政治人物在言语上都是意识形态保护主义，但是在政策上很容易达成新的贸易协定。[①] 特朗普虽然扬弃了1994年就生效的《北美自由贸易协定》，但随即达成《美国—墨西哥—加拿大协议》（United States-Mexico-Canada Agreement，USMCA）就是一例。此刻英国宣布寻求加入CPTPP也如出一辙。

三　脱欧入亚走向CPTPP

英国决定脱欧入亚，打破地缘政治的限制，解释全球化不断演进的过程，会造成国家经济发展产生重大改变。Rodrik对于全球化的思考，有助于理解英国人的集体选择。他于2011年发表《全球化迷思：为何全球市场、国家和民主无法共存》（The Globalization Paradox：Why Global Markets，States，and Democracy Can't Coexist）一文，提出过度全球化强化了资本主义赢者全拿的不公平现象，民粹主义横扫已开发国家就是最好的例证。他的三元悖论正中英国脱欧的结果，国家在民主、国家主权与全球经济整合三者上无法兼得。[②] 全球化与区域整合导致英国的经济成果过度集中在少数富豪与财团手中，广大的经济落后者误以为是欧盟限制了英国的发展，因此以民主的方式，拿回国家主权，离开区域整合的典范，走向较为松散的亚洲区域经济合作，显得既讽刺又理智：没有了贸易，人类的经济社会无以为继，在欧洲竞争不过德国，亚洲的市场则可能符合英国产品的竞争力，不管在制造、金融与服务业上英国都享有优势，甚至CPTPP重视环境保护与劳动标准，也都与英国价值接近。

---

① Angelos Chryssogelos (July 2017), "Populism in Foreign Policy," *Oxford Research Encyclopedia of Politics*, Oxford University Press.

② Dani Rodrik (2011), *The Globalization Paradox: Why Global Markets, States, and Democracy Can't Coexist*, OUP Oxford; Second Edition.

CPTPP 前身是《跨太平洋伙伴协定》（Trans-Pacific Partnership, TPP），始于 2005 年文莱、智利、新西兰与新加坡签订的《跨太平洋战略经济伙伴协定》（Trans-Pacific Strategic Economic Partnership Agreement, TPSEP），也就是通称的 P4（Pacific 4），由于这四个国家经济规模有限，一开始并未受到重视，直到奥巴马时代为了向亚太地区扩大猪肉出口，决定加入 P4 并扩大其经济规模。有了美国的加持，澳大利亚、秘鲁、越南、加拿大、马来西亚、墨西哥与日本都决定共同参与。① TPP 的正式谈判在 2010 年开始，目的是扩大国家之间的经济合作，广泛地降低对各种商品和服务的贸易障碍，解决各国经贸政策和法规无法协调的困境。贸易协议的困难来自于国家间的经济结构与发展程度不同，由于市场贸然开放或是关税免除会导致国内市场的崩溃，因此不同的国家都给予不同的宽限期以执行协议内容。②

美国总统特朗普认为，多边主义的自由贸易对美国经济不利，宣布退出该协议后，日本安倍政府基于亚洲经济整合有利于自身经济增长，故仍继续全力推动。2017 年 3 月 14 日在智利召开的 TPP 峰会中，11 个成员国同意 TPP 继续推动实施高标准。同年 11 月 11 日在越南举行的 APEC 会议上，在 TPP 中加入 C 与 P（Comprehensive and Progressive），以有别于美国所主导的意涵。最后在 2018 年 12 月 30 日生效，已经批准的成员国有墨西哥、日本、新加坡、澳洲、新西兰、加拿大、越南七国，占全球 GDP 之 13.6%③，是世界上较大的 FTA 之一。而英国正式于 2020 年 6 月 17 日宣布，将寻求加入修订版的 CPTPP，并宣称得到成员国的欢迎。④

---

① Dave Warner (4 February 2008), "U. S. to Enter Trade Talks with 'P4' Countries," National Pork Producers Council.

② Ann Capling, John Ravenhill (December 2011), "Multilateralising Regionalism: What Role for the Trans-Pacific Partnership Agreement?" *The Pacific Review*, Vol. 24, No. 5, p. 558.

③ Matthew Goodman (8 March 2018), *From TPP to CPTPP*, CSIS: The Center for Strategic and International Studies.

④ Department for International Trade (17 June 2020), "An Update on the UK's Position on Accession to the Comprehensive and Progressive Agreement for Trans-Pacific Partnership (CPTPP)," Policy Paper.

区域整合已经有长远的历史与经验，各国早已体认开放市场对国内本土企业的冲击，贸易协定未必皆能为经济发展程度缓慢的国家带来增长，故全球贸易必须有新的标准。CPTPP 在设计上有几个方面不同于其他多边协定。首先，理想中的全面市场准入、消除关税和其他商品、服务和投资贸易壁垒是有困难的，因此成员之间生产和供应链的发展就显得非常重要，否则会像过去那样制造业只能集中在劳动力、土地环保成本低廉的国家，金融服务业又掌握在金融发展程度较高的国家，对开发中国家形成双重剥削的情况无法改变。基于这样的理念，采用跨领域贸易的方法，提供监管一致性与商业便利化，特别是中小型企业的发展有助于解决贫富差距与跨国企业寡占的问题。AI 的发展会产生新的贸易障碍这一问题也由鼓励中小企业的政策得到了解决。①

英国国际贸易大臣特拉斯（Liz Truss）认为，加入 CPTPP 将有助于英国克服新冠肺炎疫情所带来的挑战，并能够支持所有英国企业。其实，稍微分析这七个国家，即可了解英国为什么选择了 CPTPP，而非中国主导的 RECPT。第一，新加坡、澳洲、新西兰、加拿大都是英联邦成员，原本就与英国关系紧密，经贸往来频繁；第二，加入 CPTPP 可以通过墨西哥与加拿大进入美国市场，而美国是英国出口第一大市场国，目前英美协定版本并无人员自由往来，但是美加贸易协定中有；第三，这七个国家只有越南的经济发展程度较低，英国不会因为开放市场或降低关税而过度冲击本土产业与企业。

其次，CPTPP 的"规则"就是一体适用，不论有关新的食品安全法规还是禁止向 CPTPP 其他成员传输数据的规则，所有 CPTPP 参与国与未来新成员都是一致的。这是属于义务的部分。而权利则是在"市场准入"方面，每个 CPTPP 成员必须进行降低关税、开放服务业市场、放宽商务旅客签证条件等。② 鉴于经济发展程度的不同，每个成员都有不同

① Terrie Walmsley, Anna Strutt, Peter Minor, and Allan Rae (March 2018), Impacts of the Comprehensive and Progressive Agreement for Trans- Pacific Partnership on the New Zealand Economy, Submitted to New Zealand Ministry of Foreign Affairs and Trade, submitted by Impactecon, Llc.

② Deborah Elms (October 2018), "A Roadmap for UK Accession to CPTPP," published by IFT Ltd. Initiative for Free Trade, p. 11.

的承诺时间表。为了避免经济大国因其经济优势而席卷市场，参与国的承诺一般而言虽然是提供给所有成员，也可以仅限于特定的谈判伙伴。进一步观察 CPTPP 的关税自由化，参与国可以选择几个高度敏感的产品，像日本的大米与加拿大的乳制品业。除此之外，一如前述，为避免制造业过度集中在少数国家，统一的原产地规则是必需的，举例而言，如果某商品必须具有至少 70% 的 CPTPP 国家生产的产品含量，才有资格享受优惠关税，那么该 70% 的商品可以来自 CPTPP 国家的任何组合。

尽管如此精心设计新思维的贸易协定，但自由贸易并不是增长国家经济的万灵丹。脱欧不会导致英国货物完全无法销往欧盟，而中国占英国的出口只有 4.4%，重点在于全球化下的产业竞争力。英国从撒切尔夫人时代开始的国家经济转型，走向去工业化，将自身打造成以服务、金融、科技与教育产业为主的国家，内需消费与贸易占其 GDP 的比重都高达六成。因此，加入日本主导的 CPTPP，可以强化英国的出口强项：机械、运输设备与贵金属，这些占了出口的 35%。根据 CPTPP 协议，工业产品关税在加入之后，有九成会立即实施零关税。更重要的是，CPTPP 致力于降低技术障碍，对于拥有成熟的国际法规、制度与产品的英国更是有利。接下来的部分，以英国三大贸易伙伴——美国、欧盟与中国——贸易量的分析，说明“脱欧”后何以选择“入亚”。

四 英国与美、欧、中的贸易变化

英国因其经济在 1970 年代遭逢衰退而加入欧洲经济共同体（the European Economic Community，EEC），1973 年加入欧盟与 2020 年脱离欧盟皆是保守党执政。[①] 1974 年工党执政后也立刻在 1975 年履行竞选政策，举行脱欧公投，但失败了。[②] 可知自欧共体成立以来，英国社会就存在着疑欧亲欧的争论。1979 年上台的撒切尔夫人，并没有把欧洲共同体当

① Romesh Vaitilingam (2009), *Recession Britain: Findings from Economic and Social Research*, Economic and Social Research Council.

② David Butler, Uwe Kitzinger (1976), *The* 1975 *Referendum*, London: Macmillan.

作英国经济唯一的解方，反而呼应大西洋彼岸的里根主义，在英国推动撒切尔主义，其实就是新自由主义，开放金融自由、降低劳工保护、国营事业民营化，以及强化对工会的控制力。此种政策加上全球化的演进，结果就是贫富差距越来越严重，以及改变了英国的经济结构。

英国历经数十年的去工业化，亦即制造业占 GDP 的比重从 1970 年的 33% 下滑到 2010 年的 12%，可以想见英国的制造业逐渐移往服务业。失业与转型的劳工正是属于贫富差距中弱势的一方，而加入 EEC 的英国虽然贸易额逐年上升，但创造出来的经济果实属于金融服务业而非制造业。[①] 从图 1 可以清楚地看出，自 1998 年以来，英国就已是贸易逆差国，自 1983 年开始出现商品逆差，服务类则自 1966 年开始出现顺差。由此可知，英国出口具有潜力的是其服务业。英国贸易逆差牵涉到许多问题，

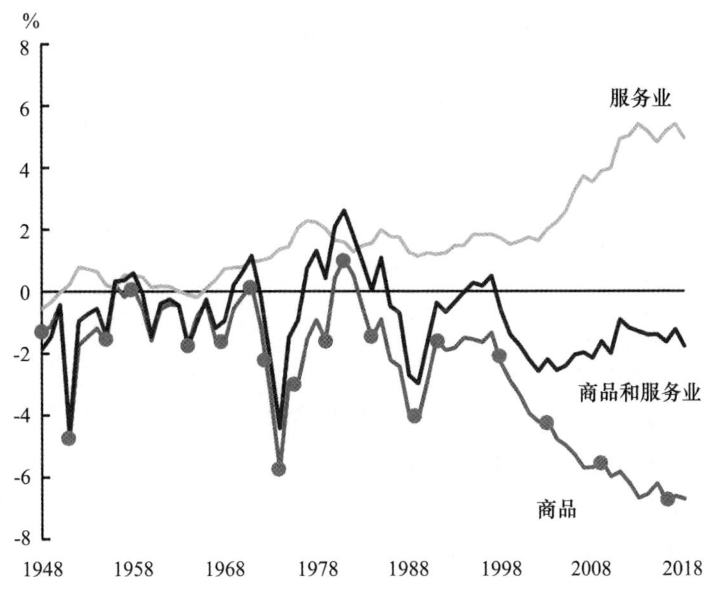

图 1　1948—2018 年英国贸易余额（GDP%）

资料来源：ONS 英国国家统计局。

① Centre for European Reform，2014，The Economic Consequences of Leaving the EU：The Final Report of the CER Commission on the UK and the Single Market. Available at https：//www. cer. org. uk/sites/default/files/smc_ final_ report_ june2014. pdf.

其实除了降低对中国与欧盟的依赖外，还要增加自身的制造和货物与商品的出口。

1. 英国对美国的贸易分析

尽管美国是英国最大的贸易伙伴，但从2015年开始，两国的贸易额一直在下降。这个改变主要是因为中国和印度等新兴经济体的贸易额不断增长，取代了原本英美双方的贸易，这从2015年世界GDP增长率为3.1%，而美国和英国的增长率分别为2.4%和2.2%就可以观察出来。[①]在过去的10年中，两国的实际GDP增长趋势相当接近，在2008年全球金融危机爆发之后，两国均出现了负增长。如果就英国出口美国前三名项目——汽车、精炼石油与包装药物，以及进口前三名——黄金、燃气轮机与飞行器类来看，大西洋两岸彼此贸易有大幅增长空间。

因此，理性上美、英之间就应该达成新的贸易协定，但是第三轮谈判都已经结束了，进展却非常有限，很重要的原因在于双方领导人的民粹特质，都是以保护主义获得选民的青睐，在国际谈判上各自必须捍卫本国利益。英、美都属于已开发的自由贸易经济体，金融服务、银行法规属于竞争而非互补。如果取消对专业资格相互认可的限制，像欧盟不设限那样让各国建筑师、工程师、会计师等自由来去的工作，甚至相互承认产品安全规则和检查，那么英国脱欧想要“拿回主权”等于前功尽弃。因此，在媒体上看到的是约翰逊政府与官员向英国选民保证，进口氯洗鸡与注射激素的牛肉是违法的，将永远不会出现在英国的超级市场上。[②] 在此情况下，加上2020年底美国总统大选因素，美国也难以对英国让步，想要增加出口的英国国际贸易部长只能把眼光转向亚洲，因为与另一个贸易伙伴——欧盟——的形势更加呈现出高度的不确定性。

2. 英国对欧盟的贸易分析

以2019年的数字观之，欧盟占英国贸易总额的47%，占英国出口的43%和进口额的49%。从各个国家来看，美国是单一国家中英国最大

---

① ONS (5 September 2016), The UK Trade and Investment Relationship with the United States of America: 2015, Office for National Statistics.

② 氯洗鸡：用二氧化氯等漂洗剂清洁过的鸡肉；BBC (10 July 2020) Liz Truss, “US Trade Deal ‘Won't Mean Lower Food Standards.”

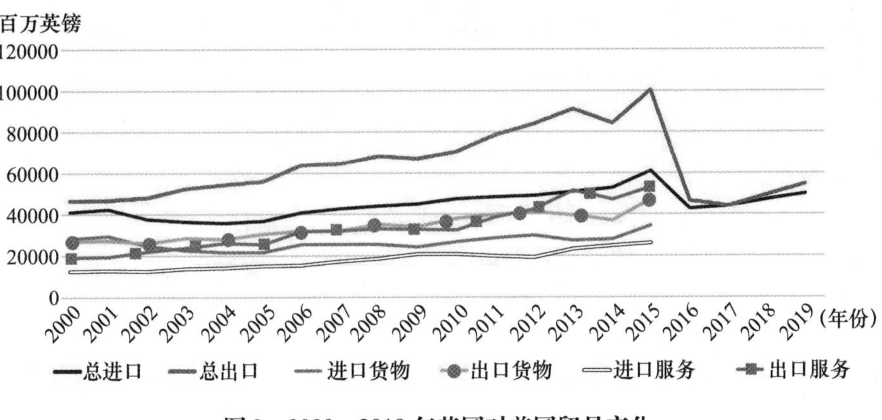

图2　2000—2019 年英国对美国贸易变化

资料来源：作者根据 ONS 数据绘制。

的贸易伙伴，但是如果以经济整体来看，欧盟则是英国最大的贸易伙伴，这不仅因为欧盟人口数、地缘关系，还因为单一市场的缘故。然而，事实的另一面是英国对欧盟的总体贸易逆差达到 720 亿英镑，尽管服务贸易盈余达 230 亿英镑，但是商品赤字为 950 亿英镑。[①] 若再以商品项目观察英欧贸易，就会发现出口前两位与对美出口项目相同（汽车、精炼石油），第三位则是交通运输产品；在进口商品中，前三位依序是公路车辆、医药产品与杂项制成品。光从图 3 来看会认为贸易额不断增长，即便是脱欧公投之后，但是再以图 4 的百分比来看则会发现，由于英国 GDP 也在增长，故欧盟占英国贸易额的比例是下滑的。

就英国的服务类出口来观察英国经济竞争力，以 2018 年的数字为基准，英国对欧盟的最大服务出口是“其他商业服务”（法律、会计、广告、研发、建筑、工程和其他专业技术服务），价值 350 亿英镑，相当于英国对欧盟服务出口的 29%。其次，英国经济的强项金融服务，出口到欧盟达 260 亿英镑（22%）。[②] 这两项加起来超过英国对欧盟服务类出口

① Matthew Ward (17 June 2020), “Statistics on UK-EU Trade,” Briefing Paper, Number 7851, House of Commons Library.

② Matthew Ward (17 June 2020), “Statistics on UK-EU Trade,” Briefing Paper, Number 7851, House of Commons Library.

一半以上，再一次证明英国的强项在于服务业而非制造业。若要改善英国的贸易赤字，以具有优势的服务业进入跨太平洋市场，为亚洲新兴国家提供服务商品是正确的道路。

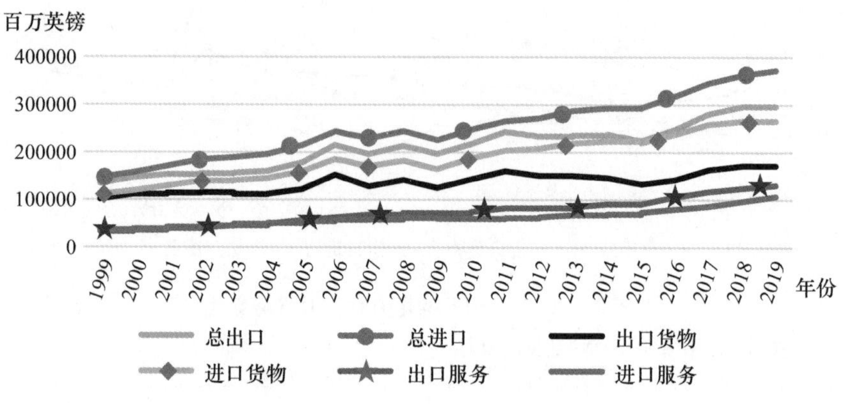

图 3　1999—2019 年英国对欧盟贸易变化

资料来源：根据 ONS 数据绘制。

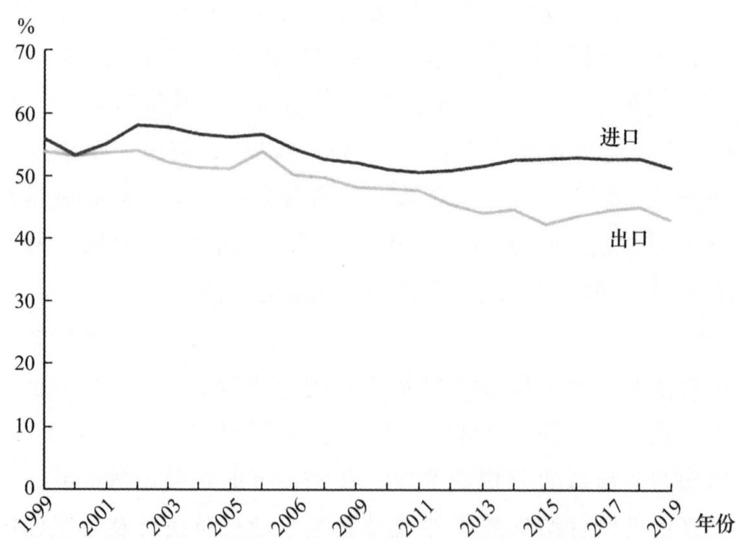

图 4　1999—2019 年英国与欧盟贸易的百分比

资料来源：ONS。

3. 英国对中国的贸易分析

中国的确是英国重要的贸易伙伴，而且成长速度惊人。在中国加入WTO之前，1999年，中国是英国的第26大出口市场和第15大进口来源国，约占英国进出口总额的1%，可是到了2019年，中国是英国的第六大出口国和第四大进口国，分别占英国出口额的4.4%和进口额的6.8%。百分比的数字也许不大，但是从金额来看，成长的幅度的确是惊人的而且十分快速，这还不受英国脱欧的影响。两国的经济不仅在贸易上，而且在各方面都与日俱增。与日本一样，中国把英国作为进入欧洲市场的门户，而且对英国的投资居高不下，在2019—2020年财务年英国的外资排名第五，前四名为美国、印度、德国与法国。[①] 举例而言，在基础设施中，中国投资公司（CIC）持有泰晤士水公司（Thames Water）8.7%的股份，在著名的英国Heathrow机场也有10%的股份。中国吉利汽车收购伦敦黑色出租车LTI等。此外，中国留学生数量是英国外籍生中的第一名，是英国大学财务的重要来源。所以，不仅是华为电信设备在英国布局深而且远，中国广核集团与法国电力公司合作参与的英国欣克利角C核电厂（Hinkley Point C Nuclear Power Station，HPC）也是一例。然而，美、中全面战略对抗，广核集团被美国列为出口黑名单，理由是窃取美国军事技术。[②] 再加上《中华人民共和国香港特别行政区维护国家安全法》的施行，使得英国国会议员的反华阵营得到越来越多的支持，这必然影响英、中之间的经贸关系，也使得英国国际贸易部必须拓展非传统美、欧、中的市场。

五　结论

英国的"脱欧入亚"说明参与区域贸易协定并不是越多越好，而是必须配合自身的产业结构与条件做出最适考量。即便新冠肺炎疫情重创

---

① The Economic Times (10 Jul 2020), India Moves up a Rank to Become Second-largest Source of FDI for UK, indiatimes. com.

② Christian Shepherd (15 August 2019), US Blacklists Chinese Nuclear Company over Theft of Military Tech, *Financial Times*.

了英国经济，约翰逊仍坚持脱欧时程不变，如何减轻在美国、欧盟与中国这三大市场上的衰退是一个艰苦的挑战，选择 CPTPP 是一个正确的方向。不仅如此，如同上文所阐述，旺盛的贸易不只来自于经贸协定，除产业升级之外，还必须强化投资与竞争力、增进经济安全，英国再次成为国际贸易枢纽并不是没有机会。当全球化的形势因新冠肺炎疫情而改变时，发达国家的经贸，将会更依赖金融与科技的结合。贸易自由化是有代价的，贸易跟谈判一样，永远是“给”与“拿”，政府如果无法解决贸易整合后贫富差距的困境，不仅会诱发民粹主义，拒绝打开自家门与他国竞争是对经济的进一步伤害。一方面呼吁政府要排除万难加入各式贸易协定，另一方面却又要拒绝日本核食与美国瘦肉精，这根本是缘木求鱼。因为就日本与美国的角度而言，核食与瘦肉精不是食品安全，而是贸易障碍。疫情终究会过去，全球供应链重组的脚步已经开始。但别忘了，贸易协定并不是胜利方程式，很多国家加入各式协定与签署 FTA 后经济表现仍然不好。关键在于产业竞争力与政府效能，否则，产业不具竞争力，产品卖不出去，还造成内需市场被外国企业占领的双输局面。在新全球供应链时代，市场与国家必须分进合击，才能在后疫情中脱颖而出。

新冠肺炎疫情下欧盟的难民政策发展与挑战

刘书彬*

难民政策的出现，本身就具备强大的国际合作的意义，让逃离原籍国迫害或严重伤害者受到庇护，需要国际合作。随着欧盟的扩大和冷战结束后的国际局势，1990 年代巴尔干地区内战，21 世纪初期阿富汗、中东、北非地区的不稳定，和回教圣战组织、伊斯兰国（IS）恐怖活动的猖獗，欧盟邻近地区的难民纷纷透过陆路或越过地中海，试图前往欧洲，寻求安全庇护或经济生活的提升。

就难民政策的性质而言，在欧盟整合过程中，难民的管理属于人员流动性质。由欧盟成员国公民的自由流动，劳务自由流动，再扩及有计划地接纳外国申请人的移民政策，最后扩大到人道关怀——接纳“受各种情势压迫的外国避难者”，因而形成难民政策。

本文首先介绍欧盟难民政策建构的四大原则和法制基础，之后检视欧盟难民政策实施，凸显欧盟与相关成员国在人权救援、警政司法边界管制、难民公平收留与财政负担，以及欧盟境外防控、管理难民等一连串作为的利益冲突。2020 年的新冠肺炎疫情冲击了欧盟与各国内部的人员流动规范，直接限制难民进入欧盟，但久居欧盟内部却未被决定最后去留的难民，和欧盟邻近国家、地区的安全与稳定，连带难民潮的起落，都成为形成共同难民庇护制度必须解决的核心问题。欧盟历经新冠肺炎

* 刘书彬，台北东吴大学政治学系教授暨系主任。

疫情肆虐，各地纷纷封城，在疫情稍微缓解的2020年后半年，作为理事会轮值主席国的德国，已经将难民庇护体系改革作为任务重点之一，难民问题的解决或许有机会成功。

一　欧盟难民政策的原则和法制基础

国际难民问题的处理，首见1951年的《日内瓦难民保护公约》，和1967年的《关于难民地位的协议书》。随着欧洲单一法令、申根协定（Schengen Agreement）取消欧盟内部的边界管制，加速欧盟内部人员的自由流动后，1992年的《马斯特里赫特条约》因应前南斯拉夫内战出现的大批难民，以及与东欧准欧盟成员国的关系，而于1990年签订、1997年生效的《都柏林公约》（Dublin Convention）①，属于欧盟国家和签约国的政府间合作，规定了寻求政治避难者的申请程序，即其只能向一个成员国提出申请，一旦该国拒绝他的申请，其即丧失向其他成员国申请庇护的权利。

《阿姆斯特丹条约》对难民政策的发展具有重要性，在经历前南斯拉夫内战收容大批难民后，欧盟的难民政策从《马斯特里赫特条约》中的政府间合作决策，强调难民的负面影响，转而重视难民政策和欧洲人的客观安全感联结，朝向形成欧盟共同难民政策的转变。根据《阿姆斯特丹条约》第63条，1999年10月欧盟的堪培拉高峰会（Tampere Council）做出决议：强调要形成共同的难民与移民政策，鉴于广义的移民包含难民在内，因此欧盟希望完整的难民和移民政策包含以下四个原则：（1）关注移民来源地和转送地（与区域）的政治、人权和发展议题，与之发展成伙伴关系。（2）建立共同的庇护体系（Common European Asylum System，CEAS）。（3）公平对待相关的第三国人民，使之在不同成员国内以同等条件获得保护。（4）管理移民流。有效管理合法移民，并打击人口贩卖和经济剥削型的移民。堪培拉决议纳入了外国移民的源头管理和融合进欧盟的议题，是欧盟进入21世纪准备成为一个自由、安全

① 《都柏林公约》后成为2003年欧盟“都柏林规章”（Dublin Regulation）的基础。

和正义共同体的一个里程碑。

前述四大原则，成为后续欧盟难民政策发展的主轴，然就处理的急迫性而言，则以尽速建立庇护体系为优先。对于“共同庇护体系”的建立，欧盟希望在包含《日内瓦公约》的基础上，确保没有任何人被送回迫害处，来维持不遣送原则（the principle of non-refoulement）。共同的欧洲庇护体系在短期内针对庇护程序、最低标准的接收条件、难民地位建立标准，为此应尽速建立“欧洲庇护申请者的指纹辨识系统”（后文简称“庇护者指纹系统”，European Dactyloscopy，Eurodac）；长期则要建立欧盟共同庇护体系，保障该体系在欧盟各地适用，并且在沟通协调过程中，维持欧盟的团结，为大量的临时性难民移置提供经费。

（一）共同庇护体系的建立

1999—2005 年欧盟透过几项法令措施来一致化共同庇护条件。自 2001 年起，临时保护指令（Temporary Protection Directive）允许欧盟在面对大量流离失所且不可能回到其原籍国的难民实施临时的共同庇护措施。相关的庇护措施还包括“家庭再团聚指令”（Family Reunification Directive）。而在前述第一阶段结束后，2007 年欧盟对共同庇护体系进行大规模咨询。欧盟执委会于 2008 年的“庇护政策计划”中提出三大支柱：一为欧盟成员国对于庇护标准的协调化；二为透过有效的支持，促进欧盟国家之间在庇护政策上的团结与反应合作；三为增进欧盟和非欧盟国家之间的合作。

近年来，欧盟的庇护体系包含了五大部分：（1）处理庇护的共同程序；（2）庇护申请人等候结果时所获的最低待遇；（3）如何给予庇护的共同标准；（4）“都柏林规章”（Dublin Regulation）①；（5）“庇护者指纹资料系统”，并因应时势的发展对其做了修订，以符合主要由成员国来负责处理的状况。

---

① 这是欧盟 2003 年发布的规章，承袭了 1997 年《都柏林公约》的主旨，确认“庇护一次性原则”，难民在首次抵达欧盟领土时须立即提出申请，由该单一成员国负责审查庇护的申请者，以避免庇护寻求者因庇护申请被驳回而转至其他成员国再次提出申请。

在前述体系中，最重要的“都柏林规章”，是一套决定欧盟成员国检核难民申请进入成员国的规范。目前适用的“都柏林规章 III”，是经过 2003 年、2013 年修订的，依旧是所有难民申请均须由难民首个着陆地（First Port of Entry）的主权国家处理，其他国家透过欧盟给予财政支持。庇护程序展开后，申请人经过接待中心，得到住房、食物等生活所需物品后，指纹经采集被输入庇护者指纹数据库，再由专员面谈确认其是否可以取得难民资格。遭拒绝者，可上诉寻求改判，若经改判可获庇护；若确认驳回，则遣送回原籍国，或送到其他过境国。

（二）“难民基金”（European Refugee Fund，ERF）

基于责任分担机制这一基础，欧洲高峰会透过财政支援强化成员国之间的团结，因而做出建立“欧洲难民基金”的决定。“欧洲难民基金”在 2008—2013 年第一阶段，提供 6.3 亿欧元，作为支持欧盟国家接收难民或流离失所者建置所需，以及保障难民和申请人进入有效的庇护程序。这一基金同样支持前述人等在其停留期间适应成员国整合和促进稳定的相关活动和计划经费。难民基金多由成员国所用，然提供庇护的成员国接纳难民的能力大不相同，因此在实施上，为维护欧盟内部团结，采取各成员国自愿性质处理；约 4% 的经费由欧盟计划使用。

“难民基金”于 2014—2020 年期间，扩大成为“庇护、移民和整合基金”（Asylum，Migration and Integration Fund，AMIF），在 7 年里投注 31.37 亿欧元，主要用于强化欧洲共同庇护体系的有效性和统一性、建构移民整合机制、遣送机制和打击非法移民，促进成员国的团结以利内部合作。此外，也资助“欧洲移民网络”（European Migration Network，EMN）的建置，交换欧盟机构和成员国最新的庇护和移民信息。

（三）欧土协议与索菲亚任务

1. 欧土协议内容

自 2015 年中起，难民多以三条路径——东路、中路、西路进入欧盟。一是东路：此为大宗，经过土耳其，透过海路进入希腊岛屿或以陆路方式进入；二为中路：此为相对危险的海路，即从利比亚、突尼斯经地中海抵达意大利或马耳他；三为西路：从非洲西部的阿尔及利亚、摩洛哥经过西地中海抵达西班牙。针对最多难民入境欧盟的希土路线，欧盟以强化欧土关系和增进与土耳其在难民危机中的合作对治。自 2015 年 11 月通过“欧土合作行动计划”（EU-Turkey Joint Action Plan）承诺拨给土耳其 30 亿欧元后，欧盟高峰会与土耳其于 2016 年 3 月 18 日签订欧土协议，针对非法难民与移民的收容，再提供 30 亿欧元援助至 2018 年底，换取土耳其更积极地收容难民。该协议的重点为：自 2016 年 3 月 16 日起，由土耳其进入希腊岛屿的非法移民，将送回至土耳其。土耳其将采取必要措施，阻绝非法难民从希腊进入欧洲内陆的通道，并遣送经济移民。欧土协议中“以一换一”安置计划为：土耳其每自希腊接回 1 名叙利亚难民，欧盟就必须安置 1 名来自土国的叙国难民。欧盟同时要求设立紧急社会安全网路“Emergency Social Safety Net”①。相对应地，土耳其的收获则为欧盟将加快于 2016 年底对土耳其公民提供免签证待遇，土耳其也应该尽快满足应有的条件；土耳其加入欧盟的谈判进程也会加快；此外还包括欧土关税同盟的进程要升级。

2. 索菲亚任务（EU-Mission Sophia）

“索菲亚行动”（Operation Sophia）是由欧盟在 2015 年 9 月发起的，该行动总部设在意大利罗马，由“欧盟地中海海军”（EU Navfor Med）执行打击走私和人口贩运的偷渡活动，透过在公海上登船、搜查、扣押涉嫌用于偷运或贩运人口的船只执行。“索菲亚行动”从 2016 年 6 月 20 日起至 2017 年 7 月 27 日还扩及支援训练利比亚的海岸防卫队和海军，以及执行联合国对利比亚海域的武器禁运。索菲亚任务还和“欧洲边境与海岸防卫管理局”（the European Border and Coast Guard Agency，Frontex）②，以及“欧洲刑警组织”（EUROPOL）和欧盟成员国密切交换分享人口贩卖运送的情报。

---

① 欧盟执委会宣布：欧盟将于 2016 年 10 月起，以 3.48 亿建构紧急社会安全网，让至多 100 万名自愿回土耳其的难民可经由电子卡获取每月足以满足其基本生活需求的现金金额。

② Frontex 是欧盟申根区的国际边境执法机构，成立于 2004 年，当初有 315 名职员。组织负责协调如船只、飞机等设备以及专业边防人员前往有移民压力的地区；该组织本身没有自己的设备或执法人员，都是由成员国提供的，Frontex 会将其部署费用支付给参与国。

二 欧盟难民政策的发展与实施

根据欧盟统计局的数据，进入欧盟申请难民庇护者在2015年下半年至2016年末达到高峰，近两年的难民庇护申请数分别达到128万人与122万人之多。最主要的原因是：2015年夏天，欧盟的中东欧成员国还依照欧盟“都柏林规章”来处理难民的暂留和登记。直到2015年9月3日，一名3岁叙利亚小孩淹死在土耳其沙滩上的相片获取了千万人的同情，欧盟开始以开放态度来面对难民，并以强制方式实施配额制，要求成员国依人口比例、国民生产毛额、失业状况分别接收安置在希腊、匈牙利及意大利的16万名难民。

德国总理默克尔于2015年10月表示对难民采取接纳态度，加上进入德国的难民庇护者根据庇护申请法在德国完成申请的第一天起至审查结束期间，每个月最高可获得联邦政府670欧元的补助，因此大大鼓舞了难民往德国前进。因这一缘故，由难民抵达的第一个欧盟国家处理的欧盟“都柏林规章”，在东中欧国家陆续放行难民往德国前进时，就几乎失效了。

欧洲难民的收容问题，不论是由东南欧或南欧国家暂留处理还是由西、北欧国家提供经费，各国都有着极大的负担。匈牙利总理欧尔班（Viktor Orbán）强烈批评默克尔的欢迎政策“是撕裂欧盟的元凶”“难民问题不是欧洲的问题，也不是匈牙利的问题，而是德国的问题”。由匈牙利、斯洛伐克、捷克和波兰组成的东欧“维谢格拉德集团”（Visegrad Group），自2016年起，即出现反对修改或扩大实施“都柏林规章”的任何可能，并抵制欧盟基于团结理由而实施的“强制分摊难民”方案。加上欧盟境内发生法国巴黎、比利时机场的恐攻，瑞典破例开始进行边境管制，奥地利设立难民上限，使欧盟内部因欧盟难民政策而出现东西对抗。

德国在欧盟难民政策上有着举足轻重的地位，默克尔2015年10月发表的欢迎政策，受到全球无比的赞誉。然而，随着2015—2016年跨年夜难民在科隆的性骚扰事件，德国在2016年初即加速犯罪（包括性骚扰和性侵犯）难民的遣返工作。加上2月德国基社盟党主席（为德国大联合政府政党成员）Horst Seehofer，透过访问俄罗斯施压默克尔，反映对大联合政府不采取年度难民接受额度为20万人上限的不满，以及因应该年3月三个邦的地方选举，德西莱茵兰—普法尔茨、巴登—符腾堡邦和德东的萨克森—安哈尔特邦举行邦议会选举，主张德国利益优先、反对接受难民的“另类选择党”（AFD）异军突起，分别获得15.1%、12.6%以及在德东24.3%的得票率，跃居上述三个邦的第二或第三大党，该选举结果显示：作为德国两大党的基民盟和社民党不仅受到相当的挑战，而且被认为在该次地方选举中惨败。其肇因于德国民众对难民政策的不满。这使得默克尔政府除了紧缩德国国内的难民政策外，还要透过欧盟与国际多管齐下处理难民问题。

在欧盟层级上，默克尔在2016年2月3日极力促成欧盟高峰会通过10项防止难民透过地中海路径进入欧盟国家的“马耳他宣言”（Malta Declaration），意图将难民挡于欧盟境外，特别是继2016年加强与土耳其的关系后，这次加强与利比亚为主的北非沿岸国家的关系，欧盟将为利比亚海岸警卫队和其他相关机构提供培训、设备及支持；提升利比亚沿海及移民流动沿线地区的社会经济发展；与联合国难民署（UNHCR）和国际移民组织合作共同打击人蛇集团。

在2018年6月欧盟高峰会上，欧盟领导人经过马拉松式的8小时彻夜讨论，主要达成了三项协议：

实施更严格的共同对外边境管制，欧盟预计在2020年之前对欧洲国际边界管理署（Frontex）进行扩编，增加1万名边境管制人员。

欧盟将在“自愿”的边界国家境内设立移民管制中心，以集中处理进入欧盟的难民和经济移民，管制中心由欧盟负责资助和管理。此一开始是由法国和西班牙倡议的，但遭到意大利的拒绝，担心这项措施只会对边界国家造成更沉重的负担，但在其他会员国强调“自愿性质”和承诺其他配套措施后，意大利勉强同意了。

为了表示对欧盟边境处理难民问题国家的支持，在高峰会上欧盟对意大利承诺：将与北非国家合作，在北非国家境内成立移民中心，让欧盟能够先行辨别真正有需要帮助的难民和经济移民，减少以危险方式横渡地中海的难民数量。

2017 年后难民申请者数目下降至 67 万多人，难民申请的目的地国家，以 2018 年、2019 年为例，主要以德国、法国、西班牙、希腊和意大利为多。难民人数下降显示出欧盟相关内外措施，对阻却难民从欧盟境外移至欧盟境内发挥了功能；而欧盟设在土耳其、北非等境外的难民中心，以及海上打击非法难民措施和协助改善难民来源较多的叙利亚、中东与非洲情势，则是延缓难民进入欧盟的治本之道。例如，2017 年 2 月，南苏丹发生饥荒，约 10 万人面临饥饿，其中四成人口需要紧急援助，欧盟执委会认捐了 8200 万欧元人道主义援助，并帮助邻国应付大量难民，然而 2019 年的难民申请数又上升了。

表 1　　2010—2019 年申请欧盟庇护的人数　　（人）

	2010	2011	2012	2013	2014	2015	2016	2017	2018	2019
欧盟 27 国（自 2020 年起）	235300	282130	306490	400515	594180	1282690	1221185	677470	625575	698760
欧盟 28 国（2013—2020）	259635	309045	335290	431100	626965	1322850	1260920	712250	664410	743595

资料来源：Eurostat，2020。

自 2015 年起，有超过百万难民进入欧盟，难民问题还在欧盟成员国内转成社会融合和相关人权保障问题。而这涉及了接收难民国内部的承担情况，难民剧增所造成的景象就如同汉娜·阿伦特（Hannah Arendt）所观察到的："如二次世界大战时，有百万难民和被驱离者面临着人权问题：难民的不幸并非生命、自由和追求幸福，与法律面前的平等、意见自由被剥夺；其不幸是伴随着接收的社群共同体（Gemeinschaften）没有一套规划好的公式，来解决内部的（难民）问题。"就如同 2018 年 4 月德国联邦议会内政委员会召集会议时，专家 Kay Hailbronner 所提出的，"都柏林规章"功能已经失调，因为欧盟曾经达成这样的共识：让难民可旅行到其预期获得最佳保障和较佳生活条件之处。因此制裁难民旅行的规定应该是不存在的，而未来欧盟的庇护体系应该处理与此相关的议题。

三　2020年新冠肺炎疫情冲击下的难民政策发展

2020年初即使新冠肺炎疫情在全球陆续暴发，然而依旧有许多难民因为贫穷、环境破坏、压迫、战争与在母国受到暴力对待等因素而向外寻求庇护。根据联合国难民总署的统计，以2019年底为例，全球难民人数达到8000万人，约占全球人口的1%，其中很多难民的目的地是欧洲。

当2020年2月欧盟各主要国家因为新冠病毒感染者向外旅游或探亲至欧洲，引发新冠肺炎疫情在欧盟扩散时，欧盟成员国的策略主要是限制人员的自由流动，这包括在内部实施扩大社交距离措施、限制社交互动；3月15日欧盟高峰会同意封闭申根国家的关口，对外采取禁止第三国人士在非必要情况下入境欧洲的做法，甚至几个欧盟成员国如德奥、比利时和法国、法国和意大利之间也相互封闭边境，为此实现欧盟内部人员自由流通的申根协定①暂时陷入局部瘫痪。直至4月初，欧盟并未有整体的防治新冠肺炎的财政措施。经过4月初欧盟执委会、财长会议决议，最后于4月底欧盟高峰会通过了5400亿欧元的援助计划，其中1000亿欧元用来救济受疫情影响的职工、2400亿欧元向欧盟稳定机制融资，援助与新冠肺炎疫情有关的卫生行业增加开支；另外2000亿欧元则是对欧盟企业提供贷款保证，协助其渡过经济难关。7月21日欧盟高峰会除了通过2020—2027年的1.743兆亿欧元的财政架构外，还通过7500亿欧元的复苏基金（Recovery Fund）用以支应“欧盟下一世代”计划。其中3600亿欧元为贷款，另有对会员国3900亿欧元的现金援助，

① 申根协定的主要内容为：签约国对境内持有效身份证件和旅游签证者，取消边境出入境检查，使之自由流动。

受援助国不必归还，受疫情冲击严重的意大利、西班牙估计将分到 20% 的资助。

受到疫情的影响，欧盟经济与生活方式受到比欧债危机更大的冲击，而为了兼顾经济和生活方式、健康生命的保障，在有限的财力之下，欧盟执委会于 2020 年 4 月 15 日提出对于逐步解除“禁闭措施”设置了“路径图”（Roadmap），这将依据以下标准：（1）流行病学标准表明：该疾病的传播已显著减少并稳定了一段时间。（2）足够的卫生系统能力。例如，考虑到重症监护室的占用率，卫生保健工作者和医疗材料的可用性。（3）适当的监视能力，包括快速检测和隔离感染个体的大规模测试能力以及跟踪和追踪能力。而欧盟要建立自己的共同解禁架构，以具备公共卫生的科学、会员国的协调合作、尊重和团结三者为基础来进行。

当欧盟和欧盟各国因对抗内部新冠肺炎疫情，各国因限制人员流动而在经济、财务金融和国民生计方面形成严重问题时，难民的流动也因全球各国陆续采取严格的人员流动限制措施而受限，因此进入欧盟的难民申请人数在 2020 年上半年大幅下降。根据联合国难民总署的统计，2019 年约有 10 万人穿越险恶的地中海以海路方式抵达欧洲，其中有 1300 人在途中溺毙或失踪；若以国际移民组织（IOM）的资料，溺毙人数将近 1900 人。2020 年 1 月至 7 月 26 日，通过前述东、中、西三路，分别有 8300 人、12000 人和 10600 人抵达欧盟，换言之，约有 32000 人越过地中海到达欧盟。从人数上比较，以海路为主。

2020 年 4—6 月第二季向欧盟成员国第一次申请登记的难民数，共有 46525 人，相较 2019 年第二季少了 68%；和同一年第一季相比，少了 69%。然而，难民登记进入庇护程序后的状况，2020 年 4—6 月第二季欧盟成员国初审庇护人数有 94600 人，其中有 48635 人（占初审比例的 51%）被欧盟 27 国所接受。

在对抗新冠肺炎疫情期间的 2020 年上半年，欧盟在治理三难民路线和打击非法难民的工作上，因为疫情防治以避免人员接触为主，为因应疫情流行和国际情势变迁，发生三类状况，依序说明之。

1. 针对地中海中西海线的难民防治

历年来，由于难民人数众多，依据“都柏林规章”，进入欧盟的难民只能向第一个抵达的国家申请庇护，而这些欧盟边境成员国，如希腊、马耳他、罗马尼亚、保加利亚、意大利等国并非难民庇护申请的目的地国家，因此在等待庇护核准的审查期间内，就有大批难民，更有因海难而被拯救的难民，暂时居留在该第一站申请国，造成其财政负担，这其中尤以意大利、马耳他、希腊为重。这个问题亟须透过欧盟内部公平的难民分配制度来处理。2019 年 9 月马耳他、意大利、法国和德国在难民分配上达成为期 6 个月的过渡解决方案，其为《马耳他协定》（Malta Agreement），允许在地中海中部被救起的难民在意大利或马耳他某一港口上岸，在该国验证其难民资格后，他们应该在 4 周内被分派到参加分配难民的国家中。由于新冠肺炎疫情的影响，马耳他和意大利执行该协定仅到 2020 年 3 月为止，因此引发民间救难组织的大力抨击，如无国界医生组织和地中海救援组织（SOS Mediterranee），因为这两国的片面行为，让《马耳他协定》失效，使得其救援行动变得十分困难。而民间救援船绝大多数也因为新冠肺炎疫情的传播影响而终止了海上救援行动。

2. 欧土协议中的陆域难民防疫

从难民东线进入欧盟要地的土耳其，于 2016 年 3 月《欧土协议》生效后，成功阻绝了 97% 的难民进入欧洲，但至 2020 年 3 月 16 日，仅有 26835 人被安置到欧盟会员国，土耳其境内则容纳了 370 万难民。土耳其虽有来自欧盟 60 亿欧元的难民安置经费，但并未完全到位。加上 2019—2020 年土耳其因与叙利亚政府军在其边界地区的紧张关系，在寻求欧盟涉外干预协助叙土冲突未果后，2020 年 3 月初土耳其不再执行《欧土协议》，使得难民开始透过陆、海两路往欧盟移动，于是难民危机再起。后经过土耳其总统艾尔多安（Recep Tayyip Erdoğan）和欧盟执委会主席冯德莱恩（Ursula von der Leyen）、欧盟高峰会主席米切尔（Charles Michel）会商，以及和德、法两国领袖通联后，在欧盟答应适当协助土耳其安置境内难民，以及扩大和土耳其的关税协议下，土耳其以防治新冠病毒肺炎为由，关闭其通往保加利亚和希腊的边界，2020 年的这次难民危机暂时解除警报。然而，土耳其虽然需要金援资助难民安置，但更需要东邻国土的安全，以及取得欧盟庞大的经济利益；欧盟同样急切需要土耳其作为围堵或是安置难民于境外的安全区；而两者的核心交集亦是迄今欧盟难民问题的关键，欧盟难民问题究竟应该如何适切地处理?

3. 协助难民原籍国或弱势国家防疫

迄今为止有效地防治新冠肺炎传染的途径为清洁手部、保持社交距离、戴口罩三种方式。然而这对难民而言却是极其困难的事情，被迫迁离家园的难民，缺乏接近清洁水源和肥皂的机会，甚至一家人共享一个口罩，许多人更是住在过度拥挤的难民营中，这些因素让难民暴露在感染新冠肺炎的高度风险中。对应于2020年3月欧盟新冠肺炎疫情趋于严重，和前述土耳其片面不执行《欧土协议》的紧急状况，让欧盟意识到亚、非等邻近难民原籍国或相关族群在防疫上的弱势，为避免难民潮再起，欧盟于2020年3月18日，为正在难民营的叙利亚难民和来自伊拉克、约旦和黎巴嫩的弱势群体提供价值2.4亿欧元的对抗新冠病毒的资助。

6月6日欧盟投入550万欧元透过欧盟区域信赖基金回应叙利亚危机中的难民和在约旦与黎巴嫩的弱势群体，协助其对抗新冠肺炎，改善其健康、饮水、卫生设施状态，而这项基金自2015年以来已经溢注22亿欧元。

6月18日欧盟为非洲防治疫情提供5400万欧元给中非共和国、6000万欧元给非洲之角地区，以减轻疫情对社会经济的影响。7月2日提供给北非约800万欧元。7月14日向乌干达提供2400万欧元，投注到难民及其收留的社区。7月20日提供6470欧元给南非，协助其对抗疫情，以及极端气候防治。从5月8日起至7月29日经由人道空桥班机运送超过1000吨的医疗物资到阿富汗、布基纳法索、中非共和国、刚果、伊朗、伊拉克、南苏丹、海地等国。

四　结论：新的欧盟难民体系将修改?

鉴于难民问题依旧是欧盟尾大不掉且一再挑战欧盟内部团结，及欧盟作为价值共同体以人权为重的成立基础，身为2020年下半年的欧盟理事会轮值主席国的德国于2020年6月声明，将即刻再度收容来自意大利和马耳他的难民。此外，德国也宣布基于人道理由接收400名来自希腊难民营的难民。联邦内政部长Seehofer也在非正式会面欧盟其他内政部长时，请其共同分担接收被救起的难民的责任。

欧盟共同难民庇护体系需要改革的呼声已经出现许多年，在2020年下半年新冠肺炎疫情稍缓的情况下，德国在其轮值主席国设定的工作任务计划中明确表示：将“更新”欧洲的移民和难民政策。德国特别指出：新冠肺炎疫情大流行对身为弱势的难民群体影响很大，因此扩大难民原籍国、接收国和过境国的合作更显必要。唯有透过欧洲各国的合作，才能决议长期有效的办法，来维持欧洲的价值、法治与人道保护标准，其主要精神就是透过欧盟执委会的提案，让各国能公平但不过度承担地建立起符合人道标准的难民保护制度，并加以有效实施；同时，建立共同且合作的遣返难民程序，加速遣返作业；并在相关返回指令协商完备后，鼓励自愿遣返。德国愿意在2020年下半年担当起推动改革的角色，意味着难民问题已经到了各国必须正视并有效处理的阶段，难民新规则应该取代《都柏林规章》，然而要在各国之间达成共识并非易事，有待继续观察之。

下编　大变局与欧洲经济外交

冯德莱恩时期欧盟反倾销规则之实践与制度运作

李贵英*

一 前言

中国于2001年12月11日加入世界贸易组织（World Trade Organization，WTO）。长期以来，许多WTO会员认为中国国内市场价格受到国家之操控与干预，因此将中国视为非市场经济国家（Non-Market Economy）。根据中国入会议定书第15条的规定，允许进口国在反倾销调查程序中，在进行价格计算时，可不采用中国国内价格进行比较，使中国厂商面临被课征较高额之反倾销税的局面。观诸近年来中国输往欧盟之产品，因出口价格低于母国市场价格，已先后面临欧盟发动的50余件反倾销调查，受调查产品包括太阳能板（solar panels）、多晶硅（polysilicon）、红酒、电信网路（mobile telecommunication networks）与钢铁等产品，中国俨然已成为欧盟反倾销调查之主要对象与目标国。

事实上，双方对于中国非市场经济地位之争议，由来已久。中国在加入WTO后不久，随即于2003年要求欧盟赋予其市场经济（Market Economy）地位，以避免其出口产品于遭受欧盟反倾销调查时，面临高额反倾销税之课征，造成不利影响。双方曾于2004年正式成立市场经济地

* 李贵英，东吴大学法律系特聘教授、莫内讲座，台湾欧盟中心咨询委员。

位工作小组，就中国市场经济地位问题进行调查，欧盟在检讨报告中检视中国下列五项市场经济地位标准：第一，政府对资源配置及企业决策干预之程度；第二，是否未扭曲民营企业运作；第三，是否有适当之公司治理、公司法规范及执行；第四，是否具备有效执行市场经济运作与商业法制之架构；第五，是否有真实反映其实际状况之金融部门。欧盟执委会在工作小组报告中认定，在上述五项标准中，中国仅符合第 2 项标准，是以欧盟难以认定中国符合市场经济地位之条件。[①] 此外，欧盟执委会于其政策文件“钢铁业：保持欧洲永续就业与成长”中，指出欧盟钢铁业所面临之困境，主要是全球钢铁产能过剩，以及中国钢铁制品大量倾销导致钢铁产品价格下跌，造成欧盟钢铁业遭受不公平之贸易竞争。此外，检讨报告亦检视了欧盟贸易救济法规，欧盟频繁使用进口救济措施以缓和钢铁业所面临之不公平贸易手段。

在加入 WTO 即将届满 15 年之际，由于中国入会议定书中有关反倾销调查特别待遇之条款即将届期，故而中国要求欧盟承认其为市场经济国家，不得再将其视为非市场经济国家。在欧盟业界怨声四起，以及欧洲工会对欧盟机构与各国政府强力游说之下，欧洲议会于 2016 年 5 月 12 日通过决议[②]，要求执委会不应于中国未符合市场经济之条件下，在贸易救济调查中采用一般计算基础。由于中国入会议定书第 15 条规定于 2016 年 12 月 11 日届期，为因应国际经贸情势之改变与内部产业所面对之困难，欧盟执委会于 2016 年提出修正欧盟反倾销规则之草案，嗣后部长理事会通过此一新规则，旨在保护欧盟面对不公平之贸易行为时得采取因应措施，2017 年 12 月欧盟新反倾销法正式生效。[③]

---

① 吴柏宽：《欧盟修正贸易救济法规因应中国“非市场经济体”地位届期研析》，《经济前瞻》2017 年第 169 期。

② European Parliament, 2016, “Resolution of 12 May 2016 on China's Market Economy Status [2016/2667 (RSP)],” in http: //www. europarl. europa. eu/sides/getDoc. do? pubRef = -//EP//NONSGML + TA + P8—TA - 2016—0223 + 0 + DOC + PDF + V0//EN. Latest update 30 July 2020.

③ Regulation (EU) 2017/2321 of the European Parliament and of the Council of 12 December 2017 amending Regulation (EU) 2016/1036 on Protection against Dumped Imports from Countries not Members of the European Union and Regulation (EU) 2016/1037 on Protection Against Subsidized Imports from Countries not Members of the European Union, Official Journal of European Union, 19 December 2017, L338/1.

在旧反倾销规则之下①，由于欧盟视中国为非市场经济国家，因此欧盟对中国进口产品正常价格（normal value）之计算，使用替代第三国（surrogate country approach）之价格而非国内价格，如此一来，往往会造成中国产品被课以较高之倾销差额，导致中国厂商处于不利地位。新反倾销规则于2017年12月20日正式施行后，受调查国家倾销差额之计算方式，不再使用市场经济地位或非市场经济地位予以区分。新规则以严重市场扭曲（significant market distortion）作为判断标准取而代之，亦即欧盟执委会必须证明受调查国家之市场是否有严重扭曲，重点为产品之销售价格及其生产成本是否有严重扭曲。基于此，产品价格之计算系以具有相似经济发展条件国家之产品价格，或类似未受扭曲之国际成本与价格计算之。

为符合WTO相关协定下之义务，欧盟新反倾销规则改采国家中立（country-neutral）方式，而不再区分市场经济国家或非市场经济国家。此外，欧盟亦公布特定国家或产业之市场扭曲报告，欧盟厂商并得以该等报告作为其提出反倾销调查申请之依据。然而，新反倾销规则所采取之计算方式遭到质疑，并成为欧盟与中国双边贸易关系中最具争议之一环。无论双方如何角力，最终仍必须回归到欧盟新反倾销规则是否符合WTO相关协定之规范。

二 中国入会议定书第15条部分条款届期所引发之争议

非市场经济国家之国内市场，大多受到政府干预或非以市场机制运作，在反倾销调查程序中，由于不易取得其真实之正常价格，因此展开反倾销调查之国家遂采取特殊之价格计算方式，例如以第三国国内市场之正常价格取而代之。② 然而，随着许多非市场经济国家逐渐转型，市

---

① Regulation (EU) 2016/1036 of the European Parliament and of the Council of 8 June 2016 on Protection Against Dumped Imports from Countries Not Members of the European Union, Official Journal of European Union, 30 June 2016, L176/21.

② 薛景文：《论WTO反倾销制度下“非市场经济体”待遇之内涵与适用》，《台大法学论丛》2017年第46卷第1期。

场经济与非市场经济已非两极化之区别。若干国家对于非市场经济国家之认定予以规范，例如美国关税法对于非市场经济地位之认定标准，系以货币兑换自由程度、薪资由劳资双方协议之程度、对外资容许程度、国家控制生产、资源分配之程度，以及价格控制之程度进行判断。

在中国申请入会过程中，美欧要求在中国入会议定书①中纳入认定补贴及倾销之价格比较（Price Comparability in Determining Subsidies and Dumping）条款（入会议定书第 15 条），建构对来自中国之进口产品进行反倾销调查价格认定之基础。有关中国非市场经济地位之相关规范，建基于第 15 条第 a 项与第 d 项。根据此一规定，其他 WTO 会员得于反倾销调查中，将中国视为非市场经济国家，且不使用一般通常使用之价格计算方式。换言之，他国于计算正常价格时，可以不使用中国国内市场产品之成本与价格。

中国入会议定书第 15 条第 a 项第 ii 款规定于 2016 年届期后，中国是否自动成为市场经济国家引起诸多争议，对该条款应如何解释，各界见解不一。虽然欧盟新反倾销规则并未歧视中国，然而新规则导入市场严重扭曲之新标准，且针对中国特定产业发布市场扭曲报告②，事实上可延长欧盟在计算正常价格时一向惯用之替代价格计算方式。

（一）争议之缘起

中国入会议定书第 15 条规定如下：

> GATT 1994 第 6 条、关于实施 1994 年关税暨贸易总协定第 6 条之协定（简称反倾销协定）以及补贴暨平衡措施协定应适用于涉及原产于中国之进口产品进入任一 WTO 会员之程序，并应符合下列规定：

---

① WTO, *Protocol on the Accession of the People's Republic of China*, WT/L/432 (10 November 2001).

② European Commission, 2017, "Commission Staff Working Document on Significant Distortions in the Economy of the People's Republic of China for the Purposes of Trade Defence Investigations," in http://trade.ec.europa.eu/doclib/docs/2017/december/tradoc_156474.pdf. Latest update 30 July 2020.

> （a）在根据 GATT 1994 第 6 条与反倾销协定中确定价格之可比较性时，该 WTO 进口会员应依据下列规则，使用受调查产业之中国价格或成本，抑或采用不基于与中国国内价格或成本进行严格比较之方法，而基于下列规则：
>
> （i）如受调查之生产者能够明确证明，生产该同类产品之产业在制造、生产与销售该产品方面具备市场经济条件，则该 WTO 进口会员在确定价格具有可比较性时，应使用受调查产业之中国价格或成本。
>
> （ii）如受调查之生产者不能明确证明生产该同类产品之产业在制造、生产与销售该产品方面具备市场经济条件，则该 WTO 进口会员可使用不基于与中国国内价格或成本进行严格比较之方法。
>
> ……
>
> （d）一旦中国根据该 WTO 进口会员之国内法证明其为市场经济体，则（a）项之规定即应终止，但截至入会之日，该 WTO 进口会员之国内法中须包含有关市场经济之判断标准。无论如何，（a）项（ii）款之规定应于入会之日后 15 年终止。此外，如中国根据该 WTO 进口会员之国内法证明其特定产业或部门具备市场经济条件，则（a）项之非市场经济条款不得再对该产业或部门适用。

中国入会议定书第 15 条第（d）项第二句规定，引起各界热烈讨论中国是否于 2016 年 12 月 11 日之后理所当然并自动脱离非市场经济地位。[①] 此外，第 15 条第（d）项与第 15 条第（a）项应如何解释，学者各有不同之看法。

（二）入会议定书第 15 条之解释

有学者认为中国入会议定书第 15 条第（a）项第（ii）款届期后，中国可望于 2016 年 12 月 11 日之后取得市场经济地位，在反倾销调查中

① 颜慧欣：《中国 WTO“非市场经济地位”落日问题之探讨》，《经济前瞻》2016 年第 164 期。

获得与一般国家相同之待遇。不过，其他学者认为中国不因第 15 条第（a）项第（ii）款届期后，即自动取得市场经济地位。换言之，渠等认为 2016 年 12 月 11 日之后，必须根据 WTO 进口会员之国内法规定来判断中国是否符合市场经济之条件。因此对于该条之法律效果，出现不同之解释。

1. 第一种解释方式

根据第一种解释，入会议定书第 15 条第（a）项第（ii）款届期后，WTO 进口会员即不得援引该款规定并使用非市场经济国家之价格计算方式，作为计算源自中国进口产品正常价格之依据。换言之，第 15 条第（a）项第（ii）款原为各会员于反倾销调查时不得使用中国产品成本与价格之法律依据，一旦该款届期失效后，WTO 进口会员对中国产品进行反倾销调查时，即应回归反倾销协定之规定并采用通常使用之价格计算方法。此一论述主张第 15 条第（a）项第（ii）款届期失效后，第 15 条其余条款规定不能作为背离一般价格计算方法之依据。因此其他 WTO 会员在事实上（*de facto*）应赋予中国市场经济地位。[①]

2. 第二种解释方式

根据第二种解释，除了入会议定书第 15 条第（a）项第（ii）款届期失效外，其余条款仍维持有效，且明确规定中国取得市场经济地位之

---

① Graafsma, Folkert and Kumashova, Elena, 2014, "*In re* China's Protocol of Accession and the Anti-Dumping Agreement: Temporary Derogation or Permanent Modification?," *Global Trade and Customs Journal* 9 (4): 154 – 159; De Kok, Jochem, 2016, "The Future of EU Trade Defence Investigations against Imports from China," *Journal of International Economic Law* 19 (2): 525 – 528; Noel, Stepanie, 2016, "Why the European Union Must Dump So-called 'Non-Market Economy' Methodologies and Adjustments in Its Anti-dumping Investigations," *Global Trade and Customs Journal* 11 (7/8): 296 – 305; Kleimann, David, 2016, "The Vulnerability of EU Anti-Dumping Measures against China after December 11, 2016," EUI Working Papers RSCAS 2016/37: 1 – 5; Vermulst, Edwin, Sud, Juhi Dion and Evenett, Simon J., 2016, "Normal Value in Anti-Dumping Proceedings against China Post-2016: Are Some Animals Less Equal Than Others?," *Global Trade and Customs Journal* 11 (5): 212 – 219; Yu, Minyou and Guan, Jian, 2017, "The Non-Market Economy Methodology Shall be Terminated after 2016," *Global Trade and Customs Journal* 12 (1): 16 – 24; Suse, Andrei, 2017, "Old Wine in a New Bottle: The EU's Response to the Expiry of Section 15 (A) (II) of China's WTO Protocol of Accession," KU LEUVEN Working Paper No. 186: 1; Zhou, Weihuan and Peng, Delei, 2018, "EU-Price Comparison Methodologies (DS516): Challenging the Non-Market Economy Methodology in Light of the Negotiating History of Article 15 of China's WTO Accession Protocol," *Journal of World Trade* 52 (3): 345 – 364.

条件。根据第15条第（a）项前言与第15条第（a）项第（i）款规定，唯有中国或其特定产业证明根据WTO进口会员国内法之规定其符合市场经济条件后，其价格与成本方得被采用；倘若无法证明，进口会员仍可持续适用针对非市场经济国家所采用之价格计算方式。换言之，根据第15条第（a）项其余有效之条款，仍有类似国价格法（analogue country methodology）之适用余地。①

3. 第三种解释方式

第三种解释方式采折中说，主张WTO会员系根据国内法进行判断，不必然承认中国取得市场经济地位，然而入会议定书第15条亦不再允许进口会员系统性地适用非市场经济国家之价格计算方法。② 另有学者认为第15条第（a）项第（ii）款届期后，仅涉及举证责任转换之问题，亦即是否符合市场经济条件，原本系由中国负担举证责任，而今转由进口国调查主管机关负责举证。因此，倘若中国仍被认定属于非市场经济国家，进口国得继续使用类似国价格法，而不致违反入会议定书第15条之规定。③

① Stewart, Terence P., Fennell, William A., Bell, Stephanie M. and Birch, Nicholas J., 2014, "The Special Case of China: Why the Use of a Special Methodology Remains Applicable to China after 2016," *Global Trade and Customs Journal* 9 (6): 272 – 279; Posner, Theodore R, 2014, "A Comment on Interpreting Paragraph 15 of China's Protocol of Accession by Jorge Miranda," *Global Trade and Customs Journal* 9 (4): 146 – 153; Rosenthal, Paul and Beckington, Jeffrey, 2014, "The People's Republic of China: A Market Economy or A Non-Market Economy in Anti-dumping Proceedings Starting on December 12, 2016?," *Global Trade and Customs Journal* 9 (7/8): 352 – 355; O'Connor, Bernard, 2015, "Much Ado about 'Nothing': 2016, China and Market Economy Status," *Global Trade and Customs Journal* 10 (5): 176 – 180; Miranda, Jorge, 2016, "More on Why Granting China Market Economy Status after December 2016 Is Contingent upon Whether China Has in Fact Transitioned into a Market Economy," *Global Trade and Customs Journal* 11 (5): 244 – 250; Sacerdoti, Giorgio, 2016, "What Regime for AD Investigations by the European Union on Imports from China after the Expiration of Par. 15 (a) (ii) of China's Accession Protocol on 11 December 2016," Bocconi Legal Studies Research Paper No. 2866876. in https://papers.ssrn.com/sol3/papers.cfm?abstract_id=2866876. Latest update 30 July 2020; Posner, Theodore, R., 2014, "A Comment on Interpreting Paragraph 15 of China's Protocol of Accession by Jorge Miranda," *Global Trade and Customs Journal* 9 (4): 149.

② Gatta, Brian, 2014, "Between 'Automatic Market Economy Status' and 'Status Quo': A Commentary on Interpreting Paragraph 15 of China's Protocol of Accession," *Global Trade and Customs Journal* 9 (4): 165.

③ Miranda, Jorge, 2014, "Interpreting Paragraph 15 of China's Protocol of Accession," *Global Trade and Customs Journal* 9 (3): 94 – 103.

4. 欧盟之解释方式

欧盟采取举证责任转换说，认为第15条第（a）项第（ii）款届期后，其法律效力限于废止中国为非市场经济国家之预设立场。基于此，欧盟执委会负担举证责任，以认定中国是否符合欧盟法有关市场经济之条件，而非由中国生产者举证。欧盟认为入会议定书第15条第（a）项第（ii）款届期，仅止于举证责任由中国生产者转移至调查机关，第15条其余规定依然有效且仍应适用。在反倾销调查之个案中，倘若部分产业或部门，或是中国整体经济仍不具备市场经济条件时，应适用另一种新的计算方法。换言之，欧盟认为唯有中国非市场经济地位之假设被推翻，否则在中国未符合市场经济条件之情况下，欧盟调查主管机关仍可使用适当第三国之价格或成本。因此，欧盟仍可不使用原产国之国内价格与成本来进行比较，只不过欧盟并非系统性地使用类似国价格法。

三　欧盟新反倾销规则之重点

为因应中国议定书第15条第（a）项第（ii）款届期后之变化，欧盟修正反倾销规则，此新规则之一大重点在于导入市场严重扭曲之标准，以取代过去市场经济国家与非市场经济国家之区别，因而在价格比较上改采新的计算方式。同时欧盟也改采举证责任转换之做法，不同于以往之实践。

（一）导入市场严重扭曲之标准

根据新反倾销规则之规定，市场严重扭曲系指价格或成本，包括材料与能源成本，非因自由市场力量所生之结果，而是受到政府实质干预所影响，并胪列市场是否受到严重扭曲之判断标准［Regulation（EU）2017/2321，Article 2.6a（b）］。基于此，中国市场之状况系根据该等标准进行评估。换言之，市场严重扭曲此一标准虽然看似新标准，然而实际上与判断非市场经济地位之标准十分相似。

此外，在欧盟反倾销规则实施之同日，欧盟执委会公布针对中国之市场严重扭曲报告[①]，该份报告从中国社会主义市场经济、国有企业、金融体系、政府采购市场以及本国投资与外人投资之障碍进行了分析。该报告除了分析各项生产要素如土地、能源、资本、原材料及劳工等条件外，还针对个别产业如钢铁、铝及化学等产业部门进行讨论。欧盟报告最终认定有市场严重扭曲之存在。[②]

欧盟删除非市场经济国家清单，改以市场严重扭曲作为判断标准，并将举证责任由受调查厂商移转给执委会及申请反倾销调查之厂商。从表面上观之，欧盟反倾销规则改采国家中立之立场，取消市场经济国家与非市场经济国家之区别，而以 WTO 会员与非 WTO 会员作为划分，据以调整价格计算之方法。然而在实质上，中国仍为反倾销措施之主要目标国。虽然欧盟执委会强调，此次修法并非赋予任何国家市场经济地位，仅为因应国际经贸情势进行调整[③]，然而中国对此进行了强烈批评，认为新反倾销规则等同于继续延长替代第三国计算方法之适用。

（二）新计算方式之适用

欧盟反倾销规则新增相关规定［Regulation（EU）2017/2321，Article 2. 6a］，在出口国市场被严重扭曲之情况下，主管机关计算正常价格时，得采取新的计算方式，不使用该国国内价格与成本，并以适当第三国之价格、成本或基准取代以推算之。换言之，欧盟执委会得以未经扭曲之国际价格、成本或基准，或采用与出口国经济发展程度相似之具有适当代表性国家生产与销售成本，作为推算价格之基础。

在类似国计算法之下，受调查出口国之国内价格不被采用，并以第三国之价格与成本取而代之，作为计算基础。而在推算价格法之下，国

① European Commission, 2017, “Commission Staff Working Document on Significant Distortions in the Economy of the People's Republic of China for the Purposes of Trade Defence Investigations,” in http：// trade. ec. europa. eu/doclib/docs/2017/december/tradoc_ 156474. pdf. Latest update 30July 2020.

② Shadikhodjaev, Sherzod, 2018, “Non-Market Economies, Significant Market Distortions, and the 2017 EU Anti-Dumping Amendment,” *Journal of International Economic Law* 21（4）：897.

③ European Commission, “The EU is Changing Its Anti-dumping and Anti-subsidy Legislation to Address State Induced Market Distortions ,” in http：//europa. eu/rapid/press-release_ MEMO - 17-3703_ en. htm. Latest update 30 July 2020.

内价格系以生产国之生产成本，再加上一般、行政支出及利润计算而得。[①] 欧盟新反倾销规则之推算价格法，与WTO反倾销协定第2.2条之规定有些微不同，根据欧盟反倾销规则之规定，推算价格得包括未受扭曲之国际价格与成本。而在市场严重扭曲之情况下，正常价格系以反映未受扭曲之价格或基准作为生产成本予以推算［Regulation（EU）2017/2321，Article 2.6a（a）］。

根据欧盟新反倾销规则，执委会有三种计算正常价格之方法，包括类似国计算法、来自国际未受扭曲之价格与成本，以及出口国国内价格与成本。在选择适当第三国时，欧盟新反倾销规则比过去采取了较为明确之标准，亦即以经济发展之程度作为判断标准，此点与美国现行之做法相同。[②] 在新制之下，新的推算价格法得排除使用中国国内价格与成本，并以非原产国之价格与成本进行计算。因此，欧盟新的计算方法可能仍非以原产国国内价格与成本进行比较。此举将阻碍中国获得完全市场经济地位与利益，同时允许执委会有权在例外情况下适用类似国价格法。基于此，欧盟新的计算方法似乎相当于旧制所适用之类似国计算法。在新制之下，适用新的计算方法所得之反倾销税额，可能相当于将中国视为非市场经济国家所采用之类似国计算法所得之反倾销税额。

四　欧盟新反倾销规则之评析

在欧盟新反倾销规则尚未正式生效前，中国于2016年12月，亦即入会议定书第15条第（a）项第（ii）款届期翌日，在WTO争端解决机制下向欧盟提出针对旧反倾销规则之咨商请求。[③] 中国要求欧盟遵守其在WTO下之义务，并且停止对于中国输欧产品实施差别待遇。由于双方咨商未果，嗣后遂交由争端解决小组审理。该案于2019年6月14日基

① WTO，Anti-dumping Agreement，Article 2.2.

② Sandkamp，Alexander and Yalcin，Erdal，2016，"China's Market Economy Status and European Anti-Dumping Regulation，" *CESifo Forum* 1：79.

③ Request for Consultations by China，*European Union — Measures Related to Price Comparison Methodologies*，WT/DS516/1（12 December 2016）.

于中国之请求暂停小组审理工作（WT/DS516/13）。根据争端解决程序及规则了解书第 12. 12 条规定，若未请求小组恢复审理，则小组之授权应于暂停审理 12 个月后失效，亦即 2020 年 6 月 15 日该案终结落幕。欧盟 2017 年新反倾销规则采用市场严重扭曲标准，以及继续使用替代第三国价格计算法，亦曾受中国的强烈批评。中国坚持应被视为市场经济国家之立场，且一般正常之价格计算方法应适用于中国出口产品。关于欧盟针对中国提出之市场严重扭曲报告，中国认为欧盟之做法系采双重标准，具有歧视性且有违 WTO 相关协定。[①] 对此欧盟则说明并非仅针对中国做成市场扭曲报告，另一份报告将会针对俄罗斯市场进行分析。执委会也因此强调，有无市场严重扭曲将依个案调查认定，并且受调查之厂商有提出反驳之机会，且新的价格计算方式并非自动套用于特定国家之出口产品。

（一）欧盟新制下之价格计算方式与 WTO 协定规定之合致性

中国入会议定书第 15 条第（a）项第（ii）款届期后，欧盟新反倾销规则使用折中方案，废除市场经济国家与非市场经济国家之区分，改采新的计算方法与转换举证责任，以及适用市场严重扭曲之判定标准。新做法是否可行，以及是否符合 WTO 相关协定之规定，值得讨论。任何计算方法若非基于国内价格进行比较，应基于中国入会议定书中第 15 条其余有效之规定，或 GATT 1994 年与反倾销协定之一般规则。因此，若 WTO 会员继续使用其国内法所订定之标准，以及第 15 条第（a）项第（ii）款届期后仍使用类似国价格法，主要有几种可能性：第一，根据 GATT 第 VI：1 条第 2 解释附注（Second Interpretative Ad Note to Article-VI：1 of the GATT）规定，产品来自于一个贸易完全被垄断（complete monopoly of the trade），或是由国家订定所有国内价格（all domestic prices are fixed by the state）者；第二，WTO 反倾销协定第 2. 2 条所谓之特殊市

① Xinhua Net, "EU Behaves 'Discriminatorily' in Its Country Report on China: European Lawyer," in http://www.xinhuanet.com/english/2017-12/23/c_136847122.htm. Latest update 30 July 2020.

场情况（particular market situation）；第三，中国入会议定书第15条第（a）项与第（d）项仍维持有效之规定。

关于第一种可能性，适用替代第三国价格法限于完全或实质上完全之贸易垄断，并且所有国内价格都由国家制定之情况。因此，中国入会议定书第15条第（a）项第（ii）款届期后，欧盟新反倾销规则所采之市场严重扭曲标准，是否符合GATT第VI：1条第2解释附注所规定之条件，不无疑问。

关于第二种可能性，在实务上确实存在。自从2010年以来，澳洲使用特殊市场情况之计算方法来处理中国反倾销案件。不过，反倾销协定第2.2条并未明确规定何谓特殊市场状况。倘若特殊市场情况暗指市场严重扭曲，即可采取替代第三国价格，或以原产国之生产成本，加上合理之行政、管销费用与利润（详细之计算方式见于反倾销协定第2.2.1.1条与第2.2.2条）。换言之，在第2.2条规定下，调查机关应以国内产品之成本作为比较基础。然而根据欧盟新的推算价格法，若执委会认定有特殊市场情况，可能拒绝使用中国国内价格估算反倾销差额。就反倾销协定第2.2条规定而论，欧盟新制不无可能缺乏充分理由与法律依据。

关于第三种可能性，涉及中国入会议定书第15条第（a）项第（ii）款是否为使用中国以外其他国家之成本与价格之唯一依据，然而各界看法不一。有一说认为在中国入会议定书第15条第（a）项第（ii）款届期后，即应适用一般正常之价格计算方法，亦即使用中国之国内价格。反之，另有一说认为，根据中国入会议定书第15条第（a）项规定，他国得根据第15条第（a）项第（i）款或第（ii）款其他仍然维持有效之规定，在遵循一定之程序条件下，使用非基于中国国内价格或成本之比较方法。① 换言之，第15条第（a）项第（ii）款届期失效不表示类似国价格法即不得再适用，中国应通过严重市场扭曲之检验，符合欧盟之市

① Sacerdoti, Giorgio, 2016, "What Regime for AD Investigations by the European Union on Imports from China after the Expiration of Par. 15 (a) (ii) of China's Accession Protocol on 11 December 2016," Bocconi Legal Studies Research Paper No. 2866876, in https://papers.ssrn.com/sol3/papers.cfm?abstract_id=2866876. Latest update 30 July 2020.

场经济标准后，方得适用一般正常之价格计算方式。根据第 15 条其余有效之规定，他国仍可使用类似国价格法，即使 GATT 1994 第 VI 条与反倾销协定所规定之条件未必完全符合，他国仍可不使用中国价格与成本，而替代第三国之选用并无违反协定之虞。

（二）冯德莱恩时期欧盟反倾销制度运作之展望

欧盟新反倾销规则正式生效后，2018 年欧盟针对中国输欧产品仅展开一件新的反倾销调查，涉案产品为热轧钢板。① 2019 年中国受欧盟反倾销调查之件数总计五件，涉案产品为钢制车轮、玻璃纤维织物、聚乙烯醇、不锈钢热轧平板产品，以及别针与订书针。② 冯德莱恩于 2019 年 12 月 1 日正式就任欧盟执委会主席后，欧盟针对中国输欧产品展开两件反倾销调查，分别为 2019 年 12 月中旬针对中国之别针与钉书针③，以及 2020 年 2 月中旬针对中国之铝型材进行调查。④ 由于欧盟公布之市场扭曲报告第三部分点名钢铁、铝、化工与陶瓷等产业进行分析，并指出存在严重市场扭曲，因此凡涉及该等产业之输欧产品，均可能被欧盟认定有严重市场扭曲之情况，而适用新的价格计算方式，亦即不使用中国之成本与价格，而采用经济发展程度类似国家之成本与价格进行推算，或以国际成本与价格进行推算。换言之，实际上欧盟仍得对该等涉案产品适用类似国价格法，对中国输欧产品形成不利影响。

五　结论

中国入会议定书第 15 条第（a）项第（ii）款届期后引发不同解释，

---

① European Commission, 2018, "Anti-Dumping, Anti-Subsidy, Safeguard Statistics Covering 2018," at 10. in https://trade. ec. europa. eu/doclib/docs/2019/march/tradoc _ 157773. pdf. Latest update 30 July 2020.

② European Commission, 2020, "Report from the Commission to the European Parliament and the Council," at 62. in https://trade. ec. europa. eu/doclib/docs/2020/may/tradoc_ 158734. PDF. Latest update 30 July 2020.

③ AD663, 18. 12. 2019 OJ C425, at 21.

④ AD664, 14. 02. 2020 OJ C 51, at 26.

随着中国控诉欧盟案之落幕，相关争议似乎亦暂时尘埃落定。欧盟新反倾销规则使用折中方案，废除市场经济国家与非市场经济国家之区分，改采新的计算方法与转换举证责任，以及适用市场严重扭曲之判定标准。基此，欧盟新反倾销规则创建一种类似于替代第三国之新计算方法。然而欧盟新制是否完全符合 WTO 反倾销协定与 GATT 1994 之相关规定，似乎仍有讨论之空间。此外，欧盟进行反倾销调查所采取之新做法，是否与 WTO 相关协定之规范一致，未来应视个案之实际适用情况而认定之。

《欧盟外资安全审查条例》与资本自由流动原则的不兼容性

叶 斌*

2019年4月10日，由欧洲议会与欧盟理事会通过的《对进入联盟的外国直接投资建立审查框架的第2019/452号欧盟条例》（以下简称《欧盟外资安全审查条例》或《第2019/452号欧盟条例》）生效。[①]《欧盟外资安全审查条例》对所有欧盟成员国具有直接效力，于2020年10月11日施行。《欧盟外资安全审查条例》在欧盟层面设计了全新的外资安全审查框架，赋予欧盟委员会以“安全或公共秩序”为由对成员国境内的外国直接投资交易发表咨询性意见的权力，并且建立所谓“合作机制”，允许成员国相互评议，对成员国施加强制性的信息汇报义务。

就立法动机而言，欧盟委员会表示，外国国有企业或受外国控制的企业对欧盟关键技术、基础设施、防务投入品和敏感信息等战略性领域的收购，不仅损害欧盟的技术优势，而且给欧盟带来安全和公共秩序方

---

* 叶斌，中国社会科学院欧洲研究所欧盟法研究室主任，副研究员。原文是国家社科基金项目“欧盟投资法院制度及中国应对研究”（项目编号：17BFX147）的阶段性成果，于2019年11月第九届海峡两岸欧洲研究论坛上发表，刊发于《欧洲研究》2019年第5期。本文略有删减。

① Regulation (EU) 2019/452 of the European Parliament and of the Council of 19 March 2019 Establishing a Framework for the Screening of Foreign Direct Investments into the Union, OJ L 79 I/1, 21. 3. 2019. 该条例的中文翻译稿，可参见《2019年3月19日欧洲议会和理事会对进入联盟的外国直接投资建立审查框架的第2019/452号欧盟条例》，叶斌、胡建国、娄思彤译，载黄平、田德文主编《欧洲发展报告（2018—2019）》，社会科学文献出版社2019年版。

面的风险。[①] 欧盟委员会认为，现有工具（如欧盟并购审查工具等）不足以应对这种安全风险，希望通过《欧盟外资安全审查条例》来确保欧盟拥有更好的政策工具，以这个新的监管框架来评估和控制外国直接投资对联盟的潜在安全风险，但同时承诺要维持欧盟作为最开放的外国投资目的地。[②]

在《欧盟外资安全审查条例》之前，包括德国、法国和意大利在内的约 15 个欧盟成员国已经建立了外资安全审查机制。这些成员国审查机制一直受欧盟基础条约所奉行的“设业自由原则”（free establishment）和“资本自由流动原则”（free movement of capital）的约束，欧洲联盟法院在审理成员国措施是否符合这些原则的案件中建立了一些解释规则，包括对安全或公共政策做严格解释、不得追求纯粹的经济目的，等等。《欧盟外资安全审查条例》在其前言中称，本条例不妨碍《欧洲联盟条约》第 4 条第 2 款规定的维护国家安全是成员国独一无二的责任，不妨碍《欧洲联盟运行条约》（TFEU）所规定的设业自由和资本自由流动。那么，《欧盟外资安全审查条例》是否确实与欧盟基础条约和欧盟法院的判例法兼容呢？

关于《欧盟外资安全审查条例》与欧盟既有法律成果（*acquis communautaire*）的兼容性问题，本文将从四个方面展开讨论：（1）在欧盟基础条约的规定之下，欧盟委员会能否就外资安全审查发表有约束力的意见？（2）欧盟外资安全审查框架是否适用资本自由流动原则？（3）《欧盟外资安全审查条例》的安全或公共秩序考虑清单是否符合严格解释的要求？（4）《欧盟外资安全审查条例》能否通过比例原则测试？通过对这些问题的分析，本文试图展现《欧盟外资安全审查条例》与欧盟基础条例与判例法，特别是与内部市场自由规则之间所存在的冲突与张力。

---

① 对《欧盟外资安全审查条例》立法动因及欧盟内部不同观点的分析，可参见石岩《欧盟外资监管改革：动力、阻力及困局》，《欧洲研究》2018 年第 1 期；叶斌：《欧盟外资安全审查机制立法草案评述》，载黄平、周弘、程卫东主编《欧洲发展报告（2017—2018）》，社会科学文献出版社 2018 年版，第 168—182 页；关于如何应对欧盟外资安全审查，可参见廖凡《欧盟外资安全审查制度的新发展及我国的应对》，载《法商研究》2019 年第 4 期。

② See European Commission, “Communication on Welcoming Foreign Direct Investment while Protecting Essential Interests,” COM (2017) 494 Final, Brussels, 13. 9. 2017, p. 5.

一　欧盟委员会能否发表有约束力的意见

《欧盟外资安全审查条例》第 1 条规定："条例建立成员国以安全或公共秩序为由审查进入联盟的外国直接投资的框架，以及成员国之间和成员国与欧盟委员会之间对于可能影响安全或公共秩序的外国直接投资的合作机制。欧盟委员会可以对这类投资发表意见"。由此，《欧盟外资安全审查条例》建立了两个层面的审查机制。其一，在欧盟层面，欧盟委员会有权对发生在欧盟境内的外国直接投资发表"意见"（opinion），无论外国直接投资影响多个成员国的安全或公共秩序，还是影响"具有联盟利益的欧洲项目或计划"①，也无论投资所在国是否对该外国直接投资施加审查。② 在这个层面上，其他成员国也有权对发生在另一成员国境内的外国直接投资发表"评论"（comment）。其二，在成员国层面，尽管部分成员国已经建立外资安全审查机制，但是该条例第 1 条第 1 款仍郑重其事地授权成员国可以建立这种审查机制，并且在第 1 条第 3 款中允许成员国自行决定是否建立这种审查机制。

但是，《欧盟外资安全审查条例》并没有赋予欧盟委员会的意见以约束力，而是与成员国的评论一样仅具有咨询意义。该条例第 6 条第 9 款和第 7 条第 7 款都只规定，成员国应"适当考虑"（give due consideration）其他成员国的评论和委员会的意见。第 6 条第 9 款更进一步指出："最终的审查决定应由实施审查的成员国做出"。换言之，欧盟成员国才是外资安全审查的最终决策者。由此，《欧盟外资安全审查条例》建立的是一个"多行为体的"和"去中心化的"审查框架，成员国始终是这个框架的核心。

当然，欧盟委员会发表意见和其他成员国发表评论的合作机制并非没有意义。《欧盟外资安全审查条例》为欧盟委员会和其他成员国以安

---

① 《欧盟外资安全审查条例》在附件中列举了具有联盟利益的项目和计划清单。

② 根据《欧盟外资安全审查条例》第 7 条，欧盟委员会可对未在审查之中的外国直接投资发表意见，只要在投资完成前 15 个月内。

全或公共秩序为由对某成员国境内的外国直接投资施加政治影响力，提供了明确的和程序化的管道。尤其是对于没有外资安全审查机制的那些成员国，欧盟条例实际上使这些成员国建立了一种被动性的审查方式。就此而言，《欧盟外资安全审查条例》建立的外资安全审查框架是一个高度政治化的施压或合作机制。这就引出了几个疑问。为什么不直接赋予欧盟委员会对外资安全审查的最终决策权？为什么不将制度设计为中心化的机制，而是这种去中心化的合作框架？同样都是对外资施加限制或监管，为什么《欧盟外资安全审查条例》不能像《欧盟并购控制条例》① 那样赋予欧盟委员会对欧盟层面的企业并购以唯一的管辖权（sole jurisdiction）？同样都属于欧盟具有专属权能的“共同商业政策”（Common Commercial Policy），为什么《欧盟外资安全审查条例》不能像《欧盟反倾销条例》② 或《欧盟反补贴条例》③ 那样赋予欧盟委员会唯一的调查权和决策权？④

《欧盟外资安全审查条例》在其前言中为解答上述问题提供了方向。该条例在其前言中援引了欧盟基础条约所涉及的维护国家安全或安全利益的两个重要条款。它援引《欧洲联盟条约》第 4 条第 2 款，称该条例建立的共同框架不妨碍维护国家安全是每个成员国独一无二的责任（sole responsibility）。它又援引《欧洲联盟运行条约》第 346 条，称不妨碍各成员国对其根本安全利益的保护。根据《欧洲联盟条约》第 4 条，“国家安全仍是每个成员国独一无二的责任”。《欧盟外资安全审查条例》援引该条款，原本旨在消除成员国对立法的疑虑以便促成草案通过，但

① See Article 21 (2), Council Regulation (EC) No 139/2004 of 20 January 2004 on the Control of Concentrations between Undertakings (the EC Merger Regulation), OJ L 024, 29. 01. 2004.

② Regulation (EU) 2016/1036 of the European Parliament and of the Council of 8 June 2016 on Protection against Dumped Imports from Countries Not Members of the European Union (codification), OJ L 176, 30. 6. 2016.

③ Regulation (EU) 2016/1037 of the European Parliament and of the Council of 8 June 2016 on Protection against Subsidised Imports from Countries Not Members of the European Union (codification), OJ L 176, 30. 6. 2016.

④ 在反倾销反补贴调查中，通常称欧盟委员会是唯一的决策机构，尽管成员国仍保留阻止欧盟委员会决定的权力，参见 https://trade.ec.europa.eu/doclib/docs/2013/april/tradoc_151022.pdf。

是也排除了欧盟委员会成为安全审查最终决策者的可能性，即使安全审查的对象属于欧盟委员会所认为的联盟专属权能领域。

由此可见，欧盟之所以没有建立中心化的外资安全审查机制，固然是因为一些成员国缺乏推动此种立法设计的政治意愿，更重要的是因为基础条约存在根本上的法律限制。据此可以推论，除非欧盟成员国同意修订基础条约，或者成员国在突破欧盟基础条约限制的问题上具有足够的意愿，否则，在中短期内欧盟委员会恐怕无法取得外资安全审查的最终决策权。

欧盟委员会可以就安全审查发表意见，这在《欧盟外资安全审查条例》之前也有法律上的蛛丝马迹可寻。欧洲联盟法院曾在判决中赋予欧共体机构对解释“公共政策”概念的控制权，只不过欧盟法院没有明确这个欧共体机构是否包括欧盟委员会。但是，有一点是确定的，对公共政策概念范围的解释至少应在欧洲联盟法院这个欧共体机构的控制之下。在1974年涉及限制工人自由流动的“伊冯娜·范杜恩案”中，对于某成员国是否有权以公共政策为由限制另一成员国国民从事不为本国国内法禁止但是违反本国公共利益的工作，欧洲法院指出：“需要强调的是，在共同体语境下，特别是在减损适用共同体法基本原则时，公共政策的概念必须被严格解释，其范围不能在没有共同体机构控制之下由各成员国单方面地决定。”[①] 在该案中，欧洲法院首次明确欧共体机构（现为欧盟机构）具有对公共政策概念范围的控制权。[②]

但是，欧盟机构如何行使这种对公共政策概念的控制权，欧洲法院并没有给予更清晰的指引。就“范杜恩案”，欧洲法院在做上述解释之后立即转而重申成员国主管机构具有自由裁量的空间。欧洲法院称：“但是，援引公共政策概念的特别情形，可能因时、因地有所不同，因此有必要允许成员国主管机构在《欧共体条约》规定的限制之内具有自由裁量的余地”。在最终裁决中，欧洲法院允许英国以公共政策为由限

① Case 41/74, Yvonne van Duyn v Home Office, Judgment of 4. 12. 1974, para. 18.

② 在《里斯本条约》生效之后，欧共体被欧盟完全取代。在《马斯特里赫特条约》至《尼斯条约》时代，欧共体与欧盟在法律上是不同的机构。为了便于论述，本文不对两者做区分。

制外国人在英国从事被英国政府视为邪教的传教工作。在此案中，欧洲法院事实上采取了近乎骑墙但务实的解释方式，一方面承认欧共体对公共政策范围的解释控制权，但未加进一步揭示，另一方面则在事实上肯定成员国可根据本国的特有概念和具体情形加以自由裁量。

《欧盟外资安全审查条例》是除欧盟法院之外的欧盟机构首次对减损适用内部市场基础自由原则的“安全或公共秩序”的概念范围施加控制。这种从欧盟立法层面对安全或公共秩序概念的控制，至少引发两个法律问题：其一，由于《欧盟外资安全审查条例》以对外行动领域的共同商业政策为法律基础①，欧盟外资安全审查框架是否适用内部市场的资本自由流动原则？其二，《欧盟外资安全审查条例》对安全或公共秩序概念的控制是否符合欧盟基础条约和欧盟法院判例法？

二　欧盟外资安全审查框架是否适用资本自由流动原则

根据《欧盟外资安全审查条例》序言，该条例以《欧洲联盟运行条约》第 207 条为法律基础，并且采用普通立法程序通过了这部立法。《欧洲联盟运行条约》第 207 条是“共同商业政策”的核心条款之一，属于欧盟的对外行动领域。就表面而言，欧盟内部市场规则与欧盟对外行动分属不同的政策领域，具有不同的政策目标和方式，可以适用不同的原则和规则。那么，欧盟外资安全审查框架是否以及如何适用资本自由流动原则？

《欧洲联盟运行条约》第 63—66 条规定了资本自由流动原则与例外。与货物、工人、服务和设业等领域的自由流动条款不同，该条约明确规定资本自由流动原则不仅适用于成员国之间，还适用于成员国与第三国之间。第 65 条第 1 款第 2 项允许成员国基于公共秩序或公共安全考虑而

① 对《欧盟外资安全审查条例》以共同商业政策为法律基础的质疑，可参见 Bin YE, “Comments on EU's Proposed Regulation on Establishing a European Framework for Screening FDI: Right Legal Basis?,” *EU-China Observer*, Issue 4. 18, March 2019, pp. 9 – 12；叶斌《欧盟外资安全审查立法草案及其法律基础的适当性》，载《欧洲研究》2018 年第 5 期。

采取减损适用资本自由流动原则的限制性措施。第3款要求减损适用的措施或程序“不得构成对资本与支付自由流动的武断歧视或变相限制”。这个安全例外是《欧盟外资安全审查条例》生效之前成员国外资安全审查机制的法律基础，欧盟法院在内部市场自由流动领域发展出一系列与外资安全审查相关的解释规则。那么，《欧盟外资安全审查条例》是否与这些规则相一致？

（一）“资本流动”与“外国直接投资”的关系

理解“资本流动”与“外国直接投资”的关系非常重要，这不仅关乎《欧盟外资安全审查条例》的适用范围，而且涉及其在多大程度上适用资本自由流动原则及其例外。

《欧洲联盟运行条约》第64条明确将“直接投资”作为“资本流动”的下位概念，把来自第三国的直接投资、房地产投资、金融或证券商服务等作为“资本流动”的示例。与欧盟内部市场其他基本自由的概念（如设业权）不同，“资本流动”不是由欧盟基础条约直接定义[①]，而是由《关于资本流动自由化的第88/362号理事会指令》附件一中“有关资本流动的术语”来定义。[②] 在这个术语中，外国直接投资（foreign direct investment）和外国间接投资（foreign portfolio investment）都被置于资本流动的概念之下。由此，《欧盟外资安全审查条例》与《欧洲联盟运行条约》的资本自由流动章节存在适用范围上的交叉。

（二）“外国直接投资”的定义及其影响

对《欧盟外资安全审查条例》而言，“外国直接投资”的定义非常重要，因为这关乎条例的适用范围。由于《欧盟外资安全审查条例》的

---

① Steffen Hindelang, *The Free Movement of Capital and Foreign Direct Investment*, Oxford University Press, 2009, p. 44.

② Nomenclature of the Capital Movements Referred to in Article 1 of the Council Directive 88/361/EEC of 24 June 1988 for the Implementation of Article 67 of the Treaty, OJ L 178, 8. 7. 1988, pp. 5 – 18. 根据欧盟法院的解释，该术语中有关资本流动的清单不是穷尽性的，参见 Case C-222/97, Trummer and Mayer, Judgment of 16. 3. 1999, para. 21.

立法基础只限于外国直接投资，外国间接投资或证券投资被排除在适用范围之外。

在《欧盟外资安全审查条例》之前，前述“第 88/362 号理事会指令”附件一已经对“直接投资”做了明确的定义，并且将其分为四类。根据“第 88/362 号理事会指令”附件一有关术语的解释性说明，“直接投资”是“由自然人或商业、工业或金融企业所做的各种投资，用于在提供资金的人与获得资金的企业或企业家之间建立或维持长久和直接的联系，以进行经济活动。本概念必须在最广泛意义上理解”。该术语将“直接投资”分为四类：（1）完全控股的类型，包括开设和扩展分支机构或者完全属于资金提供者的全新企业，以及完全收购现有企业。这一类企业指法律上自主的企业（全资子公司）或分支机构。（2）参与新企业或者现有企业，以建立或者维持持久的经济联系。这类直接投资指如果仅部分控股，其所持份额能使投资者有权并有效地参与公司的管理或者施加控制。（3）贷款类，指为了建立或维持持久的经济联系而提供长期贷款。这类直接投资是指为了建立和维持持久的经济联系而提供的五年以上期限的贷款，其中主要包括公司向其子公司或其拥有股份的公司提供的贷款，以及具有利润分享安排的贷款。金融机构为了建立或维持持久的经济联系而提供的贷款也包括在内。（4）再投资，指为了维持持久的经济联系而将利润用于再投资。

《欧盟外资安全审查条例》第 2 条中有关“外国直接投资”的定义与“第 88/362 号理事会指令”附件的定义几乎一样：“外国直接投资是指其目的是在外国投资者与被投资的企业主或者企业之间建立或维持持久和直接的联系以在某成员国开展经济活动的任何类型的投资，包括能使其有效参与管理或者控制某个开展经济活动的公司的投资。”① 两者的区别在于，指令更明确地指出外国投资者的范围，包括自然人和商业、

---

① See Article 2 of Regulation（EU）2019/452：‘foreign direct investment’ means an investment of any kind by a foreign investor aiming to establish or to maintain lasting and direct links between the foreign investor and the entrepreneur to whom or the undertaking to which the capital is made available in order to carry on an economic activity in a Member State，including investments which enable effective participation in the management or control of a company carrying out an economic activity.

工业或金融企业。从指令对外国直接投资的分类来看，金融机构为了建立与企业的长期联系而提供的五年以上长期贷款、母公司对子公司或分支机构的贷款以及再投资，都属于欧盟法上的直接投资范围。由此，我国国有银行以长期贷款形式给中国企业“走出去”或参与“一带一路”建设而提供的长期融资，以及已经在欧开设分支机构或子公司的中资企业在日后的追加投资，都被纳入《欧盟外资安全审查条例》的范围。

《欧盟外资安全审查条例》不仅应受资本自由流动原则成文法的约束，还应受欧盟法院相关判例法的约束。在欧盟法院的判例法中，是否影响企业管理或对企业施加控制，是区分“直接投资”与“间接投资”的关键因素。在“委员会诉葡萄牙案”中，欧盟法院称，直接投资的特征尤其在于有效地参与企业的管理或者对其施加控制的可能性。[①] 在“委员会诉意大利案”中，欧盟法院指出：“跨境直接投资的特征在于可以有效参与管理和控制。由此，控股收购以及充分行使与此类控股有关的投票权，是涵盖在资本流动概念中的。”[②]

《欧盟外资安全审查条例》本身承认应与资本自由流动原则相一致。该条例在其前言中称：“条例不妨碍《欧洲联盟运行条约》第 65 条第 1 款第 2 项规定的成员国减损适用资本自由流动的权力。”那么，该条例的内容是否以及在多大程度上符合与资本自由流动原则有关的成文法与判例法？

三　安全或公共秩序考虑清单是否符合严格解释的要求

《欧盟外资安全审查条例》第 4 条是本条例的核心条款之一，它授权成员国和欧盟委员会在判断外国直接投资是否可能影响安全或公共秩序时“可以考虑的因素”。该条例将考虑因素分为两大类，在两大类之下又做了不同的分类列举。其一是“行业或领域清单”，包括关键基础设施、关键技术、关键投入品、敏感信息和媒体在内的特定行业或领域；

① C－367/98，Commission v Portugal，Judgment of 4. 6. 2002，para. 38.

② C－174/04，Commission v Italy，Judgment of 2. 6. 2005，para. 12.

其二是所谓“特别考虑因素”，包括外国投资者是否受第三国政府控制，成员投资者是否已涉及影响安全或公共秩序的活动，外国投资者是否存在从事违法犯罪的严重风险。那么，这些考虑因素是否符合欧盟法院在资本自由流动领域的判例法?

(一) 条例庞杂的清单 VS 欧盟法院的严格解释要求

《欧盟外资安全审查条例》第 4 条第 1 款关于行业或领域清单包括五大类：关键基础设施、关键技术、关键投入品供应安全、涉及敏感信息的行业以及媒体自由和多样性。

(1) 关键基础设施，无论是物理的还是虚拟的，能源、运输、水、医疗、通信、媒体、数据处理或存储、航空、防务、选举或金融基础设施和敏感设施，以及对使用这些基础设施至关重要的土地和房地产都被包括在内。

(2) 关键技术和《第 428/2009 号（EC）理事会条例》第 2 条第 1 项定义的两用物项，包括人工智能、机器人技术、半导体、网络安全、航空、防务、能源储存、量子力学和核技术以及纳米技术和生物技术。

(3) 关键投入品的供应，包括能源或原材料在内，以及食品安全。

(4) 获取包括个人数据在内的敏感信息的能力，或者控制此类信息的能力。

(5) 媒体的自由和多样性。

《欧盟外资安全审查条例》还在其附件中以清单形式列举了 8 项具有联盟利益的计划或项目，包括欧洲全球导航和卫星系统（GNSS）项目、哥白尼计划（Copernicus）、地平线 2020（Horizon 2020）、泛欧交通网络（TEN-T）、泛欧能源网络（TEN-E）、泛欧电信网络、欧洲防务工业发展计划和永久结构性合作（PESCO）。这些项目或计划涉及关键基础设施、关键技术或关键投入品。这个清单不是穷尽性的，该条例第 8 条第 4 款特别授权欧盟委员会在未来修订这个清单。

对于“安全或公共秩序”（security or public order）的概念，欧盟立法以及欧盟法院一直避免给予确定的定义。欧盟法院也不对该术语与“公共政策”（public policy）、“公共利益”（public interest）或“公益”

（public good）做特别的区分，而是以默示的方式混同使用。[①] 在与四大自由有关的判例法中，欧盟法院发展出对“公共安全或公共政策”做严格解释的规则。正是在前引涉及工人自由流动的“伊冯娜·范杜恩案”中，欧盟法院指出：“需要强调的是，在共同体语境下，特别是在减损适用共同体法基本原则时，公共政策的概念必须被严格解释（be interpreted strictly）。”[②] 在 2000 年“科学教会案”中，欧盟法院再次重申对于“安全或公共秩序”概念的严格解释规则，并将其从工人自由流动延伸适用于资本自由流动原则的安全或公共政策例外。[③]

与欧盟法院严格解释安全或公共政策概念的要求相对，《欧盟外资安全审查条例》对其授权考虑的安全因素做了扩张性的陈述，将基础设施、关键技术、关键投入品、敏感设施和媒体多样性都纳入其中。这个庞杂的清单中既有行业清单，也有技术清单；既有传统的安全考量，也包括政治安全的关切，例如媒体的自由和多样性以及与选举有关的设施；更为重要的是，该条例把保护欧盟经济安全和技术竞争优势纳入考量范围。尤其是所谓“具有联盟利益的项目或计划”清单，其中大多数涉及欧盟技术和基础设施，无论实体还是虚拟的基础设施，而真正的防务或国家安全仅占其中一小部分。在通常情况下，很难想象外国投资者投资欧盟的纳米技术、生物技术、泛欧交通网络和食品等领域会如何严重影响欧盟的安全和公共秩序。在这些领域里，第三国投资者与欧盟内部投资者影响欧盟安全或公共秩序的可能性应该是一样的。这个考虑清单在很大程度上表现出欧盟向贸易保护主义转变的倾向。

对外国投资者而言，这些考量因素构成一个不鼓励外国资本进入的行业或项目的冗长清单。与 2017 年欧盟委员会提出的立法草案[④]相比，

---

① 在“皮埃尔·布舍罗案”中，欧盟委员会、伦敦警察厅、英国政府等各方的代理律师表达了对公共安全、公共秩序、公益等术语的不同理解，但是欧洲法院在判决中并未对这些概念做区分，参见 Case 30/77，Régina v Pierre Bouchereau，Judgment of 27. 10. 1977，pp. 2003 – 2007.

② Case 41/74，Yvonne van Duyn v Home Office，Judgment of 4. 12. 1974，para. 18.

③ Case C – 54/99，Église de Scientologiev Prime Minister，Judgment of 14. 3. 2000，para. 17.

④ Article 4，“Proposal for a Regulation of the European Parliament and of the Council Establishing a Framework for Screening of Foreign Direct Investments into the European Union，” COM（2017）487 Final，2017/0224（COD），Brussels，13. 9. 2017.

该条例最终文本的清单大为扩张。2017 年草案第 4 条中并未明确包括虚拟基础设施、食品安全、纳米技术、生物技术、相关土地和房地产以及媒体等。这种扩张性解释的趋势与美国不断加强外资安全审查的做法相呼应。例如，2018 年美国《外国投资风险审查现代化法》（FIRRMA）把外国人购买或租赁邻近政府敏感设施的土地也纳入审查范围。[①] 欧盟立法者选择性地忽视欧盟法院对严格解释安全或公共秩序的规则。这个庞杂的考虑因素清单为成员国在适用条例时突破欧盟法院判例法提供了可能性。

（二）隐藏的经济目的 VS 不得追求纯粹的经济目的，假想的风险 VS 真正足够的严重威胁

2000 年“科学教会案”涉及法国外资事前审批机制的合法性问题。在该案中，欧盟法院把欧盟内部市场其他自由的安全例外解释规则全面引入资本自由流动领域，要求外国投资事前审批程序必须符合“法律确定性原则”。欧盟法院指出，如果以公共政策和公共利益为理由减损适用资本自由流动基本原则，则这些理由必须被严格解释。为了解释何为“严格解释”，欧盟法院将 1975 年“鲁蒂利诉法国内政部案”[②] 中有关人员自由流动原则的解释延伸适用于资本自由原则。其一，“只有存在对社会根本利益的真正和足够严重的威胁”（a genuine and sufficiently serious threat to a fundamental interest of society）时，才可以使用公共政策和公共安全理由；其二，这些减损不得被滥用，以至于事实上用于纯粹的经济目的（to serve purely economic ends）；其三，任何受因这种减损而实施的限制性措施影响的个人都可以寻求司法救济。[③]

---

① 美国投资安全审查立法由一系列单行法律和总统令组成，其最新进展见美国财政部网页：https：//home. treasury. gov/policy-issues/international/the-committee-on-foreign-investment-in-the-united-states-cfius。可参见邵沙平、王小承《美国外资并购国家安全审查制度探析》，载《法学家》2008 年第 3 期；漆彤《美国外资并购安全审查制度的最新发展及其借鉴》，载《河南省政法管理干部学院学报》2009 年第 2 期；刘斌、潘彤《美国对华投资并购安全审查的最新进展与应对策略》，载《亚太经济》2019 年第 3 期。

② Case 36/75，Roland Rutili v Ministre de l'intérieur，Judgment of 28. 10. 1975，para. 28，30.

③ Case C－54/99，Église de Scientologiev Prime Minister，Judgment of 14. 3. 2000，para. 17.

然而，《欧盟外资安全审查条例》第 4 条规定的众多安全考虑因素不仅纳入了传统安全，而且将保护经济安全与保护技术竞争力的“经济目的”隐藏在安全理由之下，这可能造成对资本自由流动的变相限制。不仅如此，该条例还要求考虑“可能”（likely）对安全或公共秩序的影响，而 2017 年条例草案中并无“可能”一词。将“可能”增加到条例正文中，自然不可能只有修辞上的作用。这意味着《欧盟外资安全审查条例》将“假想的”或者“非现实的”风险一揽子纳入考虑因素中。这种假想的安全威胁不仅涉嫌武断的歧视，而且与欧盟法院判例法——对公共政策或公共安全的威胁必须是“真正的”和“足够严重的”——相冲突。这种与欧盟法院严格解释规则相背离的立法方式，构成共同商业政策领域的成文法与资本自由流动章节的判例法之间的张力。

值得注意的是，在“委员会诉比利时”一案中，欧盟法院一度偏离了上述严格解释的方式，引入“危机时期保护战略资产”的特殊理由。在该案中，比利时国内法允许比利时政府在已经私有化的天然气与电力公司拥有“黄金股份”（Golden Share），其目的是让政府未来能够控制某些战略资产的处理。欧盟法院裁定该规则属于《欧洲联盟运行条约》第 65 条第 1 款第（2）项意义上的安全例外，因为它的目的是在危机时期保证能源最低水平的供应，其黄金股份并没有超出为了实现该目的所必需的范围。欧盟法院强调本案所涉机制只涉及战略资产，尤其是能源供应网络。[①] 欧盟法院特别引入了“危机时期”的风险概念，将战略资产与危机应对联系在一起。这种新的解释方法为欧盟将战略资产或战略行业纳入安全考虑因素提供了法律上的依据。但是，这也可能打开了潘多拉的盒子，因为在“危机时期”，任何领域、项目或行业都可能涉及安全或公共政策。这种危机解释方式，给这个本来就政治化的决策领域增加了更多的政治色彩。

---

① Case C-503/99, Commission v Belgium, Judgment of 4. 6. 2002, para. 46, 50.

四 《欧盟外资安全审查条例》能否通过比例原则测试

要使一项限制欧盟内部市场自由的措施正当化，还需要适用“比例原则测试”（Proportionality Test）。在 2000 年“阿尔费雷多·阿尔博雷案”中，欧盟法院明确将“比例原则”（principle of proportionality）引入对安全例外的解释。欧盟法院指出：“公共安全的理由不能用于减损诸如资本自由流动原则这样的条约规则，除非比例原则得到遵守，这意味着任何减损都必须保持在实现目标所需要的适当和必要范围内。”①

早在 1995 年“莱因哈德·格伯哈德案”中，欧盟法院总结了限制基本自由须满足的四个条件。欧盟法院认为：“有可能阻碍条约所保障的基本自由或使其吸引力降低的成员国措施，如果要取得正当性，必须满足四个条件：其一，必须以非歧视的方式适用；其二，必须出于普遍利益的迫切或必要要求（imperative requirements）；其三，必须适合于确保实现其追求的目标；其四，不得超出为了实现其目标所必需的范围。”②这四个条件构成了所谓“比例原则测试”。比例原则测试可简单地概括为“非歧视原则”“普遍利益的迫切或必要要求原则”“限制措施的方式与目标的相称性”“限制措施的功能范围与目标之间的相称性”。后两个条件包含了目的分析与功能分析两种分析工具。

在“科学教会案”中，欧盟法院在要求对安全和公共政策做严格解释之后，裁定“以公共政策和公共安全为由限制‘资本流动’的措施，只有在为了保护其旨在保障的利益所必需的情况下，并且只有在那些目标不能通过更少限制的措施取得的情况下”③。在“委员会诉比利时黄金股份案”中，欧盟法院在引入危机时期保护战略资产的特别理由时也采用了比例原则测试，欧盟法院认为，比利时政府黄金股份的目的是在危

---

① Case C-423/98, Alfredo Albore, Judgment of 13. 7. 2000, para. 19.

② Case C-55/94, Reinhard Gebhard v Consiglio dell'Ordinedegli Avvocati e Procuratori di Milano, Judgment of 30. 11. 1995, para. 37.

③ Case C-54/99, Église de Scientologiev Prime Minister, Judgment of 14. 3. 2000, para. 18.

机时期保证能源最低水平的供应，其黄金股份并没有超出为了实现该目的的必需范围。

由此，欧盟委员会和成员国在依据《欧盟外资安全审查条例》审查外国直接投资时，其审查决定不仅要符合对安全或公共秩序的“严格解释原则”，还必须通过“比例原则测试”。

（一）如何适用“非歧视原则”

就“非歧视原则”而言，无论《欧盟外资安全审查条例》是否有意针对中国以国有企业方式对欧所做的直接投资，根据该条例实施的安全审查都不得存在国籍歧视，即因外资来源地而给予歧视性待遇，除非双方在双边投资协定中达成特别的安排。在这里，非歧视原则的适用分为两种情况：第一种情况是对不同第三国的投资者是否构成歧视，《欧盟外资安全审查条例》第 3 条第 2 款要求不得在第三国之间构成歧视；第二情况是对欧盟内部投资者与第三国投资者之间是否构成歧视，对于这种情况，该条例并不加以禁止。在资本流动自由章节下，对于欧盟内部资本流动与欧盟与第三国之间资本流动是否适用相同的规则，欧洲学者存在不同的解读。有学者在分析完欧盟法院判例后，认为两者并没有本质的不同。[①] 也有学者认为由于《欧洲联盟运行条约》投资章节中祖父条款的存在，该条约起草者事实上对欧盟内部投资与第三国对欧投资做了区分。[②]

在绝大多数欧盟法院判例中，欧盟法院对欧盟内部资本流动与第三国资本流动未加区别。但是，在“FII 集体诉讼案”中，欧盟法院采纳了吉尔霍德（L. A. Geelhoed）佐审官（Advocate General）的观点，指出“成员国可以出于某个特定原因限制非成员国资本的进出，即使在这种情况下该原因不构成限制成员国之间进行资本流动的正当理由”[③]。换言

---

① See Steffen Hindelang, *The Free Movement of Capital and Foreign Direct Investment*, Oxford University Press, 2009, pp. 242 – 243.

② See Paul Crag and Gráinne de Búrca, *EU Law: Text, Cases, and Materials* (Sixth Edition), Oxford University Press, 2011, p. 723.

③ Case C-446/04, Test Claimants in the FII Group Litigation v Commissioners of Inland Revenue, Judgment of 12. 12. 2006, para. 171.

之，成员国可以采取不同于限制成员国之间的原因来限制第三国资本。在“瑞典税务局案”中，欧盟法院做了进一步的解释：“由于欧盟成员国之间存在法律的一体化，特别是存在旨在确保成员国税务机关合作的共同体立法，成员国对发生在共同体的跨国经济活动征税，并不总是与对成员国与第三国之间发生的经济活动征税具有可比性。”[①] 这里，欧盟法院注意到资本流动在欧盟内部与欧盟外部之间的差异。但是，欧盟法院的解释仍然保持克制，仅指出两者不一定具有可比性。

《欧盟外资安全审查条例》第3条第2款只规定第三国之间的非歧视原则，旨在否定在欧盟内部与第三国直接投资之间适用非歧视原则。这意味着在安全审查方面，《欧洲联盟运行条约》投资章节给予第三国投资者与欧盟内部投资者的“国民待遇原则”正在被摒弃，欧盟在收回向全世界单方面开放资本自由流动（*erga omnes*）的承诺方面迈出了第一步。但是，由于《欧洲联盟运行条约》第63条原则上禁止对成员国之间及成员国与第三国之间的资本流动施加任何限制，《欧盟外资安全审查条例》的歧视性做法正在挑战欧盟基础条约，这种挑战是否符合欧盟法，有待欧盟法院在未来案件中予以澄清。

（二）如何适用“普遍利益的迫切或必要要求原则”

就“普遍利益的迫切或必要要求原则”而言，安全或公共秩序的理由当然是出于普遍利益，对《欧盟外资安全审查条例》来说，这个测试的重点在于利益的迫切性和必要性。根据“科学教会案”的判例规则，在适用安全或公共秩序理由时，“应存在对社会根本利益的真正和足够严重的威胁”。这意味着这种安全上的威胁是真正的、真实的、现实的，不是假想的或设想的；是足够严重的威胁，不是轻微的或者一般严重的威胁；是紧迫的，而不是未来的，非紧迫的。

《欧盟外资安全审查条例》在第4条第2款有关安全或公共秩序的特别考虑中隐含了“普遍利益的迫切或必要要求原则”，但是又有所区别。该款允许成员国和欧盟委员会特别考虑三种情况。其一，外国投资者是

---

① Case C-101/05, Skatteverket v A, Judgment of 18. 12. 2007, para. 37.

否由第三国的包括国家机构或武装力量在内的政府直接或间接控制，包括所有权结构或提供大量资金；其二，外国投资者是否已经涉及影响成员国安全或公共秩序的活动；其三，是否存在外国投资者从事非法或犯罪活动的严重风险。

对于第一种情况，外国政府的直接或间接控制并一定构成安全上的严重威胁，并且提供包括补贴、研发投入在内的资助，这是包括欧盟成员国在内的很多国家的普遍实践，并不一定意味着实质上的控制。

对于第二种情况，该条例要求考虑外国投资者是否正在从事影响成员国安全的活动。这个条款非常模糊，既可以解释为外国投资者的投资行为已经构成现实的安全威胁，又可以解释为审查外国投资者的过往安全历史。就法律的确定性而言，相对于欧盟法院对普遍利益的迫切或必要要求原则而言，欧盟条例不是明确它，而是淡化和进行模糊处理。这种淡化欧盟法院判例法的做法，为欧盟成员国歧视性地对待第三国外国直接投资带来了可能性，损害了欧盟法律的确定性。

就受外国政府直接或间接控制而言，与美国规则相比，《欧盟外资安全审查条例》的列举范围更广，它允许考虑“外国政府是否通过所有权结构或提供大量资金”，这不仅可能将国有企业纳入其中，也可能把受外国政府补贴、融资优惠、研发资助等的高新技术民营企业的对外投资纳入在内。2008 年 11 月美国修订《外国人合并、收购和接管条例》，其中将“控制”定义为“对目标实体所拥有的某些重要事务上的直接或间接的权力，无论是否被行使，其方式是通过所有权多数或者在关键投票权中的主导性少数，在董事会占有席位、代理投票、特殊股份、合同安排、正式或非正式的协同安排以及其他方式，决定、指导或决定影响实体的重要事项”[①]。美国对控制的审查方式是所谓“功能分析法”，综合考虑所有相关事实和情势，并不是采取投资金额等一刀切的方式。[②] 欧盟条例一方面吸收了美国实践中的所有权结构做法，另一方面将受外国

① 王小琼、何焰：《美国外资并购国家安全审查立法的新发展及其启示——兼论〈中华人民共和国反垄断法〉第 31 条的实施》，载《法商研究》2008 年第 6 期。

② 73 Fed. Reg. 70702 (Nov. 21, 2008).

大量资金资助纳入其中，呈现出更加扩张性解释的趋势。就此而言，中国对欧投资将在很大程度上被纳入欧盟外资安全审查框架之下。对于如何解释“控制”这个关键概念，欧盟条例的列举很有限，这留给成员国自由裁量的很大空间，需要欧盟法院在未来的诉讼中给予解释。

（三）目的测试与功能测试

为了便于论述，这里将目的测试与功能测试合并论述。这两种测试法旨在分析限制性措施的目的与措施所采取的手段之间是否相称，是否存在较少限制效果的措施。

《欧盟外资安全审查条例》与欧盟资本自由流动原则安全例外的目的和手段存在明显的不同。《欧盟外资安全审查条例》将安全审查作为一般性做法，从前述的论述中不难得出这一观点。欧盟条例尽可能地扩大安全审查的范围，扩大安全因素的考量范围，并且扩大欧盟机构的权力。而欧盟资本自由流动原则的安全例外是将安全或公共秩序作为减损适用资本自由流动原则的一种特殊的、例外的个别情形，其目的是禁止任何对资本流动的限制。

具有扩张性解释特征的《欧盟外资安全审查条例》，必然造成成员国和欧盟委员会对条例的扩大适用。作为欧盟的成文立法，实施外资安全审查的成员国机关或欧盟机构很可能倾向于在适用条例的情况下突破欧盟法院的严格解释规则。就是否存在较少限制效果的措施而言，正如2008年欧盟委员会在关于主权财富基金的共同立场上所言，欧盟层面的并购条例已经为欧盟内部市场的公平提供了保障，《欧盟并购控制条例》中的安全例外条款可以用来保护欧盟的安全利益。① 在未来的案件中，欧盟法院需要解释是否其他较少限制的措施无法达到《欧盟外资安全审查条例》的目的，否则《欧盟外资安全审查条例》就不符合比例原则。

综上所述，《欧盟外资安全审查条例》本身难以通过比例原则测试，它在“非歧视原则”“普遍利益的迫切或必要要求原则”以及目标和功

---

① European Commission, “Communication: A Common Approach to Sovereign Wealth Funds,” February 27, 2008, COM (2008) 115 Final, at 3.1.

能测试方面，都试图与欧盟法院判例法打擦边球。尤其是在“非歧视原则”方面，该条例摒弃了《欧洲联盟运行条约》对欧盟内资与外资的国民待遇，转而对第三国投资者实施歧视性待遇。在“普遍利益的迫切或必要要求原则”方面，该条例引入外国政府的直接或间接控制，对“控制”做扩大性解释。在目标和功能分析方面，《欧盟并购控制条例》已经提供了保护欧盟内部市场安全利益的政策工具，《欧盟外资安全审查条例》则将例外工具转变为一种普遍性适用的工具，不符合比例性原则。

五　结论

通过比较《欧盟外资安全审查条例》与欧盟既有法律成果，特别是资本自由流动原则的安全例外规则和欧盟法院建立的一系列解释规则，可以发现《欧盟外资安全审查条例》存在合法性问题。《欧洲联盟运行条约》第 63 条确定了资本自由流动的基本原则，这条原则是构成欧盟内部市场的基石，也是欧盟对全世界做出的单方面开放市场的承诺。但是，《欧盟外资安全审查条例》的通过与生效表明，欧盟成员国在欧盟层面达成了一定的共识——欧盟正在逐步收回这种承诺，谋求与第三国市场的“对等”（reciprocity）开放。欧盟正在摒弃其主张的贸易自由主义，倒向了“有选择性的贸易保护主义”。

欧盟委员会辩称《欧盟外资安全审查条例》列入的安全考量清单提供了法律上的确定性，这种说法经不起推敲。既然欧盟法院在成员国外资安全审查中已经形成了诸多判例规则，为什么《欧盟外资安全审查条例》不将这些规则全部纳入其中？因为如果真的是为了法律上的确定性，欧盟立法者就应该原原本本地遵循欧盟法院判例法，将欧盟法院对安全或公共秩序的“严格解释原则”和“比例原则”都写入《欧盟外资安全审查条例》。

《欧盟外资安全审查条例》意味着欧盟资本流动自由原则在欧盟内部之间和欧盟与第三国之间画出了一道鸿沟。这部新的欧盟条例是欧洲日益高涨的民粹主义在国际投资领域的回声，表现出越来越多的欧洲政治精英不再谋求欧盟的市场开放，而是转向加强对本区域市场的保护，寻求在法律层面将其诉求落实。过去，欧盟法院在推动欧洲一体化和欧盟市场开放方面发挥了能动作用，未来欧盟法院如何在司法上做出调整，是坚持贸易自由化，还是倒向“有选择性的贸易保护主义”，值得进一步关注。

尽管如此，与其他国家的投资市场相比，欧盟市场仍具有法律制度上的优势，尤其是《欧洲联盟运行条约》对资本自由流动的保护。欧盟法院在守护资本自由流动原则上所采取的严格解释路径，为欧盟市场开放度带来了司法上的保护，并以条约承诺的方式给予外国投资者以信心和“依赖利益”。与美国的投资安全相比，欧盟立法提供了更高法律确定性的解释方式，以及更加有利于投资者保护的司法救济方式。

就《欧盟外资安全审查条例》的具体实施而言，欧盟委员会在中短期内不可能取得外资安全审查的最终审查权，欧盟成员国仍将是这个审查框架的核心。当然，欧盟委员会将利用这个框架所提供的合作机制和汇报机制，加强其在外资安全审查中的影响力，特别是在政治施压的方面。欧盟成员国，尤其是欧盟中的强势国家，很可能是这个审查框架的获益者，它们可以通过相互评议机制实现对其他成员国的干预。这个框架的合作机制也可能成为某些成员国从第三国获取更高政治筹码的工具，以欧盟机构或其他成员国干预为借口，提高对外国投资的要价。对于中国决策者和投资者而言，欧盟外资安全审查框架与欧盟内部法律的潜在冲突，以及与欧盟在多边和双边层面国际承诺的冲突，是未来可以用于保护自身利益的有用法律工具。

英法德外商投资国家安全审查新趋势
——基于2020年以来三国修订相关法规分析

胡子南*

2020年以来，欧洲三大经济体英法德受疫情影响经济，其都陷入了深度衰退之中。在这样的背景下，英、法、德加速修订监管法规，收紧外商直接投资（Foreign Direct Investment，FDI）国家安全审查，以保护所谓本土优势产业和关键资产。这实际上是孤立主义、保守主义和反全球化思潮的一种表现，无疑会对外国投资者赴三国投资产生消极影响。基于此，本文拟对英、法、德FDI国家安全审查制度的新变化进行梳理，比较三国监管法规的异同和严格程度，结合当前疫情背景下的国际政治经济局势分析英、法、德收紧监管的趋势和动因，以期能够为外国投资者赴三国投资提供最新的参考依据。

一　英法德FDI国家安全审查制度变化情况

英、法、德在2020年对FDI国家安全审查的相关法规做了修订。相较而言，英国的监管审查法规变化最大，推出了全新的安全审查机制。法国和德国则通过降低外商投资审查门槛以及扩大审查行业范围进一步增加监管机构权限。

---

* 胡子南，同济大学外国语学院助理教授，德国研究中心研究员。原文发表于《德国研究》2020年第3期。本文为缩写版。

（一）英国

为了应对疫情，2020 年英国先是紧急将疫情防控相关交易（如食品供应链、疫苗或防疫物资）纳入监管审查范围中，又于 11 月 11 日颁布《国家安全与投资法案》（National Security and Investment Bill，下文简称“法案”）并推动该法案进入立法审议程序，预计 2021 年上旬正式执行。以下是对相关法规的解读：

第一，组建新监管审查部门。英国制定专门的国家安全审查制度，将与公平和竞争有关的反垄断审查与国家安全有关的审查明确区分开来。未来，英国竞争与市场管理局（CMA）不再负责 FDI 国家安全审查，转由商业、能源及工业策略部（BEIS）设置专门审查部门（Investment Security Unit）负责。现行的反垄断审查以及基于公共利益（Public Interest Grounds）如传媒行业多元化、金融系统稳定性等仍由 CMA 负责。

第二，扩大监管审查范围。英国将所有外商投资所涉行业分成自愿申报和强制申报两大类，确定 17 个必须在交易达成前需取得核准的行业，包括先进材料、人工智能、民用核能、通信信息、加密认证、生物工程、量子技术、卫星技术、工业机器人、计算机硬件、国防、能源、政府和紧急事务部门关键供应商、关键基础设施以及军用和军民两用技术。此外，法案还规定英国政府有权基于国家安全考量对强制申报行业进行更新和调整。

第三，降低监管审查门槛。英国将外商投资交易触发审查门槛分为两种情况：（1）参股或控股交易。若外国投资者持有标的公司股权或投票权达到或超过 15%；或是投资持股少于 15%，但是可以对标的公司战略、经营和研发等事项施加重大影响。（2）收购资产控制权交易。包括土地、可移动资产、知识产权和具有商业价值的数据信息、代码、算法、软件等，外商投资触及这两类情况必须向英国监管部门主动申报并接受审查。

第四，赋予监管更大权限。法案规定：（1）只要标的公司在英国或英国部分地区提供产品或服务且属于 17 个强制申报行业，即便该标的公司不属于英国，监管机构也有权对该标的公司参与的并购交易进行审查，这意味着英国安全审查的触角延伸到了海外。（2）外国投资者可向英国最高法院提请 FDI 安全审查复核，但仅限于复核程序是否合规，不能质疑审查结果，这实际上确保了 BEIS 的审查和决策受到司法保护。

（二）法国

法国于 2019 年 12 月 31 日发布《法令》和《部长令》修订审查法规以便与欧盟实施 FDI 安全审查框架（2020 年 4 月 1 日生效）相协调。此外，为了应对疫情，法国发布有效期至 2021 年底的临时行政命令。以下是相关法规解读：

第一，扩大监管审查范围。（1）将 FDI 监管审查的适用对象由“注册地位于法国的企业”覆盖延伸到“受法国法律管辖的所有法律实体”。（2）扩大重点审查行业范围，包括农产品生产、加工和销售（有助于实现国家和欧盟食品安全目标）；涉及政治和公共信息的新闻编辑、印刷和分发；量子技术、生物技术以及能源存储。此外，不再对欧盟/欧洲经济区投资者和其他投资者加以区别对待，未来欧盟/欧洲经济区投资者也需要接受严格的申报审查制度。

第二，降低监管审查门槛。（1）如果非欧盟/非欧洲经济区的投资者持有法国标的公司股权或投票权达到或超过 25%，且该标的公司属于敏感行业，则该项交易就触发了安全审查门槛，需要强制申报并取得事先批准。此后，为了应对疫情法国又颁布临时禁令，将审查门槛临时降低至 10%（有效期至 2021 年底），此前，法国监管审查的门槛是 33%。（2）如通过收购取得法国标的公司部分或全部业务控制权需要取得事先批准，该要求也适用于欧盟/欧洲经济区的投资者。

第三，明确审查程序和需要递交材料。（1）明确 FDI 安全审查程序：初步审查（2 个月）——前置审查（收到申报后 30 个工作日）——正式审查（收到完整材料后 45 个工作日）。在原制度下如果监管部门未做出决定，则被视为批准交易，但是新规规定，如果审查期限届满未做出决定，则被视为禁止交易。（2）新规还详细列出需要提交审查的文件材料，特别值得注意的是外国投资者如果是股权投资基金，只需要披露基金管理人（GP）和实际控制人，无须披露其他投资者（LP），这实际上是为外国投资者提供了部分隐私保护权。

（三）德国

2020 年 4 月德国内阁通过《对外经济法》（Außenwirtschaftsgesetz，AWG）修正案，旨在与 2019 年 3 月生效的欧盟外资安全审查新条例（第 2019/452 号条例）相适应，将该条例部分条款转变为德国国内法并进一步收紧德国外商投资安全审查。

第一，赋予监管更大权限。该修正案规定：如果外商投资交易触发了安全审查门槛，外国投资者不能就未明确事项向德国经济部（BMWi）申请无异议证明，应履行申报义务。在经济部做出具有法律效力的决定之前不能进行项目交割，防止发生“抢跑”（如获得关键技术或商业机密等）。如若出现“未经授权进行投资”“未按要求履行授权所附前置条件而进行投资”等违规行为，经济部有权颁布禁令并附带巨额罚款。

第二，扩大监管审查范围。德国将欧盟安全审查框架所列行业纳入进来，未来需要强制申报的行业由 11 类增加至 27 类并制定详细清单。新增行业包括：地球遥感、人工智能、自动驾驶、无人飞行器、工业机器人、特定半导体、防范网络攻击的 IT 产品和组件、应用于航空航天的军民两用技术、核技术、量子技术、信息通信、加密认证、3D 打印、5G 网络技术、智能电表及安全模块、关键原材料以及管理 1 万公顷以上农业用地的公司。

第三，降低监管审查门槛。在修订之前，外国投资安全审查门槛为外商持有德国标的公司股权或投票权达到或超过 10%。此次修正案澄清：（1）只要达到该审查门槛，未来追加投资的交易也需要接受安全审查；（2）通过其他方式获得德国公司控制权，包括董事、监事和高管的任命权、重大事项一票否决权、广泛知情权以及多数股东通过一致行动取得主导权等，这些情况都触发安全审查门槛。

二　英法德 FDI 国家安全审查趋势分析

基于修订监管法规频率、赋予监管机构权限、扩大监管行业范围、降低监管审查门槛以及安全审查实践表现这五个维度对英法德 FDI 国家安全审查进行比较分析，可以发现三国 FDI 监管审查法规越来越接近，针对外国投资者的限制也越来越严格。具体可总结为以下几点：

第一，英法德对监管法规的修订异常频繁，体现出三国对外商投资态度发生巨大转变。历史上，英国曾长期是唯一没有专门针对外商投资立法的西方主要经济体，而且英国将反垄断审查与国家安全审查混同起来，设立了极高的审查门槛，所以审查干涉外商投资的数量极少。德国曾长期让外商享受与本国企业同等待遇，不限定审查门槛，只对媒体、金融和武器等少数行业进行监管审查。法国则长期只审查收购标的公司控制权的交易行为，对非控股投资一般不进行干涉。但是，在近几年里以支持市场经济和自由竞争著称的英、法、德三国在吸引外商投资和维护所谓“国家安全”之间开始向后者倾斜，特别是对外商投资本国优势产业、关键资产以及先进技术非常警惕。基于此，英、法、德开始热衷于对 FDI 国家安全审查制度进行改革，特别是疫情暴发之后三国更是加快步伐纷纷推出新监管法案。以英国为例，2017 年颁布《国家安全和基础设施投资审查》（National Security and Infrastructure Investment Review Green Paper）宣布对 FDI 安全审查政策进行短期和长期改革。2018 年颁布《国家安全和投资白皮书》（National Security and Investment White Paper），全面阐述英国搭建 FDI 安全审查机制长期改革设想。2020 年公布《国家安全与投资法案》搭建新的 FDI 国家安全审查机制。如此频繁修订监管法规现象也发生在德国和法国。据本文统计，2017 年以来德国已经进行了四次 FDI 国家安全审查法规修订，法国也修订了三次。由此可以推知，英、法、德对外商投资越来越敏感，对外商投资的态度发生巨大转变。

第二，英、法、德在修订外商投资监管制度上实施类似改革，导致三国 FDI 国家安全审查制度愈发趋同。通过比较可知，英、法、德实施类似改革来收紧监管：一是就外商投资安全审查专门立法并设置专职机构进行监管；二是对涉及敏感行业的外商投资交易均实行强制申报制度；三是不断增加重点审查行业范围，特别关注军民两用和高新技术；四是赋予监管机构更大权限，对违反监管审查的行为实施重罚；五是不断下调安全审查门槛，将参股投资、控股投资都纳入监管范围。此外，英、法、德在疫情期间还特别针对生物技术和公共卫生领域的投资行为进行管控，防止行业内领先企业被外商收购。在这种情况下，英、法、德FDI国家安全审查制度愈发趋同，三国在申报方式、裁决机构、审查门槛、审查标准、追溯机制等方面都实施类似规定。相较而言，英、法、德只有两点存在不同：一是德、法两国采用混合立法，没有就FDI国家安全审查制度进行专门立法，而是将安全审查的法规条文归入国家最重要的经济法典之中，在此基础上再颁布具体实施细则以指导外商投资审查。[①] 这与英国刚刚针对FDI国家安全审查专门立法存在区别。二是英国赋予监管部门审查非本国公司交易的权力，英国颁布法案规定即使交易双方不在英国开展业务，但只要标的公司在英国或英国部分地区提供产品或服务且属于17个强制申报行业，就需要接受英国关联度测试以评估交易是否需要接受审查。德、法两国则无此权限。

表1　　**英、法、德三国FDI国家安全审查的相同点**

1	申报方式	强制申报
2	审查目的	国家安全
3	裁决机构	主管经济事务部长
4	审查门槛	持有股权或投票权达到或超过一定比例，英国≥15%，法国≥10%，德国≥10%
5	审查标准	对“国家安全”定义模糊，监管标准不清晰
6	惩罚措施	禁止交易，实施罚款或刑罚
7	追溯机制	有权追溯过往外商投资交易
8	审查重点领域	优势产业、先进技术、关键基础设施以及事关国家安全的军民两用产业
9	审查门槛设置	外商投资行业敏感度 外商持有标的公司股权或投票权比例
10	审查交易数量	大幅度增加
11	审查重点国家	中、美

资料来源：根据英、法、德三国政策法规整理而得。

① 法国《货币与金融法典》（Monetary and Financial Code）第L151（1—7）条款和L152（1—6）条款规定了法国FDI国家安全审查制度，其中L151为总则，L152为细则。德国《联邦德国对外经济法》（Außenwirtschaftsgesetz，AWG）以及《对外经济条例》（Außenwirtschaftsverordnung，AWV）对外商投资监管的具体实施细则予以规定和解释。

第三，英、法、德审查外商投资数量大幅度增加，且特别关注中、美两国企业发起的投资收购交易。受到持续收紧的 FDI 安全审查政策影响，三国 2020 年以来审查外商投资的交易数量越来越多。以英国为例，在颁布《国家安全与投资法案》之前，英国竞争与市场管理局（CMA）介入外商投资交易需要满足反垄断所确定的营业额和市场份额门槛：（1）标的公司在英国营业额达到或超过 7000 万英镑；或（2）交易可能导致收购后标的公司主体在英国或英国部分地区提供产品或服务的市场份额达到或超过 25%。[①] 这个门槛更多的是基于反垄断以及市场公平的考虑，所确定的审查门槛相对较高，所以审查交易数量极少。据英国商务能源和产业战略部（Department for Business, Energy & Industrial Strategy，BEIS）公布的统计数据，2002 年至 2019 年英国政府仅干预 12 笔交易，其中有 7 笔交易是基于国家安全的考量。[②] 最近英国政府公布的影响评估，预计新 FDI 安全审查制度将导致每年 1000—1830 笔申报交易，有 70—95 笔交易会进入审查程序，其中有 10 笔需要采取补救措施，否则可能会被禁止交易。[③] 法国和德国也存在类似情况，由于降低 FDI 安全审查门槛，扩大了审查范围并实施强制申报，德、法两国需申报的交易数量至少增加一倍以上，这意味着外国投资者在三国的投资将面临更多的不确定性。此外，通过梳理 2020 年以来三国审查的交易案例可以发现，英、法、德对中、美企业在本国投资收购行为尤其关注。三国都有干涉和否决中、美企业发起的收购交易案例。特别是法国政府于 2020 年底正式否决美国国防制造商 Teledyne 收购法国光电科技公司 Photonis，被视为是法国基于国家安全考量“正式”拒绝外商投资收购第一案，开创

① CMA, "Mergers: Guidance on the CMA's Jurisdiction and Procedure," p. 15, https://assets.publishing.service.gov.uk/government/uploads/system/uploads/attachment_data/file/384055/CMA2_Mergers_Guidance.pdf. 登录时间：2021 年 3 月 27 日。

② BEIS, "National Security and Infrastructure Investment Review," p. 16, https://assets.publishing.service.gov.uk/government/uploads/system/uploads/attachment_data/file/652505/2017_10_16_NSII_Green_Paper_final.pdf. 登录时间：2021 年 3 月 27 日。

③ National Security and Investment Bill 2020, p. 22, https://assets.publishing.service.gov.uk/government/uploads/system/uploads/attachment_data/file/934276/nsi-impact-assessment-beis.pdf. 登录时间：2021 年 3 月 27 日。

了禁止美国企业在法投资收购的先例。

表2 英、法、德干涉否决中、美企业投资收购典型案例（2020年至今）

国别	交易情况	干涉原因
英国	阻止凯桥资本控制英国芯片制造商 Imagination	防止中国投资者转移先进技术
	审查美国 Nvidia 收购英国芯片设计商 Arm	意图保留先进技术和就业岗位
法国	否决美国 Teledyne 收购法国光电科技公司 Photonis	防止军工技术被美国企业收购
	干涉法国奢侈品集团 LVMH 收购美国珠宝品牌 Tiffany	意图帮助 LVMH 终止收购交易
德国	否决中国航天科技收购德国无线通讯科技公司 IMST	防止 IMST 技术应用于中国军事
	禁止德国卫星通讯科技公司 Mynaric 与中国业务往来	防止 Mynaric 技术应用于中国军事

资料来源：根据公开数据整理而得。

三 英法德 FDI 安全审查制度愈发趋同的动因分析

英、法、德近年来对外商投资的态度发生巨大转变，频繁修订相关政策法规以收紧 FDI 国家安全审查制度，而且对中、美企业参与的交易特别关注。本文认为，出现这种现象的原因可以归纳为以下几点：

第一，美国在过去几年里基于孤立主义和保护主义理念加强对外商投资监管和审查，为英、法、德树立了一个不好的范例。在特朗普政府时期，“美国优先”成为美国制定和实施内政外交的着力点，基于美国利益为唯一导向，特朗普高举“让美国再次伟大”的旗号开始推行贸易保护政策，挑战全球贸易规则，通过对华发起贸易战、滥用反垄断反倾销调查、长臂管辖制裁他国经济等手段维护美国全球经济、科技和金融霸主地位。在这一过程中，高度依赖海外市场和自由贸易的英、法、德也深受其害，特别是德、法两国。基于此，涵盖经贸、投资、数字、金融和高科技的“经济主权”意识逐渐在三国觉醒，英、法、德意图通过重塑经济主权来摆脱过于依赖美国的现实，反映在投资收购上，就是像美国那样通过收紧 FDI 国家安全审查制度来保证优势产业和先进技术不被对手超越，保证本国企业能够在全球经贸科技竞争中处于优势地位。因此，英、法、德在制定 FDI 安全审查法规上青睐参照美国严格的监管审查制度。例如，英国效仿美国外商投资委员会（CFIUS）构建专门的国家安全审查机制，将与垄断和竞争有关的审查与国家安全有关的审查明确区分开来，并设置专门部门负责监管审查。德国在 2020 年首次实施出口管制，禁止从事激光束卫星通信业务的德国科技公司 Mynaric 与中国进行业务往来。该行为实质上是借鉴特朗普政府通过《外国投资风险审查现代化法案》（The Foreign Investment Risk Review Modernization Act of 2017，FIRRMA）以及《出口管制改革法案》（Export Control Reform Act，ECRA）赋予 CFIUS 更大的审查权并与出口管制相结合，以此设置更加宽泛的外商投资壁垒。再如，英、法、德都将需要强制申报的行业大幅增加，这实质上是效仿美国基于关键基础设施、先进技术、数据安全和政府控制等因素综合评估“国家安全”，使得“国家安全”变得抽象且模糊，借此无限制地扩大监管审查行业范围，为无端干涉外商投资奠定法理基础。

第二，英、法、德在产业政策上已经将中国视为主要竞争对手，对中国投资产生极大担忧是三国收紧外商投资安全审查的重要动因。近几年来，英、法、德以及欧盟发布的政策文件中都有类似说明。2021 年 2 月，欧盟委员会发布的《开放、可持续和坚定自信的贸易政策》（an Open，Sustainable and Assertive EU Trade Policy）指出，欧盟与中国贸易和投资关系既重要又具有挑战，中国迅速崛起以及奉行独特的国家资本主义模式从根本上改变了全球经济政治秩序，影响了欧洲公司在全球的公平竞争环境。因此，欧盟应该在外资审查、出口管制、政府补贴监管等领域采取更严格的限制，以捍卫所谓欧洲利益和价值观。[①] 2020 年 11

① “An Open，Sustainable and Assertive EU Trade Policy，” https：//ec. europa. eu/commission/presscorner/detail/en/qanda_ 21_ 645，登录时间：2021 年 3 月 28 日。

月，英国颁布《帮助英国数字企业安全道德与中国合作新指南》（New Guidance to Help UK Digital Firms Engage Safely and Ethically with China），指出尽管中国是英国第三大出口市场，为英国数字经济和科技企业带来巨大商机，但是英国企业，特别是中小微企业在与中国企业合作时面临道德、法律和商业风险，企业需要在遵循英国价值观以及维护国家安全的基础上，谨慎地与中国进行接触。[①] 2019 年 3 月，欧盟执委会发布的《欧中战略前景报告》（EU-China—A strategic outlook）指出，中国在经济科技领域是欧盟的“经济竞争对手”，在政治制度上是欧盟“体制竞争对手”，欧盟应该打造一个更具防御性的产业战略。[②] 2019 年，德国颁布《国家工业战略 2030》（Nationale Industriestrategie 2030），2018 年，法国颁布《企业成长与转型行动计划》（Action Plan for Business Growth and Transformation）都指出欧洲和法国现有的工业政策落后于中国，中国通过政府干预和扶持推动中资企业提高竞争力、抢占国际市场，已经对欧洲构成极大挑战。德、法在签署的《面向 21 世纪欧洲工业政策宣言》中特别强调应重点防范依托国家战略和政府补贴在欧洲实施收购行为。基于以上观点，英、法、德无疑会收紧外商投资监管审查以限制中资企业在三国投资收购先进技术和领先企业。

第三，疫情的肆虐和反复让英、法、德正经历着前所未有的经济危机，复苏又充满着不确定性，对优势产业和先进技术的保护就成为驱动英、法、德收紧外商投资监管最直接的驱动力。受疫情影响，英、法、德都陷入了深度经济衰退之中，据国际货币基金组织（IMF）统计，英国、法国和德国 2020 年的经济增长率分别为 -10%、-9.0% 和 -5.4%。[③] 为此，三国都选择实施积极财政政策和宽松货币政策以期最大限度地降低疫情对于本国经济的冲击，但是受制于国际宏观经济形势持

① “New Guidance to Help UK Digital Firms Engage Safely and Ethically with China,” https://www.gov.uk/government/news/new-guidance-to-help-uk-digital-firms-engage-safely-and-ethically-with-china，登录时间：2021 年 3 月 28 日。

② EU-China—A Strategic Outlook，https://eur-lex.europa.eu/legal-content/EN/TXT/?qid=1552835013776&uri=CELEX：52019JC0005，登录时间：2021 年 3 月 28 日。

③ IMF，Policy Support and Vaccines Expected to Lift Activity，https://www.imf.org/en/Publications/WEO/Issues/2021/01/26/2021-world-economic-outlook-update，登录时间：2021 年 3 月 31 日。

续恶化以及疫情反复，导致外需大幅收缩、出口订单骤降，极度依赖出口贸易的大量制造型企业不得不降低产量甚至停工。同时，封城、禁行、管制等措施导致服务型企业需求大幅萎缩。因此，三国对市场的信心进一步动摇，失业率大幅上升，居民财富急剧缩水，从而陷入需求萎缩—消费下降—裁员降薪—需求进一步萎缩的恶性循环之中。再加上近年来英国脱欧、难民危机以及黄马甲运动持续冲击着三国的社会稳定，进一步加剧了社会对立并引发持续动荡，导致国际资本和跨国公司外逃。在这种情况下，大量英、法、德本土企业现金流急剧恶化，众多传统制造型、服务型企业以及初创型科技公司处境都非常艰难。尽管三国出台了相关的扶持政策，包括暂停本土企业破产重组，设立经济稳定基金并提供银行贷款支持等，但是仍有许多企业因为各种原因而无法获得政府资助或救济，这些企业的财务压力和破产压力会随着时间的推移而逐步增大，因此亟待外部支援。考虑到全球资本市场动荡导致英、法、德公司估值急剧下降，实际上为外国投资者抄底英、法、德优势产业、先进技术和关键资产等提供了难得的机会，这也触动了三国政府和公众的敏感神经，所以英、法、德急于修订外商投资安全审查制度以防止他国趁火打劫。此外，欧盟委员会在 2020 年 4 月还特意发布针对外国投资者对欧盟战略性资产收购的指南，提醒成员国必须保持警惕，以确保任何外商投资不会对欧洲核心竞争力产生有害影响，在某种程度上也起到了推波助澜的作用。

四　针对三国收紧外商投资安全审查的应对举措

英、法、德频繁修订外商投资安全审查制度，无疑对外国投资者赴三国投资带来了新的挑战。监管审查行业越来越多、信息披露越来越详细、违规惩罚措施越来越严格将大幅增加交易的不确定性，进而增加外国投资者实施跨境投资收购的难度。本文就当前形势下外国投资者如何在英、法、德投资提出以下几点建议：

第一，外国投资者在决定实施跨境投资时应基于三国相关法规判断标的公司的主营业务、行业特点以及主要客户等，评估交易的可行性和敏感度。涉及军工、核电以及信息安全等三国明令禁止投资的行业应主动回避，否则极有可能受到监管机构的干涉。例如，2020 年德国政府否决中国航天收购德国无线通讯科技公司 IMST，主要原因就在于 IMST 曾为德国首颗地球观测卫星 TerraSAR-X 开发了关键部件。IMST 拥有可用于侦察、分析、指挥、模拟等军事用途的信息搜集技术、信息数据处理技术以及无线电操纵技术。德国政府担心这些技术会被应用于中国军力发展，所以否决了该笔交易。当前，外国投资者应避开可能刺激英、法、德公众神经的先进技术和关键基础设施。可转变视角，关注那些拥有国际影响力但是因为疫情而陷入困境当中的行业。考虑到英、法、德封城、禁行和停产等导致零售、餐饮、交通、运输和娱乐等产业需求大幅萎缩，消费服务型企业盈利大幅下降甚至直接归零，可以说受到疫情冲击十分严重。在这种情况下，外国投资者应抓住机会在三国寻找合适的投资标的，通过重组或合并的方式整合那些拥有知名品牌和成熟市场渠道的消费服务型企业。一方面提供资金支持，帮助它们渡过难关；另一方面巩固客户渠道，维系客户资源，为疫情后开拓全球市场，提升国际竞争力做好准备。例如，2020 年复兴集团全资收购德国时装品牌 Tom Tailor；香港投资基金斥资 1 亿英镑控股收购英国百年制鞋品牌 Clarks。

第二，外国投资者如若选择投资三国科技创新型公司，建议尽可能地选择参股型财务投资。在英、法、德紧急颁布临时法案以确保在疫情危机和经济脆弱时期保护本国科技公司和重要资产不被“掠夺”的情况下，选择恰当的交易方式就显得尤为重要。基于此，以获取中短期财务收益为目的的参股型财务投资明显好过控股型战略投资。战略投资具有资金需求大、投资回报周期长，并伴有兼并收购、资产重组以及产销能力增强等特征，其目的是在国内外市场上建立起明显优势并在竞争中获得胜利。当前，这类交易极易引起英、法、德政府和公众的关注和怀疑。财务投资的主要目的是实现资本增值，所以投资方不寻求长期持有标的公司股权且一般持有的股票数量也比较少，正因为如此，投资方对标的公司施加影响的能力有限，很难控制标的公司，而且财务投资还为标的公司带来了急需的资金支持，帮助其做大做强，所以相较于战略投资或收购，财务投资有利于缓解英、法、德对技术外泄的担忧，当然这并不代表监管机构会放松对财务投资的审查，只是财务投资的敏感程度相对较低，更容易获得监管机构批准。如果持股比例达不到审查门槛，甚至不需要审查。例如，2020 年复星医药投资 5000 万美元，少量入股德国疫苗研发公司 BioNTech 并达成战略合作协议，BioNTech 负责疫苗研发和生产。复星医药负责临床试验、部分产品生产以及开拓大中华市场。该笔交易由于涉及股权比例极低且双方合作意向清晰明确，所以并未在德国产生任何波澜。

第三，外国投资者应特别关注英、法、德经济社会发展规划和战略，以绿地投资方式重点投资三国优先发展产业，以寻求支持规避审查。英、法、德 FDI 国家安全审查的本质是采取措施限制那些可能危害国家安全的交易行为以及避免外国投资者通过收购掠夺关键资产和先进技术，但是如若外国投资者在某一细分行业拥有领先技术和成熟制造工艺，而且愿意通过投资在三国设厂，该项投资一定会受到欢迎并且无须接受外商投资监管审查。例如，电池是德国发展绿色经济以及实现碳中和目标的关键技术，为此德国联合六个欧盟成员国共同申报“欧洲共同利益重要计划”（IPCEI），搭建欧洲电池联盟，推动欧洲能够自主生产高性能和高效率的动力电池。基于此，2020 年蜂巢能源投资 20 亿欧元在德国建立电池工厂和研发中心。工厂预计于 2023 年底投产，产能将达 24GWh，每年将为 30 万至 50 万辆电动车提供动力电池。该项投资非常符合德国电池产业发展战略，蜂巢能源帮助德国提升电池产量并增加就业。在当下，任何高调的投资收购都有可能被英、法、德监管机构视为“趁火打劫”而被复杂化和政治化，甚至可能引起公众舆论的攻讦。相反能够带来大量投资并增加稳定就业的绿地投资无疑更受欢迎，毕竟英、法、德都在通过加大对基础设施投资来抑制经济衰退。因此，外国投资者应该尽可能地选择绿地投资，相较于股权投资收购，绿地投资无疑是更稳妥更安全的投资方式。

第四，外国投资者应该熟稔监管法规，提前就英、法、德的 FDI 国家安全审查做好预案，切忌怀有侥幸心理。只有对英、法、德 FDI 外商投资审查制度非常熟悉，才能顺利达成交易。例如，英、法、德都要求外国投资者主动申报对敏感行业的投资收购行为，如若违规抢跑就会被重罚。基于此，外国投资者在启动交易后应主动征询监管部门意见并寻求指导。三国都以收到完整且准确的交易材料作为审查正式开始的前提，中资企业应确保申请或备案材料符合规定，避免出现反复补充材料导致交易延误的情况。外国投资者应特别注意法国监管机构如若在规定时间内没有反馈，则被视为禁止交易。英国和德国则恰恰相反，没有反馈则被视为允许交易。中资企业应合理地把控住交易节奏，建议将政府审批作为股权投资协议生效的前置条件，并就可能出现被否决或附条件通过审批的情况进行事先约定，以做万全准备。英国和德国规定即便外商投资持股比例低于监管审查门槛，但如若可以对标的公司战略、经营和研发等施加重大影响，也需要接受 FDI 安全审查，法国则没有此项规定，只有持股法国公司股权或投票权达到或超过25%（临时禁令10%）才会触发审查。基于此，外国投资者在英国和德国进行投资时应合理安排交易条款，如若在投资协议中约定董事、监事和高管的任命权、重大事项一票否决权以及公司经营广泛知情权则可能成为监管机构干涉的借口。此外，鉴于英、法、德近年来对监管法规修订异常频繁，外国投资者需特别关注当事国的政策法规变化，以备万全之需。

“欧洲经济主权与技术主权”的战略内涵分析

忻　华*

当前的欧洲一体化进程在内外多重危机的冲击下，面临着巨大的不确定性。在内外危机交织的变局下，欧盟和欧洲主要大国的领导层希望增强欧盟的领导力，并意图通过新的构想与政策体系达到目的。法国总统马克龙自2017年上任以来，屡屡提及“欧洲主权”的构想，并认为其包含“经济主权”和“技术主权”①。自2018年初以来，他的主张不仅得到欧委会前任主席容克的响应②，也引发了欧洲智库关于“欧洲经济主权与技术主权”的政策讨论。③ 从2020年初至今，以冯德莱恩为首

---

* 忻华，上海外国语大学欧盟研究中心主任、上海欧洲学会学术研究部主任。本文为上海市哲社规划中青班专项课题（项目编号：2012FGJ001）和上海市教委“阳光计划”项目（项目编号：102YG06）的阶段性研究成果。原文刊登于《欧洲研究》2020年第4期。本文为缩写版。

① 2017年9月，马克龙在索邦大学的演讲中首次提出了“欧洲主权”的概念，2018年4月在欧洲议会、2019年8月在法国驻外大使全体会议、2020年2月在法国战争学院的几次演讲中又对这一概念做了进一步的阐释。他指出，应通过建设“欧洲主权”来强化欧盟的决策与行动能力，“欧洲主权”包括“技术主权”和产业、贸易、金融等领域的“经济主权”。

② Jean-Claude Juncker, “The Hour of European Sovereignty: State of the Union 2018,” 18 September 2018, European Commission.

③ 在2018年初至2019年底冯德莱恩欧委会履职之时，欧洲智库关于“欧洲战略自主”“欧洲主权”和“欧洲经济主权与技术主权”的探讨尤为密集，至今仍在持续中。从欧洲议会研究部（EPRS）和欧委会下属的“欧洲政治战略中心”（EPSC）这两家欧盟内设智库，到“欧洲对外关系委员会”（ECFR）和“布鲁盖尔研究所”（Bruegel）等专注于欧盟事务研究的智库，再到“德国国际与安全事务研究所”（SWP）等成员国层面的顶尖智库，都积极参与了讨论。欧洲智库关于“战略自主”“经济主权”和“技术主权”的代表性著作和文章有：Barbara Lippert et al., eds., “European Strategic Autonomy: Actors, Issues, Conflicts of Interests,” SWP Research Paper 4, March 2019, Berlin; Mark Leonard and Jeremy Shapiro, eds., *Strategic Sovereignty: How Europe Can Regain the Capacity to Act*, European Council on Foreign Relations, June 2019; Mark Leonard et al., “Securing Europe's Economic Sovereignty,” *Survival: Global Politics and Strategy*, Vol. 61, No. 5, 2019, pp. 75–98.

的新一届欧委会出台了30多份旨在提升欧盟技术与产业水准的决策文件，以及关于投资审查和反补贴的配套政策文件，对“经济主权与技术主权”的战略理念做了更细致的阐释，并将其视为欧盟应对国际战略竞争的“地缘政治”决策的组成部分。① 可见，对“欧洲经济主权与技术主权”的建设已成为冯德莱恩欧委会的决策与施政的重心之一。鉴于此，本文尝试分析冯德莱恩欧委会关于“欧洲经济主权与技术主权”的战略构想与政策体系的概念源流、理论基础、具体内容、战略考量和历史困境，以期深入理解冯德莱恩欧委会的宏观战略布局。

一　“欧洲经济主权与技术主权”的概念源流与理论基础

“主权”一词的本意是指民族国家在自己领土范围内享有的排他性和强制性的决策与管理的权力。② 欧洲一体化进程，是西欧民族国家为确保自身的生存与繁荣，将部分经济决策的主权让渡和汇集到具有“超国家”色彩的一体化架构的过程。基于成员国授权，欧盟行使部分原属成员国主权范畴的权力，但为了避免在自身与其成员国的权力划分上产生概念与话语的混淆，欧盟过去一直未曾使用“主权”的概念指代自身的权力。学术界也尚未将“超国家”的欧洲一体化架构与“主权”的概念联系起来。

（一）“欧洲经济主权与技术主权”的概念源流

事实上，对“欧洲经济主权与技术主权”的理论建构与政策讨论，集

① 自2020年初以来，冯德莱恩欧委会多名委员在重要公开场合表达了这样的观点：在经济、产业与技术领域构建“欧洲经济主权与技术主权”的决策具有越来越重要的政治与战略意义，对外经济关系与地缘政治正在融为一体。详见 European Commission Vice President Maros Sefcovic, Keynote Speech at the Munich European Conference during the European Dinner, Brussels, 13 February 2020; European Commission President von der Leyen, Keynote Speech at the Business Europe Day 2020, Brussels, 5 March 2020.

② 对“主权”这一概念的详细定义与分类，可参见 Stephen Krasner, *Sovereignty: Organized Hypocrisy*, Princeton University Press, 1999.

中于欧洲政治精英和智库学者，源于对“欧洲战略自主”这一概念的引申与阐发。2016 年 6 月 28 日出台的《欧盟外交与安全政策的全球战略》首先提出了“欧洲战略自主”的设想。在此基础上，法国总统马克龙和欧委会前任主席荣克阐述了“欧洲主权”的构想，认为这是实现“战略自主”的基础与途径。而冯德莱恩欧委会成员在 2019 年 9—11 月的候任听证会上多次将“战略自主”与“经济主权”和“技术主权”联系在一起，以阐述其未来的政纲，认为前者是总体愿景，后者是更为具体的战略与政策意向。[①] 自 2020 年初以来，欧盟和法、德等成员国的政治领导层开始越来越频繁地交替使用“战略自主”“经济主权”和“技术主权”概念来描绘欧盟未来的技术进步、产业升级和其他相关经济政策议题的总体布局与战略方向。换言之，这三个概念勾勒出当前欧盟战略决策布局的重心。

（二）“欧洲经济主权与技术主权”的理论基础

总体而言，以下三方面的理论争论在很大程度上塑造了当前欧盟决策层关于“经济主权”和“技术主权”的战略认知、决策意向与政策架构。

首先，在对宏观全局的战略认知上，推崇开放性国际秩序的自由主义政治理论与聚焦于大国权力斗争的传统地缘政治理论之间的争论，左右着欧盟有关“经济主权与技术主权”的总体研判。目前，经济全球化进程和美国主导的自由主义国际秩序出现严重动摇，中、美、欧三边竞争加剧，大国权力斗争重新成为塑造国际格局的重要方式。面对这一变局，欧洲学术界重新开始探讨权力政治与地缘政治的特征，阐述“欧洲主权”的战略意义。[②] 受其影响，冯德莱恩将其执政团队称作“地缘政

---

① 冯德莱恩在刚被提名为新一届欧委会主席人选之时，就于 2019 年 6 月 21 日推出了关于未来施政纲领设想的文件“A Union that Strives for More: My Agenda for Europe”，提出要振兴“欧洲技术主权”。冯德莱恩欧委会上任伊始，在 2020 年 1 月 29 日出台的新一届欧委会 2020 年工作计划里，提出了要加强“欧洲经济主权”，详见“European Commission Work Program 2020: A Union that Strives for More,” COM (2020) 37 Final, Brussels, 29 January 2020.

② 从中、美对抗的地缘战略背景入手，基于评估大国斗争与权力转移的理论，阐述加强“欧洲主权”的必要性的代表性文章，参见 Alicia Garcia Herrero, “Europe in the Midst of China-U. S. Strategic Economic Competition: What Are the European Union's Options?” Working Paper, Bruegel, 8 April 2019; Maria Demertzis et al., “A Strategic Agenda for the New EU Leadership: Memo to the Presidents of the European Commission, Council and Parliament,” Bruegel, 13 June 2019; Barbara Lippert and Volker Perthes, eds., “Strategic Rivalry between United States and China: Causes, Trajectories, and Implications for Europe,” SWP Research Papers, 20 April 2020.

治欧委会”，并使用地缘政治理论阐述其关于“欧洲战略自主”和“欧洲经济主权与技术主权”的政策设想。

其次，在政策总体走向上，“经济与技术民族主义”和经济全球化理论之间的争论，对当前欧盟有关“经济主权与技术主权”的决策意向产生了深刻的影响。“经济与技术民族主义”主张由排他性的“主权”所有者实施强有力的干预，使主权体系摆脱对外国技术与产品的依赖，通过“自主”的路径选择，最大限度地推进主权体系自身的技术进步、产业升级与经济增长。其理论的核心内容是从政治与战略层面规划产业政策和实施贸易保护，因而与保护主义理论①、“进口替代型”战略②、“战略性贸易政策”③和“发展型国家”的概念④存在密切的联系，在两次世界大战之间、1960年代后期至1970年代中期和1980年代中期三度成为备受学术界和政治精英热议的社会思潮。⑤而经济全球化理论则与1970年代以来的新自由主义的“相互依存”理论存在较多关联，认为通过推进市场与生产的全球化进程，可以提高财富增长的整体效率。当前，

① 关于贸易保护主义的政治经济学理论的代表性著述，参见［美］贾格迪什·巴格沃蒂《贸易保护主义》，王世华等译，中国人民大学出版社2013年版，第37—96页。

② 关于“进口替代型”战略的理论与政策实践的代表性论述，参见 Javier A. Reyes and W. Charles Sawyer, *Latin American Economic Development* (Second Edition), Routledge, 2015.

③ “战略性贸易政策”的实质是为了开展对外战略竞争而实施的产业政策，代表性著述可参见 Paul R. Krugman, *Strategic Trade Policy and the New International Economics*, The MIT Press, pp. 1-46.

④ “发展型国家”是指由政府借助经济民族主义导向的产业政策规划来最大限度地推动增长的国家经济决策与运作体系，最早涉及这一概念的著述是 Chalmers A. Johnson, *MITI and the Japanese Miracle: The Growth of Industrial Policy*, 1925-1975, Stanford University Press, 1982, pp. 35-82.

⑤ 关于1950年代至1980年代的欧洲“经济民族主义”观念与政策实践的代表性著述，参见 Jean-Jacques Servan-Schreiber, *The American Challenge*, Penguin, 1969; Christian Grabas and Alexander Nützenadel, eds., *Industrial Policy in Europe after* 1945: *Wealth, Power and Economic Development in the Cold War*, Palgrave Macmillan, 2014, pp. 13-186; Yves Meny and Vincent Wright eds., *The Politics of Steel: Western Europe and the Steel Industry in the Crisis Years* (1974-1984), Walter de Gruyter & Co., 1986. 关于1970—1980年代的“技术民族主义”与“技术主权”理论的代表性著述，参见 Steven Globerman, “Canadian Science Policy and Technological Sovereignty,” *Canadian Public Policy*, Vol. 4, No. 1, 1978, pp. 34-45; Maurice Charland, “Technological Nationalism”, *Canadian Journal of Political and Social Theory*, Vol. 10, No. 1-2, 1986, pp. 196-220; Robert B. Reich, “The Rise of Techno-Nationalism,” *The Atlantic Monthly*, May 1987, pp. 62-69.

由于欧盟在尖端技术研发和先进制造业发展的国际竞争中受到美国的压制，处于不利地位，而新冠肺炎疫情更使其意识到依赖域外提供关键性技术与产品的危险性，因而冯德莱恩欧委会祭出"欧洲经济与技术民族主义"的大旗，致力于实现欧盟对战略性产业和关键性技术研发的"自主掌控"①。

最后，在具体政策上，致力于提升经济竞争力的"国家干预主义"和主张自由放任的"市场原教旨主义"这两种治理模式的争论，影响着欧盟关于"经济主权与技术主权"的体系构建。伴随着欧洲一体化的历史演进，"国家干预主义"升华为"区域性干预主义"。每当欧共体和欧盟与美国和日本等发达经济体之间经济发展水平的差距加速扩大之时，"干预主义"政策因为有助于决策者直接支配经济变化的方向和节奏，总能受到青睐。② 而每当这种差距缩小之时，如苏联解体后的 1990 年代，在欧美主流经济学思潮的影响下，欧盟决策层会更多地倒向"市场原教旨主义"模式，极力推动欧洲单一市场和对外贸易的自由化。在 2008 年国际金融危机爆发以来的十余年间，在人工智能、量子计算、信息通信、大数据应用等新兴战略性技术与产业领域，乃至在经济发展的总体实力上，美欧差距有增无减。③ 面对不利的形势，欧盟决策者越来

---

① European Commission, "A New Industrial Strategy for Europe," COM (2020) 102 Final, Brussels, 10 March 2020; European Commission President von der Leyen, Keynote Speech at the Business Europe Day 2020, Brussels, 5 March 2020.

② 1960 年代中后期，美国在半导体和航天领域的技术突破和产业升级使欧洲第一次感受到严重的危机，法国学者让—雅克·塞尔旺—施赖贝尔（Jean-Jacques Servan-Schreiber）专门著书阐述"美国的挑战"，欧共体决策层受到震动，着手制定垂直型产业政策和推动成员国开展协作的技术研发项目规划，这是目前所能见到的欧洲一体化架构的决策层第一次推行系统的"区域性干预主义"政策，其具体进程可参见 Laurent Warlouzet, "Towards a European Industrial Policy? The European Economic Community (EEC) Debates, 1957 – 1975," in Christian Grabas and Alexander Nützenadel, eds., *Industrial Policy in Europe after 1945: Wealth, Power and Economic Development in the Cold War*, Palgrave Macmillan, 2014, pp. 213 – 235. 此后在 1980 年代中期和 1999—2005 年，欧共体和欧盟又两度围绕美欧经济发展水平的差距这一关切点，制定和推行产业政策和技术研发项目。

③ 欧洲智库对美欧之间在技术研发、劳动生产率、经济增速和综合实力上的差距进行了详细的评估，参见 World Economic Forum, "The Europe 2020 Competitiveness Report: Building a More Competitive Europe," February 2014, pp. 4 – 6; Ulrike Franke, "Harnessing Artificial Intelligence," European Council on Foreign Relations, July 2019; Randolph Luca Bruno et al., "Determinants of Productivity Gap in the European Union: A Multilevel Perspective," Institute of Economics Scuola Superiore Sant' Anna, August 2019; Dalia Marin, "Europe Needs a DARPA," Bruegel, 14 February 2020.

越焦虑，希望采取立竿见影的政策模式。[①] 因此，当前冯德莱恩欧委会采取“区域性干预主义”的立场，精心构建“欧洲经济主权与技术主权”的政策架构。

总之，自2017年初特朗普政府上台以来，全球化进程出现逆转，“金德尔伯格陷阱”再现，国际社会面临全球治理与国际机制等国际公共产品匮乏的危机，甚至可能出现世界经济与国际政治的再度失序。在此背景下，欧盟从追求“战略自主”的总体目标出发，愈来愈转向传统的权力政治与地缘政治的视角，采取“经济与技术民族主义”的立场，按照“干预主义”的模式制定具体政策，由此形成了冯德莱恩欧委会的“经济主权与技术主权”构想的理论基础。

二　“欧洲经济主权与技术主权”政策体系的具体内容

在2019年6月获得初步提名之后，冯德莱恩及其团队成员开始在各种公开场合逐渐透露其关于“经济主权”和“技术主权”的战略构想。2019年12月初冯德莱恩欧委会正式任职至今，已公布了110多份与之相关的决策文件、工作组报告、听证会证词和重要场合演讲稿，较为系统地阐述了当前欧盟决策者在各个政策领域构建“经济主权与技术主权”的具体目标、政策工具和愿景规划。根据冯德莱恩欧委会的所有相关记录，笔者对“欧洲经济主权与技术主权”的政策架构与内容要点进

---

① 在2010年以来的10年间，欧洲在人工智能等新兴技术的研发及相关产业的推进方面，不仅落后于美国，而且遭遇中国的挑战。从2018年初开始，欧洲智库聚焦于欧盟在技术与产业领域内的对外差距的出版物大量涌现。其代表性的论述有：Andrea Renda，“Artificial Intelligence：Ethics，Governance and Policy Challenges，” Task Force Report，Center for European Policy Studies，Brussels，February 2019；Maria Demertzis and Guntram Wolff，eds.，“Braver，Greener，Fairer：Memos to the EU Leadership，2019－2024，” Bruegel，July 2019；Ulrike Franke and Paola Sartori，“Machine Politics：Europe and the AI Revolution，” Policy Brief，European Council on Foreign Relations，July 2019；Michael Servoz，“The Future of Work？Work of the Future：On How Artificial Intelligence，Robotics and Automation Are Transforming Jobs，” European Commission Report，May 2019；European Parliament，“How to Tackle Challenges in a Future-Oriented EU Industry Strategy？” Vol. 2，14 June 2019. 这些都是内容长达100页以上的研究报告。

行了梳理，列成表1。①

表1　欧盟新领导层构建“欧洲经济主权与技术主权”的政策体系

体系类别 / 决策领域	“欧洲经济主权”的政策架构	“欧洲技术主权”的政策架构
总体原则	构建涵盖内部共同市场管理、技术与产业、贸易与投资等多领域的综合政策架构，凸显欧盟对内部的掌控 尽可能扩大欧盟管制经济的规则体系的国际影响力	在“数字基础设施”等尖端的前沿技术领域，依靠欧盟的政治领导力，实现欧洲的完全自主掌控，尽可能减少对域外技术的进口依赖
内部层面：欧洲单一市场的管理领域*	提升共同市场的内部管制与运作的效率，促使成员国之间更加协调一致 改革原有的竞争政策体系，减少对欧洲内部企业并购的阻碍，培养能与美国大公司抗衡的“欧洲超级企业”	对共同市场的运行机制开展进一步优化，营造促进技术研发的商业竞争环境，以减少阻碍欧洲内部企业研发和高科技企业做大做强的制度与规则障碍
基础层面：技术与产业领域**	改革欧盟原有的集中于“横向”领域的产业政策体系，逐步出台新的带有“纵向”扶持色彩的系列产业政策（包括科技研发政策） 建设欧洲自主掌控的“战略性价值链”，减少对域外产业链的“依赖”，并增强欧洲对外产业竞争力 推进“绿色新政”，建设“循环经济” 推进欧洲各国能源系统的一体化	集中资源推进“战略性价值链”的各项技术研发，主要是推进与“数字基础设施”和低碳绿色经济相关的研发与应用，重点扶持人工智能、量子计算、区块链、工业物联网、机器人制造、新能源汽车等领域的技术研发

① 当前冯德莱恩欧委会对于“欧洲经济主权与技术主权”的总体构想，参见7份重要的决策文件：Ursula von der Leyen，“A Union that Strives for More：My Agenda for Europe：Political Guidelines for the Next European Commission 2019－2024，”21 June 2019；Manuscript of the European Parliament Hearings of Thierry Breton，Commissioner-designate for Internal Market，14 November 2019；Manuscript of the European Parliament Hearings of Margrethe Vestager，Commission Vice-President-designate，8 October 2019；“Work Program 2020：A Union that Strives for More，”COM（2020）37 Final，Brussels，29 January 2020；“A New Industrial Strategy for Europe，”COM（2020）102 Final，Brussels，10 March 2020；“Europe's Moment：Repair and Prepare for the Next Generation，”COM（2020）456 Final，Brussels，27 May 2020；“Together for Europe's Recovery：Program for Germany's Presidency of the Council of the European Union，”Berlin，4 July 2020. 此外，自2020年初以来，冯德莱恩欧委会多名成员在重要场合的演讲中都提到了欧盟希望加强“欧洲经济主权与技术主权”的政策意向。

续表

体系类别 / 决策领域	“欧洲经济主权”的政策架构	“欧洲技术主权”的政策架构
中观层面：贸易与投资领域***	进一步增强“防御性”的贸易保护政策体系，实施更为严厉的“两反一保”规则，强化外来投资审查机制，以保护欧洲内部的产业与市场 通过欧盟掌控的对外经济谈判的权力，更强硬地推行“拓展性”的贸易政策，推动域外经济体对欧盟企业与产品开放市场，为欧盟企业建立“平等的国际竞技场” 维护欧洲对外贸易与投资的自主性，抵制美国经济霸权对欧洲企业的第三方贸易与投资活动的损害	通过持续推进欧洲自主尖端技术研发，来吸引欧洲制造业资本回流 强化各项政策以保证关键性原材料的供应，以保证技术研发不断向前推进
宏观层面：金融与货币领域****	优化欧洲货币联盟的内部运作体系，提升效率与政策实效 提升欧元在国际货币体系中的影响力与地位，致力于构建欧盟和欧元主导的国际金融支付与流通体系，减少美国金融霸权对欧洲企业对外金融活动的控制	推进云计算、量子通信和区块链等技术的金融应用，从而改善欧元区金融交易效率，提升欧元的国际地位

* 关于整合欧洲单一市场以建设“经济主权与技术主权”的构想，参见冯德莱恩欧委会的代表性政策文件：European Commission，Commission Staff Working Document，“Single Market Performance Report 2019 Accompanying Annual Sustainable Growth Strategy 2020，” SWD（2019）444 Final，Brussels，17 December 2019；“A New Industrial Strategy for Europe，” COM（2020）102 Final，Brussels，10 March 2020.

** 自 2019 年底以来，冯德莱恩欧委会关于技术与产业领域的政策文件有 33 份，其中重要的纲领性文件有：European Commission，“Strengthening Strategic Value Chains for a Future-ready EU Industry，” Report of the Strategic Forum for Important Projects of Common European Interest，5 November 2019；“Secure 5G Deployment in the EU：Implementing the EU Toolbox，” COM（2020）50 Final，Brussels，29 January 2020；“Report on the Safety and Liability Implications of Artificial Intelligence，The Internet of Things and Robotics，” COM（2020）64 Final，Brussels，19 February 2020；“White Paper on Artificial Intelligence：A European Approach to Excellence and Trust，” COM（2020）65 Final，Brussels，19 February 2020；“A European Strategy for Data，” COM（2020）66 Final，Brussels，19 February 2020；“A New Industrial Strategy for Europe，” COM（2020）102 Final，Brussels，10 March 2020；“Circular Economy Action Plan：The European Green Deal，” 11March 2020；“Powering a Climate-Neutral Economy：An EU Strategy for Energy System Integration，” COM（2020）299 Final，Brussels，8 July 2020.

*** 自 2020 年初以来，冯德莱恩欧委会在贸易与投资领域布局“欧洲经济主权与技术主权”的纲领性文件有：European Commission，“Guidance to the Member States Concerning Foreign Direct Investment and Free Movement of Capital from Third Countries，and the Protection of Europe's Strategic Assets，Ahead of the Application of Regulation（EU）2019/452，” Brussels，COM（2020）1981 Final，25 March 2020；“White Paper on Leveling the Playing Field as Regards Foreign Subsidies，” COM（2020）253 Final，Brussels，17 June 2020.

**** 冯德莱恩欧委会关于建设金融领域的“经济主权与技术主权”的构想，可参见 European Commission，Commission Staff Working Document，“Single Market Performance Report 2019 Accompanying Annual Sustainable Growth Strategy 2020，” SWD（2019）444 Final，Brussels，17 December 2019，pp. 53 – 60；European Commission，“Europe's Moment：Repair and Prepare for the Next Generation，” COM（2020）456 Final，Brussels，27 May 2020，p. 12；“Together for Europe's Recovery：Program for Germany's Presidency of the Council of the European Union，” 4 July 2020，pp. 10 – 11.

资料来源：由作者自制。

综上所述，自2020年初以来，冯德莱恩欧委会着力推进的"欧洲经济主权与技术主权"的政策架构，蕴含着新一届欧盟领导层对国际战略竞争变局的总体认知与研判，涵盖了欧盟干预和管理欧洲区域经济决策活动的各领域，具有较强的战略性与综合性，从中可以看出欧盟决策层对一体化进程的方向选择与路径规划。

三　冯德莱恩欧委会构建"欧洲经济与技术主权"的战略考量

每当欧洲一体化进程遭遇急剧动荡或严重阻力之时，欧共体和欧盟就会重视建设欧洲一体化架构掌控的"主权体系"。当前冯德莱恩欧委会的上述政策建构，既反映了欧洲一体化进程的困境，也折射出经济全球化受挫背景下世界格局的深刻调整。总体而言，以下三方面的宏观形势变迁，促使以冯德莱恩为首的欧盟新领导层决心推进"欧洲经济主权与技术主权"。

首先，在全球层面，冷战结束后，延续至今的经济全球化和自由主义国际秩序遭遇挫折，趋于动荡，迫使欧盟调整自身的战略预期与决策意向。当前国际多边贸易体系和全球治理架构都已出现严重危机，民粹主义力量进入西方社会主流政治中，美欧内部的社会撕裂对经济全球化形成强大的阻力。这些变化迫使欧盟新领导层更少地谈论欧盟作为"规范性"的力量所推崇的"主义"，而更多地构建欧洲一体化架构的"主权"，以便加强欧盟的决策权威，更有效地应对全球层面的危机。

一方面，如前所述，2016—2017年以来英国公投脱欧、特朗普上台、民粹主义政治力量进入美欧主流政治等一系列事件的发生，导致美欧内部政治格局出现急剧变化，进而对其对外经济关系产生深刻影响。国际贸易摩擦愈加激烈，全球治理架构因美国的强烈质疑而出现动摇，经济全球化趋于停顿乃至退潮。另一方面，西方战略研究界愈加密集地批评和反思全球化进程和自由主义国际秩序的弊端，表明现存秩序的危机越来越严重。国际格局的剧变，加上这股严厉批评和沉痛反思全球化的思潮，使欧盟及其成员国的领导层深受震动，促使其深入思考在全球化受挫的大环境下继续推进欧洲一体化的方式与路径。纵观容克和冯德莱恩两届欧委会的决策轨迹，其战略主张的基调就是：大国权力斗争引导的地缘政治已经回归国际社会，必须彰显欧洲一体化架构的主体性与主动性，强化这一架构的内部整合。

其次，在欧盟与域外大国的双边与多边关系层面，中、美、欧三边竞争加剧的变局，使欧盟决策层感受到空前沉重的压力。欧盟预感到渐趋激烈的中美战略竞争正在塑造未来国际格局的基本架构，新的“两极格局”正在浮现，但无法预料这一态势向前演进的节奏与路径；而当前美欧矛盾与中欧竞争的同步发展，又给欧盟决策层带来了双重压力，使其陷入左支右绌的战略困境。由于当前中、美、欧三边竞争存在很大的不确定性，欧盟倾向于在中美之间不断摇摆，采取两面下注的机会主义和交易主义立场，力图使自身摆脱对中美任何一方的经济或战略依赖。为达到这一目的，欧盟认为需要整合和拓展内部的一体化架构，促使整个欧洲以同一个立场应对，以同一个声音发声，因而决心推进“欧洲主权”，尤其是“欧洲经济主权与技术主权”建设。

最后，在欧盟内部，欧洲工商界利益集团也希望欧盟能强化决策权威以应对变局。由于中欧经济竞争加剧，美欧贸易摩擦激化，特朗普政府推行经济民族主义政策，欧洲工商界感受到愈加沉重的国际商业竞争的压力，因而支持欧盟建设“经济主权”和“技术主权”，强烈希望欧盟制定更加强有力的产业战略，改变对欧盟内部企业并购的竞争政策管制，向欧洲企业提供支持，以便消除欧洲内部妨害技术研发与产业升级的制度阻力，适应国际竞争的新变局。工商界愈加强烈的诉求，成为推动冯德莱恩欧委会进行相关决策的重要动因。

四 “欧洲经济主权与技术主权”政策实践的历史困境

从历史视角来看，欧盟主导的欧洲一体化是经济全球化在欧洲区域内的缩微镜像，而“欧洲经济主权与技术主权”的相关构建是欧洲一体化进程的重要环节，经济全球化、欧洲一体化和“欧洲经济与技术主权”犹如从大到小的三个同心圆，包含相似的结构特征与内在矛盾。当前的战略竞争变局表明，在今后一段时间里，由于经济全球化受挫，欧洲一体化难免遇到阻力和危机，“欧洲经济主权与技术主权”的建设进程也难免遭遇困境。

对历史进程的考察表明，冯德莱恩欧委会建设“欧洲经济主权与技术主权”的决策很可能会遭遇两方面的困境。困境之一是欧盟决策者应对形势变迁的政治逻辑与一体化内在要求的经济理性之间的两难选择。历史表明，欧洲政治精英在欧洲一体化关键阶段的决策，总是优先遵从政治与战略的逻辑，而不是具体计算成本与收益的经济理性。然而，虽然这样可在短期内迅速拓展和提升一体化的制度架构，却也埋下了欧洲一体化架构未来可能遭遇低效与失序的隐患。当欧洲一体化进程难以为各成员国持续提供经济利益之时，就不再能获得欧洲社会的普遍支持，失序就难以避免。2009—2010 年欧洲主权债务危机爆发以来的演进历程即是例证。但倘若完全遵从经济理性而不考虑政治与战略需要，则欧洲一体化进程难以达到今天的规模与高度，且欧盟及其成员国面对危局就难以有效维护自身的政治稳定与战略利益。当前，国际战略竞争的加剧促使欧盟决策层产生强烈的动机，意欲更直接地干预和支配经济，但主流经济学理论显示，以产业政策为核心的“干预主义”模式容易带来经济上的低效。冯德莱恩欧委会构建“欧洲经济主权与技术主权”的决策，同样会在政治逻辑与经济理性之间艰难摇摆。

困境之二是欧洲一体化的推进速度与欧盟决策权力的构建深度之间的矛盾。每当欧洲一体化能够较为顺利地快速向前推进之时，欧盟（欧共体）决策层的注意力大多集中于贸易和金融等距离实际物质生产较远的相对宏观的层面，对技术与产业等基础层面的关注与干预极少，相应也较少公开强调“超国家”层面的“欧洲主权”；而每当欧洲一体化的运行出现动荡，即一体化遭遇严重阻力、向前推进的速度放慢、运行节奏出现剧烈变化之时，欧盟（欧共体）就会努力促使自身的权力触角向经济的基础领域深入延伸，相应地，其技术与产业决策也会增多，“超国家”层面的“欧洲主权”自然得到更多的阐释与构建。

由于欧洲一体化已遭遇强大的阻力和深刻的危机，冯德莱恩欧委会必然会加紧建设“欧洲经济主权与技术主权”，努力加大欧盟对欧洲经济基础领域的干预力度与支配深度，但其权力触角能够延伸到怎样的深度，则取决于欧洲各种政治力量之间的博弈态势。在欧洲一体化的推进速度与冯德莱恩欧委会的权力触角抵达的深度方面，依然存在矛盾。

五 结语

对“超国家”层面权力体系的构建，是欧洲一体化进程的必经之路。自这一进程启动之日起，各成员国出于对战略安全形势的考量，一直不断地将原属自身主权范围内的部分权力汇集到欧盟层面，并且不断地重新划定一体化架构与成员国之间的权力边界，逐渐构建起具有“超国家”特征的决策权威。每当欧洲一体化进程遭遇内外阻力、面临变局之时，欧共体和欧盟总会求助于整合和强化一体化决策权威。虽然对这一“欧洲主权”体系的本质存在持久的争议，其间出现了“政府间主义”与“新功能主义”长达60多年的论战，且论战至今未见分晓，但毋庸置疑的是，在经济层面，涉及贸易、货币和内部市场管理等领域原属欧洲民族国家的部分主权已在欧盟掌控之下，形成欧洲独有的“超国家”的“主权架构”。冯德莱恩欧委会致力于推进的“欧洲经济主权与技术主权”建设，是对这一进程的肯定、延续与深化。

面对2020年春以来的疫情，欧盟应对迟缓，各成员国早期举措尽显利己主义特点，显示出欧洲一体化现有权力架构的缺位与不足。随着疫情的发展，欧盟及其部分成员国决策者希望加快建设“欧洲主权”，尤其是“欧洲经济主权与技术主权”的心态愈加迫切。当前欧盟决策层将建设“欧洲经济主权与技术主权”与摆脱对中国的经济依赖愈加紧密地联系起来，同时着手进一步细化针对中国的贸易保护与投资审查的规则，甚至还以“维护网络安全”为理由，史无前例地对中国公司和个人发起制裁,[①] 这些举措不仅正在一步步强化欧盟在经济与战略层面的主体性，而且意味着在冯德莱恩欧委会任期内，中欧在双边经济关系上的竞争与交锋将是难以避免的。

① The Council of the European Union, Council Decision (CFSP) 2020/1127 of 30 July 2020, *Official Journal of the European Union*, 30 July 2020, L 246/12.

反制美国“长臂管辖”之道

——基于法国重塑经济主权视角

杨成玉*

一　问题的提出

“长臂管辖”（Long-Arm Jurisdiction）是美国在全球实施保护主义和霸权主义的重要手段。多年来，美国发动“长臂管辖”的动机日益“泛化”，除了地缘政治博弈、国家安全等传统动机之外，民主、人权、防扩散、反贪、环保和打击有组织犯罪等非传统因素也不断被纳入目标中。[①] 在一个多世纪里，美国不断推动《对敌贸易法》（TWEA）、《反海外腐败法》（FCPA）、《海外账户税收合规法》（FATCA）、《爱国者法》（PATRIOT）、《赫尔姆斯—伯顿法》（Helms-Burton Act）、《达马托—肯尼迪法》（Amato-Kennedy Act）、《国际紧急经济权力法》（IEEPA）、《国际武器贸易条例》（ITAR）、《出口管制法》（BIS）和《经济制裁法》（OFAC）等一系列国内法规的域外适用，将触角伸向全球，不断拓宽“长臂管辖”的范围和内容，以实现对反腐败、民事侵权、金融投资、反垄断、出口管制和网络安全等众多领域的“全覆盖”。近年来，美国在国际商业活动中动辄要求任何具有“美国元素”的实体或个人必须服

* 杨成玉，中国社会科学院欧洲研究所副研究员。原文发表于《欧洲研究》2020 年第 3 期。本文为缩写版。

① 李庆明：《论美国域外管辖：概念、实践及中国因应》，载《国际法研究》2019 年第 3 期。

从美国国内法①，否则随时会遭到美国的民事、贸易和刑事等制裁。②

美国司法部门以获取巨额罚款收入、帮助打压美国企业竞争对手为目的，滥用“长臂管辖”，对欧洲企业频频下手。作为一种“域外管辖”(Extraterritorial Jurisdiction)，“长臂管辖”的滥用使欧洲承受着巨大压力、苦不堪言。自2008年以来，被美国司法部门罚款超过1亿美元的企业达到26家，其中14家是欧洲企业，仅有5家是美国企业。③欧洲企业支付的罚款总额累计超过60亿美元，比同期美国企业支付的罚款总额高出3倍。④近年来，特朗普政府奉行单边主义、极端利己主义，在利益面前无所谓“盟友”，实行无差别打击。尤其不惜利用“301调查”对欧洲盟友下手⑤，钢铝关税、汽车关税、航空业补贴争端、数字服务税反制等负面因素持续对欧美关系造成冲击。自特朗普就任美国总统以来，美国“长臂管辖”更加强硬，通过2017年的《制裁打击美国敌人法案》(CAATSA)、2018年的《外国投资风险评估现代化法案》(FIRRMA)进一步扩大了经济制裁权力。⑥

美国挥舞“长臂管辖”大棒施行霸权主义行径已成为全球共识，其影响已然超出常规法律范畴，延伸至经济利益、政治独立，进而上升到关乎国家主权的高度。法国及欧盟在此问题上已有清醒的认识，在反制上也是超越法律范畴，更为重视政治和经济上的举措。与以往集中于法

① 任何存在“美国元素”(如使用美元交易，甚至包括使用美国电子邮件服务器、电话等)的第三国个人或企业触犯相关法规时，美国司法部门可以依据“最低限度联系”(Minimum contacts)，“真实、充分联系”等原则，对其进行管辖与制裁。参见 U. S. Department of Justice, “Foreign Corrupt Practices Act,” 1 July 1999, https: //www. justice. gov/criminal-fraud/foreign-corrupt-practices-act, last accessed on 25 March2020.

② 《关于中美经贸摩擦的事实与中方立场》，中华人民共和国国务院新闻办公室，24 September 2018, http: //www. xinhuanet. com/politics/2018-09/24/c_ 1123475272. htm, last accessed on 20March 2020.

③ [法]弗雷德里克·皮耶鲁齐、马修·阿伦：《美国陷阱》，法意译，中信出版社2019年版，第10页。

④ Brandon Garrett, *Too Big to Jail: How Prosecutors Compromise with Corporations*, Harvard University Press, 2014, p. 11.

⑤ Elsa Conesa and Basile Dekonink, “Les Etats-Unis Ouvrent une Enquête sur la ‘Taxe Gafa’ Française,” *Les Echos*, 11 July 2019.

⑥ 张家铭：《“霸权长臂”：美国单边域外制裁的目的与实施》，载《太平洋学报》2020年第2期。

律视角的研究不同，本文旨在从政治经济视角出发，立足于法国经验，分析针对美国“长臂管辖”的反制措施。因为在美国的“长臂管辖”下，法国整体受损最为严重、反制最为积极；而且，近年来，法国在对美斗争、维护经济主权方面展现了新的动向、新的思路，值得深入考察。

二　法国遭受“长臂管辖”打压的历史教训

21世纪以来，法国企业沦为美国“长臂管辖”的重点打击对象，损失惨重、触目惊心。法国巴黎银行、空中客车、道达尔蒙受的“天价罚金”均创下相关行业全球之最，银行业因受“次级制裁”而沦为“重灾区”，“工业之花”阿尔斯通更是遭到巧取豪夺。虽然同期英国、德国和日本等国的知名企业也遭遇美国的“长臂管辖”，但无论从处罚数量、金额，还是从受损程度来看，法国受到的冲击无疑最为剧烈。

（一）法国企业损失巨大

美国将“长臂管辖”瞄准法国民用核能、航空航天、电信、能源和生物医药等优势产业，重点打击法国相关产业的知名跨国企业，一方面抹黑相关企业国际声誉，另一方面使其蒙受经济损失、背负巨额债务，削弱其国际竞争力。2008年至2018年，法国企业向美国司法部门支付的罚款总额达到近200亿美元，同时有数名企业高管被美国司法部门刑事起诉并遭受牢狱之灾。

表1　2008—2018年根据美国《反海外腐败法》被定罪的企业名单

序号	企业名称	所属国	年份	处罚金额（百万美元）
1	西门子	德国	2008	800.0
2	阿尔斯通	法国	2014	772.0
3	特利亚电信	瑞典	2017	691.6
4	哈里伯顿	美国	2009	579.0
5	梯瓦制药	以色列	2016	519.0

续表

序号	企业名称	所属国	年份	处罚金额（百万美元）
6	奥奇—齐夫资本	美国	2016	412.0
7	英国航空航天公司	英国	2010	400.0
8	道达尔	法国	2013	398.2
9	Vimpelcom	荷兰	2016	397.5
10	美国铝业公司	美国	2014	384.0
11	埃尼—维基	意大利	2010	365.0
12	德西尼布集团	法国	2010	338.0
13	兴业银行	法国	2018	293.0
14	松下电器	日本	2018	280.0
15	摩根大通	美国	2016	264.0
16	奥德布雷希特	巴西	2017	260.0
17	SBM Offshore	荷兰	2017	238.0
18	日挥株式会社	日本	2011	218.8
19	巴西航空工业公司	巴西	2016	205.5
20	戴姆勒	德国	2010	185.0
21	巴西国家石油公司	巴西	2018	170.6
22	劳斯莱斯	英国	2017	170.0
23	威德福	瑞士	2013	152.6
24	阿尔卡特	法国	2010	138.0
25	联合利华	美国	2014	135.0
26	吉宝海事	新加坡	2017	105.0

资料来源：Assemblée Nationale，“Rétablir la Souveraineté de la France et de l'Europe et Protéger Nos Entreprises des Lois et Mesures à Portée Extraterritoriale,” Rapport à la Demande de Monsieur Édouard PHILIPPE Premier Ministre（L0144），26 June 2019，p. 19，https：//mafr. fr/fr/article/retablir-la-souverainete-de-la-france-et-de-leurop/，last accessed on 24 March 2020.

在民用核能领域，2014 年，美国司法部指控阿尔斯通（Alstom）分公司涉嫌在印度尼西亚、埃及、沙特阿拉伯等国通过贿赂手段获得总额超过 40 亿美元的工程合同，违反了美国的《反海外腐败法》。2014 年

12 月 22 日，阿尔斯通承认存在海外行贿行为，并接受美国司法部 7.72 亿美元罚款。这是当时美国政府对企业海外贿赂行为开出的最大罚单。①

在电信设备领域，2010 年美国司法部和证券交易委员会（SEC）经调查发现，阿尔卡特（Alcatel）于 2001 年至 2006 年向哥斯达黎加、洪都拉斯、中国台湾和马来西亚等地企业行贿，以换取电信设备建设合同，并向阿尔卡特开出 1.37 亿美元罚单。美国司法部和美国证券交易委员会由此分别得到 9200 万美元和 4500 万美元的罚款。

在能源领域，美国司法部以违反美国《反海外腐败法》为由，指控道达尔（Total）从 1995 年至 2004 年向伊朗官员行贿 6000 万美元，以获取伊朗境内的三处油气田开采权。2013 年，道达尔与美国司法部达成暂缓起诉协议，缴纳总计 3.982 亿美元的罚款。

在生物医药领域，2016 年，美国证券交易委员会发起对赛诺菲（Sanofi）旗下位于哈萨克斯坦、约旦、黎巴嫩、巴林、科威特、卡塔尔、也门、阿曼、阿联酋与巴勒斯坦的子公司在 2006—2015 年的行贿活动的调查，涉及贿赂政府采购官员和医疗提供商。2018 年，赛诺菲与美国证券交易委员会达成和解协议，在不承认或否认犯有任何罪行的条件下同意支付 2520 万美元以结束调查，并加强内部管控和反贿赂机制。②

（二）银行业沦为“重灾区”

美国利用《赫尔姆斯—伯顿法》《达马托—肯尼迪法》《伊朗自由和支持法》《伊朗全面制裁、问责和撤资法》《国际紧急经济权力法》等制裁性法律，将古巴、伊朗、利比亚、苏丹、叙利亚等国列入制裁黑名单，明确禁止与特定国家的经济交往。同时，美国财政部建立海外资产控制办公室（Office of Foreign Assets Control，OFAC），专门负责对禁运国家执行制裁，并禁止任何国家的企业与黑名单国家中的个人、企业往来，否则将招致“次级制裁”。

① U. S. Department of Justice, “Largest-ever Foreign Bribery Resolution with the Department of Justice,” 22 December 2014, https://www.justice.gov/opa/pr/alstom-pleads-guilty-and-agrees-pay-772-million-criminal-penalty-resolve-foreign-bribery, last accessed on 27March 2020.

② “SANOFI Conclut un Accord avec la SEC,” *Capital*, 4 September 2018.

表2　2010—2018年美国财政部海外资产控制办公室（OFAC）实施制裁情况

年份	制裁次数（次）	罚单总金额（美元）	平均金额（美元）
2010	27	200735996	7434667
2011	21	91650055	4364288
2012	16	1139158727	71197420
2013	27	137075560	5076873
2014	22	1205225807	54782991
2015	15	599705997	39980400
2016	9	21609315	2401035
2017	16	119527845	7470490
2018	5	60963487	12192697

资料来源：作者根据 United States Department of the Treasury 数据整理所得。

美国长期锁定一批欧洲大型银行，就这些银行是否违反美国经济制裁规定展开跟踪调查。其中，因与相关黑名单国家存在金融往来，法国银行业成为“次级制裁”的“重灾区”。2014 年，美国司法部指控在 2004 年至 2012 年期间法国巴黎银行（BNP Paribas）总行及其日内瓦分行利用美国金融系统为伊朗、苏丹和古巴三国相关实体提供账户、信用证、资金支付等金融服务并转移约 64 亿美元资金，违反了美国《国际经济紧急权力法》（IEEPA）和《对敌贸易法》（TWEA）。随即，美国司法部向巴黎银行开出 89 亿美元的天价罚单，成为美国司法史上向外国银行开出的最大金额罚单。[①] 除缴纳罚金外，巴黎银行所受处罚还包括 13 名高管被迫离职、为期一年禁止在美国从事美元结算业务。作为当时欧洲第一大银行的法国巴黎银行受到沉重打击。2013 年，该银行全球净收入为 5.4 亿欧元，2014 年，因巨额罚金净收入骤降至 0.5 亿欧元。

① 2013 年，法国巴黎银行净利润收入为 65 亿美元，罚单明显高于其年利润收入。参见 2013 年巴黎银行年报，https://invest.bnpparibas.com/resultats，last accessed on 27March 2020。

表 3　　2010 年以来因违反国际制裁被美国开具的大额罚单

银行名称	所属国	时间	罚单金额（百万美元）	其中属 OFAC 罚单金额（百万美元）
巴黎银行	法国	2014 年 6 月 30 日	8900	964
汇丰控股	英国	2012 年 12 月 11 日	1900	375
德国商业银行	德国	2015 年 3 月 12 日	1500	259

资料来源：作者根据 IGF 数据整理而得。

据美国司法、金融监管和执法机构的联合调查，法国兴业银行（Société Générale）在 2003 年至 2013 年期间，以不正当、不透明的方式执行了超过数万笔跨境美元付款，价值超过数百亿美元，其中大部分涉及伊朗、古巴、苏丹等当时被美国制裁的国家实体，为受制裁实体带来了巨大的经济利益。2018 年，法国兴业银行与美国财政部、美国司法部、美联储和纽约州金融服务局达成一揽子和解协议，法国兴业银行认缴 13.4 亿美元的罚款，美国检察机关暂缓对其进行刑事指控。继巴黎银行之后，兴业银行成为美国司法史上第二大制裁合规罚款对象。

而法国农业信贷银行（Crédit Agricole）因 2003—2008 年同缅甸、古巴、伊朗和苏丹等“黑名单”国家开展美元业务，违反美国禁令，遭到美国海外资产控制办公室、纽约州金融服务部、美联储、曼哈顿地区检察官办公室、哥伦比亚特区的美国检察官办公室的联合调查。2015 年，法国农业信贷银行与美国多家部门达成和解协议，接受总计 7.87 亿美元的罚款，并要求在企业内部设立一个接受美国司法部监督的独立合规机构。

（三）“工业之花”遭到巧取豪夺

由于二战后推行计划经济和国有化运动，戴高乐政府崇尚“集中力量办大事”的发展思路，在战后“黄金三十年”（Les Trente Glorieuses）期间培育了许多当时全球行业中的佼佼者，被誉为法国的“工业之花”。这些企业具备极强的国际竞争力，与美国企业争夺国际市场份额，甚至部分核心技术领先于美国同类企业、领跑全球，如 20 世纪 90 年代全球电信行业龙头企业阿尔卡特（Alcatel）[①] 和全球电力、轨道交通设备供应商阿尔斯通（Alstom）。[②]

2007 年，美国司法部和证券交易委员会开始联合调查阿尔卡特于2001—2006 年在哥斯达黎加、洪都拉斯、中国台湾、尼日利亚和马来西亚的行贿行为。指控信息显示，阿尔卡特以咨询顾问费的形式行贿超过800 万美元，获取了4810 万美元的合同，违反美国《反海外腐败法》。[③] 2010 年，阿尔卡特—朗讯为免于刑事处罚，与美国司法部和证券交易委员会达成暂缓起诉协议，同意向美国两个部门分别支付9200 万美元和4500 万美元罚款，总计1.37 亿美元，达成庭外和解。

从2007 年遭受美国“长臂管辖”以来，阿尔卡特—朗讯因深陷司法纠纷而导致国际声誉大跌，加之朗讯方面管理层掣肘，公司业绩不断下滑，原本的国际市场份额被美国思科、芬兰诺基亚和瑞典爱立信迅速瓜分。2015 年，阿尔卡特—朗讯资不抵债，被芬兰诺基亚公司收购，在国际电信市场上彻底消失。由此，法国失去电信设备行业支柱企业，以至于彻底沦为当下全球信息通信、5G、云计算等新经济竞争领域的“看客”。

另一个经典案例来自阿尔斯通。从2002 年起，阿尔斯通凭借技术优势，频频拿到海外电力基础设施建设订单，在与美国通用电气（General Electric）的竞争中处于压倒性优势，引起美国忌惮。美国司法部于2010 年起介入调查阿尔斯通海外腐败行为。2013 年，美国司法部取证发现阿尔斯通美国分公司涉嫌在印度尼西亚、埃及、沙特阿拉伯等国通过贿赂手段获得总额超过40 亿美元的工程合同，随即以违反美国《反海外腐败

① 20 世纪90 年代，阿尔卡特主营业务包括数字电话、海底电缆、移动网络、呼叫中心、卫星等，该公司还在光学网络市场、DSL（数字用户线路）接入系统和路由器等方面处于世界领先地位。

② 阿尔斯通在运输和输配电市场上一度居世界第二位，发电设备占到全球总装机容量的25%。在轨道交通设备领域，阿尔斯通建造出了世界速度最快的超高速列车和运力最高的自动化地铁，在世界轨道交通市场上拥有18%的份额。

③ U. S. Department of Justice, “Alcatel-Lucent S. A. and Three Subsidiaries Agree to Pay $92 Million to Resolve Foreign Corrupt Practices Act Investigation,” 27 December 2010, https://www.justice.gov/opa/pr/alcatel-lucent-sa-and-three-subsidiaries-agree-pay-92-million-resolve-foreign-corrupt, last accessed on 29 March 2020.

法》的罪名逮捕其4位高管。[①]

2013年正值欧债危机时期，阿尔斯通面临营收业绩下滑和能源结构性调整双重危机。经济危机导致企业负债累累和股价下跌，与欧洲能源结构性转型叠加后，重创阿尔斯通传统的电力业务，全年净亏损5.11亿元，不得不通过裁员[②]和出售部分股权勉强维持。[③] 与此同时，通用电气"趁火打劫"，对阿尔斯通发起收购战，并积极与美国司法部配合。2014年，美国司法部以违反《反海外腐败法》为由向阿尔斯通开出7.72亿美元的罚单，成为史上美国对企业海外贿赂行为开具的最大金额罚单。[④] 年末，通用电气以124亿欧元完成对阿尔斯通大部分电力业务的收购，其中包括法国境内大多数核电站的部分控制权。

综上所述，美国司法部门通过"长臂管辖"，帮助美国企业打压国际竞争对手，致使法国"工业之花"阿尔卡特和阿尔斯通在与美国企业竞争中占据上风的形势下，遭到巧取豪夺。一个在历史舞台上消失，另一个则被"肢解"，甚至法国核心战略资产（核电站）也被美方控制。

三　欧盟层面的反制思路

作为欧盟重要创始国以及英国脱欧后欧盟中唯一的联合国安理会常任理事国，法国在欧盟内部的政治影响力和话语权日益突显。从反制"长臂管辖"实践上看，法国通常结合自身的斗争经验和主张，加强在欧盟层面的反制措施建设。

① U. S. Department of Justice, "Foreign Bribery Charges Unsealed against Current and Former Executives of French Power Company," 16 April 2013, https://www.justice.gov/opa/pr/foreign-bribery-charges-unsealed-against-current-and-former-executives-french-power-company, last accessed on 28 March 2020.

② 2013年阿尔斯通在其电力业务领域裁员1300人。

③ Jean-Michel Bezat, "Alstom Cherche à Juguler la Crise et ses Faiblesses Structurelles," *Le Monde*, 6 November 2013.

④ U. S. Department of Justice, "Alstom Sentenced to Pay $772 Million Criminal Fine to Resolve Foreign Bribery Charges," 13 November 2015, https://www.justice.gov/opa/pr/alstom-sentenced-pay-772-million-criminal-fine-resolve-foreign-bribery-charges, last accessed on 28 March 2020.

（一）完善欧盟法律架构

美国“长臂管辖”所引发的利益冲突日益激化，欧盟逐步放弃与美国进行磋商以获得豁免的传统做法，取而代之以阻止性立法，从根本上挑战美国经济制裁法律的域外效力。①

首先，扩大数据保护范围，阻断美国司法调查源头。法国早在1968年就出台了“阻断法”（Loi de Blocage），禁止将有关涉及法国经济、商业、工业、金融或技术性质的文件或信息传递给外国个人或企业；禁止一切在法国成立的公司或公民，向外国传播可能会影响法国的主权、安全、基本经济利益或公共秩序的文件或信息。② 该法案在一定程度上封锁了美国司法部门对法国企业的相关调查取证。2019年6月，法国国民议会发布《重建法国和欧洲主权、保护我们的企业反制域外管辖的法律和措施》报告，指出法国现行法律规定效果有限，法国企业更倾向与美国司法部门和解，而不愿冒险失去进入美国市场的机会。因此，该报告建议以法国阻断法为基础，在欧盟层面建立强制性早期预警机制和加大制裁力度以提高法律效力；同时，扩大欧盟数据保护范围，将《一般数据保护条例》（GDPR）的保护范围拓展至企业数据层面，制定一项保护欧洲企业免受其数字主机向外国司法部门传输数据的法律，确保当外国司法部门在行政或司法协助渠道之外获取与欧盟企业有关的非个人数据时，将遭到欧盟法律的制裁。此外，该报告建议建立欧盟成员国之间的信息共享机制，以促进欧盟各成员国的合作。该机制可供所有主管部门使用，避免与欧盟经济利益有关的司法敏感信息转移给外国司法部门。

---

① 胡剑萍、阮建平：《美国域外经济制裁及其冲突探析》，载《世界经济与政治》2006年第5期。

② 法国于1968年7月26日颁布的第68—678号法律，涉及有关经济、商业、工业、金融或技术性质的文件和信息传达给外国个人或企业。禁止一切在法国成立的公司或公民，向外国传播可能会影响法国的主权、安全、基本经济利益或公共秩序的文件或信息，参见Légifrance，“Loi n° 68 – 678 du 26 Juillet 1968 Relative à la Communication de Documents et Renseignements D'ordre Économique, Commercial, Industriel, Financier ou Technique à des Personnes Physiques ou Morales Étrangères,” 17 July 1980, https：//www. legifrance. gouv. fr/affichTexte. do? cidTexte = JORFTEXT000000501326, last accessed on 6 April 2020.

其次，加强欧盟阻断法令（Blocking Statute）的执行，在欧盟境内，美国“长臂管辖”被视为无效，禁止欧盟企业遵守美国制裁法令，剥夺美国司法部门对欧盟企业处罚的裁决。1996 年 3 月，美国通过《赫尔姆斯—伯顿法》和《伊朗—利比亚制裁法案》，规定对所有同古巴、伊朗、利比亚发生经济贸易往来的外国公司实施严厉制裁。为避免美国“次级制裁”影响、保护欧盟企业利益，欧盟采取统一行动于同年 11 月颁布了阻断法令（Blocking Statute），保护欧盟免受第三国域外适用立法的影响。[①] 阻断法令借鉴法国阻断法经验并进行扩展，将不利于欧盟的第三国域外适用法律放入一个“附件”中，不承认这些法律的域外适用，并认为其与国际法背道而驰。一方面，阻断法令保护从事合法国际贸易、资本流动以及相关商业活动的欧盟企业免受特定域外立法的影响，取消任何外国法院裁决在欧盟的执行效力。另一方面，阻断法令禁止欧盟企业遵守特定域外立法的任何要求或禁止，经济和金融利益受到外国法律域外适用影响的欧盟企业有义务告知欧盟委员会，并允许企业在欧洲法院追回因特定域外立法而造成的损失。[②] 2018 年 8 月，为反制美国退出《伊核协议》并从 2018 年 8 月 7 日起对伊朗实施制裁，欧盟更新了阻断法令，拓宽了特定域外立法范围，将美国实施的《伊朗—利比亚制裁法案》（1996 年）、《伊朗自由与反扩散法案》（2012 年）、《美国国防授权法案》（2012 年）、《削减伊朗威胁和保障叙利亚人权法案》（2012 年）以及《伊朗贸易制裁规则》（2018 年）等域外制裁纳入附件[③]，从而减少了这些制裁对欧盟企业与伊朗开展合法业务的影响。

最后，确保现有法律工具的正常运行，丰富欧盟专用于打击经济和

---

① 1996 年 11 月 22 日欧盟第（EC）2271/96 号理事会条例，保护欧盟免受域外适用第三国通过的立法的影响，参见 European Union Law，“Council Regulation（EC） No 2271/96，” 22 November 1996， https：//eur-lex. europa. eu/legal-content/EN/TXT/？ uri = CELEX：01996R2271-20140220，last accessed on 14April 2020.

② Anthony M. Solis，“The Long Arm of US Law：The Helms-Burton Act，” *Loyola of Los Angeles International and Comparative Law Review*，Vol. 4，1997，p. 728.

③ European Union Law，“Commission Delegated Regulation（EU） 2018/1100，” 6 June 2018，https：//eur-lex. europa. eu/legal-content/EN/TXT/？ uri = CELEX：32018R1100，last accessed on 14April 2020.

金融犯罪的工具，化被动为主动。法国国民议会在《重建法国和欧洲主权、保护我们的企业反制域外管辖的法律和措施》报告中建议：一是加强欧盟企业合规建设。欧盟企业内部专设法律合规部门，保护企业法律咨询机密性，为欧盟企业提供与其主要竞争对手相同的保护水平。二是加强国际司法合作。向国际法院征求意见，确保国际法在反制域外管辖权方面的有效作用。与此同时，法国还在经济合作与发展组织（OECD）内发起一项倡议，以制定具有域外效力的法律和措施的通用规则。三是发起加强欧盟专用于打击经济和金融犯罪的研究，特别是研究欧盟打击在国际商业交易中贿赂外国公职人员的工具和手段。2016 年，法国财政检查总署（IGF）的《反腐败法律的域外适用》报告指出，欧盟缺少打击跨国腐败的手段，需要加强与国际组织合作研究，树立国际标准，制定欧盟版域外管辖权。①

（二）力促欧元国际化，筹建独立结算体系

2018 年 10 月，法国参议院发布《美国长臂管辖：欧盟如何反制?》报告，指出美国“长臂管辖”中更重要和范围更加广泛的是利用美元的全球中心货币地位实施的制裁，欧盟应推进欧元国际化，扩大全球使用欧元的权重，努力使欧元成为国际贸易的结算货币。其短期目标是绕开美元清算系统，筹建独立结算体系。

就欧元国际化而言，一方面，扩大欧元国际储备、提升交易能力。欧元必须是国际交易货币而不仅仅是储备货币，欧洲企业应在国际交易中尽可能使用欧元，使欧元替代美元成为国际贸易中的主要交易货币。同时，欧盟应鼓励成员国在与受制裁国家的贸易中使用欧元结算，探索政策性银行将欧元转账至制裁国家中央银行的可能性。另一方面，完善欧元区货币金融市场。加快经济联盟、货币联盟、银行业联盟、资本市场联盟的建设，深化共同监督、危机管理和存款保障，借助资本市场的

---

① IGF, “Application Extraterritoriale de la Loi en Matière de Lutte contre la Corruption Transnationale,” June 2016, http://www.igf.finances.gouv.fr/files/live/sites/igf/files/contributed/IGF%20intXernet/2.RapportsPublics/2016/2016-M-051.pdf, last accessed on 14 April 2020.

发展，使欧盟能够在金融体系稳定的基础上深入发展金融一体化，从而强化欧元的国际储备、结算和投资功能，最终形成与美元抗衡的局面。

在筹建独立结算体系方面，该报告建议欧盟建立安全的财务渠道和独立的国际转账工具；采用特殊目标载体（Special Purpose Vehicle，SPV）的核算平台形式，独立于美国设立会计平台系统，以便与受制裁国家进行合法的金融交易；探索建立类似于环球同业银行金融电讯协会（SWIFT）的金融交易系统，打破美元在全球支付体系中的垄断地位。2018 年 8 月，德国外长马斯（Maas）在德国外交部大使会议开幕式上表示，由法国发起的一个欧洲支付体系已经得到德国和英国的支持并开始进入筹建阶段。该体系将独立于目前占国际主导地位的 SWIFT 体系。[①]从短期来看，在美国退出《伊核协议》并对伊朗实施新一轮制裁的背景下，欧洲支付体系为欧盟继续与伊朗保持经贸往来提供保障，是欧洲与伊朗之间金融体系、清算体系的接口。从长期来看，欧洲支付体系是欧盟“去美国化”、摆脱美国“长臂管辖”和“美元霸权”、加强欧盟贸易与金融自主权的重要措施。[②]

2019 年 1 月 31 日，法国、德国和英国发表联合声明[③]，宣布三国已经设立促进与伊朗贸易的专门机制——支持贸易往来工具（Instrument for Suporting Trade Exchanges，INSTEX），以保障在《伊核协议》框架内欧洲国家与伊朗的合法贸易往来。INSTEX 采取易货交易机制，以企业形式与伊朗特别贸易和金融研究所（STFI）进行对接合作，遵循渐进式开放，短期将重点放在医药、医疗设备和农产品等人道主义物品上，中期希望关联伊朗油气和欧盟产品的交易，长期旨在向与伊朗进行贸易的第

① German Federal Foreign Office，“Speech by Foreign Minister Heiko Maas at the Opening of the 16th Ambassadors Conference at the Federal Foreign Office，” 27 August 2018，https：//www. auswaertiges-amt. de/en/newsroom/news/maas-freeland-ambassadors-conference/2130332，last accessed on 15 April 2020.

② European Commission，“President Juncker's State of the Union Speech 2018，” 12 September 2018，https：//ec. europa. eu/commission/presscorner/detail/en/AGENDA_ 18_ 5233，last accessed on 15 April 2020.

③ Ministère de l' Europe et des Affaires Étrangères，“Joint Statement on the Creation of INSTEX，” 31 January 2019，https：//www. diplomatie. gouv. fr/en/country-files/iran/news/article/joint-statement-on-the-creation-of-instex-the-special-purpose-vehicle-aimed-at，last accessed on 15 April 2020.

三国企业开放。[1] 2019 年 11 月，比利时、丹麦、芬兰、挪威、荷兰和瑞典六国加入 INSTEX 机制。[2] 2020 年 3 月 31 日，法国、德国外交部确认用 INSTEX 机制成功与伊朗完成首笔交易，实现一批医疗物资从欧盟出口至伊朗。[3]

（三）推进一体化建设，重塑多边主义

“打铁还需自身硬”，对美斗争是以实力为基础的，欧盟也清醒地认识到实力的增强有助于对抗美国霸权主义。法国国民议会在《重建法国和欧洲主权、保护我们的企业反制域外管辖的法律和措施》报告中建议推进欧洲一体化建设，塑造欧盟核心竞争力和国际话语权。

首先，建议成员国团结一致，进行外交交涉。特别是法国和德国，要以欧洲安全利益和人道主义为理由，动用外交手段向美国提出豁免请求，敦促美国豁免部分欧洲企业在制裁国家的经济活动。同时，扩大许可证范围，确保欧洲医药、卫生、能源、汽车及能源等领域免于“次级制裁”。其次，建议强化欧盟机构功能，在美国制裁国家经营的欧洲企业，特别是中小企业，可以向欧洲投资银行（European Investment Bank，EIB）求助，欧洲投资银行将在欧盟预算担保框架内为企业提供融资支持，增强欧洲在制裁国家的投资能力。最后，建议重塑多边主义。该报告认为，“长臂管辖”构成了对自由贸易的限制、对最惠国条款的挑战以及对自由民主的侵害，是违反世界贸易组织（WTO）和关税与贸易总

---

① 该机制可以避免发生直接的资金转移。例如，一家欧洲企业欲对伊朗出口商品，该交易意向将记录在 INSTEX 系统中，INSTEX 会寻找到一家希望从伊朗进口货物的欧洲企业，并让后者（从伊朗进口的欧洲企业）直接向前者（对伊朗出口的欧洲企业）转账，因此避免产生任何与伊朗直接关联的资金往来。

② Ministère de l' Europe et des Affaires Étrangères, “Joint Statement by France, Germany and the United Kingdom,” 30 November 2019, https://www.diplomatie.gouv.fr/en/country-files/iran/news/article/iran-and-instex-joint-statement-by-france-germany-and-the-united-kingdom-30-nov, last accessed on 15 April 2020.

③ Ministère de l' Europe et des Affaires Étrangères, “Iran-INSTEX-Q&A from the Press Briefing,” 31 March 2020, https://www.diplomatie.gouv.fr/en/country-files/iran/news/article/iran-instex-q-a-from-the-press-briefing-31-mar-20; German Federal Foreign Office, “INSTEX Successfully Concludes First Transaction,” 31 March 2020, https://www.auswaertiges-amt.de/en/newsroom/news/instex-transaction/2329744, last accessed on 15 April 2020.

协定（GATT）规则的。鉴于以世界贸易组织（WTO）为代表的多边组织在反制美国"长臂管辖"问题上的脆弱性，欧盟应积极在世界范围内重新树立"协商、协议和沟通"的多边主义。同时，欧盟及成员国要树立捍卫欧洲外交和经济主权的政治意识，发挥 G20 和 G7 多边机制作用，主导相关议题设置，对抗美国单边主义行径，捍卫多边主义。

四 国家层面的反制措施

鉴于反制美国"长臂管辖"的紧迫性，同时囿于欧盟层面反制措施的低效率，近年来法国以丰富国内立法和反制工具为抓手，推出了一系列反制美国"长臂管辖"的"组合拳"，抵御与模仿两种路径"双管齐下"。一方面增强了法国反制"长臂管辖"的能力，在实践中取得了积极成效，对捍卫经济主权意义重大；另一方面丰富了法国的域外管辖工具，模仿"长臂管辖"的进攻性日益突显。

（一）完善反腐败法案

鉴于法国企业屡屡遭受美国《反海外腐败法》的重创，因此建立预防腐败机制、加强审判主动权、形成对美"防火墙"是法国保障企业利益、捍卫经济主权的核心内容。2016 年 11 月 8 日，法国国民议会以 308 张赞成票（反对票为 171 张）通过了《透明、反腐斗争及经济生活现代化法案》（以下简称"萨潘 II"法案①或"法案"），并于 2016 年 12 月 9 日由法国宪法委员会正式通过。②"萨潘 II"法案由增强透明度、更好地

① 1993 年时任法国经财部长米歇尔·萨潘（Michel Sapin）提交了《预防腐败与经济生活及公共程序透明法案》，成为法国历史上第一部反腐败法案。本次《透明、反腐斗争及经济生活现代化法案》因沿袭、承继了上部反腐败法案，故被称为"萨潘 II"法案。参见 Conseil Constitutionnel, "La loi Relative à la Transparence, à la Lutte contre la Corruption et à la Modernisation de la vie Économique," 9 December 2016, http://proxy-pubminefi.diffusion.finances.gouv.fr/pub/document/18/21853.pdf, last accessed on 16 April 2020.

② Conseil Constitutionnel, "Le Conseil Constitutionnel Valide la loi Relative à la Transparence, à la Lutte Contre la Corruption et à la Modernisation de la Vie éConomique," 8 December 2016, http://proxy-pubminefi.diffusion.finances.gouv.fr/pub/document/18/21842.pdf, last accessed on 16April 2020.

打击腐败和使经济生活现代化三个部分组成[①]，是近年来法国推出的主要经济法律，特别是在打击跨国腐败方面将法国立法提高到国际标准水平，从而建立了抗衡美国相关域外法权的工具。[②]

在增强透明度方面，“萨潘 II”法案增加了举报人保护条款，给予举报人更高的保护地位。一是为所有举报人建立了共同权利基础，无论举报的范围和内容如何，保护举报人免遭报复风险；二是明确当举报人在法律规定条件下披露了受法律保护的经济、军事、安全等机密时，可免于刑事处罚；三是建立信息收集系统，以确保举报人的匿名性。该法案禁止对举报人采取任何制裁、歧视或不利措施。司法部门负担举报人维护自己的权利所发生的法律诉讼费用，以及提供由于信息披露而遇到严重财务困难时的经济援助。

在更好地打击腐败方面，该法案在建立预防腐败机制的同时，扩大惩治腐败力度。

第一，建立国家反腐败局（Agence Française Anticorruption，AFA）。该机构将取代目前的中央预防腐败局，在职能上独立于司法和经财部，员工人数约为 70 人，其负责人由总统令直接任命，任期六年且不可延期。其主要职能为：（1）参与行政协调，收集并公开腐败行为、内部交易、非法获利及挪用公款等相关信息，为预防和调查腐败提供支持；（2）为企业提供合规建议，对大型企业进行督察，落实企业具体反腐措施；（3）改善企业透明度，规定企业必须定期以书面形式分析和评估所在行业以及业务所在地区的腐败风险、评估客户及供应商所面临的腐败风险状况、建立内控或外部审查机制以保证腐败事实无法被掩盖；（4）预防公职人员腐败，规定公职人员腐败除将受到法律追究外，还将受到失去“被选举资格”等惩处措施；（5）应总理要求，确保遵守 1968 年 7 月 26 日第 68—678 号“阻断法”，禁止一切在法国成立的企业或个人向外国

① Ministère de l' Économie et des Finances, “Tout Savoir sur la loi Sapin 2,” 29 March 2016, https://www.economie.gouv.fr/transparence-lutte-contre-corruption-modernisation#, last accessed on 15 April 2020.

② Agence France-Presse, “Le Parlement Adopte Définitivement le Projet de loi Anticorruption ‘Sapin 2’,” *Le Monde*, 8 November 2016.

传播可能会影响法国的主权、安全、基本经济利益或公共秩序的文件或信息。

第二，提高企业合规要求。“萨潘 II”法案要求雇用超过 500 名员工的企业，或隶属于总部设在法国且总用工人数达到 500 人的集团，或年营业收入超过 1 亿欧元的法国企业必须制订合规计划，以预防腐败行为的发生。按照该法案第 17 条第 2 款的规定，合规计划必须包括以下要素：（1）企业行为准则，定义和说明应避免的行为；（2）受理和调查举报人投诉的程序；（3）评估机制，以识别和分析腐败风险并确定优先级；（4）对客户、供应商和第三方的完整性审查；（5）内部和外部会计控制，以确保公司有完善的财务记录；（6）对员工和经理人的合规培训；（7）威慑性制裁政策，包括对被发现从事不当行为的人员采取纪律处分。2019 年 12 月 19 日，国家反腐败局根据“萨潘 II”法案要求公布《合规指引》[①]（Guide Pratique Anticorruption），提出建议合规官参与企业决策、确保合规资源的充足性、设立赔偿责任制度等具体措施，致力于帮助企业建立合乎要求的合规制度。该指引指出，企业应该根据自己的具体情况建立合规系统，建议企业任命一名合规官（Responsable de la Fonction Conformité）并为合规官及合规团队提供充足的资源。合规官的职责并不仅仅限于反腐败，还应该扩展到反洗钱、内部交易等领域。尽管该指引的内容大多是建议性的，但是企业对该指引的遵循程度将影响执法机构对该公司检查时的评分。《合规指引》强调了企业反腐败合规计划的重要性和战略性，“萨潘 II”法案涵盖的每家企业都应确保其有能力识别和控制潜在违规风险，尤其是在竞争加剧和标准更加复杂的情况下。

第三，建立公共利益司法公约（Convention Judiciaire d’Intérêt Public，CJIP）。“萨潘 II”法案第 22 条建立了一种认罪和解程序[②]，规定涉嫌内部交易、洗钱或腐败行为的企业可在调查阶段或案件正式审理前，

---

① AFA，“Guide Pratique La Fonction Conformité Anticorruption Dans l’Entreprise，” December 2019，https：//www. agence-francaise-anticorruption. gouv. fr/files/files/Guide% 20pratique% 20conformit% C3% A9% 20VF% 202019-12-18. pdf，last accessed on 16April 2020.

② 该条款也是对法国《刑事诉讼法》第 41—1—2 条和第 180—2 条款的修订。

与公共检察官或法官达成公约，免于提起公诉，公约将在国家反腐局网站上披露。在此程序框架下，企业承认犯罪事实并向财政部支付罚款就可以避免刑事处罚，罚款额在企业年营业额 30% 的范围内或与指控所产生的收益成比例。与此同时，企业还必须在国家反腐败局的监督下，在三年之内建立或完善公司合规制度。此外，法国还将公共利益司法公约行使范围进行了扩展，2018 年 10 月 10 日法国国民议会通过的《反税收欺诈法案》将公共利益司法公约的程序扩展到了税收欺诈方面；2020 年 3 月 3 日法国参议院通过的关于欧洲公共检察官办公室的专门刑事司法法案将公共利益司法公约扩展到环境犯罪领域。

“萨潘 II”法案对于法国抗衡美国“长臂管辖”具有深远影响。首先，举报人保护条款加强了法国司法部门发现腐败行为的能力，加之“阻断法”禁止传播涉密信息的相关规定，增加了法国司法部门独立获取和使用犯罪信息的手段，避免企业商业机密被美国司法部门“抄家底”；其次，企业合规制度的要求甚至比美国《反海外贿赂法》和英国《贿赂法案》还要严格，对于法国企业主动评估潜在合规风险、积极预防美国司法调查起到关键作用，从源头消除被动抵御“长臂管辖”的隐患；再次，参照美国做法，建立法国版的推迟起诉协议（Deferred Prosecution Agreement）——公共利益司法公约（CJIP），使得法国司法政策更具可读性，能够更高效地起诉法国的经济和金融犯罪，便于法国司法部门赢得审判的主动权，并将涉案企业罚款“截留”在法国本土；最后，合规要求扩展了法律管辖权范围，打击腐败不仅适用于法国本土企业和海外分公司，同样适用于绝大部分外国在法企业，填补了法国法律域外适用的空白，为将来出台法国版或欧洲版域外法权奠定了基础。

（二）司法实践——以空客腐败案为例

为争取波音公司经济利益、扩大国际市场份额，美国始终没有放弃利用“长臂管辖”对空中客车（Airbus）下手，意图削弱其国际竞争优势。面对空客集团所受指控，法国司法部门合理运用“萨潘 II”法案，使得空客集团免于刑事诉讼，并将大部分罚款“截留”在法国本土，成功捍卫了经济主权地位。空客腐败案也因此被誉为保护法国免受美国

“长臂管辖”的里程碑。[①]

2013 年空客集团在内部审查中发现其战略与市场部（Strategy and Marketing Organisation，SMO）在佣金支出方面存在违规行为。从 2008 年开始，空客集团为推进海外销售，其市场部门建立了一套“中间人体系”，雇用高达 200 多人的第三方“中间人”，每年花费数亿欧元，在斯里兰卡、马来西亚、印度尼西亚、中国台湾、加纳、尼泊尔等国家或地区通过行贿手段寻求空客飞机买家、达成交易订单。2016 年英国出口信贷担保局发现，空客向其申请的信贷金额与实际情况存在出入。[②] 同年 8 月，英国严重欺诈案办公室（SFO）开始介入调查，法国国家金融检察官办公室（PNF）于 2017 年 3 月展开对空客的同类调查。[③]

美国司法部（DOJ）于 2017 年要求空客集团提交其提供给法国国家金融检察官办公室（PNF）和英国严重欺诈案办公室（SFO）的调查材料中属于美国司法权限的信息。空客集团意识到在拟向美国司法部申报的材料中，存在违反美国《反海外腐败法》（FCPA）和《国际武器贸易条例》（ITAR）的情况[④]，可能会遭到美国的“长臂管辖”，面临美国司法部门的刑事处罚，包括向美国司法部门提供所有商业信息、禁止参与美国市场业务、禁止参与国际公共采购、限制集团在金融市场上市融资等刑事措施。

鉴于 2016 年底“萨潘 II”法案建立的公共利益司法公约（CJIP），根据公约中的“坦白从宽”原则，2017 年空客集团决定坦白违规行为，积极配合法国司法部门，避免在美国受到刑事追究。2020 年 1 月 29 日，

① Véronique Guillermard, “Les Leçons de l’ Affaire Airbus,” *Le Figaro*, 4 February 2020.

② 由于法国空客集团飞机的主要零部件集中于法国、德国和英国制造，因此英国通常与法国和德国一起向空中客车集团提供出口信贷支持。参见 SFO，“Airbus Group Investigation,” 8 August 2016, https：//www. sfo. gov. uk/2016/08/08/airbus-group-investigation/, last accessed on 24March 2020.

③ Airbus, “Airbus to Cooperate with France’s Parquet National Financier in Preliminary Investigation,” 15 March 2017, https：//www. airbus. com/newsroom/press-releases/en/2017/03/Airbus-cooperate-France-Parquet-National-Financier. html, last accessed on 24March 2020.

④ Airbus, “Financial Results & Annual Reports 2017,” 15 February 2018, p. 22, https：//www. airbus. com/investors/financial-results-and-annual-reports. html, last accessed on 24March 2020.

空客与法国国家金融检察官办公室（PNF）达成公共利益司法公约（CJIP）[①]，空客以付款时的汇率支付约36亿欧元达成和解，避免受到刑事诉讼。其中，空客将分别向法国、英国、美国司法部门支付20.83亿欧元、9.91亿欧元和5.25亿欧元。[②]

空客腐败案被称为法国反制美国“长臂管辖”的司法实践典范。首先，法国国家金融检察官办公室（PNF）在历史上首次与英国司法部门开展联合调查，同时积极与美国司法部门开展合作，化被动为主动，赢得了审判的主动权，防止空客被美国司法部门实施“抄家底”式的调查；其次，法国于2016年及时出台“萨潘II”法案，司法部门有效运用法案中公共利益司法公约（CJIP）条款，空客得以免于刑事诉讼；最后，法国将大部分罚款“截留”在法国本土，避免资产被美方“巧取豪夺”。

（三）模仿实践——以数据保护与反垄断为例

法国逐渐加强国内法律的监管和实施，体现出对“长臂管辖”的模仿和进攻性。[③] 欧盟互联网产业发展相对滞后，大部分欧洲市场被美国大型跨国公司所垄断，不利于欧盟数字经济发展和数据保护，被视为对经济主权的威胁之一。近年来，法国以竞争中性[④]、反垄断、数据保护

① AFA, “La Convention Judiciaire D'intérêt Public,” 29 January 2020, p. 2, https://www.agence-francaise-anticorruption.gouv.fr/files/files/20200129%20CJIP%20AIRBUS%20sign%C3%A9e.pdf, last accessed on 20 April 2020.

② SFO, “SFO Enters into €991m Deferred Prosecution Agreement with Airbus as Part of a €3.6bn Global Resolution,” 31 January 2020, https://www.sfo.gov.uk/2020/01/31/sfo-enters-into-e991m-deferred-prosecution-agreement-with-airbus-as-part-of-a-e3-6bn-global-resolution/, last accessed on 20 April 2020.

③ Sophie S. Bourdillon, “Regulating the Electronic Marketplace through Extraterritorial Legislation: Google and eBay in the Line of Fire of French Judges,” *International Review of Law, Computers & Technology*, Vol. 24, 2010, p. 39.

④ 欧盟竞争政策渊源是《里斯本条约》第101条至109条（2009年12月以前是《欧洲经济欧盟条约》中的第81—89条），是保证欧盟内部大市场上竞争不被扭曲的重要体系。其主要目的有二：一是保持欧盟内部市场上的公平竞争以促进经济发展；二是促进欧盟单一市场进一步发展。欧盟竞争立法主要包括反垄断、并购控制、自由化、国家补贴、国际合作。欧委会是欧盟竞争政策的主要立法与执法机构。参见European Commission, “Competition Policy in the European Union,” 20 July 2018, pp. 32 - 45, https://ec.europa.eu/dgs/competition/index_en.htm, last accessed on 19 April 2020.

为由，将美国高科技公司作为法律域外适用的重点目标，以违反竞争政策或隐私保护法规为由，对谷歌、微软、苹果等美国企业处以高额罚款。

早在2008年法国就开始实施有关竞争政策的《经济现代化法》（la Loi de Modernisation de L'économie，LME），新设竞争管理局（Autorité de la Concurrence），改革企业合并控制制度，以维护和促进市场竞争。[①] 此外，法国经财部下设竞争、消费和反欺诈总局（DGCCRF）[②] 作为监管机构，确保市场正常运行，负责调查企业违反竞争政策的行为。面对美国谷歌、苹果在欧洲市场上的垄断行为，法国也是毫不手软，处以重拳。2019年12月，法国竞争管理局以谷歌"采用不透明且难以理解的操作规则、滥用在搜索广告市场上的主导地位"为由，对其罚款1.5亿欧元。[③] 法国经财部竞争、消费和反欺诈总局（DGCCRF）调查发现，苹果手机用户更新操作系统后可能会降低设备的运行速度，2020年2月以"缺乏必要信息构成了误导性商业行为"为由，对苹果处以2500万欧元的罚款。[④] 2020年3月，法国竞争管理局因苹果在分销网络中存在垄断行为、对独立经销商构成不正当竞争，而向苹果开出11亿欧元巨额罚单。同时，苹果的两家美国批发商——科技数据（Tech Data）和英迈公司（Ingram Micro）也分别被处以7611万欧元和6297万欧元的罚款。[⑤]

与此同时，鉴于美国在数据领域的"长臂管辖"威胁，加强数据保

---

① Autorité de la Concurrence, "Histoire de la Concurrence," 3 December 2019, https://www.autoritedelaconcurrence.fr/fr/la-decouverte-de-la-concurrence, last accessed on 24 April 2020.

② Ministère de l'Economie et des Finances, "Présentation de Direction Générale de la Concurrence, de la Consommation et de la Répression des Fraudes," 2 August 2019, pp. 2-9, https://www.economie.gouv.fr/dgccrf/dgccrf, last accessed on 24 April 2020.

③ Autorité de la Concurrence, "L'Autorité Sanctionne Google à Hauteur de 150 M € Pour abus de Position Dominante," 20 December 2019, https://www.autoritedelaconcurrence.fr/fr/communiques-de-presse/lautorite-sanctionne-google-hauteur-de-150-meu-pour-abus-de-position, last accessed on 15 April 2020.

④ Ministère de l'Economie et des Finances, "Transaction avec le Groupe APPLE Pour Pratique Commerciale Trompeuse," 7 February 2020, https://www.economie.gouv.fr/dgccrf/transaction-avec-le-groupe-apple-pour-pratique-commerciale-trompeuse, last accessed on 15 April 2020.

⑤ Autorité de la Concurrence, "Apple, Tech Data et Ingram Micro Sanctionnés," 16 March, 2020, https://www.autoritedelaconcurrence.fr/fr/communiques-de-presse/apple-tech-data-et-ingram-micro-sanctionnes, last accessed on 15 April 2020.

护也是法国关注的重点方向。美国“阐明数据海外合法使用法”（Clarifying Lawful Overseas Use of Data Act，简称“CLOUD 法”）于 2018 年 3 月生效，该法案明确规定其适用于美国以外的数据中心存储的信息，当美国司法部门要求欧盟境内一家数据处理商提供个人或非个人信息时，后者必须予以配合，否则可能面临美国政府对其做出处罚的风险。[①] 因此，通过该法案，美国加强了数据领域的“长臂管辖”能力。但该法案对欧盟境内个人数据的获取，与欧盟《通用数据保护条例》存在明显的抵触冲突。[②] 为反制“CLOUD 法”对主权造成的冲击，法国从经济战略和司法两方面予以反制。在经济战略方面，2019 年 4 月，法国经财部长布鲁诺·勒梅尔（Bruno Le Maire）提出了建立“国家战略云”计划的构想，法国将建立主权性数据存储工具，对法国企业的战略性数据进行安全存储并加以保护，防止美国通过“CLOUD 法”获取数据。在司法方面，2019 年 6 月法国国民议会发布的《重建法国和欧洲主权、保护我们的企业反制域外管辖的法律和措施》报告，也对法国企业在“CLOUD 法”背景下，如何有效保护其拥有的非个人数据，提出了相关建议：一是创立一部新的法案，禁止不通过司法互助协议、向外国行政或司法部门提供法国企业数据；二是建议将 GDPR 适用范围进行扩展，将对个人数据的保护延伸到非个人数据上；三是加大处罚力度，参照 GDPR 第 83—85 条的规定，将涉违反数据保护规定的行为人的最高处罚金额提高到 2000 万欧元，或是企业上一年全球营业额的 4%；四是赋予法国电子通讯和邮局调控署（ARCEP）新的职责，独立于负责个人数据保护的国家信息与自由委员（CNIL），成为法人机构数据保护的独立行政监管机构。此外，法国加强现有工具的执行力度，率先将欧盟《通用数据保护条例》付诸实践，对美国企业下手。2019 年 1 月，法国国家信息与自由委员会

① U. S. Department of Justice, “The Purpose and Impact of the CLOUD Act,” April 2019, pp. 3 -6, https: //www. justice. gov/opa/press-release/file/1153446/download, last accessed on 22April 2020.

② 根据 GDPR 第 48 条的规定，某个司法管辖区或第三国行政机构，若要求欧盟境内数据处理负责人或分包人传输或透露个人数据，其决定将不被予以承认或具备任何形式的执行力。因此，倘若企业向美国司法部门提供了相关数据，则实际上妨碍了欧盟 GDPR 或非个人数据流通规章的适用。

（CNIL）因谷歌提供信息不透明、违反数据隐私保护相关规定，对其处以5000万欧元罚款，成为欧盟《通用数据保护条例》（GDPR）[①] 自2018年5月生效以来开出的首张罚单。[②]

（四）税收实践——以数字服务税为例

近年来，法国政府对于新兴科技的发展极为重视，也充满焦虑。据有“互联网女皇”之称的玛丽·米克（Mary Meeker）发布的《2018年互联网趋势》（Internet Trends Report 2018）[③] 报告统计，在全球排名前20的科技企业中，美国有11家，中国占有9家，而欧洲企业无一上榜，鲜有数字经济领域的跨国巨头，在中美主导的数字经济国际格局中已经明显落后。面对不利局面，法国首次提出在欧盟框架下推动数字服务税。一方面，法国、德国等成员国对美国谷歌（Google）、亚马逊（Amazon）、脸书（Facebook）、苹果（Apple）等科技巨头在欧盟境内的税基转移与市场强势地位颇为不满[④]，认为欧洲企业在竞争中处于绝对被动地位；另一方面，法国希望通过数字经济税收规则的制定，争取在数字经济领域的主动权，将产业未来朝着有利于欧洲的方向引导，从而提升欧洲在数字经济领域的国际竞争力。然而，由于在美国贸易保护主义背景下德国担忧其汽车业成为美国的打击目标，虽与法国原则上达成一致，但希望欧盟数字服务税在谋求国际共识的努力失败的情况下才生效，因而态度模棱两可。加之低税率成员国爱尔兰、瑞典、丹麦、芬兰的反对，

---

① Intersoft Consulting, “General Data Protection Regulation,” 25 May 2018, https://gdpr-info.eu/, last accessed on 15 April 2020.

② CNIL, “La Formation Restreinte de la CNIL Prononce une Sanction de 50 Millions D'euros à l'Encontre de la Société GOOGLE LLC,” 21 January 2019, https://www.cnil.fr/fr/la-formation-restreinte-de-la-cnil-prononce-une-sanction-de-50-millions-deuros-lencontre-de-la, last accessed on 15 April 2020.

③ Bondcap, “Internet Trends Report 2018,” 30 May 2018, p. 218, https://www.bondcap.com/report/it18/, last accessed on 22 April 2020.

④ 跨国科技巨头将在欧盟的总部设立在爱尔兰、瑞典、丹麦、芬兰等税率偏低的国家，从而削减大量税收成本。据欧盟委员会统计，跨国数字企业在欧盟的平均税率为9.5%，而传统行业平均税率则为23.2%。参见 European Generation, “EU's Hassle with Taxation of the Digital Economy,” 4 March 2019, https://www.europeangeneration.eu/single-post/2019/03/04/EU%E2%80%99s-Hassle-with-Taxation-of-the-Digital-Economy, last accessed on 22 April 2020.

法国因此只能单独采取行动。

2019年1月22日，法国经财部长布鲁诺·勒梅尔（Bruno Le Maire）在达沃斯论坛上提出，为应对跨国互联网巨头侵蚀传统税基的国际性挑战，法国将率先行动在国内实施数字服务税，并预计2020年底将在经合组织（OECD）框架下推出长期数字税收的国际解决方案。① 2019年7月11日法国正式通过了向大型互联网企业征收数字服务税的法律草案，法国政府将向包括谷歌、苹果、脸书、亚马逊等在内的30余家全球数字业务营业收入不低于7.5亿欧元，且在法国营业收入超过2500万欧元的互联网企业征收相当于其在法国营业额3%的数字税，征税日期追溯至2019年1月1日。② 意大利、奥地利、英国、土耳其、西班牙、比利时等国纷纷跟进，出台相关法案，呼应法国倡议。德勤（Deloitte）研究报告显示③，数字服务税在2019年将为法国带来超过4亿欧元的收入，到2020年收入约5亿欧元，主要涉及27家跨国互联网企业。如表3所示，在27家互联网企业中，美国企业占16家，在企业规模上更是占据压倒性优势，反映出法国数字服务税对美国具有极强的针对性。

随即，美国总统特朗普以美国科技公司受到“不公平”对待为由，在历史上首次对法国发起“301调查”④，并扬言要对法国实施单边制裁措施。2019年12月2日，美国贸易代表办公室（USTR）宣布，“301调查”表明法国数字服务税对美国互联网企业构成“歧视”，具有追溯力和域外性质，与现行的税收原则不符。考虑到相关“损害”，提议美国政府向香槟、奶酪、手提包等价值24亿美元的法国输美产品加征最高达

① Fabrice Nodé-Langlois, “Le Marathon de Bruno Le Maire à Davos,” *Le Figaro*, 24 January 2019.

② Sénat, “Création D'une Taxe sur les Services Numériques,” 17 June 2020, https://www.senat.fr/dossier-legislatif/pjl18-452.html, last accessed on 22 April 2020.

③ Deloitte, “The French Digital Service Tax An Economic Impact Assessment,” 22 March 2019, pp. 30–35, https://taj-strategie.fr/content/uploads/2020/03/dst-impact-assessment-march-2019.pdf, last accessed on 22 April 2020.

④ “301调查”源自美国《1974年贸易法》第301条，该条款授权美国贸易代表可对他国的所谓“不合理或不公正贸易做法”发起调查，并可在调查结束后建议美国总统实施单边制裁。

100%的关税。[①] 法国经财部长布鲁诺·勒梅尔随即表示强烈抗议，称美国政府不应该对法国和其他欧洲国家采取此类行动，法国面向世界各地的企业征收数字税，是非歧视性措施，旨在“恢复税务公正”。法国“不会放弃”征收数字服务税，一旦美国实施新的制裁措施，欧盟将进行强烈还击。[②]

表4　**法国数字服务税涉及的跨国互联网企业名单**

主营业务	企业名称及归属地
在线销售	Alibaba（中国），Amazon（美国），Apple（美国），Ebay（美国），Google（美国），Groupon（美国），Rakuten（法国），Schibsted（挪威），Wish（美国），Zalando（德国）
中介服务	Amadeus（西班牙），Axel Springer（德国），Booking（荷兰），Expedia（美国），Match. com（美国），Randstad（荷兰），Recruit（日本），Sabre（美国），Travelport Worldwide（英国），Tripadvisor（美国），Uber（美国）
在线广告	Amazon（美国），Criteo（法国），Ebay（美国），Facebook（美国），Google（美国），Microsoft（美国），Twitter（美国），Verizon（美国）

资料来源：Deloitte，“The French Digital Service Tax An Economic Impact Assessment，” 22 March 2019， p. 28， https：//taj-strategie. fr/content/uploads/2020/03/dst-impact-assessment-march-2019. pdf，last accessed on 22 April 2020.

五　结语

鉴于“长臂管辖”对经济主权的长期压迫，在反制上既需要考虑法律因素，也必须辅以经济政策工具。结合“抵御”与“模仿”两种反制路径，法国以重塑经济主权为理念，一方面在欧盟层面积极推动建立相

① USTR，“Conclusion of USTR's Investigation under Section 301 into France's Digital Services Tax，” 2 December 2019，https：//ustr. gov/about-us/policy-offices/press-office/press-releases/2019/december/conclusion-ustr%E2%80%99s-investigation，last accessed on 22 April 2020.

② Pierre-Yves Dugua and Wladimir Garcin-Berson，“Riposte Américaine à la Taxe Gafa：Trump Joue l' Apaisement，” *Le Figaro*，3 December 2019.

关“防御性”的反制措施，完善欧盟法律架构、筹建独立结算体系、推进一体化建设重塑及多边主义，与各成员国共同防范美国霸权主义行径；另一方面在国内部署相关立法和经济政策工具，采取“攻防兼备”的反制措施。一方面，通过完善反腐败法案使其具有域外性，并在空客腐败案中取得成效，成功抵制被美国“抄家底”并将罚款留在本土；另一方面，以竞争中性、反垄断、数据保护、税收公正为由，“模仿”美国强化法律域外适用，丰富立法、司法、税收实践，制衡美国企业并塑造法国版或欧洲版“长臂管辖”工具。相对而言，法国反制措施有效抵御了美国“长臂管辖”的威胁，并成功“化被动为主动”开始向美国企业频频下手。鉴于此，法国经验具有一定的参考和借鉴价值，为中国对美斗争提供了相应启示。

在中美世纪博弈背景下，美国不遗余力对中国涉外企业进行战略性打压，中兴、华为事件充分暴露出美国已将“长臂管辖”作为对中国企业进行极限施压的重要手段，未来有变本加厉的趋势。积极研究相关反制措施，并在必要时推进中国国内法域外适用是反制美国“长臂管辖”的必由之路。法国反制美国“长臂管辖”的系列措施，既是出于多年来深受其害的求生意识，也是出于美国霸权主义威胁下的求全之策，对于中国对美斗争具有一定的参考和借鉴意义。近年来，美国对中国“长臂管辖”的力度也在逐步加深，值得高度警惕、认真研判。一方面，研究提升中国针对“长臂管辖”的反制能力。加强研究各领域反制“长臂管辖”的法律，形成中国自己的法律保护屏障。进而加强中国域外适用法律体系建设，丰富对美斗争工具；另一方面，深化中欧交流合作，分化欧美，反制美国霸权。利用欧美在“长臂管辖”等问题上的深层矛盾，深化中欧在反制美国霸权方面的政治、经贸、金融、法律交流合作，形成命运共同体，共同对美施压，进而兼顾避免欧美联合对中国施压。

与此同时，欧美在此问题背后的思维和逻辑存在共性，旨在占据道义制高点从而塑造对自身有利的规则标准，进而通过法律的域外适用进行全球延伸和推广，从而赢得在国际经济竞争、全球治理挑战、大国战略博弈当中的有利地位。近年来，欧盟及法国出台的经济、法律等措施具有较强的域外效力"进攻性"，不仅仅对美国相关企业造成冲击，同时使中国企业在跨国经营中承担着很高的风险。在国际经济合作及"一带一路"建设中，随着中国企业国际化布局的加快，应坚持底线思维，提升企业自律与合规意识，时刻保持警惕，对欧美"长臂管辖"引起足够重视。

欧盟—南方共同市场自贸合作：动力、进程及影响

赵怀普*

欧盟是当今世界一体化程度最高的区域性政治、经济集团，也是一个重要的全球行为体。南方共同市场（以下简称“南共市”）则是拉美最大的次区域集团，也是世界上第一个完全由发展中国家组成的经济一体化组织。基于利益上的契合点，这两大集团在历史文化联系以及传统渊源根基之上建立起合作关系，尤以经贸合作最为深入。2019 年 6 月达成的欧盟—南共市自贸协定，堪称双方关系的一个重大里程碑，同时对世界政治经济格局也具有重要影响。本文基于欧盟经济外交视角，探析冷战后欧盟与南共市开展自贸合作的基础和动力、取得的进展及面临的挑战。

一　欧盟—南共市自贸合作的基础和动力

欧盟与南方共同市场①有着深厚的历史文化渊源，双方在经贸、社会、人文等领域互融互通程度较高。自 20 世纪 60 年代起，欧盟的前身欧共体就开始参与拉美经济事务。70 年代末“中美洲危机”爆发后，欧

* 赵怀普，外交学院国际关系研究所教授。

① 南共市成立于 1991 年，现有巴西、阿根廷、乌拉圭和巴拉圭四个成员国。玻利维亚以及智利、哥伦比亚、厄瓜多尔、秘鲁和苏里南目前为南共市联系国。

共体加大了对该地区的政治和外交介入，并在1984年与中美洲国家开启了“圣何塞对话”进程。“圣何塞对话”体现了欧共体寻求解决拉美地区冲突的“欧洲方式”①；它也被视为（欧盟）共同外交与安全政策的开端，有助于界定欧盟在国际政治中的立场，而拉美是欧盟在国际政治中的第一个对等行为体。② 1986年西班牙和葡萄牙加入欧共体，进一步拉近了欧拉关系。1991年南共市成立后，由于其一体化实践最接近欧盟模式，因此成为欧盟在拉美的首选合作伙伴。

欧盟与南共市合作有着重要的理念基础与物质基础。19世纪拉美独立运动时期，西蒙·玻利瓦尔倡导新独立国家结成联盟的思想和实践为拉美一体化描绘了最初的宏伟蓝图，其思想成为“人类历史上首次提出以团结联合、统一和整体论为主要内容的一体化思想”③。20世纪50年代，以劳尔·普雷维什为代表的一批拉美经济学家提出了发展主义理论，主张通过工业化改变拉美经济结构，并通过地区经济一体化实现经济独立发展。在这一理论的影响下，中美洲国家组织、拉美自由贸易协会相继宣告成立，成为发展中国家最早的经济一体化实践。80年代初拉美国家采取自由化和市场开放的新政策，为地区经济一体化注入了新动力。此后拉美经委会提出了“开放的地区主义”理论，主张打破过去封闭式的一体化模式，促进拉美与世界接轨，分享全球化红利。正是在这一思想的指导下，拉美地区形成了包括南共市在内的多个开放度更大、整合度更高的次地区组织。南共市的“开放的地区主义”与欧盟的“新地区主义”在理念上高度契合。新地区主义的显著特征之一就是提倡外向性的而非内向性的区域主义，强调区域组织除了要着眼于区域内部合作之外，也应加强不同地区之间的横向联系与交往，亦即区域组织应具有跨

---

① 与美国认为中美洲动乱源自苏联、古巴支持并主张进行军事干预的立场不同，欧共体认为动乱的根源在于地区内部严重的贫困和社会经济问题，因此它倾向于将中美洲动乱作为南北问题而谋求一种“地区性”的政治解决方案，而不是作为东西方争夺的组成部分去寻求“全球性”的解决方案。

② ［德］克敏、牛海彬主编：《中国、欧盟与拉美：当前议题与未来合作》，上海人民出版社2011年版，第10页。

③ 洪国起：《玻利瓦尔主义与拉丁美洲一体化》，载《南开学报》（哲学社会科学版）1999年第5期。

区域的含义和内容。欧盟本身是一个一体化典范，可以为其他地区的一体化甚至世界经济一体化实践提供示范样板。[①] 地区一体化理念的契合为双方之间的跨区域合作提供了思想引领。

较强的经济互补性为欧盟与南共市的经贸合作提供了物质基础。这种互补性与双方在经贸领域的比较优势息息相关：欧盟的优势在于市场、资本和技术以及拥有较好的投资环境；南共市的优势是自然资源丰富。经济互补性强意味着合作潜力大、互利共赢的利益汇合点多，由此为双方的经贸合作奠定了物质基础。

冷战后，在多方面动力的推动下，地区间自由贸易成为欧盟—南共市经贸合作的突出特点。从其动力来看，首先是全球层面，经济全球化在助推新兴市场国家和发展中国家在国际经济舞台上的地位不断上升的同时，也促使南北国家在生产、贸易和金融等领域的关系变得更为密切，此外，随着经济实力的增强，发展中国家在全球治理领域亦成为发达国家不可或缺的合作伙伴。

其次是地区层面，地区间主义的政策偏好为双边合作提供了内在动力。欧盟成立后在对外关系领域拥有了更大权限和更强的行为能力。在贸易和发展合作领域，欧盟的基本政策是支持区域合作与一体化，尤其偏好集团对集团的地区间互动方式，谋求在地区间框架内解决经贸、政治、安全和环境领域的问题，以增强其外交政策的有效性。欧盟将签署地区间协议作为“一种加强共同外交与安全政策的经济外交方式，它通过广泛的制度化合作网络弥补了共同外交与安全政策的不连贯性，不仅涉及了金融和贸易，也把‘政治原则’和‘价值观’包含其中”[②]。欧盟于 1994 年出台对拉美政策基本文件，确定了发展同拉美关系的主要方向，并将与南共市等区域组织之间的合作作为主要目标之一。1995 年 12 月，欧盟与南共市签署了《地区间框架合作协议》，其宗旨是扩大双方合作范围和加大合作力度，适时启动包含签署自贸协定在内的“联系协

① European Commission Staff Working Paper, “Concerning the Establishment of an Interregional Association between the European Union and Mercosur,” Brussels: European Commission , 1998, p. 1.

② F. Petiteville, “L’Union Dans les Relations Internationales: Du Soft Power à la Puissance?,” *Questions Internationales* 7, May/June 2004, p. 71.

定”（Association Agreement）谈判。总之，欧盟与南共市关系的独特性之一在于双方所选择的地区间互动的特定形式和制度安排，尽管欧盟对这种选择更具有决定性的影响。

再次，从欧拉互动模式来看，欧盟和拉美基于历史渊源和战略利益的考虑积极靠拢，关系日益密切。1999 年 6 月首届欧拉峰会通过的《里约热内卢声明》和《行动计划》确定了欧拉未来关系的框架和基本原则，包括建立面向 21 世纪的战略伙伴关系。后来新形成的欧盟—拉共体峰会每两年召开一次，已成为固定的跨区域政府间政治对话机制。欧拉峰会机制及双方战略伙伴关系的建立为欧盟—南共市合作提供了政治动力和保障。

最后，特别需要强调的是，经济利益与战略考量构成了双方自贸合作的最主要动因。欧盟希望通过合作扩大对南共市的商品、服务出口，并获取更多的自然资源。南共市则希望通过合作为成员国的农业和工业出口带来经济利益，同时助推南共市的产品进入全球产业链，进一步拓展对外经贸空间，实现资金、技术来源和出口市场多样化。从战略考量来看，欧盟希望通过与南共市合作促进双方在经济、外交和安全等各个方面相互协调，以加强自身的国际地位。同时，欧盟也试图通过合作将自身体制模式输出到南美地区。更为重要的是，欧盟与南共市合作背后有着与美国竞争的战略考虑。冷战后，美国大力推行其美洲自由贸易区（FTAA）计划，尤其将南共市作为重点拉拢对象。这不仅威胁到南共市的生存，也对欧盟在该地区的经济与战略利益构成了威胁。因此，欧盟希望通过与南共市合作防止后者倒向美国的自贸区计划。欧洲议会认为，与南共市合作有助于加强欧盟的贸易角色，并阻止整个拉美南锥体陷入美国的保护之下。[①] 南共市同样有其战略考量。面对冷战后国际环境的变化和全球化带来的挑战，它希望通过与欧盟合作变挑战为机遇，并在全球化进程中占据较为有利的地位。同时，与欧盟合作也将有助于推动

① Sebastian Santander, “The European Partnership with Mercosur: A Relationship Based on Strategic and Neo-liberal Principles,” *Journal of European Integration*, Vol. 27, No. 3, September 2005, p. 293.

南共市的经济改革、抵御区域内危机和巩固其一体化制度（包括完善关税同盟）。更为重要的是，南共市与欧盟合作也有着平衡美国影响的考虑：一是通过合作增强其在与美国谈判中的地位和分量，争取获得好的结果；二是借助欧洲力量平衡美国，以维护自身的生存和发展。正如有专家所指出的，南共市和欧盟基于多边主义的合作及其方式是对“美国治下的和平”的一种挑战并提供了另一种选择。①

总之，欧盟—南共市经贸合作具有历史与现实基础，冷战后双方合作迈向自贸新高地不仅取决于两大地区的内部发展和外部动力的推动，同时也是双方基于各自利益考虑而进行的对外战略调整和政策选择的结果。

二　自贸协定谈判的曲折与进展

1999 年 6 月，欧盟和南共市就签署一项包含政治、合作和贸易支柱的双边地区间联系协定进行谈判。纵观整个谈判进程，政治和合作章节的谈判进展相对顺利，而自贸协定谈判则要困难得多。从 1995 年谈判前的准备起至 2019 年达成自贸协定，这一过程经历了一波三折。

（一）1995—1999 年：谈判准备阶段

自贸协定的目标是实现双方相应市场内商品、服务和资本的同等流通水平，这对双方尤其南共市而言是一个不小的挑战。南共市的挑战在于其关税同盟（1995 年启动）不够完善，商品和服务流通仍受到内部壁垒的困扰。欧盟的挑战则在于需要解决内部谈判授权问题。

1995 年的框架合作协议确定了自由贸易的目标，并规定双方就经贸政策问题进行持续对话。1998 年 7 月，欧盟委员会向欧盟部长理事会提出了一项关于与南共市谈判自贸协定的授权建议。但部长理事会在授权问题上态度谨慎，一些成员国的农业和渔业部门反对自贸谈判，认为自贸协定将会给欧洲的农业造成严重损害。内部争议使得谈判授权问题久

① 张凡：《欧洲联盟与拉丁美洲的对话》，载《欧洲研究》2007 年第 5 期。

拖不决，直到1999年首届欧拉峰会召开前夕才出现转机，在德国、西班牙、意大利等国的支持下以及南共市—欧盟商业论坛的游说下，欧盟理事会和委员会终于就谈判授权问题达成了妥协。在欧拉峰会期间，欧盟和南共市举行了双边峰会，就启动双边地区间联系协定谈判达成了一致。作为总体谈判的一个组成部分，双方决定按照互惠原则就建立一个包括工业品和农产品、服务业、政府采购、知识产权、关税和贸易便利化、贸易技术壁垒在内的全面的自由贸易区进行谈判。但双方也给谈判施加了一些限制，即仅就非关税壁垒问题立即开始谈判，而关税谈判的日期暂不确定。

（二）1999—2000年：自贸谈判正式启动、进展缓慢并陷入停滞

1999年11月，欧盟与南共市就非关税壁垒问题开始谈判，并计划于2000年底前完成谈判。然而前四轮谈判仅涉及讨论方法、信息交换和分析关税谈判的基本前提条件等问题，并未取得真正的进展。1999年巴西爆发了严重的金融危机，南共市受此拖累陷入了经济衰退中，给双方的谈判带来了困难，欧盟对南共市的不稳定甚至可能走向消亡感到担忧。

其他一些因素也对谈判产生了不利影响。首先，1999年12月西雅图世贸组织部长级会议启动的新一轮关于农业和服务业贸易的谈判失败，使得欧盟得以减轻1994年关贸总协定《马拉喀什议定书》中关于开放农业贸易的规定所带来的压力。因此，欧盟不愿在世贸组织谈判结束前对某一地区做出贸易让步，坚持农产品补贴问题只能在多边谈判框架内解决。另外，正在参与美洲自贸区谈判的南共市也不想在谈判结束前（预计2005年前难以结束）完成与欧盟的谈判，巴西尤其想把与欧盟的谈判作为同美国讨价还价的有力武器之一。

其次，双方各自的议程对谈判产生了影响。一方面，欧盟实施东扩战略给它带来了一系列政策调整与内部利益协调的压力和挑战，从而在一定程度上限制了其在对外谈判中的灵活性。加之1999年欧元启动后，由于货币和汇率政策已交由欧洲中央银行控制，欧元区国家为了解决国内失业问题不愿减少针对其他市场的贸易壁垒。另一方面，南共市当时采取了与美、欧同时进行谈判的策略，以期将从一个谈判中获得的贸易

优惠延伸到另一个谈判中，从而追求自身利益的最大化。因此，南共市在看到欧盟的谈判报价之前不愿让步，此外它也担心欧盟东扩后新增成员国在许多产品方面成为自己的竞争对手。当然，南共市一体化程度不高对谈判也产生了阻碍作用。从1991年到1997年，南共市只有47%的共同法令转化为（成员国）国内法。[①] 共同关税应用不一致以及缺乏统一的竞争政策和技术法规体现了南共市关税同盟的局限性。[②] 值得一提的是，大国的特殊利益也成为制约因素。巴西将南共市作为促进本国利益的手段和战略工具，既谋求在南共市发挥领导作用以加强其国际地位，又力图将一体化成本保持在最低水平。它不希望将自己锁定在某种过于狭窄而无法促进其外交政策目标的安排中，而是希望保留所有的选择，以便通过结成各种战略联盟使自己融入世界经济，并在全球政治中发挥重要作用。

最后，双边经贸关系的不对称与利益诉求的差异是阻碍谈判取得进展的关键因素。20世纪90年代以后，欧盟对南共市的出口和投资快速增长，1990—1998年，出口增长了375%。[③] 相比之下，南共市对欧盟的出口增长较为缓慢；欧盟占南共体对外贸易的26%，而南共体却仅占欧盟对外贸易的2.9%。[④] 从贸易结构来看，欧盟的出口主要集中在机械和运输设备、化学药品和基本制成品上，而南共市的出口则主要集中在食品和原材料上。简言之，欧盟自南共市的进口约51%是农产品，而其对南共市的出口约95.5%是工业产品。[⑤] 除了贸易失衡外，投资领域也存在不对称性。一方面，欧盟对南共市的投资占其对拉美地区投资总额

---

① ［德］克敏、牛海彬主编：《中国、欧盟与拉美：当前议题与未来合作》，上海人民出版社2011年版，第102页。

② Mariana Mota Prado & Vladimir Bertrand, "Regulatory Cooperation in Latin America: The Case of Mercosur," *Law and Contemporary Problems*, Vol. 78, No. 4, 2015, pp. 205 - 230.

③ Sebastian Santander, "The European Partnership with Mercosur: A Relationship Based on Strategic and Neo-liberal Principles," p. 295.

④ Sebastian Santander, "The European Partnership with Mercosur: A Relationship Based on Strategic and Neo-liberal Principles," p. 296.

⑤ M. M. Cienfuegos, "Implications of European Union Enlargement for Euro-Mercosur Relations," in *Beyond Enlargement: The New Members and New Frontiers of the Enlarged European Union*, España: Universitat Autònoma de Barcelona, Institut Universitari d'Estudis Europeus, 2003, p. 262.

的3/4左右，其中对服务业的投资占对南共市全部投资的1/3至2/3，重点是银行、保险、电信、运输和工程等关键领域。另一方面，南共市对欧盟的投资数额则小得多，收益也十分有限。可见双方经济关系在结构上与南北关系非常相似，其互补性一面有利于合作，而不对称性则易使双方在利益诉求上产生差异从而阻碍合作。自贸谈判开始后，双方基于各自的利益考虑都对“敏感”问题或产品采取了保护主义的立场。欧盟坚持农产品补贴问题应在世贸组织的谈判框架内解决，但却希望和南共市就服务业（特别是金融服务）自由贸易以及开放公共采购市场达成协议。而南共市则坚持将汽车排除在自贸协议之外，并对开放服务市场持谨慎态度，但它同时却要求欧盟取消农产品补贴以及包括植物检疫和反倾销措施在内的非关税壁垒。

各种因素的叠加导致谈判进展缓慢，但双方并未因此失去信心，而且暴露出的问题也为下一步谈判指明了努力方向。2001年7月，双方启动了实质性的关税、服务和农业谈判。欧盟向南共市提出了一项单边关税提案，内容是在10年内逐步开放100%的制成品和90%的农产品市场。此后，随着南共市内部危机趋于缓解，双方谈判的气氛有了明显改善。然而农业问题依然是谈判的难点。南共市要求欧盟取消农业补贴，并完全开放包括牛肉、食糖在内的农产品市场。2001年10月，南共市提议在10年内逐步实现86%的制成品和100%的农产品自由贸易，但其中不包括汽车行业。虽然双方在利益诉求上的差异依然明显，但提出贸易提案本身具有一定的积极意义，表明了双方谈判的意愿。

2003年9月，坎昆世贸组织部长级会议的失败以及美洲自贸区计划的推进对双方的谈判产生了重要影响。在坎昆会议举行前夕，欧美双方就农产品市场开放、补贴和反倾销措施等达成妥协，同意对农产品协议的范围进行限制，同时双方也未提供削减农产品产量和出口补贴的时间表，这显然不符合发展中国家的利益。此外，涉及投资、竞争、公共采购市场的透明度和贸易便利化以及服务贸易自由化的所谓“新加坡问题”亦引发了争议，因为这些领域的自由化明显对发达国家有利，而不利于发展中国家。正是南北之间的分歧导致了坎昆会议的失败。在多边谈判受阻的情况下，美国和欧盟在签订双边自贸协议方面展开了竞争。

由于美国不肯在农产品补贴问题上让步，其自贸协议计划遭到包括南共市在内的多数拉美国家的抵制并最终搁浅。而欧盟于2003年11月推出了“布鲁塞尔计划”，目标是在2004年10月前和南共市缔结联系协定。为了推动谈判，欧盟减少了对欧洲农产品的补贴，增加了对来自南共市农产品的进口配额。作为回应，南共市表示愿意对其所谓的“幼稚工业”减少保护，允许欧盟进入通信业和银行业。在2004年5月欧拉峰会期间，双方宣布将在2004年10月完成贸易谈判。

然而峰会过后，由于内部经济问题凸显以及缺乏共识，南共市的谈判立场又趋消极。南共市不肯向欧盟开放公共采购市场和放弃对工业政策的控制。此外，为了借重欧盟制衡美国，南共市也不想过早地与欧盟结束谈判。作为回应，欧盟不愿在开放农产品市场问题上做出让步。谈判陷入僵局的症结仍在于双方经济关系的不对称。地区间主义的驱动力源自对称性相互依存所带来的利益、偏好和价值观的满足，[①] 反之，相互依存关系的不对称妨碍地区间合作。在欧盟—南共市经济相互依存关系的不对称格局下，双方因利益诉求不同而在农业、服务和政府采购等关键问题上存在严重分歧。此外，WTO谈判和美洲自贸区谈判受阻、欧盟实现东扩后忙于处理内部事务以及南共市关税同盟依旧不够完善等因素也对谈判产生了阻碍作用。到2004年底，谈判因难以在关键问题的分歧方面取得突破而宣告中止。

（三）2010—2019年：谈判恢复、再经曲折并最终达成自贸协定

2010年7月，欧盟和南共市重启自贸协定谈判。但谈判在2012年又陷入停滞，主要原因是南共市内部无法协调立场。2014年4月，南共市成员国就纳入自贸协定的商品清单达成了基本共识，从而有助于谈判的恢复。2015年6月，欧盟和南共市重申将致力于尽早达成一项平衡的和全面的地区间联系协议。2015年10月，欧盟发布《惠及所有人的贸易：迈向更负责任的贸易与投资政策》（Trade for All：Towards a more Re-

① Mahrukh Doctor, “Why Bother with Inter-Regionalism? Negotiations for a European Union-Mercosur Agreement,” in *Journal of Common Market Studies*, Vol. 45, No. 2, 2007, p. 310.

sponsible Trade and Investment Policy）的文件，确定了有关欧盟与拉美经贸合作的三个优先事项，其中包括完成与南共市之间的自贸谈判。[①]

2016 年 5 月，双方重启了谈判程序，并交换了新的市场准入要约（涵盖货物、服务和政府采购）。2016 年 10 月，双方开始了新一轮谈判，此后又进行了多轮谈判，至 2017 年 7 月在各个章节都取得了进展，但农业仍然是最大的绊脚石。南共市对欧盟 2017 年 10 月提出的关于牛肉和酒精类饮品的报价感到不满意；而在工业领域，特别是汽车、制药、化学和纺织部门、金融和海上运输服务、电信以及公共采购方面，欧盟的进攻性利益则与南共市的防御性利益形成了对比。2011 年的一项研究显示，增加工业品出口可使欧盟的 GDP 增长 150 亿欧元，而南共市的 GDP 增长则是 20 亿欧元。[②] 2017 年 11—12 月的谈判在海关和贸易便利化、行政相互协助、金融服务和资本流动与支付、政府采购、地理标志、贸易与可持续发展以及争端解决等方面取得了重要进展，但仍未突破农产品贸易问题上的障碍。2017 年 12 月，双方再次交换了修改后的市场准入要约，并力争在 2018 年达成协议。然而，2018 年双方仍未达成协议。

进入 2019 年后，世界政治经济形势的一系列变化对双方的谈判产生了重要影响。特朗普执政后奉行“美国优先”外交，大搞单边主义和贸易保护主义，导致国际地缘竞争加剧。美国继升级与加拿大、墨西哥之间的自贸协定之后，进而谋求与日本和致力于“脱欧”的英国达成双边自贸协定。美国的上述动向令欧盟倍感压力，同时，欧盟担忧中美在拉美的竞争会影响其在该地区的利益，也顾忌中国参与拉美经贸合作所带来的挑战，因此它希望加强与南共市合作以巩固其在该地区的根基和战略利益。而南共市正在从 2016 年的地区衰退中恢复过来，这也有助于它与欧盟之间的自贸谈判。

总之，面对快速变化的国际和地区形势，欧盟和南共市基于各自利益的考虑都希望加快谈判进程。欧盟在从南共市进口牛肉和糖方面做出

---

① 另两个优先事项则是升级欧盟与智利、墨西哥之间的贸易协议。

② Martin H. Thelle and Eva R. Sunesen，“Assessment of Barriers to Trade and Investment between the EU and Mercosur,” *Copenhagen Economics*, May 2011, p. 52.

了让步，从而使谈判迎来曙光。主管农业与农村发展的欧盟委员菲尔·霍根指出，欧盟不得不在上述问题上做出“显著让步”，但得到的结果是“平衡、全面和广泛的”①。2019 年 6 月 28 日，欧盟和南共市终于签署了关于双方之间自由贸易协定的备忘录。自贸协定的主要内容包括：欧盟对南共市产品减少 95% 的进口关税；5—10 年内双方逐步减少汽车整车及零配件、纺织品、鞋类产品以及药品关税；双方对配额内的红酒、巧克力、酒精类饮品、气泡饮品及奶酪等实行零关税；根据 WTO 框架协议，南共市国家依配额出口欧盟的牛肉享受免关税待遇。

三　欧盟—南共市自贸协定的影响与挑战

欧盟—南共市自贸协定对双方意义重大，它意味着将形成一个拥有近 7.8 亿消费者的庞大市场，同时将使双方发挥互补优势，增强两大区域的经济活力，并通过价值链的整合使双方的行业在全球市场上保持竞争力。另外，自贸协定作为更广泛的联系协定的一部分，它将巩固双方具有战略性的政治和经济伙伴关系。

欧盟和南共市都分别从自贸协定中获得重要收益。该协定是欧盟最重要的贸易协议，在价值上了超过欧盟—加拿大和欧盟—日本自贸协议。它将消除欧盟对南共市出口的大部分关税，这将使得欧洲企业在每年节省 40 亿欧元关税的同时更具竞争力，同时也将有助于欧盟增加对南共市的投资并从中获得更多利润。自贸协定将给南共市带来明显的经济收益，难怪巴西总统博索纳罗称它是有史以来最重要的一项贸易协议。② 除了有助于扩大对欧盟的出口和吸引更多的欧盟投资外，自贸协定还将促进南共市的行业融入欧盟高度创新的价值链中，从而提高竞争力。此外，自贸协定还将给南共市的一体化建设以及地区经济增长带来新的助推力。

在当前保护主义、单边主义抬头的背景下，欧盟—南共市自贸协定

---

① 《欧盟与南共市达成自贸协定 艰难谈判 20 年终成正果》，参考消息网，2019 年 6 月 30 日，http：//www. cankaoxiaoxi. com/finance/20190630/2384108. shtml［2020 - 03 - 24］。

② 南博一：《欧盟与南共市达成历史性自贸协定，发出支持开放贸易的信号》，2019 年 6 月 29 日，https：//www. thepaper. cn/newsDetail_ forward_ 3799271［2020 - 03 - 24］。

亦具有重要的国际意义。欧盟贸易委员马尔姆斯特伦认为，自贸协定在眼下多边贸易体系遭到美国鼓吹的保护主义阻碍的困境下达成，实属不易，它发出了支持开放贸易的“响亮而清晰的信号”[①]。

但同时也要看到，欧盟—南共市自贸协定的实施及双方关系的发展仍面临不少挑战。首先，双方关系在政治经济上仍属于南北关系，实力、发展水平和国际权力地位的不对称导致双方的利益偏好和政策目标存在差异。虽然欧盟的价值观规范被纳入联系协定之中，但在实践中双方的表现却具有明显的差异；经济合作的日益政治化给双方关系带来一定的隐患。在社会文化领域，由历史联系所产生的亲和力也难以消除双方不同发展进程和水平所造成的偏好差异和诉求鸿沟，其背后反映出双方文化地位的不平等。此外，在一体化程度上的不对称性也将制约双方的合作。南共市一体化程度较低削弱了其在与欧盟互动中用一个声音说话的能力，从而使欧盟得以主导双边合作的政治条件、资源分配和价值规范。但由于欧盟倡导的高标准自贸协定对于发展中国家和地区并无公平可言，这促使南共市谋求改变它与欧盟之间政治经济关系严重失衡的状态，由此将给双方未来的合作带来挑战。

其次，双方各自都存在内部制约因素。南共市在与欧盟进行自贸合作问题上，其内部存在着不容忽视的反对力量，一些社会团体和机构认为，欧盟的自贸战略与美国在西半球推行以美国为主导的美洲自贸区有着异曲同工之处，并强调“南共市与欧盟进行自贸谈判对本地区十分有害”[②]，会危害各成员国的主权，影响区域一体化可持续发展的前景。欧盟方面则面临着经济增长乏力、难民危机、民粹主义和保守主义抬头等多重挑战，尤其是东扩后新增成员国与拉美国家关系较疏远，在发展与南共市关系方面兴致不高，这些因素都将对自贸协定的实施及双方经贸关系产生不利影响。

---

① 南博一：《欧盟与南共市达成历史性自贸协定，发出支持开放贸易的信号》，2019 年 6 月 29 日，https：//www. thepaper. cn/newsDetail_ forward_ 3799271 ［2020－03－24］。

② “EU-Mercosur Free Trade Agreement Profits for a Few，Threats for the Majority of Our People，” 22 October，2004，https：//www. bilaterals. org/？ eu-mercosur-free-trade-agreement&lang = es ［2020－03－24］.

最后，美国因素的制约作用不容忽视。美国对拉美政策的目标是在西半球建立以美国为核心的政治、经济和安全体系。因此它排斥有碍于实现其目标的拉美一体化，并试图通过其主导的美洲自贸区计划来淡化、抵消甚至瓦解该地区的一体化努力。美国对欧盟—南共市自贸合作保持着警惕，认为这不仅会打破全球贸易竞争的“均势”，而且“对美国在西半球的经济霸权产生威慑”①。美国近些年来试图通过“自助餐式”（允许拉美国家和次区域集团根据自身情况和意愿从美国规划的协议框架内自由选择）自贸协议方式对拉美国家进行分化。继2002年底与智利签署自贸协定之后，美国又陆续与秘鲁、哥伦比亚等十多个拉美国家签署了自贸协定，其在拉美主导的自贸区范围正出现实质性的扩大。这一事态发展不仅对南共市的一体化构成挑战，也使欧盟—南共市自贸合作面临着压力。

四　结语

欧盟和南共市历经艰难曲折终于达成历史性的自贸协定，树立了发达国家集团和发展中国家集团之间合作的典范。这一成果的达成是历史因素与现实因素形成合力、双方在当前国际政治经济形势剧烈变化背景下利益需求汇合所导致的结果。然而共同利益与合作并不能消除分歧，双方政治经济关系的不对称、利益诉求的差异及利益分配的不均衡，既是自贸协定谈判历经曲折的原因，也将继续影响协定的实施及双方未来经贸关系的发展。

---

① Council on Hemispheric Affairs, “EU-Mercosur Free Trade: U. S., a Third Wheel?,” 06 July, 2004. https://www.coha.org/eu-mercosur-free-trade-us-a-third-wheel/.［2020-03-24］

欧洲联盟与南方共同市场联系协定中“永续发展”面向之研究

卓忠宏*

一 前言

贸易自由化一直是欧盟对外贸易政策的主轴。早在2006年欧盟制定的新的对外贸易政策，就将亚洲与拉丁美洲国家列为欧盟经贸往来优先发展区域。之后逐渐开花结果：在亚洲，欧盟与韩国、新加坡、日本、越南已顺利完成贸易谈判。在拉丁美洲，与中美洲6国、秘鲁、哥伦比亚达成自由贸易协议。2019年6月则再与“南方共同市场”（Mercado Común del Cono Sur，Mercosur，以下简称“南市”）① 签署联系协定（Association Agreement）②，赋予欧盟在南美洲扩展的新契机。欧盟与南市拥有近7.8亿人口的市场（约占世界人口的10%），生产总值约占全球

---

* 卓忠宏，淡江大学欧洲研究所教授兼所长。

① 南方共同市场于1991年3月建立，是一个完全由发展中国家所组成的区域组织。其国内生产总值为2.8兆美元，位居世界第三大经济体，仅次于美墨加自由协定（前身为北美自由贸易协定）和欧盟。成员包括阿根廷、巴西、巴拉圭和乌拉圭4国。委内瑞拉在2012年加入，2017年被终止会员国资格。

② 欧盟对外贸易谈判不一定用自由贸易协定（free trade agreement）的名称，而采用不同的专有名词，代表不同意涵。欧盟跟亚洲国家几乎只用“自由贸易协定”一词，属于WTO的规范形式。而“联系协定”原针对欧盟东、南边境邻国（如南地中海北非国家摩洛哥、埃及，东边约旦、叙利亚、巴勒斯坦等国，以及乌克兰、白俄罗斯、罗马尼亚），借由经济合作的方式来带动政治的稳定发展，确保欧盟东边、南边边境的安全稳定。如今将联系协定概念扩及欧盟与拉丁美洲国家签署的贸易协定。

1/4。该协定属于发达国家与发展中国家区域集团的贸易协议，每年涉及的商品和服务总额超过 1000 亿美元，预计每年可为欧盟企业节省 40 亿欧元关税。①

欧盟与南市接触早，谈判时间长。双方早在 1999 年就启动了贸易谈判。2004 年双方因农业和工业品市场准入问题而终止谈判。2012 年双方重启谈判，因南市成员国无法达成共识而一度进展缓慢。前后经过 20 年的谈判，双方才终于达成协议。欧盟与南市贸易签署的协议内涵属于新一代贸易协议，强调“开放、永续”两项主轴。第一项市场开放包含关税及监管议题，如服务、政府采购、贸易便捷化、技术障碍、防疫检疫措施及智慧财产权。欧洲将在 5 年内消除大部分贸易壁垒，南市将在至多 15 年的时间里逐步降低关税，内容涵盖两大区块间 90% 之贸易。协议中第二项主轴有关永续及以“规则为基础”（rule-based）的贸易。这部分内容将涉及劳工权益、贫富差异、亚马孙雨林保护、食品安全和促进具有环境责任的经济发展。此项成为欧盟与南市签署之贸易协议的一大特点。

本文聚焦在探讨欧盟与南市联系协定第二项主轴“永续发展”面向。本文首先比较国内外学者就欧盟永续发展议题的切入面向；其次分析联系协定中“永续发展”专章的内涵；再次就欧盟、会员国、知识社群与公民团体如何透过议程设定，将食品安全、亚马孙森林生态保护及减少温室气体排放等议题排进贸易谈判？如何化解对立，调和欧盟与南市双边不同的立场？最后就争议与后续影响做出总结。

二　永续发展研究途径

有关联系协定中关注的生态与环境永续发展的文献并不多见。朱景鹏主编的专书提到“欧盟新治理模式”概念的兴起，代表欧盟治理环境、条件与内涵不论在制度面还是在政策面在处理新兴议题上都面

① 谌悠文：《欧盟携手南美 达成自贸协定》，《中国时报》2019 年 6 月 30 日，https://www.chinatimes.com/newspapers/20190630000482-260108?chdtv（retrieved 18 July 2020）。

临着转型的挑战。[1] 朱景鹏专书所提的欧盟治理模式与案例多集中在欧盟公共政策、欧盟与会员国权限划分与政策协调方面。重要的是在公共议题的国际合作上事涉非欧盟会员国（如拉美国家），欧盟要如何协调合作，要求国际成员遵守规范。伦敦政治经济学院在其分析报告中指出，欧盟自由贸易谈判条件之一，就是要求签约国在永续发展议题上进行合作。如欧盟与南市联系协定中的环境条款，如空气污染、温室气体减排、水污染、渔业资源、森林保护、农业扩张与环境平衡等都是联系协定能否生效的参考指标。[2]

从知识社群（Epistemic Communities）的角度分析，对欧盟与多数国家的执政者而言，无论是生态平衡还是温室气体减排等相关议题都属于陌生且艰深的新课题。由跨国非政府组织与科学专家组成之知识社群就在欧盟决策流程中扮演着重要的推手。知识社群研究途径强调国家利益的非系统性起源，以及国际权力分配下相互持续性的合作：对特定问题有共同的了解并确定其因果关系；设定或框架议题（issue framing）以利政策辩论；提出因应策略或建议；大部分以跨国组织形式，透过国际与国内两个层面影响决策过程。[3] 目前科学影响政策的典范案例包括生态保育；水域的整治；臭氧层破洞、氟氯碳化物（CFCs）禁用和《蒙特娄议定书》；全球暖化、温室效应和规范温室气体减量的《京都议定书》与《巴黎气候协定》。这种以知识作为政策基础的概念，为欧盟与南市国家处理永续发展类型的国际合作，提供了一个系统性的研究途径。

Hasenclever 等人认为，知识可以影响国际政治。知识包含技术型信息和理论型信息，透过知识的传播可影响并建立国家政策偏好。而政策

---

① 朱景鹏主编：《欧洲联盟的公共治理——政策与案例分析》，台北：台湾大学出版中心 2013 年版。

② LSE（London School of Economics and Political Science），“Sustainability Impact Assessment in Support of the Association Agreement Negotiations between the European Union and Mercosur,” Draft Interim Report，2019，p. 66.

③ Peter M. Hass，“Introduction：Epistemic Communities and International Policy Coordination，” *International Organization*，46（1）：1992，pp. 12 – 15.

制订则是透过学习的过程（learning process），从认知、学习、理解到应用的成果。[①] 李河清将这种以知识为基础的概念定义为知识论或认知主义，认为国家认同和利益偏好并不是外生且既定的（exogenously given），而是借着社会化及接受建制的过程。利益偏好随着互动与学习而改变，透过决策机制进而影响政策的形成和方向。[②]

知识论者以为国家的自我认同和公共政策所追求的目标，由参与决策者所持的规范和信念所组成，且此信念经由学习而改变，并牵动政策改变。一般而言，知识社群因为有共享的因果与原则信念（causal and principled beliefs），具备相同知识基础与共同政策（利益）的认知。若遇到与上述原则相抵触的情况，知识社群会退出决策体系。立法者与政府官僚体系就未必会有共享的原则信念与因果信念。利益团体也会因问题的因果关系而有不同的立场。若以利益来区分，知识社群是以知识作为政策基础，虽然会因共同利益而推动政策，但不会像一般官僚体系那样主要考量其单位利益，也不会参与专业领域外的政策制定。[③] 知识论者也强调制度建构与学习过程。主张学习与体制的创造、维持与发展，都是政治过程。行为者借由学习而对特定问题的因果关系产生共同了解，就解决方法达成共识，合作便由此形成。知识论更认为学习可导致理解或信念的改变，并进而导致行为的改变。[④]

在案例研究方面，台湾地区有多本以欧盟经贸与对外关系为研究主轴的专书。[⑤] 但专书作者在案例选择上多集中在美国与欧盟跨大西洋关系，以及欧盟与亚洲国家的区域贸易协定方面。卓忠宏针对欧盟与拉丁

---

① Andreas, Hasenclever, P. Mayer and V. Rittberger, *Theories of International Regimes*, Cambridge University Press, 2000, p. 23.

② 李河清：《知识社群与气候谈判》，《问题与研究》2004 年第 43 卷第 6 期。

③ Peter M. Hass, “Introduction: Epistemic Communities and International Policy Coordination,” *International Organization*, 46 (1): 1992, pp. 16 – 18.

④ 李河清：《知识社群与气候谈判》，《问题与研究》2004 年第 43 卷第 6 期。

⑤ 李贵英主编：《欧洲联盟经贸政策之新页》，台北：台湾大学出版中心 2011 年版；李贵英、李显峰主编：《欧债阴影下欧洲联盟新财经政策》，台北：台湾大学出版中心 2011 年版；苏宏达、周弘主编：《二十一世纪欧洲联盟的对外关系》，台北：台湾大学出版中心 2019 年版。

美洲跨区域或区域内单一大国之间的系列研究[①]，内容多为国际关系理论分析，如从现实主义权力平衡的概念、新自由制度主义的制度建构与议程设定，以及建构主义认同建立的观点方面解释欧盟与拉丁美洲区域间主义的发展趋势，并形塑出近20年间全球经贸体系的特征，但对永续发展议题着墨甚少。

国外研究欧盟与南市的途径有很多，切入面向亦广。如Gomez Arana从历史进程上非常有系统地将欧盟与南市关系发展分为三阶段:[②] 南市尚未成立前双边非制度化关系发展阶段（1986—1990）；南市成立后建立的正式双边关系（1991—1995）；谈判三阶段时期（1999年开启谈判，2004年终止，2012年重新恢复谈判）。探讨谈判过程中双边具争议性的农产品开放、工业产品检验、金融服务业规范等争执。但受限于时效，对会员国立场为何转圜并未作交代。Hoffmann以欧盟与南方共同市场关系演变，强调至1990年代欧盟所签署的第三代协定中，其范畴中加入政治面向，如民主、人权、环境保护等条款。[③] 开启经贸带动发展合作的概念；Samaya Jank将欧盟对南市敏感农产品区分成九大类，列举欧盟设限之关税与配额，从南市角度分析双边终止贸易协定谈判的原因，其分类有助于理解欧盟与南市双边在谈判过程中对农业与环境的争议性所在。[④] 另针

---

① 相关著作请参阅卓忠宏《从跨区域层次分析欧盟与中美洲共同市场政经互动》，《问题与研究》2013年第52卷第3期；卓忠宏《欧洲联盟与南方共同市场区域间互动模式分析》，李贵英、李显峰（主编）：《欧债阴影下欧洲联盟新财经政策》，台北：台湾大学出版中心2013年版，第237—276页；卓忠宏《经济谋略—欧洲联盟与拉丁美洲伙伴关系之建构与新发展》，张台麟（主编）：《欧洲联盟推动建构共同对外政策之发展：机会与挑战》，台北：政大外语学院欧盟莫内教学模块计划编印，2013年，第89—126页；Chung-Hung Cho，“La Unión Europe y América Latina: Cooperación Interregional y la Estrategia de los Tratados de Libre Comercio (TLC),” en Öznur Seçkin (editora), *El Viejo Mundo y El Nuevo Mundo en la Era del Diálogo* (Publicaciones del Centro de Estudios Latinoamericanos de la Universidad de Ankara, Tomo I, 2014), pp. 53 – 70; Chung-Hung Cho, “Analysis on Bilateral Relations between Brazil and the EU from the Soft Balancing Perspective,” *Iberoamerica*, 19 (1): 2017, pp. 111 – 143.

② Arantza Gomez Arana, *The European Union's Policy towards Mercosur: Responsive Not Strategic*, Manchester: Manchester University Press, 2017, part I.

③ 转引自吴建辉《欧盟对外经贸协定之多重面向》，李贵英、李显峰（主编）：《欧债阴影下欧洲联盟新财经政策》，台北：台湾大学出版中心2013年版，第151页。

④ Marcos Samaya Jank (coord.), “EU-Mercosur Negotiations on Agriculture: Challenges and Perspectives,” Instituto de Estudos do Comercio e Negociacoes Internacionais (Sao Paulo), 2004, pp. 1 – 32.

对2019年6月欧盟与南市达成的联系协议，牵涉时效性，相关文献多属于贸易文本分析。Baltensperger 及 Dadush 列出欧盟与南市双边农产品关税减让清单与时程，同时点出欧盟理事会与欧洲议会关注南市农产品倾销、食品安全问题以及巴西并未实践保障亚马孙森林原住民政策和严重破坏环保之开发政策。上述问题并不符合欧盟以规则为基础之多边贸易体系。① Grieger 针对欧盟与南市协议中有关贸易支柱，对农产品市场开放和非关税障碍内涵有详尽的介绍。② Martins 等人则从南市角度思考，点出巴西与阿根廷两国与欧盟的贸易结构，及未来面临市场开放的必要变革。③ Furia 则聚焦农业问题，点出法国、爱尔兰、比利时及波兰农民的担忧，可能成为未来贸易协定审议过程的变量。④ 上述参考文献属于联系协定文本进行的分析，针对市场开放、单一农产品关税减让规定等有详尽解释。同时对欧盟会员国坚持的有机产品检验规章、农药使用的相关规范有初步的分析。但对南市会员国在农业扩张与生态保护上的平衡、温室气体减排等着墨不多。

三　欧盟与南方共同市场联系协定“永续发展”专章

欧盟与南市联系协定中为何加入永续发展专章？Hoffmann 以欧盟与南市关系演变为例，将欧盟对外经贸策略大概分为四个世代，同时也可反映出欧盟对外贸易在不同时期不同的发展重点：1960—1970 年代为第一代贸易协定，欧盟与伙伴国只谈商品的自由往来、关税与非关税贸易

---

① M. Baltensperger, and U. Dadush, “The European Union-Mercosur Free Trade Agreement: Prospects and Risks,” *Policy Contribution*, 11: 2019, pp. 1 - 16.

② Gisela Grieger, “The Trade Pillar of the EU-Mercosur Association Agreement,” EPRS, PE640. 138, August 2019, pp. 1 - 12.

③ Cleber Martins et al., “Effects of the Mercosur-European Union Agreements,” *IDEA LLYC, Madrid*, July, 2019, pp. 1 - 13.

④ Gabriele Furia, “EU-Mercosur FTA: Threats and Challenges,” *Global Risk Insight*, 6 October 2019. https://globalriskinsights.com/2019/10/eu-mercosur-trade- agreement/ (retrieved 18 July 2020).

壁垒的去除及市场进入的问题；1980 年第二代贸易协定开始出现发展援助或发展合作的概念，重视贸易伙伴国的社会议题，如贫穷、水资源、童工、毒品泛滥及疾病扩散等问题。欧盟运用自身的行政、资金、技术协助发展中国家；至 1990 年代为第三代协定，在贸易协定中加上民主、人权、环保等附加条款，引进永续发展的概念。1990 年代后欧盟对外贸易政策框架就比较明显，利用经济贸易来带动政治上的影响力；2006 年欧盟制定新对外贸易政策，加速跟拉丁美洲、亚洲国家进行贸易协定谈判，这些被统称为新一代的贸易协定。[①] 传统自由贸易协定注重经贸功能，涵盖面较狭隘。欧盟新一代协定属于“WTO-PLUS”，谈判内容主要包括市场进入（如关税减让或促进外来投资）、贸易规则（如反倾销）与新兴议题（如劳工与环保议题）三大部分。[②] 一方面，欧盟除关注关税减免等贸易议题外，还包括对于农产品、智慧财产权、服务业自由化。欧盟同时要求签署国家的民主及人权成熟度作为双边关系进展之前提。贸易协定的范畴已经不再局限于经贸的框架。另一方面，欧盟与发展中国家协定内容，并非要求对方全面自由化，有时是片面、单方面给予签署国优惠待遇，除给予发展合作援助外，也会纳入技术转移专章。从经济贸易的开放到进而关注法治、社会公平正义、环保等问题，也就是对前面三代所有贸易协定内涵的总结。在既有的世界贸易组织贸易协定的框架下加入了“永续发展”专章这类非传统安全议题。永续发展展现出欧盟对外关系的核心价值观，即以贸易作为促进发展的关键。欧盟在贸易谈判中，将法治、民主化条款、人权、环境保护等议题囊括进来，将之放入协定中的永续专章。也就是说，欧盟将其坚持的一些共同价值、道德标准等融入协定中，而不是将其作为在谈判前检视对手国的先决条件。

① 参阅吴建辉《欧盟对外经贸协定之多重面向》，李贵英、李显峰（主编）：《欧债阴影下欧洲联盟新财经政策》，台北：台湾大学出版中心 2013 年版，第 151 页；European Commission, “Global Europe: Competing in the World,” COM（2006） 567 Final, Oct. 2006, p. 2; P. Lamy, “Stepping Stones or Stumbling Blocks?: The EU's Approach towards the Problem of Multilateralism vs. Regionalism in Trade Policy,” *The World Economy*, No. 25, 2002, pp. 1399 – 1413.

② 洪财隆：《FTA 的经济学与政治经济学》，台北 APEC 研究中心，2008 年，http://www.ctasc.org.tw/05subject/s_02_52.asp（retrieved 15 August 2020）.

除了扩充 WTO 自由贸易协定衍生的议题之外，欧盟与南市成员经济发展程度不尽相同，欧盟大多属于发达经济体与发展中经济体，而南美洲成员在各项发展程度上相比就有落差，导致各自所维护的利益不同。“包容性贸易”（inclusive trade）为关键要素之一，也就是欧盟以一己之力协助南美洲国家发展，目的在于确保双方发展程度有差异的国家和企业都可以从贸易往来中受益。欧盟与南市贸易协定的“贸易与永续发展”专章（第 14 章）可以概分为社会与环境两个面向：

社会面向指的是劳工权益，如就业、工作环境、贫穷与收入差异等社会问题。自 1990 年代中期欧盟就系统地将劳工规范纳入其与第三国自由贸易协定及其他类型的国际贸易协定中。2006 年之后，欧盟新一代自由贸易协定的创新之处就是采取统一范式，对劳工问题进行规定，遵守国际劳工组织劳工标准的类似规定，形成了独特的模式。[①]“贸易与永续发展”专章要求遵守核心劳工规定：消除一切形式的强迫劳动；消除就业与职业歧视；废除童工；结社自由及有效承认集体谈判权。此外，承诺加强劳工工作安全与健康环境。[②]

在环境方面，欧盟是全球气候变迁议题的倡导者，尤其是在美国特朗普政府在 2019 年 11 月宣布退出“巴黎（气候）协议”（Paris Agreement）以及金砖四国与日本也都不愿承诺多做努力，欧盟在环境保护上的角色更是突出。欧盟与南市成员双方都同意遵守“巴黎协议”，大力推动碳中和（carbon neutrality）。[③] 2019 年 12 月 2 日第 25 届联合国气候变化大会（Cop25）在西班牙首都马德里开幕。COP25 旨在替支持巴黎气候协定对抗气候变迁，奠定最后所需基础。会议焦点将放在制定全球碳市场规范，以及设立基金协助受热浪、旱灾、洪灾等气候冲击国家等

① 李西霞：《欧盟自由贸易协定中的劳工标准及其启示》，《法学》2017 年第 1 期，http：//www.iolaw.org.cn/showArticle.aspx？id＝5112（retrieved 15August 2020）.

② European Commission，“EU-Mercosur Trade Agreement：The Agreement in Principle and its Texts”，Brussels，1 July 2019，pp. 14－15，http：//trade.ec.europa.eu/doclib/press/index.cfm？id＝2048（retrieved 17 August 2020）.

③ 2015 年通过的《巴黎协定》呼吁降低全球暖化幅度在 2 摄氏度以下，如果可能，应限制在 1.5 度以下。因此，若要防止气温升幅超过 1.5 摄氏度，全球经济须在 21 世纪中以前达成碳中和。

方面。①

2015 年通过的巴黎协定将进入关键实施阶段。在推行减碳过程中，国际上面临着两大问题：一是富国协助发展中与低度发达国家转型至绿色环境的成效不佳。由富国每年提供 1000 亿美元作为发展中国家的气候资金，用途包括协助后者对抗气候变迁，如洪水、干旱、暴风雨，以及协助它们将能源转型至绿色能源上，但富国始终未能履行承诺。况且部分发展中国家使用较廉价的化石燃料，比较符合其经济发展状况。能源转型的要求会放慢经济发展脚步。二是鼓励民间投资弥补政府气候资金不足的问题。借由降低或取消政府对化石燃料的补贴，并且让二氧化碳有价化，支持民间低碳投资，建立市场机制，让企业投入对抗气候暖化。由民间投资“碳金融”，是真正启动减碳行动的一把钥匙。因此新任执委会主席冯德莱恩（Ursula von der Leyen）公布“欧洲绿色交易”（Green Deal for Europe）白皮书，制定“绿色政策”（Green Policy）全力减碳，并且在欧洲投资银行（European Investment Bank）内部成立“气候银行”（Climate Bank）提供融资。② 让欧盟成为全球环保标杆，同时捍卫自由贸易和贸易相关的国际环境协定。

欧盟与南市成员双方都是《濒临绝种野生动植物国际贸易公约》（Convention on International Trade in Endangered Species of Wild Fauna and Flora，CITES）的成员③，承诺自然资源的保护，如森林产业、渔业、野生动植物的永续发展，目的在于防止非法贸易，确保生物多样性。将野生动植物保护的规定连接到贸易投资等专章的相关规范上。④ 依照

① Chiara Liguori，“La Cumbre del Clima de Madrid ha Fracasado. ¿Y ahora qué?” *Amnesty International*，18 de Diciembre de 2019，https：//www. es. amnesty. org/en-que-estamos/blog/historia/articulo/la-cumbre-del-clima-de-madrid-ha-fracasado-y-ahora-que/? gclid = CjwKCAjwkJj6BRA-EiwA0ZVPVpuchipExmlPuiOKTnHqfks_ Fn9RESLeGBvXeSkfcp4o8kQ10vsoMhoCbyoQAvD_ BwE.

② 相关内容参阅《巴黎协定》，气候变迁生活网，https：//ccis. epa. gov. tw/know/pact2（retrieved 18 August 2020）。

③ 公约于 1975 年正式生效。目的主要是透过对野生动植物出口与进口管制，确保野生动植物的国际交易不会危害到物种本身的延续。

④ European Commission，“EU-Mercosur Trade Agreement—Trade and Sustainable Development，” June of 2019，https：//trade. ec. europa. eu/doclib/docs/2019/june/tradoc_ 157957. pdf（retrieved 18 August 2020）.

世界经合组织与联合国的相关规范，以推动环保经济增长及创造环保就业机会，并促进双边企业推动环境商品贸易、企业行为准则与社会责任。①

四　欧盟、会员国、公民团体与知识社群的角色

欧盟议程设定（Agenda Setting）分三种途径，由上而下依序为："超国家途径"（super-state centric approach）；"精英途径"（elitist approach）或"国家中心途径"（state centric approach）；"多元途径"（pluralist approach）。②

"超国家途径"来自国家决策的转移。欧盟独特的治理机制使得在分析会员国单一政策时很难将其从欧盟脱离出来。《里斯本条约》生效后，对外贸易政策制定、相关贸易协定谈判与签署，属于欧盟专属权限。依据《欧盟运作条约》第207条的规定，必须先由欧盟执委会取得欧盟贸易部长理事会授权（authorization），再由欧盟执委会代表欧盟与第三国展开谈判，由执委会下设之贸易总署（DG Trade）负责。在欧盟对外贸易谈判中很少将永续发展议题作为贸易谈判的主轴，且谈判相关议题大都是由欧洲议会提出的，很少由单一国家提出。欧洲议会站在道德及理想性角度，对于签约国的劳工与环境议题提出相关质疑，并要求签约国做出部分改善。

"精英途径"或"国家中心途径"是指欧盟（部长）理事会以及执委会对政策的操控能力。欧盟执委会从事对外谈判，一般会先咨商由会员国指派相关主管单位代表以及专家人士组成的"政策委员会"（Policy

---

① European Commission, "Key Elements of the EU-Mercosur Trade Agreement," 28 June 2019, http://trade.ec.europa.eu/doclib/press/index.cfm?id=2040 (retrieved 18 August 2020).

② Gary Marks et al., "European Integration from the 1980's: State-Centric vs. Multilevel Governance," *Journal of Common Market Studies*, Vol 34, No. 3, 1996; Vivien A. Schmidt, European Integration and Democracy: The Differences among Member States," *Journal of European Public Policy*, Vol. 4, Issue 1, 1997, pp. 128 - 145.

Committee），并咨询代表各地区的“区域委员会”及代表农工会公民团体的“经济暨社会委员会”的相关意见。在决策表决过程中，区域委员会及经济暨社会委员会没有投票权。[①] 执委会必须将谈判结果通知欧盟理事会贸易政策委员会（Trade Policy Committee）及欧洲议会国际贸易委员会（International Trade Committee）。欧洲议会将举办研讨会或公听会等会议，搜集各方意见，并通过决议（resolution）形式提供给执委会参考。所以，欧盟执委会在谈判过程中将维持与欧洲议会及会员国（欧盟理事会）的密切合作关系，提高谈判的透明性及民主性，使得欧盟对外谈判得以具备完整的监督机制。

在“多元途径”中公民利益团体扮演着重要角色。无论是农业团体对共同农业政策的关心，还是由环保团体等组成的跨国知识社群对环境永续发展的呼吁，在欧盟决策时可跳过会员国层次，直接游说执委会设立的“政策委员会”增加、删除或修改议程，就可能会影响欧盟的决策流程。除提升公众对于国内环保法规及各项程序规定的认识外，还要求各国于制定环境措施时，提供民众参与的机会。其用意在于促进民众对于执行自由贸易环境相关措施的了解，并提升各种政策措施的透明度（决策流程见图1）。

欧盟这种由上而下或由下而上的决策模式促使各层次不同行为者参与政策制定。会员国公民与利益团体可透过欧盟体制与决策过程参与公共政策的制定，并透过欧盟与国家不同层次调和不同的立场。欧盟与南市贸易谈判前后花了20年之久的时间，很大一部分争议在农业与工业市场的开放上，反对贸易壁垒之共同价值观。这又牵涉欧盟对外贸易政策所坚持的以“规则为基础”的贸易体制，要求签约国承诺解决社会及环保问题，其中涉及劳工权益、食品安全、亚马孙森林大火、热带雨林的破坏与野生动植物保护。欧盟的大前提是自由贸易协定的安排，涉及企业、个人切身利益，故公民团体与知识社群参与政策程度较高。南市国

① 欧洲议会表决方式为一般多数决规定。欧盟理事会采用特定多数决，需55%会员国数（15国/27国）及65%以上欧盟总人口数通过。例外时需采取一致决：如服务贸易与智慧财产权、文化与视听服务或涉及社会、教育、健康服务等项目者。

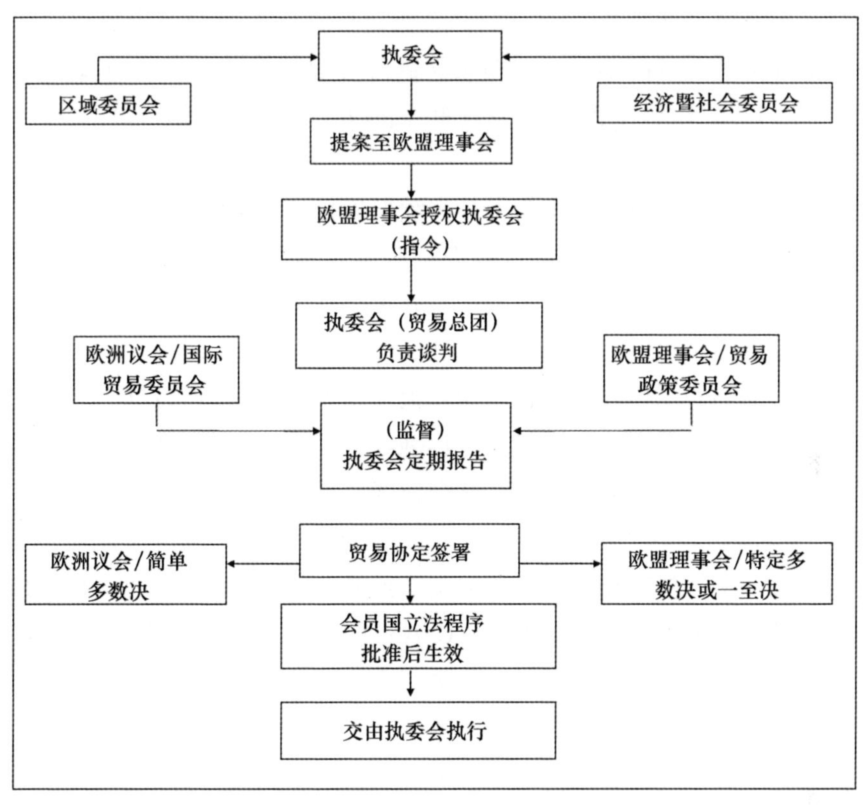

图1　欧盟对外贸易谈判决策模式

资料来源：作者自制。

家则聚焦贸易优惠与市场的需求，并成为会员国内部经济改革的动力。两者对经济诱因的需求不同，个别国家与人民考量就不同。

对南市而言，欧盟是国际上第一个签订自由贸易协定的伙伴，也是南市谈判以来最大且最全面的协定。目前欧盟已经是南市最大的贸易与投资伙伴。在该协定生效后，南市国家将在农业领域获得实质性利益，部分农产品出口到欧盟的关税将被取消，特别是包括农牧大国阿根廷在内的南市成员国的农产品，终于可以打入欧洲市场。南美洲的市场一向较为封闭，高关税让欧洲国家出口的商品在此没有竞争力。该协定对于工业的影响也很重大，包括汽车、汽车零件、机械、化学制品、制药等。

透过自由协议，关税壁垒被消除或放宽。欧盟向南市国家出口的大部分商品关税将被逐步取消，同时欧洲企业亦可竞投当地的公用事业合约。欧盟商品降低关税的幅度，大约是欧盟与日本所签署自由贸易协定的4倍，预计每年可以替欧盟企业节省40亿欧元，而最受惠的将是工业产品和汽车。①

对欧盟而言，另一关注焦点是永续发展议题。会员国如法国、爱尔兰、欧盟理事会主席都曾公开谴责巴西总统博索纳罗（Jair Bolsonaro）实施之亚马孙森林原住民政策及严重破坏环保之开发政策，违反欧盟以规则为基础的多边贸易体制。奥地利、波兰关注的是欧盟农民生存及食品安全。欧洲农民担忧将无法与拥有大面积农场的南美洲农民竞争。此外，反对者亦担心南市之食品安全标准远低于欧盟，其农民滥用农药的情形严重，产品一旦大量进口至欧盟市场，恐对欧盟食品安全造成严重威胁。②

在经济扩张与气候变迁方面主要是呼应欧盟近期选举中年轻人的诉求以及欧洲绿党（European Green Party）的崛起。欧洲绿党认为更多的贸易就是要砍伐更多的雨林，从而加速气候变迁，加快全球暖化。③ 表示欧盟与南市的贸易协定明订之环境保护章节仅口惠而不实，在实务上，众所周知，亚马孙雨林属全球最大的热带雨林，其碳存量在减慢全球暖化上具有举足轻重的作用，同时亦是数百万种动植物及100万原住民的栖息之地。环保团体绿色和平组织（Greenpeace）认为，巴西为加强农产品出口，会进而开发亚马孙流域雨林区，破坏生态、冲击当地原住民的生活。阿根廷也会因为扩大牧养牛群，而造成森林砍伐后的毁林现象。

---

① 谌悠文：《欧盟携手南美 达成自贸协定》，《中国时报》2019年6月30日，https：//www. chinatimes. com/newspapers/20190630000482-260108？chdtv（retrieved 18 July 2020）。

② Gabriele Furia，“EU-Mercosur FTA：Threats and Challenges，” *Global Risk Insight*，6 October of 2019，https：//globalriskinsights. com/2019/10/eu-mercosur-trade- agreement/（retrieved 24 August 2020）.

③ Gabriele Furia，“EU-Mercosur FTA：Threats and Challenges，” *Global Risk Insight*，6 October of 2019，https：//globalriskinsights. com/2019/10/eu-mercosur-trade- agreement/（retrieved 24 August 2020）. 杨明娟编译：《因亚马孙大火杯葛南美贸易协议欧盟国家不同调》，中央广播电台，2019年8月25日，https：//www. rti. org. tw/news/view/id/2032087（retrieved 24 August 2020）.

现有的制度无法满足社群所期望的功能性需求。①

因此，为满足多数欧盟会员国与公民团体的要求，达成了最大限度的妥协。欧盟与南市贸易协定增列对人权的保护、环境的规范及确保劳工权益之章节，例如对劳动环境、弱势团体与性别平等的关注，对巴黎气候协议之承诺，对永续发展目标以及非政府组织环保团体主张之政策透明度订定明确之规则。② 然政策的落实与后续规范就要看欧盟提供市场开放的经济诱因能否促使南市国家针对永续发展采取必要的政治经济改革了。

五 结论

欧盟对拉美政策一直是以经济贸易诱因作为双边关系建构模式的。欧盟先后与墨西哥（1999 年，2018 年修正条约）、智利（2002 年）、中美洲 6 国、秘鲁、哥伦比亚（2010 年）、南市 4 国（2019 年）达成自由贸易协定。从贸易协定的政治意涵到地缘政治的扩张，布局看似完整，具有利好欧盟进入北美、中美洲市场，往南拉拢南美洲国家的多重意涵。这种出自“扩大影响力”的动机，往往超越纯粹商业利益的考量。

一是欧盟与南市签署的联系协定属于发达国家与发展中国家两大区域集团的贸易协议。双边经贸互补程度高，对欧盟经济效益明显，对南市会员国则有利于其农产品出口市场的扩张，符合双方比较优势（comparative advantage）的双赢策略。

二是欧盟政策的优先性与竞争。在欧盟对外贸易谈判中，要求签约国市场开放当属优先，而生态永续与气候变迁议题来自部分会员国的坚持与欧洲公民团体的诉求。永续发展项目是欧盟对外关系中常见与热门

① 《南方共同市场与欧盟达成历史性协定》，通讯社，2019 年 6 月 29 日，https：//www.cna.com.tw/news/aopl/201906290012.aspx. EU-Mercosur deal trades in environmental destruction，” Greenpeace，28 June of 2019，https：//www.greenpeace.org/eu-unit/issues/democracy-europe/2122/eu-mercosur-environmental-destruction/（retrieved 24 August 2020）.

② LSE（London School of Economics and Political Science），“Sustainability Impact Assessment in Support of the Association Agreement Negotiations between the European Union and Mercosur，” Draft Interim Report，2019，pp. 12 – 13.

的议题，无论是劳动权保障还是自然资源与环境保护常成为欧盟对外贸易协定谈判过程中设定作为政治与社会的附加条款。这与欧盟决策流程有关。前述“多元途径”为欧洲利益团体或环保团体这类跨国知识社群参与欧盟政策制定提供可能性。欧盟与南市联系协定的关键议题反映出欧洲年轻人对全球生态保护与气候变迁的重视，以及欧洲绿党崛起的现象。随着全球化脚步的加快在经济生产快速发展的过程中，全球性的环境问题也随之出现，如气候变迁、温室效应、资源短缺、生态失衡、污染等跨越国界的危机开始受到重视。这就反映出欧盟与南市联系协定中为何强调“开放”与“永续”两项内涵。

在现今美国保护主义盛行的背景下，欧盟与南市两个经济体之间的市场开放与合作将提高生产力、促进就业和吸引投资，使得这项贸易协定别具意义。欧盟以一己之力推动着全球环境议题的深入，以及有效地推进了国际合作。在全球经济合作进程中，欧盟所推动的多边自由贸易主义以及关怀永续发展的共同价值观，俨然已成为欧盟与发展中国家关系发展的主流。

欧盟经济外交战略之实践：以欧非伙伴关系建构及移民问题政策因应为例

朱景鹏*

一 引言

欧盟与非洲伙伴关系（Africa-EU Partnership）的建立始于2000年在开罗举行的首届高峰会议，透过欧非共同战略，双边迈向一个广泛的长程且具战略意义的合作关系。2007年欧非共同战略文件发布后，双方已从过去单纯援助与受援助的关系（donor/recipient relationship）转型至互惠互利的伙伴结构。借由多年期行动计划（Multiannual Roadmaps and Action Plans）以及欧盟发展合作政策（European Development and Cooperation Policy）援助计划，除了建构出制度化的合作协调机制之外，合作框架与议题更随国际政治经济局势环境变化而与时俱变。① 此外，2018年3月21日，44个非洲国家在卢安达首都Kigali正式签署非洲大陆自由流通议定书（African of Free Movement），开放55个非洲同盟（African Union/AU）成员的免签证旅行。但其问题在于，相对于欧盟的成员国相

* 朱景鹏，东华大学公共行政学系欧盟莫内讲座教授兼副校长。本文为作者执行科技部门计划的部分研究成果，计划名称：“欧盟共同贸易政策下的欧非经贸关系分析：兼论欧盟移/难民政策的非洲经验”（MOST 108-2410-H-259-036-）。作者感谢科技部提供的研究经费支持。

① 欧盟发展合作政策平均每年挹注20亿欧元协助非洲区域发展，占世界各国外援非洲Official Development Aid/ODA的50.1%；美国占24%，阿拉伯地区占8.8%，日本占6.4%，韩国占1.1%，其他占9.7%。请参考The Partnership and Joint Africa-EU Strategy，in http：//www.africa-eu-partnership.org/en/partnership-and-joint-africa-eu-strategy. 登录日期：2018-8-27日。

互贸易达70%而言，非洲地区仍然只有15%，远远不及欧盟，唯此亦显示，非洲大陆的内部贸易仍有相当程度的发展空间，与欧盟的贸易关系将出现何种变化，值得观察。[①]

2020年3月9日，欧盟新执委会正式发布“迈向与非洲关系的综合战略”（Towards a Comprehensive Strategy with Africa），揭橥了五个伙伴战略合作重心：绿色能源、数字化转型、永续成长、和平与治理，以及移民与人员移动。此一新的欧非战略如何被落实值得关注。尤其值得注意的是，在欧非关系发展过程中，移民与难民管理始终是一个悬而未决的问题。自2014年以来，欧盟面临了史上最严峻的难民危机，2015年4月，近百万难民涌入欧洲，其中来自于非洲地区厄立特里亚（Eritrean）、尼日利亚及索马里等国家即有15万名。欧盟内部不仅要疲于应付成员国之间对于难民处理政策的分歧，在外部也要和非洲地区国家商议如何平衡“团结、人道和效能”（solidarity，humanity and efficiency）的难民政策。乍得总统Idriss Déby Itno在2017年8月欧盟与七个非洲国家在巴黎举行的移/难民问题峰会上特别提出，贫穷和教育资源缺乏是造成难民问题的主因。[②] 2016年非洲的人均所得GDP仅为1895欧元，相较于欧盟的29000欧元差距达19倍，不过，实际数字差距可能更加巨大。另外，现阶段申请难民的人数已从2015/2016年的高峰明显下降，例如2015年10月高达43万多名难民申请庇护，2016年10月降为35939名，2018年4月则为12599名，虽然如此，欧盟部分国家仍然不愿支持欧盟的配额政策，意大利及马耳他也不再允许难民船进入其港口。欧盟对于非洲的移民或难民管理政策如何外溢，厥为本文所欲探讨的问题之一。

2016年6月，时任欧盟外交暨安全事务高级代表F. Mogherini对外发表欧盟全球战略（EU Global Strategy），接橥了欧盟在面临自身及全球危机之际如何为欧洲公民带来一个和平、繁荣、民主、强大的欧洲，尤其是该战略特别提及来自于北非、中东的恐怖主义与暴力活动层出不穷，

① 参考Tom Carver，“Trade War? What Trade War? Africa in Moving in a Different Direction，” in E? Sharp，July 2018.

② The Guardian，Mon，28 August，2017.

导致更多的移民/难民蜂拥而至。因此，欧盟对外行动战略着重考量欧盟的安全，注意到国家与社会韧性（State and Societal resilience）［特别是中亚、中非、西巴尔干半岛、土耳其及睦邻伙伴国家（ENP）］，建立一个巩固人类安全、解决冲突的统合途径（integrated approach），在不同区域采取特殊作为，建立起一个合作式区域秩序（cooperative regional orders）以及全球治理体系。为遂行上述战略，欧盟的行动纲领中提出了具信赖（credible）、反应（responsive），以及融合（joined-up）的概念，特别是融合概念的提出既包含欧盟内部政策与机构间的协调，更为了协助处理外部的移民、安全、对抗恐怖主义以及永续发展的议题。① 2019年12月1日，冯德莱恩（Ursula von der Leyen）就任欧盟执委会主席，自诩为“地缘政治执委会”（Geopolitical Commission），且将非洲伙伴关系作为其对外关系的优先议题，在欧盟下一个2021—2027年多年期预算中，特别针对对外行动（external action budget）编列了1230亿欧元，较2014—2020年增加了30%，可见欧盟强化其全球角色的企图与决心十分明显。

从历史上观察，欧盟自从1990年代单一市场建立后，其经济外交（economic diplomacy）之推动相较以往不仅积极且具战略意义。随后，在2009年《里斯本条约》（the Lisbon Treaty）生效之后，伴随其对外政策行动领域职权之强化，尤其是2016年欧盟发布的“全球战略”（The Global Strategy），其经济外交、对外援助、贸易实施、商业或公司外交等均构成其战略之元素。爰此，欧盟经济外交目标系使其经济利益在全球市场上极大化，以促进欧洲就业和成长为主要目标。由于欧非关系不论从历史或现实地缘政治战略上均有其特殊意义。因此，对于欧盟经济外交在非洲的概念实践也成为本文研究问题之二。

本文基于前述，主要处理三个议题。首先是厘清欧盟经济外交的理念核心及与非洲的关系网络问题与进展；其次是简析非洲与欧盟的贸易关系及在欧盟经济外交战略下可能的影响；最后，本文将探讨欧盟移民

---

① 参见 European Commission, Shared Vision, Common Action: A Stronger Europe: A Global Strategy for the European Union's Foreign and Security Policy, June 2016.

难民政策制度与管理问题，特别是以非洲为检视的对象，进一步评析欧盟未来的政策走向。此外，鉴于2020年1月开始暴发的新冠肺炎疫情（Covid-19）危机，本文也将简析其对于欧非关系的可能冲击。

二　欧盟经济外交概念与执行战略

经济外交系一个广泛的概念，涉及多层级的决策与谈判。Bayne与Woolcock的研究指出，经济外交在国际谈判中主要有双边（bilateral）、区域（regional）、复边（plurilateral），以及多边（multilateral）四种类型。在执行过程中，这是一个复杂的行为者互动，既要扮演区域主义（regionalism）贸易自由化角色，又可能触动或瓦解多边贸易自由化集团之形成。[①] 从欧盟的贸易与投资职权而论，对于成员国代签的双边协定谈判或是商业政策具有一定程度的约束，因此，对于成员国境内的企业基本上也能扮演促进商业利益之角色。因此，“经济外交”一词具有三个重要意义：一是为国家企业创造对外市场的通路；二是吸引外来直接投资（FDI）；三是发挥国际规则的影响力以维护国家利益。欧盟作为一个建制（regime）或集团（group），经济外交的实质影响仍然掌握在各个成员国手中，最重要的原因仍然是出自于个别国家的利益。

Jana Marková的研究指出，经济外交具有三个发展模式。一是组织化的职权模式（organizational and competence model），通常指涉一个国家的涉外事务部门（foreign affairs），且集中于经济议题之设定，例如加拿大的外交及对外贸易部（Ministry of Foreign Affairs and Foreign Trade）；二是结构化（structured model），或称为“两元模式”（dual model），意味着国家内部的经济部门与外交部门的职权竞争模式，例如欧盟成员国的捷克和斯洛伐克；三是组织分享模式（shared agency），指的是经济外交

① 见N. Bayne and S. Woolcock (2011), “What is Economic Diplomacy?,” in Bayne and Woolcock (eds.), The New Economic Diplomacy: Decision-making and Negotiation in International Economic Relation, Ashgate Publishing Ltd., pp. 1 – 16; Sylvanus Kwaku Afesorgbor (2016), Economic Diplomacy in Africa: The Impact of Regional Integration versus Bilateral Diplomacy on Bilateral Trade, Economics Working Papers (2019.9), AARHUS University, p. 7.

的推动广泛性地分布在政府部门或其他公共机构，例如德国、英国以及新加坡。[①] 经济外交推动者包括国家行为者（state actors）、国际组织，例如世界银行、世贸组织（WTO）、欧盟（EU），以及非国家行为者（non-state actors），例如企业。从欧盟推动的经济外交进程分析，结构上重要的执行单位是欧盟执委会的内部市场总署（Directorate-General for Internal Market）以及产业、企业及中小企业总署（DG GROW）。其推动的主旨在于协调欧盟与其成员国之间的行动，同时也是《里斯本条约》所倡议于2016年6月发布“外交与安全政策全球战略”（Global Strategy for Foreign and Security Policy/EUGS）的重要元素，其内容包括了经济外交、对外援助、贸易、商业或公司外交。其目的在于追求，欧盟经济利益并支持欧盟企业在全球市场上提高效率，进一步促进欧洲的就业与经济增长。

从实务运作层面上观察，直接或间接财政及技术援助之形式，是欧盟对于成员国企业进入第三国市场的主要手段。2017年欧盟发布的“利用全球化”（Harnessing Globalization）文件深入分析了欧盟的经济外交，提出了欧盟透过外部行动（external actor）及其全球驻外代表团（delegation）强化其外部政策之一致性以及执行工具，例如欧洲投资银行（EIB）、欧洲商业组织和欧盟境内企业的协合度。[②] 至于欧盟层级的经济外交谈判主要是由欧盟对外行动服务（European External Action Service，EEAS）负责管理协调内部跨域政策。

不过，由于执委会及EEAS的对外政策需送交欧洲议会（EP）进行辩论，欧盟议会仍会依其外交经验、规模、网络等因素对欧盟经济外交

---

① 见 Jana Marková (2019), “The Importance of Economic Diplomacy in the Further Development of the EU,” in International Journal of Public Administration, Management and Economic Development, 2019, pp. 29-38.

② 参见 European Commission (2017), Reflection Paper on Harnessing Globalization, 10 May 2017, COM/2017/240; Florence Bouyala Imbert (2017), EU Economic Diplomacy Strategy, European Parliament, 3 May 2017; Andrea Maccanico (2018), “Strengthening European Commercial Diplomacy: Prospects and Challenges,” in IAI Commentaries 18/69, Dec. 2018, pp. 2-3; Balazs Ujvari (2017), “European Economic Diplomacy: What Role for the EIB,” in Security Policy Brief, No. 88, June 2017, pp. 1-5.

的议题与规模提出建议。2021—2027 年欧盟的对外行动预算增加了 30%，使其在推动经济外交行动上获得了更有力的财政工具支持，这将使其经贸伙伴的政治经济转型、永续发展、社会稳定、民主巩固、社会经济发展与减缓贫穷等得到欧盟的具体支持。①

三　欧盟与非洲关系的发展：经济外交工具的运用

（一）欧盟贸易政策的演进及其样态

欧盟系全球最大的贸易实体，占世界进出口总额的 16.5%，贸易自由化不仅是对其成员国的要求，也是其国际贸易的基本原则。在欧盟层次上，欧盟贸易政策具有专属权，与国际上其他国家以及 WTO 的谈判均由执委会代表，并与成员国政府协同合作。欧盟不仅是世界制造业以及服务业的出口龙头，也是世界上最大的单一市场，建立一个公平且开放的贸易环境是其贸易政策的目标，主要的机制包括和贸易伙伴洽签自由贸易协定，对发展中国家及低度发达国家则结合贸易和发展实施合作政策。根据《欧盟运行条约》（Treaty on the Functioning of the European Union，TFEU）第 207 条的规定，共同贸易政策的谈判与执行均由欧盟代表，主要的目标是促进经济增长，并且以开放市场取代封闭经济；《欧盟条约》第 21 条也揭橥欧盟鼓励成员国统合融入全球经济体系，并且松绑国际贸易规则的限制。爰此，欧盟现阶段贸易政策的战略在于推动智慧、可持续以及包容性经济增长，并以高质量自由贸易协定，确保更大的市场流通，和主要贸易伙伴深化贸易法规的合作。②

① 欧洲议会对于欧盟经济外交支持极为着力，特别是在欧洲中小企业国际化方面，透过议会国际贸易（INTA）、经济货币事务（ECON）以及预算（BUDG）等委员会共同采取有效率的行动，不过，欧洲议会同时也监督着欧盟经济外交的政策工具之执行。参考 Florence Bouyala Imbert（2017），"EU Economic Diplomacy Strategy，" in European Parliament，Directorate-General for External Policies，Policy Department，March 2017-PE-570. 483.

② 参见 European Commission，Europe 2020：A European Strategy for Smart，Sustainable and Inclusive Growth. Communication from the European Commission（2010）26：Trade Policy as a Core Component of the EU's 2020 Strategy，p. 11.

经验显示，欧盟推动的第一代自由贸易协定可以追溯至1970年代，例如1973年挪威、冰岛、瑞士等，1997年法罗群岛（Faroe Island）以及1991—1992年安道尔（Andorra）和圣马利诺（San Marino）加入欧盟关税同盟等皆属之。此一阶段的自由贸易政策主要在于撤除工业和部分农产品的贸易关税障碍，以及歧视性税制待遇；其次是欧盟的地中海伙伴国包含阿尔及利亚、埃及、以色列、约旦、黎巴嫩、摩洛哥、巴勒斯坦、叙利亚、突尼斯，以及土耳其等国。对于此区域，欧盟的政策手段显然是政治重于经济，欧盟一则运用其睦邻政策（European Neighbourhood Policy，ENP），一则建构欧盟地中海伙伴（Euro Mediterranean Partnership，Euromed）。前者主要用以协助政治稳定、安全、经济及文化合作；后者则在于建立一个更深层次的自由贸易区，祛除贸易投资障碍。2004年2月，阿拉伯地中海区域的约旦、埃及、摩洛哥、突尼斯四国率先完成其区域内自由贸易协定，欧盟进一步和四国启动谈判以求共同建立一个深层且广泛的自由贸易区（deep and comprehensive FTA），短期目标则是将这四个国家纳入欧盟单一市场。此外，Euromed的自由贸易协定目标主要在于逐步建立除服务业以外的贸易自由化。前述第二代FTAs合作更加广泛地扩大到经济、技术、财政金融、社会文化、环境、旅游、防止洗钱、能源、信息、区域合作等方面。

第三代FTAs指涉的则是西巴尔干半岛地区国家：阿尔巴尼亚、波斯尼亚和黑塞哥维那、克罗地亚（2013年已加入欧盟）、马其顿、黑山，以及塞尔维亚等国，欧盟的政策目标在于协助这些国家实现加入欧盟的条件。[①] 欧盟的政策工具主要是透过《稳定与联系协定》（Stabilisation and Association Agreements，SAAs）推动FTAs的合作，但作为入盟门槛所需具备的法律框架、政治民主和人权法治的改善更是重点。目前，马其顿、黑山与塞尔维亚已谈判成为候任国；阿尔巴尼亚已提出入盟申请；波斯尼亚和黑塞哥维那及科索沃（Kosovo）则是潜在的候任国。SAAs基

① 参见 Integration of the Western Balkans in the Internal Market，http：//www. westernbalkans. info/htmls/save_ pdf2. php? id = 505；详见 Roberto Bellon，2009，“European Integration and the Western Balkans：Lessons，Prospects and Obstacles，” *in Journal of Balkan and Near Eastern Studies* 11（3）：313 – 331.

本上是一个新型混成的FTAs模式，不同于中东欧入盟前欧洲协定（Europe Agreements）的联系协定性质，SAAs一方面在于建立自由贸易区，另一方面系透过补充协定方式附加合作领域。或可将此一类型的贸易政策视为一种临时性或过渡性协定（temporary agreements），因为其目标相当明确，即以入盟作为协定的推动宗旨。①

至于非洲地区的贸易协定，则以欧盟与非加太（ACP）79个国家的《科托努协定》为主。ACP国家结构包含48个非洲撒哈拉区域国家，16个加勒比海国家，15个太平洋岛屿国家。在全球49个低度发展中国家中，此一区域即占了39个，且多数集中在非洲。所有有关的贸易合作协定被统称为经济伙伴协定（EPAs），促进永续发展、减少贫穷、改善政府治理，以及融入世界经济体系是主要的政策目标。此外，墨西哥于2014年，伊拉克于2012年，智利、南非与加勒比海国家、中美洲国家（安第斯集团）以及韩国等，均为近年来欧盟洽签完成的FTAs，其主要出自于商业与经济利益因素的考量。

（二）欧非关系法律基础与欧盟泛非计划

从法律关系上看，欧盟与非洲大陆的关系基本上可以分成三个板块。一是北非地区国家；二是南非；三是非加太地区（African-Caribbean-Pacific Regions）的非洲国家。规范欧非关系法源的主要是2007年《欧盟运行条约》第217条，欧盟与非加太国家的伙伴协定，俗称《科托努协定》（Cotonou Agreement），以及南非与欧盟签订的贸易、发展与合作协定。根据该条文的规定，欧盟得与第三国的一个或多个国家或国际组织签署规范权利与义务关系的协定，在此一基础上，欧盟不仅透过科托努协定强化双边关系，更透过2007年12月里斯本双边高峰会议发布与54个非洲国家的共同战略文件（Common Strategy Paper），规范双边的合作伙伴关系。

《科托努协定》的前身为1975—2000年期间的四期《洛美协定》（Lomé Convention）。根据《洛美协定》有将近99.5%的货物可以自由流通到欧盟市场以发展合作政策，深化与非洲的贸易关系。《科托努协定》

① 请参见M. Katunar，M. Maljak and S. Martinić（2014），“The Evolution of the EU's Foreign Trade Policy，” in Pravnik，Vol. 47，Issue 96，pp. 123 – 142.

洽签于2000年6月23日，以20年为期，其主要的政策目标是消灭非加太国家的贫穷，将之融于世界经济体系中。该协定使用了“伙伴”（partnership）一词，强调双边的共同责任与管理，强化政治对话、人权、民主与国家领导课责等问题。为此双边建立了部长级会议、大使级委员会以及议会平行委员会等制度性机制。自2000年迄今，《科托努协定》的合作将止于2020年，欧洲议会已于2016年10月通过2020年后欧盟与非加太地区合作关系的报告，2017年12月，欧盟执委会也提出建议性的谈判纲要准则，于2018年6月14日通过决议。①

欧盟执委会2016年《2020年后迈向欧盟与非加太国家新伙伴》（Towards a new Partnership between the European Union and the African, Carribbean and Pacific Countries after 2020）报告显示，2020年后的双边关系将着重在几个结构面向上：首先是涉及共同利益的议题，包含多极体系世界的全球共同利益的协调；其次是人权、民主、法治、善治（例如非国家行为者以及公民社会组织的支持网络）、和平、安全、对抗恐怖主义以及组织犯罪；再次是永续性与包容性经济成长，主要手段是透过经济伙伴协定（Economic Partnership Agreements，EPAs）、欧盟援外政策（Official Development Assistance，ODA），以及各个国家的国内资源移动（Domestic Resource Mobilisation，DRM）等协助整合；最后是移民（migration）问题。移民问题是《科托努协定》执行20年以来成效评估最具负面性的，未来欧盟将更加着重在对移民者人权、公平、安全与责任等进行积极面向的政策促进，并加强对人口贩卖、歧视、走私实施管制性措施。② 此外，在未来营造一个更具效能的伙伴关系方面，则着重于政治关系的强化、地域合作与融合、区域国家集团的合作、强化与关键行为者的合作，以及发展出更具弹性的政策工具等。③

---

① 参见 Kurzdarstellungen über die europäischen union 2018.

② 参见 European Commission，“ Towards a New Partnership between the European Union and the African, Caribbean and Pacific Countries after 2020,” Summary Report of the Public Consultation, March 2016.

③ 这些伙伴群组包含了非洲集团、小岛群国家、77国集团国家以及低度发展中国家等皆为ACP集团的关键行为者。参见 IDDRI Issue Brief，No. 3/2018，Feb. 2018，“Relations between the EU and the ACP States after 2020”.

2007 年 12 月，欧盟里斯本高峰会议通过了欧非共同战略（Joint Africa-EU Strategy）。欧盟与 54 个非洲国家开启了政治对话以及所有层级的合作，此一战略主要有三个目的：一是在欧盟发展合作政策框架下持续深化，双方的政治利益关系；二是协同解决双方所面临的挑战，例如移民、气候变迁、和平、安全方面的挑战，并支持非洲国家致力于克服跨区域问题；三是共构人本的伙伴关系，促进非洲与欧洲人民之间的往来。为达成上述战略目标，长期合作框架的实体化也是一个讨论的议题。2014 年 4 月在布鲁塞尔举行的第四届欧非高峰会议上达成了 2014—2017 年双边以结果导向为基础的具体计划共识，主要集中在五大优先合作领域：和平与安全，民主善治与人权，人类发展、永续性与包容性合作，成长及洲际统合，以及全球新兴议题，2017 年 11 月 29—30 日在科特迪瓦阿比让（Abidjan）召开的第五届欧非高峰会议则增列了投资（教育、科技与科学）、移民、强化社会韧性（social resilience）、和平安全与治理，以及针对非洲结构可持续性转型提供流通资金。值得关注的是欧盟注意到非洲约有 60% 人口的年龄在 25 岁以下，因此，投资年轻人（in die Jugend investieren）创造经济动力，强化政府领导阶层合作也是一项重要议题。

此外，难民及非法移民问题长期存在欧非之间。2015 年 11 月在马耳他 Valletta 高峰会议上，为改善移民问题，欧盟在行动计划中提出要提供 18 亿欧元的紧急援助信托基金（Nothilfe-Treuhandfonds der EU），并于 2016 年 9 月经由欧盟执委会所公布的欧洲永续发展基金作为新创财政工具进行持续合作。①

在欧非关系发展过程中，除了《科托努协定》框架下的政治、经济及发展合作三根支柱政策具有相当的政策溢出影响之外（见表 1），欧盟还透过 2014 年启动的“泛非计划”（Pan-African Programme）提供 2014—2020 年阶段 8.45 亿欧元的援助，作为遂行欧非政治、经济、教育主要合作领域，以及带动对区域、次区域、洲际以及全球农业、环境、

① 参见 European Commission, Joint Africa-EU Strategy, see http: //ec. europa. eu/europeaid/regions/africa/continental-cooperation/joint-africa-eu-strategy_ en，登录日期：2018 年 10 月 3 日。

高等教育、通信与研究等跨域影响的附加价值。值得注意的是，欧非之间贸易关系的最重要桥梁，仍然是基于世贸组织（WTO）多边贸易协议的经济伙伴协定（Economic Partnership Agreements，EPAs）。2008 年欧盟颁布了 EPAs 市场通路规则（Marktzugangsverordnung），并将非洲区域依其地理位置划分成西非（主要是西非经济共同体国家，ECOWAS）、中非（例如喀麦隆、中非共和国）、东南非洲［主要是毛里求斯、津巴布韦、马达加斯加，以及塞席尔（Seycheelles）］、东非共同体国家成员（例如布隆迪、卢旺达、坦桑尼亚、肯尼亚、乌干达等），以及南非开发共同体（SADC）（例如博茨瓦那、莱索托、南非、莫桑比克等）。而 EPAs 的性质与合作范围甚广，包括自由贸易协定（FTA）、结构调整、私人投资以及贸易援助等，不过，欧盟与非洲国家签订 FTA 的进度十分缓慢。[①]

表 1　《科托努协定》的合作框架及其影响

合作范畴/结果	特殊影响	全球影响
政治领域 • 政治对话 • 人权、民主、法治、治理 • 和平建构、冲突预防 • 移民	• 非加太国家成为多边国际建制的元素 • 强化并巩固政治环境稳定 • 强化区域、次区域以及洲际和平安全合作	• 降低贫穷 • 持续性和平与安全 • 强化 ACP 国家的国际角色
经贸领域 • 新贸易安排谈判 • WTO 框架下国际合作 • 服务贸易促进	• 国际贸易及区域经济的多元分享 • 统合区域、次区域与非加太洲际人员、货物、知识网络 • 提供外来直接多元且较稳定的诱因机制	
发展合作 • 经济发展 • 社会及人类发展 • 区域合作及统合 • 跨域主题合作	• 在永续发展方面提供包容性成长、文化、社会、环境等融合性措施 • 深化并巩固区域、次区域及洲际统合及合作	

资料来源：整理自 European Commission，Evaluation of the Cotonou Partnership Agreement，Brussels，15 July，2016，SWD（2016）250 Final.

① 参见朱景鹏《欧盟的援外政策治理：以发展合作政策及人道援助为例》，载朱景鹏主编《欧洲联盟的公共治理——政策与案例分析》，台北：台湾大学出版中心 2013 年版，第 420—487 页。

（三）欧盟与非洲实质性经贸关系

如前所述，在欧非实质性经贸关系的推展中，EPAs 扮演了极为重要的角色。EPAs 包括了五个区域性协定，分别是西非（ECOWAS）、中非、东南非（ESA）、东非经济共同体（EAC）以及南非经济开发共同体（SAOC）。此即表示，EPAs 在 2014 年完成了谈判，但必须经所有参与区域性协定的国家国会的批准始能生效。但明显地，EPAs 要获得所有签署国的批准困难重重，例如西非地区的尼日利亚就拒绝批准。另外，东非经济共同体讨论 EPAs 的峰会，出席的国家元首仅有两位，冈比亚、肯尼亚以及坦桑尼亚等国家均倾向于拒绝批准。①

从实务上观察，多数非洲国家享有对欧洲市场的免税或配额商品自由准入，此受惠于 EPAs 或者所谓的"除军备外的所有货物"方案（Everything-But-Arms，EBA Scheme）。所谓的 EBA 方案是一种欧盟对低度发展中国家所实施的单向措施，欧盟也透过"贸易援助"（Aid for Trade）支持并强化非洲商品接轨市场标准化的能力。相对于美国的 82%、中国的 97%、印度的 94%，欧盟对非洲低度发展中国家免除进口关税的商品达 100%（武器除外）；对于发展中国家采取贸易普惠制待遇（GSP）的商品免税率达 57%，仅次于美国的 68%。另外，针对可持续发展与善治改善的 GSP + 方案，特别是佛得角（Cape Verde）国家的免税计划达 89%；至于其他双边自由贸易协定（EPA/FTA）则除了极少数的南非与北非国家之外，免税率也达 100%。至 2019 年止，欧盟投资非洲总额达 2610 亿欧元，欧盟是非洲最大的出口市场，占非洲出口总额的 36%，进口总额的 33%，高于非洲区域内的 18%、中国出口的 9% 及进口的 13%、美国出口的 7%，以及印度出口的 9%。其中以粮食及制造业产品为最高，占非洲出口到欧盟的 51%②（见表 2）

---

① 参见 Olu Fasan（2018），"EU-Africa Trade Relations：Why Africa Needs the Economic Partnership Agreements，" *International Growth Centre*，see http：//www. theigc. org/blog/eu-africa-trade-relations-africa-needs-economic-partnership-agreements/，登录日期：2018 年 8 月 27 日。

② 参见 Phil Hogan（2020），Towards an Africa-Europe Trade Partnership，in *ECDPM Great Insights Magazine*，Vol. 9，Issue 1，2020，pp. 8 – 10.

表2　欧盟对非洲出口贸易合作形态

形态	经济伙伴协定（EPAs）	北非贸易协定	除军备外的所有商品（EBA）	贸易普遍优惠加值待遇（GSP+）	贸易普遍优惠待遇（GSP）
进入欧盟市场通路	免除所有商品税率及配额限制（军备除外）	免除关税及配额限制（部分农渔产品例外）	免除所有商品的税率及配额限制（军备除外）	超过66%以上的商品免除关税	66%的商品实施低关税
受惠国	12个非洲国家（西撒哈拉区域）	4个非洲国家	32个低度发展中国家	1个国家（佛得角）	两个非洲发展中国家（尼日利亚、刚果）

资料来源：整理自 European Commission，European Union，Trade in Goods with Africa，Directorate General for Trade.

除了以上双边贸易关系之外，非洲的区域统合运动也在合作框架上扮演着愈益重要的角色。从早期的非洲团结组织（OAU）《雅温得协定》（Yaoundé Conventions），到其后的《洛美协定》《科托努协定》等，非洲同盟（AU）不仅仅在经济层面，更重要的是在政治对话、区域和平建构和冲突预防等方面扮演了积极的建设性角色，而欧非的第一次双边高峰会议则是2000年的开罗会议，非洲同盟也在同年成立，欧盟的非洲政策从人道主义转型成战略伙伴。AU的目标在于改善非洲人民的生活水平，追求和平、安全、民主、人权、经济和政治统合，并以建立非洲经济共同体（African Economic Community，AEC），以实现泛非自由贸易区为最终目标。

总体而言，整个非洲的区域经济整合组织在AU之下计有八个，分别是阿拉伯北非同盟（Arab Maghreb Union，AMU）、西非经济共同体（ECOWAS）、中非国家经济共同体（ECCAS）、萨赫勒—撒哈拉国家共同体（Community of Sahel-Saharan States，ECN-SAD）、东非共同体（EAC）、东南非共同市场（COMESA）、东非政府间开发组织（Inter-governmental Authority on Development, IGAD），以及南非开发共同体（SADC）。[①] 借由《欧盟运行条约》（TFEU）第220条的规范，欧盟得以与国际组织发展并维持适当的关系，在非洲同盟的行政执行委员会（Executive Council）第195号决议中同样赋予与国际或区域统合组织的合作法源。爰此，欧非形塑法制化以及结构化的机制是双方合作的重要基石。[②] 2015年，非洲同盟执委会（AU Commission）颁布了第2063议程（Agenda 2063），为未来50年的非洲发展提出长期的政策目标，也象征着未来必然要和欧盟—非洲的共同战略（Joint Africa-EU Strategy, JAES）、欧盟的全球战略等紧密接轨。[③]

（四）欧盟与非洲新战略伙伴计划与冯德莱恩地缘政治委员会

2020年3月9日，欧盟执委会经过与非洲同盟（AU）将近9个月的磋商达成了新的伙伴协议，协议内容融合了经济、政治、社会、科技、人口、气候变迁与环境议题。同时，双方将就五大政策范畴建构伙伴关系，包括绿色能源、数字化转型、永续成长、和平治理，以及移民问题等。[④] 此一"迈向与非洲的综合战略"文件将于2020年10月由欧盟与非洲同盟的高峰会议确认。相较于过去，新型的欧非伙伴战略导入了绿色能源转型（green transition）以及数字化转型作为核心。此外，发展绿色成长模式，改善企业投资环境，促进教育、研究、创新、就业，扩大区域经济贸易合作及统合成效，共同对抗气候变迁，保护生物多样性与自然资源，以及强化多边合作的国际共同价值成为双方在国际事务中共同行动的核心。

---

① 参见 Toni Haastrup（2013），" EU as Mentor? Promoting Regionalism as External Relations Practice in EU-Africa Relations," in *Journal of European Integration*, Volume 35, Issue 7, pp. 785–789.

② 参见 Anna-Luise Chané and Magnus Killander（2018），"EU Cooperation with Regional Organizations in Africa," in Working Paper No. 197, Leuven Centre for Global Governance Studies.

③ 参见 Alex Vines OBE and Tighisti Amare（2018），"EU-Africa Relations：The Challenges for a Renewed Partnership," in the Open Access Government, 6 April, 2018. Link：https：//www.openaccessgovernment. org/eu-africa-relations-challenges-reward-partnership/44313/.

④ 参见 European Commission（2020），Joint Communication to the European Parliament and the Council：Towards a Comprehensive Strategy with Africa, Brussels, 9. 3. 2020, Jion（2020）4 Final.

鉴于欧盟系非洲最大的贸易投资伙伴以及非洲大陆自由贸易区（the African Continental Free Trade Area，AFCFTA）最主要的支持者，欧盟在2019年底已投入7250万欧元的援助。就双边贸易而言，2018年数据显示，欧盟占非洲总体货物贸易的32%，达到2350亿欧元，远超过中国的17%，即1250亿欧元，以及美国的6%，即460亿欧元。再就对外投资而言，以2017年为例，欧盟在非洲投资总额达到2220亿欧元，远超过美国及中国（美国约420亿欧元，中国约380亿欧元）。同时，2018年欧盟对非洲的官方发展援助（Official Development Assistance，ODA）达196亿欧元，占总量的46%。根据欧盟2021—2027年的预算计划，新的欧盟对外基金（EU External Funding Instrument）中的60%左右将直接施惠于非洲。

关于2020年新的非洲战略伙伴计划，欧盟执委会做出了三个结论。首先是在全球层级（global level），欧盟强调要强化以规则为基础（rule-based）的多边主义，共同采取行动维护国际多边主义规则秩序，包括联合国2030年永续发展议程、巴黎气候变迁协定、世贸组织与G20的合作；其次是在双边层级（bilateral level），包括欧盟与非洲同盟的元首高峰会议之举行，双边协定（包含西撒哈拉非洲国家与非加太国家的合作议定书）以及和北非地区国家的联系协定（association agreements）。其合作的机制包括高峰会议、部长级会议、双边执委会会议（Commission-to-Commission），以及政治与安全委员会会议等；最后则是从欧盟立场考量，由于欧盟系非洲最大的经贸投资伙伴，永续参与非洲事务并有良好成效至为重要。因此，欧盟强调所有成员国协调一致并采取联合行动对欧盟的非洲经略取得成效至为关键，尤其是联合所有国家层次以外的行为者（actors），例如私部门、公民社会组织、金融、银行、地方政府、教科文机构等采取较佳的协同合作（Working Better Together）。在“政策优先”（policy first）的指导下，欧盟的新非洲战略将是“行动一致，动员资源”（acting in unison and mobilizing the means）。①

① 参考 European Commission（2020），Joint Communication to the European Parliament and the Council：Towards a Comprehensive Strategy with Africa，Brussels，9. 3. 2020，Join（2020）4 Final，pp. 15 – 17.

根据 Alfonso Medinilla & Chloe Teevan 的分析，欧盟的非洲新战略伙伴计划对欧盟而言具有五项意义：

——高峰会议及高层级对话机制的持续推动有益于伙伴关系之落实。

——避免任何一方采取单边议题设定，得以保障合作之伙伴的政策议题需求。

——确保欧盟成员国的主体性（ownership）及其外交纪律（discipline）。

——与非洲的区域经济统合合作宜有多层次的考量，例如与非加太国家、欧洲睦邻政策（ENP）等的政策机制与议题差异等。

——2021—2027 年多年期的财政预算承诺，有利于伙伴关系的稳定性。

另外对非洲而言也具有三项意义：

——透过双边平台机制明确非洲对欧盟的共同战略需求。

——透过非洲国家与欧盟大的成员国之特殊殖民关系，部分非洲国家需要考虑明确的长期合作构想或短期的政策获益。

——透过欧盟与非洲同盟的关系平台将极大化非洲在国际舞台上的声音。①

根据欧盟执委会主席 von der Leyen 在 2019 年 7 月及 11 月两度向欧洲议会提出的政策论述，她于 2019 年 12 月 1 日上任后的六大优先政策包括强化欧盟在国际多边主义中的全球角色、欧洲绿色政纲（Green Deal）、欧洲数字化时代、经济、民主以及促进欧洲生活方式与价值等。其中，von der Leyen 领导下的执委会，对地缘政治的考量相当浓厚，并自诩为“地缘政治执委会”（Geopolitical Commission）。其核心重点区域国家包括西巴尔干地区、东部睦邻伙伴国家（Eeastern Partnership）、非洲、中东、美国、冰岛及瑞士等。由于 2015 年欧盟难民危机以来，欧盟试图为此建立信托基金（trust funds）解决难民问题，但 2019 年仍然有

① 参见 Alfonso Medinilla and Chloe Teevan（2020），Beyond Good Intentions：The New EU-Africa Partnership，ECDPM（The European Centre for Development Policy Management）Discussion Paper No. 267（March 2020），pp. 17 – 18.

高达139000余名非法移民从利比亚及摩洛哥涌入欧盟区。为此，von der Leyen所启动的非洲综合战略就是地缘政治综合考量的结果，尤其是von der Leyen上任后的第一个周末（2019年12月9日）即访问非洲联盟总部埃塞俄比亚首都Addis Ababa，将会谈议题集中在团结（unity）与伙伴关系上，2020年2月27日在Addis Ababa所举行的第七届欧盟执委会与非洲同盟执委会（Commission-to-Commission）会议上再次强调新的非洲战略伙伴合作内容的重要性，这将使欧非迈向一个更上一层楼的关系。①

四　欧盟对非洲的移民与难民政策：萝卜或棒子

2016年以来欧盟为了因应愈益增加的难民潮，呼吁所有成员国支持建构一个共同的难民政策，并提出配额制度（Quota System）进行紧急安置分配。此外，自1993年欧盟实施单一市场以来所衍生的移民政策、非法难民、走私以及社会犯罪，甚至恐怖攻击等问题，使得欧盟陆续成立欧洲刑事警务中心（EUROPOL）、欧洲国际边界管理局（FRONTEX）、欧盟庇护支援办公室（EASO）、欧洲检察署（EUROJUST）等跨境管理机制。虽然欧盟曾于2007年由执委会发布“欧洲共同难民系统”（Common European Asylum System，CEAS）绿皮书，且在2008年6月提出政策执行方案（Policy Plan），不过，难民与非法移民问题不仅未能有效团结欧盟，更令人担心的是，欧洲极右势力的兴起与壮大反而削弱了欧洲意识，巩固了民族主义，这对一个长期主张人道主义以及超国家主义的欧盟而言，不啻一个重大打击。

根据统计，向欧盟初次申请庇护的难民人数由2008年的152900名增加到2015年的1257000名，2016年也达到1206100名左右，其间增

① 参考Luca Barana（2020），“A Geopolitical Commission in Africa：Streamlining Strategic Thinking on Trade and Cooperation，” in Istituto Affari Internazionali（IAI）Commentaries，Issue 2，（Jan 2020）；David M. Herszenhorn，von der Leyen Ventrues to the Heart of Africa，in Politico，12/10/2019；另请参考Chloe Teevan and Andrew Sherriff（2019），Mission Possible? The Geopolitical Commission and The Partnership with Africa in ECDPM，Briefing Note No. 1B（Oct. 2019），p. 13

长了6.9倍，不过，2019年人数已降到676300名，显示出欧盟所采取的措施已逐步产生效果（见表3）。

表3 2008—2019年申请欧盟庇护的难民人数 （千人）

年份	2008	2009	2010	2011	2012	2013	2014	2015	2016	2017	2018	2019
申请人数	152.9	195.8	206.9	263.2	278.3	367.8	562.7	1257	1206.1	649.9	580.9*	676.3

*其中非洲国家以阿尔及利亚、安哥拉、刚果、埃及、厄立特里亚、利比亚、尼日利亚，以及索马里为主。

资料来源：整理自Eurostat。

尽管申请庇护的难民人数（主要来自中东叙利亚、阿尔及利亚、伊拉克、巴基斯坦，以及非洲的尼日利亚和巴尔干半岛的阿尔巴尼亚）呈现下滑的原因之一是欧盟、意大利、联合国难民事务高级专员（HCR）以及国际移民组织（OIM）的协力合作，而德国虽然也启动难民协助加值方案（Starthife Plus），2017年2月至10月接受该方案递交返乡申请的难民数也仅有8639名，中东欧国家如波兰、捷克及匈牙利等更是断然拒绝欧盟的配额制度。

2018年6月29日欧盟移民问题峰会召开，27个国家领导人达成协议同意强化边界安全，成立拘留中心（Control Centre），且可在自愿的基础上成立难民收容中心，逐步遣返非法移民，并在解救海上难民问题上分摊责任。欧盟并加码增拨更多的预算提供给土耳其及摩洛哥协助难民离开欧盟，且在阿尔及利亚、埃及、利比亚、尼日尔和突尼斯等北非国家成立作业中心（Processing Centres），协助欧盟阻绝难民再度跨境欧盟。① 这个最新处理移/难民问题的高峰会，满足了意大利的需求，但德国默克尔政府仍然陷入联合政府的困境里，法国则选择以合作协调方式因应，唯对于中东欧国家是否能够分摊责任，协助安置移民/难民的期

① 参见Jon Henley（2018），"EU Migration Deal: What Was Agreed and Will it Work?," in The Guardian, 29 June, 2018. Link: https: //www.theguardian.com/world/2018/jun/29/eu-summit-migration-deal-key-points. 登录日期：2018年10月10日。

望，因为基于国家经济和安全的考量，仍然只是一种奢求。反移民、反难民，甚至反穆斯林已变成欧洲右翼民粹主义的共同主张，在匈牙利、波兰的国会里右翼民粹主义者甚至占据绝对多数席位，且东欧国家的外国人占比相当低（见表4 和表5）。

表4　　欧盟国家外国人的占比　　（%）

国家	奥地利	比利时	德国	爱沙尼亚	英国	丹麦	瑞典	意大利	希腊	法国	捷克	匈牙利	斯洛伐克	波兰
比例	15.2	11.9	11.2	9.5	9.2	8.4	8.4	8.3	7.2	6.9	4.8	1.5	1.3	0.6

资料来源：综合整理自 Eurostat。

表5　　欧洲各国近年来国会大选右翼政党席次概况（2014—2018）

国会大选年份/国家	国会总席次	右翼政党/席次	参与政府组成
2014/拉脱维亚	100	National Alliance 17	联合政府
2014/比利时	150	New Flemish Alliance 33	
2014/瑞典	349	Sweden Democrats 49	
2015/波兰	460	PiS 235	多数政府
2015/希腊	300	Golden Dawn 18	
2015/芬兰	200	True Fin PERUS 38	
2015/丹麦	179	DF 37	
2016/斯洛伐克	150	Slovakia National Party 14	联合政府
2017/荷兰	150	Freedom Party 20	
2017/法国	577	FN 8	
2017/奥地利	183	FPÖ 51	联合政府
2018/德国	709	AfD94	
2018/匈牙利	199	Fidesz 134；Jobbik 26	多数政府

资料来源：本文自行整理。

如本文前述，在2014—2016 年欧洲爆发难民危机之际，来自非洲地区的难民申请庇护人数虽仅15 万名，占总数的比例约20%，不过，在

2015 年后，欧盟已逐步将处理的重心转移到非洲。欧盟 2015 年与非洲的马耳他首府 Valletta 高峰会议上，虽透过新伙伴移民框架（New Partnership Migration Framework）有条件地将移民问题纳入双边伙伴框架中，但此举却被批评为是针对非洲的，马里、尼日利亚、塞内加尔、埃塞俄比亚以及尼日尔五个国家，对于欧盟所提出的新的移民问题合作途径，显然抱持反对态度。在 Valletta 高峰会议上，德国总理默克尔将非洲移民问题宣示列为优先政治议题，2016 年 6 月，默克尔更是在基民党（CDU）的经济会议上指出："12 亿人口的非洲是移民问题的核心。"更值得留意的是，到 2050 年左右，非洲人口将高达 20 亿的规模。因此，面对此一趋势，欧盟若未能提出因应策略，未来的移民问题将更加险峻。①

从结构上分析，欧盟对非洲移民问题的政策立基于其全球移民与移动总则（Global Approach to Migration and Mobility，GAMM），既包含移民也含盖难民政策。在此一基础上，欧盟以三个层次处理非洲移/难民问题：一是大陆层级，与非洲同盟（AU）在 2014 年 4 月的双边高峰会议上发布 2014—2017 年行动计划声明；二是区域层次，以两条路径开启政策对话，其一是西岸移动路线，称为拉巴特进程（Rabat Process）；其二是东岸移动路线，称为喀土穆进程（Khartoum Process）；三是与个别国家例如摩洛哥、突尼斯、佛得角以及尼日利亚双边层次签订的政治协定。

首先，2007 年的双边里斯本高峰会议，提出了欧非移民、移动与就业计划（MME），且在欧非共同战略中制定了 2008—2010 年第一期行动计划。2014 年的高峰会议更是针对移民问题赋予新动力，优先处理领域包括人口贩卖、汇兑、游居（diaspora）、劳工流动与移民、非常态性迁移（irregular migration），以及流离失所者的国际保护等。其次，2006 年的拉巴特进程则汇聚了 55 个非洲国家、政府，西非经济共同体所共同倡议的双边、区域和多边的合作，其中海马大西洋网络（Seahorse Atlantic Network）结合西班牙、葡萄牙、塞内加尔、毛里塔尼亚、佛得角、摩洛哥、冈比亚，以及几内亚比绍形成了区域合作关系，交换信息防堵非法

① 参见 Florian Koch（2017），"Zuckerbrot und Peitsche? Der neue Takt in der EU-Migrationspolitik Gegenüber Afrika," in *Perspektive Friedrich Ebert Stiftung*，January，2017.

移民以及跨境犯罪。欧盟透过发展合作机制（DCI）、欧洲开发基金（EDF），以及欧盟睦邻机制（ENI），提供了财政上的资金支持。最后，2014 年在罗马举行的双边部长级会议上，启动了新的喀土穆进程，目标在于加强解决贩运人口及移民偷运问题。该进程设立一个指导委员会（Steering Committee），由欧盟的意大利、法国、德国、英国及马耳他五国，以及五个非洲伙伴国：埃及、厄立特里亚（Eritrea）、埃塞俄比亚、南苏丹以及苏丹共同组成。该进程直接由泛非计划（Pan-African Programme）提供财政支持。[①] 此外，其他尚有诸如 2015 年 4 月 Sahel 区域行动计划，以及各类双边合作计划等。

在欧盟移动伙伴架构下，欧非移民流动性计划类别包括了合法移民、共同打击非法移民及贩运人口的边界管理、移民与发展、难民国际保护四种，其执行的计划种类繁多，举其荦荦大者如下：欧盟专家训练计划（Migration EU Expertise，MIEUX），800 万欧元；Global Action to Prevent and Address trafficking in Human Beings and the Smuggling of Migrants，1000 万欧元；Support to Africa-EU Migration and Mobility Dialogue，1750 万欧元；Regional Protection Programme Horn of Africa：Strengthening Protection and Assistance to Refugees and Asylum seekers（特别指涉索马里），500 万欧元；Free Movement of Persons and Migrations in West Africa，2400 万欧元；Civil Society Action for Promoting the Rights of Migration，150 万欧元。其他尚有针对东非的混合移民流动计划、埃塞俄比亚劳工移民管理计划等。[②]

2015 年欧洲爆发难民危机之际，欧盟处理难民问题的基本原则仍然是恪遵都柏林规则（Dublin Regulation）。该规则于 1990 年签署，1997 年生效，且适用于 31 个欧盟（洲）国家（含瑞士、挪威、冰岛及列支敦士登），同时也归属于欧洲共同庇护系统（Common European Asylum System，CEAS）。不过，该规则在 2015 年的难民危机中却形同具文，签署

---

① 详见 European Commission，The European Union's Cooperation with Africa on Migration，Brussels，22 April，2015；http：//europa. eu/rapid/press-release_ MEMO-15-4832_ en. htm.

② 更多可参见 EU-Africa Partnership MEMO/15/4808。

国既无法在第一时间解决问题，也突显出欧盟的政策需要更多的政府间协调，而非超国家的规范。由于移民问题与政策的复杂性，非法移民以及真正的战争难民经过庇护程序而取得合法移民身份，冗长的程序造成移民（migration）与难民（asylum/refugee）政策的重叠或概念的混淆。尤其是中东及非洲地区部分国家因战争、贫穷、内战、疾病而衍生出的难民涉及人道主义因素，这一问题与因走私贩运人口、毒品等非法移居者等问题多层次叠加在一起，如何进行政策协调、管理确是近年来除欧债危机之外最具挑战性的一项内政、外交及安全政策议题。

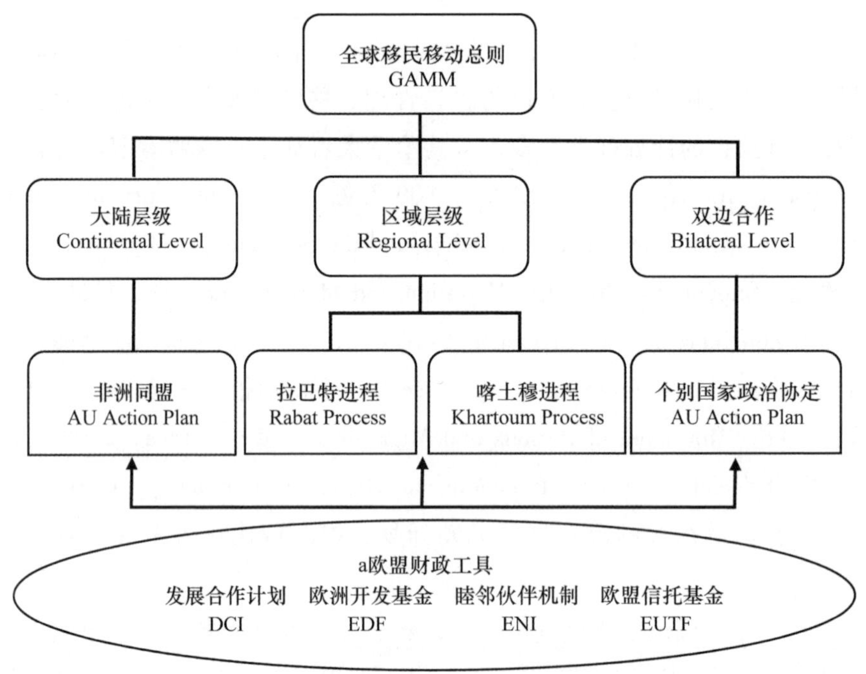

图1 欧盟非洲移民合作政策工具架构

资料来源：本文自绘。

本文的检视对象是非洲，如前所述，拉巴特进程与喀土穆进程反映出非洲地区东岸及西岸难民问题的严重程度与日俱增，而欧盟成员国，尤其是意大利、希腊等国高失业率、内政压力，对于移/难民问题疲于应对。在2015年的马耳他 Valletta 高峰会议上，欧盟建立了信托基金（EU

Trust Fund，EUTF），对于非洲国家及其非政府组织（NGO）可以提供一个建设性的平台（见图1）。不过，非洲国家（特别是来自北非地区的国家）却认为，欧盟此举仅着重解决欧盟自身的问题，非洲内部区域的移/难民路线问题却无法获得解决，更重要的是对于合法提供非洲移民的可能性政策仍毫无进展，非洲国家批评欧盟此举仅仅是解决其本身难民问题的一厢情愿的应急措施。[①] 不过，在 Valletta 会议结束后，2016 年 6 月，欧盟虽再度提出新伙伴移民框架的合作路径，但仍然遭到若干非洲国家的反对，因为非洲国家认为欧盟一则要杜绝非法移民与跨国犯罪，以及非正常移民；二是要透过新框架禁止或减少合法移民管道，以舒缓其成员国国内的反移民内政问题。可谓是一个一石二鸟、软硬兼施的伎俩。

虽然如此，欧盟与非洲同盟（AU）之间由于特殊的地理、文化、语言等因素，加上欧盟仍然是非洲最大的贸易投资者、最多的外来援助者，以及外交、安全政策的合作伙伴，因此，移民政策很自然地形成其双边合作议题政策的外溢化（externalisation），此涉及了欧盟未来内部边境管理以及共同对抗非法移民的议题。[②] 不可否认，为了有效克服非洲移民/难民问题，欧盟与移民的原籍国和过境国密切合作，1999 年《阿姆斯特丹条约》确立了欧洲层级的签证、庇护和移民政策，2002 年欧洲部长理事会的 Sevilla 会议通过了将移民政策纳入欧盟与第三国关系的伙伴框架政策设计中；在实务上，欧盟与非洲国家自 2005 年起启动了建立全球移民与移动计划的前置计划，2007 年的里斯本会议则开启了欧非移民、流动与就业伙伴关系。及至 2014 年的共同议程（Common Agenda）在 FRONTEX、EUTF、EDF 机制的支持下，拟解决非正常性的非洲移民问题；且除了常态性的欧非政治对话自 2007 年透过共同欧非战略（CEAS）

---

① 参见 Florian Koch（2017），“Zuckerbrot und Peitsche? Der neue Takt in der EU-Migrationspolitik Gegenüber Afrika，” in *Perspektive Friedrich Ebert Stiftung*，January，2017.

② 参考 European Issues，No. 472，20/04/2018；https：//www. robert-schuman. eu/en/europe-an-issues/0472-european-union-african-cooperation-the-externlisation-of-europe-s-migration-policies，登录日期：2018 年 10 月 3 日。

实施以来，双边对话与欧盟自我评估已迈向“更多具体合作，更少意识形态”（much less ideological and much more concrete），例如2017年Abidjan高峰会议的中心议题即是将欧盟发展合作基金（EDF）的投入转向更多的私人投资，为青年创造机会、减少移民潮。①

很明显，欧盟对非洲有关移民问题的举措造成了两者之间的政治分歧，欧盟试图减缓非正常移民潮，但非洲却尝试增加移民流动的机会，因为移民模式在非洲部分国家的实施是成功的，例如撒哈拉以南非洲2017年移民来源国的资金流入（转移）达340亿美元，以马里为例，约有10%的国内生产总值来自此类转移，因此，限制移民将严重影响该区域的经济发展。在欧盟与非洲之间，移民问题已陷入一种各自利益考量且又亟须弥平互为战略平衡合作的困境，欧盟如何透过鼓励移民的法律途径，并澄清其所提出的各种政策工具非为阻绝正常的移民流动，始能让非洲国家释疑，对此，欧盟成员国的基本态度及其劳动市场的开放，厥为关键要素。

五　新冠肺炎疫情危机与欧非伙伴关系重构

2020年1月下旬中国武汉暴发新冠肺炎（Covid-19）疫情，随后影响欧美及全球各地。截至2020年9月23日，全球病例数达3160万人，死亡人数达97.1万人，其中非洲地区于8月7日之统计确诊病例已突破100万人，死亡近万人。新冠肺炎疫情对于全球政治经济版图及发展趋势已然形成冲击，欧非关系自然不在例外。根据挪威国际事务中心（the Norwegian Institute of International Affairs）以及非洲建设性争端解决中心（the Africa Center for the Constructive Resolution of Disputes）研究报告，尽管《科托努协定》即将到期，在后科托努时期，新冠肺炎疫情将促使欧非更紧密合作，但最关键的影响仍在于经济。尤其是非洲经济体总体经

① Report on the EU-Africa Partnership: Boost to Development (2017), European Parliament, Development Committee.

济普遍脆弱，应对财政压力的能力有限，因此，埃塞俄比亚总理 Abiy Ahmed 等非洲领导人呼吁欧盟及其国际伙伴应广泛减免其债务并提供财政援助。①

爰此，欧盟于 2020 年 4 月构建了因应新冠肺炎疫情的“欧洲队方案”（Team Europe Package），提供 200 亿欧元用以支持其伙伴国家。其中有 38 亿欧元用于非洲伙伴国家的疫情整备与防止扩散。在欧盟对非洲紧急信托基金（The EU Emergency Trust Fund for Africa，EUTF）架构下协助非洲执行对非洲大陆受疫情影响的民众、难民、庇护申请者以及移民者提供建康与公卫需求之援助。② 根据联合国工业发展组织（UNIDO）2020 年 6 月的报告分析，新冠肺炎疫情危机对于欧非关系的潜在影响主要有如下诸端：③

——欧盟地缘政治影响力是否持续。

——欧非经济关系是否会发生变化。

——绿色经济（green economics）重塑。

——全球化慢速化（slowbalisation）影响欧非关系。

——加速数字化议程推进诱因；民主倒退风险以及欧非伙伴多边体系遥不可及。

——强化公共卫生服务质量。

——延缓或取消欧盟对非债务偿还。

依照目前的发展趋势，新冠肺炎疫情将可能持续一段时间，欧非的政治经济关系将可能因此一危机而面临一些挑战，不论是移民、难民、安全等议题都需进一步观察其可能的变化。

---

① 参见 Andrew Lebovich（2020），After Covid：Resetting Europe-Africa Relations for Mutual Benefit，in European Council of Foreign Relations Commentary，8th June 2020.

② 参见 https：//ec. europa. eu/info/live-work-travel-eu/health/coronavirus-response/overview-commissions-response_ en，登录日期：2020 年 9 月 23 日；欧盟提供的 200 亿欧元主要来自于其成员国、欧洲复兴开发银行（the European Bank for Reconstruction and Development）以及欧洲投资银行（EIB），见 http：//www. dw. com/en/coronavirus-debt = relief-key-to-helping-africa-says-eu-commissioner/a-53201524。

③ United Nations Industrial Development Organization（2020），Covid-19 Impact on EU-Africa Relations，June 2020，pp. 18 – 24.

六 结语

本文从经济外交概念出发，观察欧盟利用其政策工具发展与非洲区域经贸关系，从早期的《洛美协定》，其后的《科托努协定》，2020 年 von der Leyen 执委会再次将欧非关系推向一个新的里程碑。非洲幅员广大，经济发展水平平均较低，但由于和欧洲的地缘政治、战略与安全位置因素，长期以来，欧盟透过援外政策遂行人道主义，透过发展合作政策维系双边政治经济网络关系，唯其如此，仍衍生出移民与难民问题，前者在 2014 年欧洲爆发严重难民危机之后，出现了严峻的变化，欧盟采取了偏向保守且管制性的针对措施，新伙伴框架不仅无法获得非洲国家的信任，反而加深其对欧盟的疑虑；后者则出现在部分非洲国家，例如马里、尼日利亚、埃塞俄比亚、尼日尔及塞内加尔等国，此类国家或因战争，或因贫穷因素而导致难民涌向欧洲趋势，2006 年后，此一趋势更加明显。欧盟为此移民及难民问题以多层次政策，加上财政性支持等计划协助非洲国家改善其内部管理问题，唯鉴于非洲未来人口的增长，可预见移民流动将日趋明显，若无法在政策上预为绸缪，欧盟所担心的边境管理、市场冲击、民族主义、反移民色彩和各成员国国内政治版图可能之变化，将会影响欧洲统合及欧非关系之发展。综言之，欧盟与非洲的经贸关系未来仍将以 2020 年的综合战略协定方式持续合作，欧盟与非洲同盟的新伙伴战略实践将是重要的评估基础。

最后，本文研究证实了欧非伙伴关系新框架协议，不仅持续在《科托努协定》基础上合作，同时也显示出非洲同盟（AU）的功能相较于以往更具备谈判之效能，且不论是欧盟或是 ACP 国家均将双边协定之成就视作“政治层面”（political dimension）的重大成果，新的框架协议将可能因为 von der Leyen“地缘政治委员”的外交理念，而使得欧盟的对非经济外交举措例如贸易优惠（trade preferences）以及贸易便捷化（trade facilitation）更具有政治与安全战略意涵。

欧盟的非洲政策调整：话语、行为与身份重塑

金　玲*

欧洲国家自其殖民统治结束以来，先后通过一系列不平等的协定和附加条件的贸易以及发展援助政策，在非洲推广其民主价值观，保持其在非洲的传统影响力。从早期的《联系协定》和《雅温得协定》到四期《洛美协定》，再到2000年《科托努协定》，都贯穿了上述特征。但是进入21世纪以来，欧盟根据新的国际环境不断调整对非洲政策。自2000年欧盟召开首次欧非首脑峰会，到2005年其第一份对非战略出台，再到2007年《欧非联合战略》的实施，欧盟尝试建立超越发展—受援关系模式的欧非战略伙伴关系，突出欧非关系的战略性、长期性和互利性。

但是，自《欧非联合战略》发表以来，欧盟对非政策转型不断受到内外各种因素的影响，欧盟对非政策目标和能力差距日益凸显。从债务危机到阿拉伯剧变，再到2015年难民危机，欧盟对非政策重点和目标不断调适，以适应其内部政治的需要。以欧洲难民危机的爆发为标志，欧盟对非政策被迫进行更加务实的转型，尽管其广泛的对非战略目标依然有效，但出于内部政治和多重危机的考虑，其对非政策从转型初期的雄心战略向以“移民—安全”轴心的危机管理模式变化，日益聚焦移民和安全问题。“十年来，联合战略的创新性合作已被短期的危机管理模式

* 金玲，中国国际问题研究院欧洲研究所副所长、研究员。

以及日益增加的分歧所主导。”①

基于此，本文将从欧盟当前对非政策“移民—安全—发展”的三维关系视角，分析在一系列内外挑战的背景下，欧盟如何转变其“移民—安全—发展”的话语体系，调整其在上述不同政策领域的优先和合作方式，实施短期利益驱动型的对非政策，导致其对非政策在移民、安全和发展目标上的显著失衡，其发展目标让位于控制移民和实现自身的安全。以此为基础，本文将进一步论述欧盟当前对非政策转型所面临的多重挑战和悖论，尤其是如何在非洲实现短期利益和长期目标、利益和价值的平衡。更为根本的是，欧盟当前对非政策对其国际行为体身份构成挑战，其作为规范性行为体的国际定位，在受内部危机折损的情况下，将随着其对外政策领域内日益现实主义导向的政策而陷入两难境地。

一　欧盟对非“移民优先”的政策取向

移民问题并非欧非关系中的新问题，2000 年《科托努协定》以及《开罗宣言》已将移民问题纳入欧非政治对话框架之内。在 2007 年《欧非联合战略》文件中，移民伙伴关系是其中强调的八大伙伴关系之一。但是，在 2015 年难民危机爆发之前，移民问题在欧非关系议程中的地位并不突出，且均在“移民—发展”话语体系下展开合作，面对日益政治化和安全化的难民问题，欧盟的危机应对举措被迫转向“外化”（externalization），将寻求与第三方的合作、加强边境安全、建设“欧洲堡垒”的安全化举措视为危机的主要应对方案，以“控”替“疏”，寻求缓解难民危机，由此从根本上改变移民在欧非关系中的地位以及欧非移民合作的方向和重点。移民问题在欧非关系中的话语从“移民—发展”向“移民—安全”关联转变。

① J. Bossuyt, “Can EU-Africa Relations Be Deepened? A Political Economy Perspective on Power Relations, Interests and Incentives,” Briefing Note 97, 2017, https://ecdpm.org/publications/can-eu-africa-relations-be-deepened, 2018-11-20.

（一）移民问题成为欧非关系的核心支柱，主导欧非关系

欧盟外化的危机管理模式的主要特点是通过综合利用不同的政策工具，寻求难民来源国和中转国的合作，阻断难民进入欧洲，核心是将控制移民和难民的责任向第三方扩展并部分外包其职能。非洲是世界上难民和移民的主要来源国和中转地之一，导致移民政策成为欧盟对非政策的核心支柱。近年来，欧盟相继出台一系列政策举措，推动实行其“外化”的对非移民政策。

欧盟启动了一系列对非政策倡议，包括召开瓦雷塔欧非移民峰会，设立专门应对移民问题的“欧非紧急信托基金”（EU Emergency Trust Fund for Africa），并出台《移民伙伴关系框架》（Migration Partnership Framework）以寻求对非合作，应对难民和移民问题。在上述一系列倡议和框架协定下，移民问题是主导，其他一切领域的合作成为其移民政策目标的工具，居从属地位。欧盟在“移民伙伴关系框架”的文件中清楚地表明，其对外合作的所有领域都应作为解决移民问题的政策杠杆，包括教育、研究、气候变化、能源、环境等发展领域的合作。欧盟要通过各领域的合作，努力使杠杆效应最大化。

（二）实施“阻遏性”移民政策，移民合作的内容发生转向

欧盟此前对非移民政策在发展和安全、打击非法移民和支持自由流动以及保护难民权利之间基本上能够实现平衡。但是，在难民危机爆发之后，欧盟对非移民政策的主要方向实现偏移，推行“阻遏性”移民政策，向非洲单方面施加“遣返”（return）和“再接收”（readmission）移民合作的目标。

2005 年，欧盟在其《移民和流动的全球方案》中，将与非洲在移民问题上的合作挑战总结为四方面，其中只有一方面论及阻遏导向型，也即预防和打击非常规（irregular）移民和消除贩卖人口现象，其他三方面挑战强调的都是如何发挥移民和发展之间的良性关联以及难民的国际保护，突出如何更好地组织合法移民、促进规范的流动（mobility）和最大化移民和流动的发展效应，表现出典型的发展导向型的移民和流动政策

取向。[1] 2007 年，在《欧非联合战略》中《欧非移民伙伴关系行动计划》开篇就谈到："构建伙伴关系的目的是确保更好地管理移民和解决好就业问题，这是实现非洲国家减贫与发展的根本，确保移民和就业可服务于可持续发展。"自由流动服务发展的目标导向更为清晰。

但是，随着难民危机的爆发，在移民问题上，欧盟的议程受到理事会秘书处以及内政总司的主导，控制移民、安全关切处于优先地位。由此，欧非移民合作发生了从发展向安全的话语转变，"阻遏性"政策日益占主导地位，"遣返"和"再接收"成为核心目标。欧盟的紧急信托基金以及移民公约都过于重视移民和安全，而不是发展问题。[2] "'欧非紧急信托资金'确认了欧盟移民政策的安全化，关注欧洲短期利益，忽视非洲当地所需和长期面临的挑战。"[3] "紧急信托资金"中的加强边境管理是其关键支柱。[4] 绝大多数《欧非紧急信托资金》支持的项目都用于限制和阻止移民进入欧洲，55%的预算投向移民管理，25%用于实施遣返移民的政策改革，13%用于移民国籍的甄别，只有 3%用于安全和常规移民线路的投入。[5]

应对非常规移民（irregular immigrant）作为其对非移民合作的优先考虑，也体现在其建立的《移民伙伴关系框架》中，它高度强调边界管理问题。[6] 在《移民伙伴关系框架》之下，相关的合作都以遏制移民流出为目标，并将各种类型的经济协定、援助、提供劳动机遇，以及签证便利化等内容纳入其中，唯一目标是寻求非洲国家在难民遣返和再接受

---

① European Commission, *The European Union's Cooperation with Africa on Migration: Questions and Answers*, Factsheet, Brussels, 22, April, 2015, p. 4.

② European Commission, "Action Plan of the Immigration, Mobility and Employment Partnership (2007 – 2010).

③ Kirsty Hughes, "EU-Africa Relations: Strategies for a Renewed Partnership," https://www.friendsofeurope.org/global-europe/eu-africa-relations-strategies-renewed-partnership, 2018-11-05.

④ Judith Vorrath, "Amid Controversies on Immigration, Signs of Increasing Fragmentation in Africa-EU Relations," German European Policy Series, 01, 2018.

⑤ The EU Emergency Trust Fund for Africa-migration Routes (November 2017), OXFAM Briefing Note.

⑥ Castillejo Clare, "The EU Migration Partnership Framework: Time for a Rethink," Discussion Paper 28/2017, DIE.

问题上积极展开合作。欧盟针对萨赫勒地区的移民政策主要服务于欧盟内部阻止移民的目标，守护边界成为优先，采取的政策方法是“任何可行的政策”，并非应对移民问题的根源。①

（三）移民合作中引入附加条件，并侧重双边政策方法

欧盟在对非政策中附加条件最典型的做法是其长期将贸易与发展合作政策与人权和治理等挂钩。但是，随着移民政策成为欧盟对非政策的核心支柱，为实现“遏制”移民流入的政策目标，欧盟在其一系列对非移民合作政策中引入了附加条件的规定。在欧盟推动“欧非紧急资金”项目过程中以及移民伙伴关系框架本身都体现了其与非洲移民合作中施行的“胡萝卜加大棒”的政策方法。

附加条件的做法从一开始也清晰地体现在《移民伙伴关系框架》之下，该框架除了明晰其他所有的政策工具都可以成为移民问题上合作的杠杆外，还旨在让伙伴国家清楚在遣返和再接收问题上不合作可能导致的后果。欧洲理事会更是明确地表示：“《移民伙伴关系框架》建立在有效激励和诸多条件基础之上，动用一切政策工具以期实现移民框架的政策目标。”②

在“阻遏性”移民政策的驱动下，欧盟在移民问题上的政策方法也发生着变化，与非盟合作的多边方式正逐渐被双边的交易型政策方法所取代。非盟在移民问题上的关切是应对内部移民问题，核心是内部流动和人员自由；而非盟推动实施非洲大陆自由流动的条约，是希望推动经济增长和发展，它与欧盟的控制边界、阻止移民的政策目标不一致。加之，非盟在移民领域也缺乏相应的权力和能力，非盟已不是欧盟主要的对话伙伴。

瓦雷塔峰会是欧盟对非移民政策突出双边合作的标志。在瓦雷塔峰

---

① Bernardo Venturi, “The EU and Sahel: A Laboratory of Experimentation for the Security-migration-development Nexus,” https://www.iai.it/en/pubblicazioni/eu-and-sahel-laboratory-experimentation-security-migration-development-nexus, 2018-12-02.

② European Council, European Council Conclusions, 28, June, 2016, https://www.consilium.europa.eu/media/21645/28-euco-conclusions.pdf. 2018-11-15.

会上，只有部分国家受邀请参会，南部非洲国家尤其是南非，尽管面临着巨大的移民问题挑战，却被排除在对话伙伴之外。移民伙伴关系框架也集中表现了欧盟双边政策导向，其设想是在欧洲移民日程框架下，同北非、非洲之角以及萨赫勒地区的主要移民中转国以及来源国签署双边协定，就遣返和再接收达成具体的协议，非盟的作用被边缘化。在《移民伙伴关系框架》下，欧盟显著加大了对上述重点国家的投入力度，拟通过双边协定，推动边境管理能力合作和加强伙伴国对移民的再接收。① 欧盟在短期危机管理模式下偏好双边政策的做法，缺乏地区维度，已被质疑阻碍非洲一体化进程。②

二 欧非安全务实合作的深化

尽管欧非地缘相近，非洲的安全和稳定一直关乎着欧洲的稳定和繁荣。但是，由于在很长一段时间内，欧洲的安全并未直接受到非洲冲突的威胁，加上欧盟自身在安全领域内权能有限，以及欧非关系的援助—受援模式，安全议题一直在欧盟对非政策中处于边缘性地位。直到《科托努协定》的签署，安全议题才正式进入欧非关系议程。近年来，欧盟安全环境发生了显著变化，直接推动着欧盟对非洲安全政策的调整。与其长期试图在非洲推动综合性安全政策，实现“安全—发展”良性互动的目标相比，当前欧盟对非洲安全政策目标日益务实，朝着更加工具化的方向发展，重点支持那些有利于控制非法移民的国家，其他冲突地区在其安全合作议程中表现出“边缘化”的趋势。③

① Luca Barana, “The EU Trust Fund for Africa and the Perils of a Securitized Migration Policy,” https：//www. iai. it/en/pubblicazioni/eu-trust-fund-africa-and-perils-securitized-migration-policy, 2018-11-29.

② Luca Barana, “EU Migration Policy and Regional Integration in Africa：A New Challenge for European Policy Coherence,” https：//www. iai. it/en/pubblicazioni/eu-migration-policy-and-regional-integration-africa-new-challenge-european-policy, 2018-11-29.

③ V. Hauck, “ Time to Strengthen Strategic Partnerships for Peace and Security in Africa,” https：//ecdpm. org/talking-points/strengthen-strategic-partnerships-peace-security-africa/, 2018-11-20.

(一) 欧盟加大了对非安全问题的介入力度

如果说欧非关系自《科托努协定》以后，具备了经济（包括发展合作）、政治和安全三个维度，那么安全维度仍是最弱的方面，在很大程度上仍从属于经济和政治支柱，欧盟仍缺乏整体性的对非洲安全政策。"9·11"事件改变了欧盟的安全认知，欧盟逐渐从自身安全视角认知非洲的安全挑战。

欧盟安全环境的恶化推动其加大对非安全的介入力度。欧盟对非主要安全政策工具包括《欧盟共同安全与防务政策》（CSDP）框架下的行动和"非洲和平基金"（African Peace Facility）。自 2003 年在刚果（金）第一次实施此框架下的军事行动以来，对非安全行动逐年增多，尤其是在阿拉伯剧变及欧盟国家内部遭受多轮恐袭和移民危机后。据统计，欧盟 2003 年以来在非洲共实施了 18 次军事行动和民事行动，其中 2012—2015 年有 8 次，大致相当于过去 10 年里其在非行动的总数。[①]

非洲和平基金（APF）设立于 2004 年，是欧非和平与安全伙伴下的主要政策工具之一，其资金主要来源于欧洲发展基金（European Development Fund），用于支持非盟及地区性组织的安全行动，包括非洲和平支持行动、非洲和平与安全结构的运行（Africa Peace Support Operations, APSA），以及早期反应机制（Early Response Mechanism）下的倡议。图 1 清晰地表明，2010—2017 年，来自欧盟的非洲和平基金的使用规模总体上呈上升态势，从 2010 年的 8390 万欧元飙升至 2017 年的 3. 85 亿欧元。欧盟对非安全行动增加，并非非洲安全形势恶化的结果，而是与其自身的安全形势变化密切相关，在很大程度上服务于欧盟国家内部政治安全和稳定的需要。

(二) 反恐、边境控制成为对非安全政策重点

在很长一段时间里，欧盟对非洲安全合作主要是应对非洲的和平与

---

① EEAS, "European Union Common Security and Defense Policy Missions and Operations Annual Report," 2017, https: //eeas. europa. eu/sites/eeas/files/csdp_ annual_ report_ 2017_ web_ en_ 2. pdf, 2018-12-20.

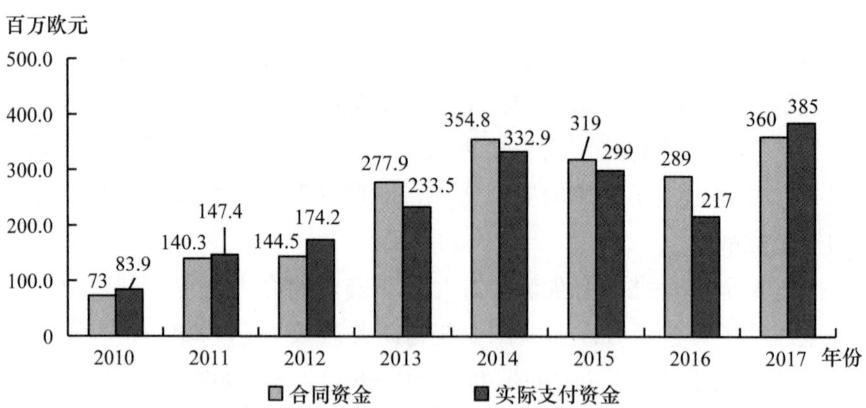

图1　2010—2017年非洲和平基金的资金使用情况

资料来源：European Commission，“African Peace Facility Annual Report，2017，”https：//ec. europa. eu/europeaid/african-peace-facility-2017-annual-report_ en. 2018-12-20.

安全问题，通过民事危机管理，加强非洲的安全能力建设，重点是推动伙伴国安全领域改革，预防非洲安全问题“外溢”至欧洲。但是，当恐怖主义威胁逐渐成为现实，难民危机与欧盟国家内部社会稳定关联上升，欧盟不再将非洲安全领域改革作为行动重点，而是日益要求在和平与安全领域内承担责任，“阻断”威胁，维护欧洲的安全堡垒。其中，最明显的变化是移民和难民问题“安全化”。

在2014年欧非峰会上，双方针对移民及其自由流动问题发表联合声明，重点打击非法移民，推动综合有效合作。该声明虽然表示从安全和发展两个维度应对移民问题，但欧盟方面更积极推动的是移民问题的“安全化”，希望非洲在边境管理、打击偷渡、遣返和回归，以及应对非法移民的问题上与欧盟合作。在新形势下，欧非安全合作明显向反恐以及合作应对非法移民和难民危机方向转型。与其他地区的行动相比，欧盟近年来在非洲的行动具有明显的应对移民导向。自2015年以来，《欧盟共同安全与防务政策》之下的民事任务授权范围已扩展至安全环境问题上，最主要的表现是增加在反恐以及移民领域内的行动。[①]“欧盟利比亚的边境管理行动”（EUBAM Libya）直接以应对移民为目标；2012 年的尼日尔能力建设行动宣称的目标是支持尼日尔安全部门反恐和打击有组织犯罪，2015 年该行动的授权范围扩大，包括帮助尼日尔控制、打击非常规移民和收集相关信息。欧盟在马里的能力建设行动也同样针对移民问题的边境管理能力建设。

（三）对非安全合作方式新变——“外包”和“聚焦”

近年来，在多重危机的冲击下，欧盟自身实力下降、内部民粹主义和内顾倾向上升，欧盟很难在增加对非安全介入力度、应对恐怖主义威胁和难/移民冲击，以及满足民众内顾情绪之间寻求平衡，只能寻求“外包”和“聚焦”的方式推动其对非安全政策目标的实现。

欧盟在非洲安全领域内的行为方式近年来出现显著变化。2003 年欧盟首份安全战略出台之时，它曾雄心勃勃地要在非洲推动其综合性安全政策。其时，欧盟在非安全行动目标是通过支持和平行动实现稳定。在阿蒂米斯行动和乍得行动中，欧盟派遣的部队规模分别为 2000 人和 3700 人。但是，近年来，欧盟不断减少直接派遣人数，行动的重点也转向培训和为安全服务提供建议。为此，一些分析人士认为，当前欧非安全合作模式是“外包”安全，将欧盟对非洲的支持限制在资金、训练和后勤方面，也相应产生非洲和平基金是否是欧盟在非洲应对自身安全威胁的工具而不是增加非盟在和平与安全方面的能力的疑问。[②]

在实力下降、安全威胁上升的背景下，欧盟安全行动日益优先聚焦关键地区。自“阿拉伯剧变”发生以来，北非、萨赫勒和非洲之角是欧盟安全政策的重点。2011 年欧盟相继通过《萨赫勒战略》和《非洲之角

① European Court of Auditors, “Strengthening the Capacity of the Internal Security Forces in Niger and Mali: Only Limited and Slow Progress,” https://www.eca.europa.eu/Lists/ECADocuments/SR18_15/SR_SAHEL_EN.pdf, 2018-12-15

② Matthias Deneckere, with Anna Knoll, “The Future of EU Support to Peace and Security in Africa: What Implications for the African Peace Facility beyond 2020?,” https://ecdpm.org/wp-content/uploads/Future-EU-Support-Peace-Security-Africa.pdf, 2018-11-05.

战略框架》，这是欧盟历史上首次出台地区性战略，凸显其对非政策的地区优先。2016 年欧盟全球战略也强调“通过与非盟西非经济共同体及萨赫勒五国集团的合作，系统性应对在北非和西非、萨赫勒以及乍得湖区的挑战。非洲和平与发展投资就是对欧洲发展与繁荣的投资”①。2014—2020 年，欧盟及其成员国在该地区的安全和能力建设方面拟投入几十亿欧元。欧盟与萨赫勒五国集团已建立伙伴关系，针对该地区采取了一系列军事和民事行动。欧盟委员会表示“针对萨赫勒地区的三场《欧盟共同安全与防务政策》行动适用欧盟新的政治优先，尤其是欧盟的移民关切”②。

三　欧盟对非发展合作的“工具化”和“经贸化”

发展合作政策领域内的调整是欧盟对非政策调整的集中体现。虽然超越援助—受援关系模式是欧盟调整对非政策的主要目标，但由于发展政策是欧盟发挥软实力的重要政策工具，是其国际行为体身份的重要象征，故通过援助向非洲输出其发展模式仍将是其对非政策目标。面对内外压力的增加，欧盟对非援助政策也进行了一系列务实调整。

在内部预算压力和外部竞争上升的背景下，欧盟对非援助政策的转型主要表现为：在区别性援助政策下，欧盟对非援助的重点国家和领域进一步细化；在互惠原则下，欧盟援助更多地服务于自身的利益诉求，尤其是在移民与安全领域内的利益诉求；与贸易和投资议题重要性上升相一致，援助政策也更多地服务于贸易和投资的目标。此外，欧盟对非援助附加政治条件也出现灵活性调整。

---

① EEAS, “Shared Vision, Common Action: A Stronger Europe,” http://120.52.51.14/eeas.europa.eu/archives/docs/top_stories/pdf/eugs_review_web.pdf, 2018-11-05.

② European Commission and EEAS, “Annual Report on the Sahel Regional Action Plan,” Brussels, 23.12.2016, SWD (2016) 482 Final.

（一）附加政治条件更具灵活性

在不同历史时期，欧盟对外援助所附加的条件有不同侧重。欧盟最初的附加条件政治色彩较淡，更侧重于推动受援国宏观经济政策改革，直至1991年欧共体通过《人权、民主和发展》决议，指出“推动民主是发展合作政策的重中之重”。自此，欧盟援助的政治条件得以确立，并体现在《洛美协定》中。依据该协定，“人权条款”成为一种惩罚性条款，对人权的任何形式的违反，都可能导致欧盟全部或部分取消援助。

进入21世纪后，以西方为主导的国际社会反思发展援助政策失败的经验教训，认为缺乏自主性、援助国主导及严格的附加条件是主要原因，欧盟对外援助政策由此面临诸多困境：如何改革传统的附加政治条件的政策手段，在增加援助有效性的同时，保证援助作为政策手段实现其人权和民主等目标，保证其模式的影响力。为了突破上述困境，欧盟改革了援助附加条件的具体做法。

欧盟在援助政策中附加的条件标准更呈现出多样化态势。自中东北非发生动荡后，欧盟展开新一轮对周边政策和发展合作政策的反思和评估，其最典型特征是对自身通过援助和贸易附加政治条件发挥转型作用的能力具有更理性的认识，明确承认“更多改革换取更多援助”原则的失败。欧盟援助附加条件已逐渐脱离单一的政治条件性标准。对于与其安全利益攸关的受援国，附加条件将更趋向于寻求受援国在安全和移民问题上的合作，而不是传统的人权和民主等政治条件，上述转变已明显体现在欧盟“非洲紧急信托基金”项目实施以及《移民伙伴关系框架》中。此外，附件条件转向灵活务实也清楚地体现在2014年欧非第四次峰会上。其中，民主、人权以及国际刑事法庭等具有争议性的问题没有进入官方讨论，贸易与投资及和平与安全问题成为峰会的主要议题，这被认为是欧非关系真正实现务实转型的具体体现。[①]

---

① FES，“EU-Africa Relations after the Fourth Summit：Finding Common Ground，” International Conference 30 September-1 October 2014，Addis Ababa，Ethiopia. https：//library. fes. de/pdf-files/iez/11159-20150123. pdf，2018-11-05.

（二）发展合作服务于控制移民的目标

如前所述，在欧盟《移民伙伴关系框架》下，发展政策和其他诸多政策都被欧盟视为实现控制移民的手段。欧盟从“移民—发展”的视角，推动从“根源上应对移民”的政策，但普遍认为其从狭隘的视角理解“移民—发展”的关系，在政策实践中“移民—发展”的话语体系仅为其将发展政策置于控制移民目标中提供了某种“合法性”而已。

欧盟在移民危机下出台的一系列政策都反映了通过发展援助管理移民的理念。无论是“非洲紧急信托资金”，还是移民伙伴关系，都宣称通过解决移民问题所产生的根源来管控移民，使用的资金主体均来自欧洲发展基金。移民和发展议程当前已紧密交织在一起，从多方面影响发展援助。从“非洲紧急信托资金”的项目类型来看，它也过于重视移民和安全，而不是发展问题。对此，非政府组织以及相关专家均对欧盟的国际发展援助服务于其移民和安全的政策取向颇有微词。①

尽管如此，在难/移民危机背景下，欧盟国家已普遍认为“与移民相关的援助，只要能促进经济发展和福利，就应被允许，由此导致移民问题成为欧洲发展政策领域内主要争议的议题”②。当前，欧盟已将应对移民问题纳入其新的发展政策框架中，“欧盟及其成员国将采取更加协调和结构性方法应对移民，最大限度地发挥不同政策工具的综合效应，使用必要的政策杠杆，包括发展和贸易政策”③。

---

① Kirsty, Hughes , “EU-Africa Relations: Strategies for a Renewed Partnership,” May, 2017, https: //www. friendsofeurope. org/global-europe/eu-africa-relations-strategies-renewed-partnership, 2018-11-05.

② Marco Funk, Frank Mc Namara, Romain Pardo & Norma Rose , “Tackling Irregular Migration through Development,” http: //120. 52. 51. 15/www. epc. eu/documents/uploads/pub 7693 tacklingirregularmigrationthroughdevelopment. pdf, 2018-10-30.

③ European Commission, “The New European Consensus on Development ‘Our World, Our Dignity, Our Future’,” https: //ec. europa. eu/europeaid/sites/devco/files/european-consensus-on-development-final-20170626_ en. pdf, 2018-12-10.

（三）发展援助“安全化”[①] 趋向明显

发展援助政策的“安全化”指援助国的自身安全和稳定优先于发展伙伴的发展，是其发展合作政策的首要目标。[②] 欧盟发展援助政策“安全化”趋势在其2003年出台的第一份安全战略中虽已初显，但没有成为主导性趋势。随着欧盟内外安全威胁的上升、难民危机凸显，其发展援助政策的“安全化”趋势突出，人们对欧盟发展援助政策变为应对移民问题和保障安全的工具的担忧愈重。[③]

2005年，欧盟提出的一系列政策倡议使欧盟安全和发展政策联系日益密切。其一，欧盟委员会建议将安全和发展作为相互补充的议程，共同的目标是获得安全环境，打破贫穷、战争、环境污染，以及经济、社会环境恶化的恶性循环。其二，欧盟委员会在《欧盟发展共识》文件中强调需要采取综合性政策方法应对脆弱国家、冲突、自然灾害以及其他类型的危机。其三，欧盟修订《科托努协定》，将反恐、反对大规模杀伤性武器条款纳入协定中，明显偏离了2000年以减贫为中心的政策。此后，欧盟针对萨赫勒地区和非洲之角安全威胁上升的情况，推动综合性安全和发展政策方法应对安全挑战，是其发展政策“安全化”的突出表现。此外，欧盟委员会于2016年7月5日提出建议，将1亿欧元的发展援助资金直接用于资助外国军队，帮助应对非法移民问题，这是欧盟第

① 关于欧盟发展政策安全化的讨论，See Mark Furness and Stefan Ganzle, “The European Union's Development Policy: A Balancing Act between ‘A More Comprehensive Approach’ and Creeping Securitization,” http://lup.lub.lu.se/luur/download?func=downloadFile&recordOId=1321231&fileOId=1321232，2016-07-01.

② 2006年，罗宾森在其《欧盟安全和发展政策的一体化和完整性》一文中提出，安全与发展政策的一体化将影响发展政策的完整性和独立性，并认为安全和发展政策的融合是将欧盟的安全而不是发展中国家的发展作为优先事项。See Clive Robinson, “Integration and Integrity in EU Policies for Security and Development, an Assessment Prepared for the Association of World Council of Churches Related Development Organisations in Europe (APRODEV),” Bonn: German Development Institute (DIE).

③ European Commission, “Synopsis Report Summarising the Main Results of the Consultation on the New European Consensus on Development,” https://ec.europa.eu/europeaid/sites/devco/files/swd-synopsis-report-consultation-new-consensus-389_en_0.pdf，2018-11-05.

一次直接将援助资金投向伙伴国的军事领域。[①]

(四) 援助政策服务于自身经济利益目标的趋势加速

尽管欧盟发展援助政策从来就不是单纯“利他”的政策工具，但在很长时间内，欧盟多数成员国致力于推动发展援助政策与经贸政策的脱钩。但是，面对新兴国家在非洲及拉美等国影响力的上升，欧盟增加了发展援助政策和经贸合作之间的关联，发展援助服务于欧盟经贸利益的趋势明显。

2007 年，欧盟出台《促贸援助联合战略》，规定欧盟的促贸援助将主要用于“贸易发展”和“贸易政策和规则”领域，重点包括改善商业环境、企业服务支持和机制（Business Support Services and Institutions），以及国际贸易规则和立法等，直接服务于欧盟推动的《经济伙伴关系协定》，对非洲国家要求改善基础设施、提高生产能力及适应成本（Adaptation Costs）等问题没有给予关注。[②] 2011 年，欧盟发展政策沟通文件《变革的议程》正式将扩大私人行业参与发展援助作为欧盟发展援助政策的调整方向。该文件提出“欧盟将进一步推动混合机制促进发展”[③]，欧盟计划使用更多的发展援助资金动员更多的私人行业对发展中国家进行投资。目前，“混合资金”（blending）已成为欧盟新的发展合作政策的流行话语，并已针对不同地区设立了不同类型的投资基金，主要投资了基础设施和能源等领域。

事实上，面对新兴国家“综合性”援助方式，欧盟一些成员国早已公开承认发展援助和对外经贸合作之间存在的关联性。法国前总统萨科齐曾表示：“法国的援助是支持法国商业存在的支持机制之一。”时任英

① Euobserver, “EU Development Aid to Finance Armies in Africa,” https://euobserver.com/migration/134215, 2018-11-07.

② Hilary Jeune, “Aid for Trade: Is the EU Helping the Small Producers to Trade out of Poverty,” http://www.wfto-europe.org/lang-en/component/docman/doc_download/177-aid4trade-is-the-eu-helping-small-producers-to-trade-their-way-out-of-poverty.html, 2018-11-06.

③ European Commission, “Increasing the Impact of EU Development Policy: An Agenda for Change,” Brussels, https://ec.europa.eu/europeaid/sites/devco/files/publication-agenda-for-change-2011_en.pdf, 2018-11-05.

国首相卡梅伦提出过新的非洲政策，主张外交部取代发展援助部发挥主导作用，后者曾主导英国对非洲事务。德国发展部长表示："德国企业应受益于发展合作，也应有助于促进德国在南方国家获得原材料。"甚至在欧盟层面也表现出同样的趋势。2017 年 9 月欧盟统一制订对外投资计划，目的是促进非洲和周边地区的可持续发展。该投资计划有三大支柱：第一支柱通过担保机制和混合机制刺激投资；第二支柱通过加强技术援助，促进受益方发展成熟和能够吸引资金的项目；第三支柱是通过结构性对话改善投资环境和整个政策环境。为支持该项计划，理事会和欧洲议会统一设立欧洲可持续发展基金（European Fund for Sustainable Development），其资金来源主要是欧盟预算和欧洲发展基金。

四　欧盟对非发展政策务实调整面临的多重悖论

欧盟对非政策的转型是国际力量对比发生变化、欧盟内部多重危机共同作用的结果，也反映了其对外政策转型的整体趋势。在当前对非政策中，欧盟长期主导的"良政—发展—安全"的话语体系渐被"移民—安全—发展"所取代，欧盟对非政策从综合性应对安全和发展挑战向短期的危机管理模式和交易性政策方法转变。作为规范性力量的欧盟，其自身的安全繁荣与非洲大陆的和平稳定的相互依赖前所未有，其交易型政策方法，无论从当下还是长远来看都面临着利益和价值、短期和长期利益之间平衡的悖论。

（一）利益和价值的冲突

欧盟自推行附加政治条件的援助以来，通过将内部治理的"良政"概念引入其欧盟对非政策中，建立起"良政—发展—安全"之间的闭合逻辑，即良政是发展与安全的前提，推动良政是综合性应对非洲挑战的根本。20 世纪 90 年代欧盟采用了良治的概念。不过，它扩大了良治概念，将决策程序、法治国家及经济政策都包含在良治概念之中。良治的核心是民主、参与式发展、尊重人权及市场经济，是实现可持续发展的根本条件，并成为政治条件的基准框架。欧盟通过上述话语体系，确立了对非合作附加政治条件的合法性的同时，也使得其贸易和发展政策正式成为其对外输出价值和观念的重要工具。

但是，欧盟在对非领域内建立的上述附加条件与安全和发展政策一致性的话语体系正被其政策实践所打破。一方面，附加条件因未能推动非洲发展而饱受诟病；另一方面，欧盟面临价值和利益冲突，在附加政治条件中难以保证一贯的标准，附加条件合法性危机凸显。如果说，针对前者，欧盟还存在采取灵活调整措施的空间，但是在利益和价值冲突问题上，欧盟当前发展合作政策转型的具体趋势，无论是附加政治条件的灵活性转变，还是更具区别的援助政策，抑或“安全化”和“经贸化”的务实调整，都将使得欧盟通过援助附加政治条件输出价值和观念面临更严峻的挑战。欧盟日益难以确保目标与政策之间的一致性。在欧盟全球战略辩论过程中，发展、安全、民主、移民的关系是核心，恰是因为对欧盟价值与利益的一致性问题提出了根本挑战。“欧盟全球战略磋商进程表明很难让成员国和欧盟机构将民主和人权作为欧盟对外行动的关键优先。”①

（二）短期利益和长期目标之间的矛盾

无论是“移民优先”，还是“外包安全”，抑或是发展援助政策的“安全化”和“经贸化”，欧盟当前对非政策都集中表现出短期遏制移民和维护自身稳定的利益取向，忽视非洲的长期发展与安全目标。

欧盟话语体系塑造了“移民—发展”的关联，通过应对移民产生的根源问题，促进非洲的发展来应对移民问题。但是，政策实践中其所谓的“根源”应对法表现为“阻遏性”政策，希望遏制移民流动的条件，缓解自身所面临的政治压力，并渴望取得立竿见影的效果。由此，其对非移民政策产生悖论，也即在“移民—发展”关系上出现失

① IAI and ECDPM, “A New EU Strategic Approach to Global Development, Resilience and Sustainability,” http://ecdpm.org/wp-content/uploads/IAI-ECDPM-Venturi-Helly-June-21016.pdf, 2018-12-02.

衡，一方面在移民应对过程中用短期手段应对长期结构性问题，忽视移民问题更深层次的结构性因素；另一方面，其阻遏性移民政策由于单纯服务于其实现遏制移民流入的目标，忽视移民问题的其他维度，尤其是移民对于非洲发展的积极效应，包括移民产生侨汇，移民在非洲内部自由流动对经济增长的促进等。在移民—发展关系中，短视和偏颇的政策或许在短期内可以管理危机，但无法长期推动经济和社会的发展。

此外，“安全化”和“经贸化”的发展政策也凸显出欧盟短期利益与长期目标之间的冲突。欧盟外包“安全”的方式服务于其控制移民的目标，在一定程度上偏离其长期致力于推动非洲安全能力建设的重点；日益聚焦的安全政策地缘优先，也导致其对非安全政策缺乏战略性和整体性。“经贸化”的发展政策，是欧盟发展合作政策从“援助”向“发展”视角转变的体现，通过综合利用投资和援助等政策工具，对于促进非洲发展具有进步意义。但是，在欧非发展程度严重失衡的情况下，欧盟强推经济伙伴关系协定，被认为是“不利于地区一体化，不利于建立地区价值链，促进增长和就业”①。

（三）日益碎片化的对非政策与非洲内部不断上升的一体化需求的错位

欧盟对非政策的“碎片化”一直受到非洲国家的诟病。2007 年，欧盟推出《欧非联合战略》，试图实现对非整体性政策转变。但是，当前欧盟以控制移民为对非政策的核心，此举非但难以增加其对非政策的整体性，还因为其对双边政策的偏好，而导致对非政策面临着更加碎片化的危险。

尽管 2007 年欧盟推动《欧非联合战略》，旨在将非洲大陆作为整体发展与欧洲的关系，但“《欧非联合战略》并未能成为欧非关系的整体框架，仅是临时性工具，有严重的局限性。它没有融合任何长期的政治、

---

① Vince Chadwick，“EU Eyes Africa Free-trade Deal amid Battle for Influence，” https：//www.devex.com/news/eu-eyes-africa-free-trade-deal-amid-battle-for-influence-93417，2018-11-05.

法律及金融框架，其行动计划仍通过既有的非加太项目资金和金融工具实施。自该战略实施以来，非洲方面一直抱怨欧洲缺乏整体的非洲政策，缺乏一致性，忽视了非洲作为整体在全球治理中的地缘政治因素”①。与非洲一体化态势相比，欧盟当前对非政策更趋碎片化，其在多个领域的政策都被质疑不利于非洲一体化进程。

欧盟虽致力于推动欧非整体自由贸易协定，但坚持当前欧盟与不同地区的《经济伙伴协定》是推动整体自由贸易协定的基础，受到非洲国家的反对。欧非在《经济伙伴协定》问题上已陷入僵局，非洲方面认为，贸易协定不符合世界贸易组织规则，也不符合非洲工业化优先政策取向，欧洲方面则认为，该协定是与非洲建立现代化贸易关系的方法。欧盟当前推动经济贸易协定的政策方法同样与非洲建立自贸区的设想不一致，是相背而行的。

五　结束语

欧非关系自 2007 年联合战略实施以来，国际环境和欧非各自内部都发生了重大变化。从力量对比看，欧盟虽仍是非洲主要的贸易、投资伙伴和发展援助最大的提供者，但其在非洲的影响力已显著下降。不仅因为欧盟深受多重危机的影响，自身软、硬实力下降，对非政策能力受损，还因为新兴力量日益增加的影响和非洲自身针对欧盟“谈判力量”的增强。目前，欧盟长期建构的对非政策“良政—发展—安全”话语体系无法自洽，而危机管理模式下的“移民—安全—话语”体系更无涉非洲的根本挑战，被普遍认为是欧盟单向施加的、以欧盟利益主导的议程，其实施进程也必然面临多重悖论，难以长期奏效。

欧非利益呈现出前所未有的相互依赖性，双方关系处于关键的十字路口，如何合作不仅关系到欧非大陆的和平与发展，也直接影响 2030 年

① UCLG, “The 5th EU/ Africa Summit , A New Impetus for the Africa EU Partnership,” https: //www. tralac. org/images/News/Documents/5th-AU-EU-Summit/UCLG_ Africa_ Note_ 5th_ Africa-EU_ Summit_ November_ 2017. pdf, 2018-12-05.

可持续发展目标的实现。当前，欧盟应利用与非加太国家未来关系谈判之机，寻找合适的制度框架，统合其对非政策，并应对其当前对非政策中面临的多重悖论，建立平等，尊重非洲自主权和共赢的欧非伙伴关系应是其行动的艰难起点。

货币权力与美欧竞争

刘明礼*

货币作为一种经济现象，长久以来都是经济学家研究的课题，但经济学家在既定的框架下研究效率问题，也就是如何利用汇率、利率、货币供应量等工具实现经济效益最大化，而在货币问题的背后，是复杂的政治利益博弈。① 本文利用国际政治经济学的方法，从理论上分析货币在国家间或者国家与国家集团间会衍生出哪些权力；美欧作为两大国际行为体，围绕这些权力如何进行竞争；从这些竞争中可以总结出哪些规律，用于帮助我们对未来做判断。

一 理论探讨

从国家层面看，政权要保持稳定，必须牢牢控制货币权力，包括确定本国的货币体制、货币发行量、利率水平、汇率机制、外汇管制等。但随着全球化进程的发展，国与国之间的联系愈加紧密，实际上绝大多数国家都无法完全掌控自己国家的这些政策，也就是说丧失了部分币权。对于国家（国家集团）间围绕货币权力采取的竞争行为，既包括货币权力的争夺、维系，也包括货币权力的运用，本文称之为“币权竞争”。

---

* 刘明礼，中国现代国际关系研究院欧洲所副所长、研究员。原文发表于《世界政治研究》2020 年第 3 期。本文为缩写版。

① 何帆：《货币即政治》，载［美］巴里·埃森格林《嚣张的特权：美元的兴衰和货币的未来》，陈召强译，中信出版社 2011 年版，第 xi 页。

具体而言，货币权力可以归结为以下四个方面，或者说是四种表现形式。

（一）主导国际货币体系

一个国家通过主导国际货币体系，可以获得一定的权力和地位：第一，该国能够主导国际货币体系的规则，使之服务于自己的战略目标。美国学者罗伯特·基欧汉的“霸权稳定论”对国际机制进行了深刻分析，认为二战后美国经济实力相对下滑，但美元依然能够处于霸权地位，在很大程度上得益于国际货币体系的制度设计，制度的“惯性”让美元地位得以保持。①

第二，主导国能够有自主的宏观经济政策。除了世界核心货币发行国外，绝大多数国家都无法完全掌控自己国家货币的汇率、利率和发行量，并承受着国际货币市场波动所带来的汇兑损失和金融风险。更为重要的是，资本的跨国界流动不断侵蚀着国家的货币主权，普通国家的货币主权受侵蚀甚至丧失，而核心货币国家和金融机构则得到了支配当代世界的权力。比如在二战后美国主导的国际货币体系中，美联储一旦进行货币政策调整，全球都势必受到影响。而其他“不重要”的经济体调整货币政策，对美国的影响可以说是微乎其微。

第三，主导国可以享受“铸币税”的好处。美国铸币局“生产”一张百元美钞的成本仅为几美分，但其他国家要获得一张百元美钞，需要提供价值相当于100美元的实实在在的商品。这意味着这些商品将被美国长期无偿占有。不仅如此，除了现金和电子货币外，由于美元的特殊地位，美国还可以低利率向世界发行国债和机构债券，这实际上也赋予美国政府和机构低成本融资的权力。

（二）干扰他国货币稳定

拥有币权的国家，则有能力左右其他国家的货币稳定，进而危及其经济安全，比如令目标国通货膨胀、资本外逃、投资吸引力下降、汇率

① ［美］罗伯特·基欧汉：《霸权之后：世界政治经济中的合作与纷争》，苏长和、信强等译，上海世纪出版集团2012年版，第200—203页。

波动、债务上升、居民生活质量下降等等。干扰他国货币稳定是一种简单而强有力的策略，尤其是针对一些相对弱小的目标时。具体做法包括：在市场上大量抛售目标国货币；精心设计一个谣言，让市场感受到某种货币的弱势前景，促使投资者撤离；[①] 通过操纵本国货币和对象国货币的汇率，迫使对方中央银行进行政策调整。[②]

运用这一权力的典型案例是1956年的苏伊士运河危机。1956年10月31日，英国和法国军队进攻埃及，宣称要夺取苏伊士运河，但美国不支持英法的军事行动。11月初，在美国财政部长乔治·汉弗莱的命令下，纽约联邦储备银行开始大量抛售英镑，导致英国的外汇储备几乎面临枯竭。当时英国首相艾登的高级顾问巴特勒和麦克米伦给美国财政部长汉弗莱打电话协商，得到的回复是“除非英国按照联合国的决议撤军，否则总统也爱莫能助”。麦克米伦向内阁递交了详细数据，认为美国的行为是对国际货币基金组织（IMF）宗旨和精神的“不可饶恕的背叛”[③]。在苏伊士运河问题上，麦克米伦也从强硬的鹰派转为温和的鸽派。麦克米伦的传记作者费希尔指出，“英国撤军的真正原因是英镑遭到抛售”[④]。结果，美国在未动用军事力量的情况下，通过货币手段就阻止了一场已经动员起来的战争。

（三）影响其他国家外交与安全政策

与前面利用货币手段干扰他国经济安全相对应，如果一个国家在货币方面实力足够强大，在金融危机中可以对其他小型经济体施以援手，甚至可以扮演“避风港”的角色，从而增强本国对其他国家的影响力。这种权力得以存在，其逻辑关系与干扰他国经济安全相似，都是指一个国家货币实力在强大到一定程度时，可以对其他经济体施加直接影响，

---

① ［美］乔纳森·科什纳：《货币与强制：国际货币权力的政治经济学》，李巍译，上海世纪出版集团2013年版，第53页。

② ［美］大卫·M. 安德鲁编：《国际货币权力》，黄薇译，社会科学文献出版社2016年版，第153页。

③ ［美］乔纳森·科什纳：《货币与强制：国际货币权力的政治经济学》，李巍译，第73页。

④ ［美］乔纳森·科什纳：《货币与强制：国际货币权力的政治经济学》，李巍译，第73—75页。

前面所说主要是对对手的干扰或者打击，这里是指对“盟友”的保护。

对于货币区而言，那些追求区域性或全球性货币秩序领导地位的国家，除了经济因素外，也都有政治上的考虑，希望借助这种货币秩序安排来获得更大的政治影响力。王湘穗教授从币缘政治的角度阐述了这一道理，他认为世界呈两大币缘圈，在美元圈和欧元圈内部，各国基本利益的一致性导致相近的政治态度，随之而来的是对国际事务包括应对金融危机的一致立场，而最终将着手建立币缘圈的共同安全体制。①

在货币区中，小国对货币体系贡献较小，却可获得可观的经济收益，这些收益包括：第一，保障货币稳定。在货币区中，不仅成员国之间汇率保持稳定，而且成员国加起来规模变大，这样可以降低受区外其他强国货币干扰的风险。第二，消除贸易壁垒。即便在经济衰退的情况下也可以保证区内的市场准入，免受保护主义的影响。第三，享受区内特权，如货币支持、融资渠道等。货币区要稳定运转，一般有应对债务、汇率危机的手段，而小国往往是受益者。所以，小国一般都希望成为货币区的参加国，或者说是追随者。

小国经济上好处多，但会形成依赖，会受到主导国的影响，而这种依赖赋予主导国权力，在政治上和安全上影响目标国的行为，使之符合自己的利益和战略目标。②

（四）威胁国际货币体系

这种权力的突出特点是，实施的主体是货币体系的参与国，而针对目标却是主导国，与前面的三大权力刚好“反其道而行之”。如前所述，主导国希望货币体系稳定和持续存在，但如果其他国家在货币领域实力足够强大，尤其是拥有破坏货币体系权力的时候，就会对货币体系的主导国形成威胁，进而在货币体系中发挥影响力。乔纳森·科什纳将这种

① 王湘穗：《币缘和中国的币缘战略》，原载《战略与管理》2009 年第 5—6 期合编本，转引自 http：//www. aisixiang. com/data/70351-2. html. 登录时间：2015 年 12 月 5 日。

② ［美］乔纳森·科什纳：《货币与强制：国际货币权力的政治经济学》，李巍译，上海世纪出版集团 2013 年版，第 1—2 页。

权力按照实施程度和目的不同分为两类：一是“颠覆性破坏”；二是“策略性破坏”。“颠覆性破坏”是指货币强国（非主导国）运用自身的货币实力，摧毁整个货币体系。它不是谈判桌上的讨价还价，而是孤注一掷、视死如归的战地搏杀。相对而言，“策略性破坏”在实践中更为常见。这种权力运用的目标并非摧毁货币体系，通过让体系的一部分发生“震荡”，而是让对手意识到自己权力的存在以及可能造成的影响，进而实现自己的目标。即便体系破坏没有成功，目标国也可能付出沉重代价。①

最善于威胁货币体系的国家是法国。在“英镑时期”，每当法国和英国在重大国际问题上有分歧时，法国就会不时运用这种权力要挟英国，希望英国迁就法国的立场。在20世纪30年代的金融危机中，由于法国抛售英镑，黄金从英国流向法国，这场金融危机导致英镑最终脱离了金本位。在“美元时期”，1962年至1966年，法国抛售美元购买黄金占同期美国外流黄金总额的85.5%。② 1965年2月4日，戴高乐将军在记者会上公开表示，美元的国际地位所依赖的基础已经不复存在。可见，法国虽然不具备主导全球性货币体系的实力，但两次国际货币体系的“推倒重来”，也就是英镑体系的瓦解和布雷顿森里体系的崩溃，都和法国有直接关系。③

二　案例分析

从国际层面看，币权只能掌握在少数国家手中，因而竞争只能在经济、金融、政治、军事等具有强大实力的大国、强国中展开。回顾历史上的重要案例，我们可以发现，币权竞争基本在美欧这两大强者之间展开。

---

① ［美］乔纳森·科什纳：《货币与强制：国际货币权力的政治经济学》，李巍译，上海世纪出版集团2013年版，第17页。

② 鲁世巍：《美元霸权与国际货币格局》，中国经济出版社2006年版，第95页。

③ 国际货币体系的解体是一个复杂的过程，受到多重因素的共同影响，此处侧重分析法国在其中所发挥的作用，进而论证货币权力的存在和运用。

（一）布雷顿森林体系与美欧竞争

布雷顿森林体系是在二战结束后新的历史条件下，美国和欧洲——主要是英国——进行币权竞争的结果，该体系确立了美国的货币霸权地位，也设定了此后美欧币权竞争的基本框架。

1. 美英竞争与布雷顿森林体系的建立

从政治学角度看，布雷顿森林体系的建立是美国把能力变为权力的制度化过程。[①] 在二战后的资本主义世界，在美国的主导下，资本主义国家建立起“布雷顿森林体系”。1943 年，在二战尚未结束之时，美英两大国就开始规划战后的国际经济秩序，分别提出了各自的方案，也就是英国的“凯恩斯计划”和美国的“怀特计划”。鉴于美国在实力对比上的明显优势，英国不得不接受美国的方案。1944 年 7 月，在美国布雷顿森林召开的“同盟国家国际货币金融会议”上，通过了以“怀特计划”为蓝本的“布雷顿森林体系”。该体系的建立使美国获得了史无前例的超强货币霸权。美元的特殊地位成为美国权力的主要来源，美国也借此解决了全球霸权的经济负担。[②]

2. 美法竞争与布雷顿森林体系的解体

“布雷顿森林体系”有自身难以克服的缺陷。美国要给不断扩张的国际经济活动提供流动性，需要保持国际收支逆差，而持续的国际收支逆差又会引发外界对美国经济风险和美元兑换黄金承诺的担忧，这似乎是一道无解的难题，也被称为“特里芬难题”。法国对美国的货币霸权素有不满，认为美国滥用了货币特权。戴高乐总统经常抱怨美国人随心所欲地印美元，用于越南战争、收购外国公司以及维护在欧洲和其他地方的政治霸权。[③] 法国人率先意识到美国经常项目长期逆差掩盖着的美元危机。法国利用手里的外汇储备，向美元发起攻击。[④] 美国中央情报

---

① 王湘穗：《币权：世界政治的当代枢纽》，《现代国际关系》2009 年第 7 期。

② ［美］罗伯特·吉尔平：《国际关系政治经济学》，杨宇光等译，上海世纪出版集团 2011 年版，第 126 页。

③ ［美］罗伯特·吉尔平：《国际关系政治经济学》，杨宇光等译，第 128 页。

④ ［美］迈克尔·赫德森：《金融帝国：美国金融霸权的来源和基础》，嵇飞、林小芳译，中央编译出版社 2008 年版，第 401 页。

局的报告显示，“法国政府的态度以及法国一些官员的举动，是引起大规模投机美元的重要因素”[①]。20 世纪 70 年代初，美元的内在难题加之外部冲击，终于导致了布雷顿森林体系的解体，以及之后牙买加体系的建立。

（二）欧元诞生对美元的冲击

布雷顿森林体系解体后，美国在牙买加体系中依然独揽霸权。1999 年欧元的诞生，被视为国际货币史上的重大事件，欧洲通过统一货币整合了内部力量，美国的货币霸权迎来“旗鼓相当”的对手。

1. 欧元诞生是美欧币权竞争的产物

欧元的诞生是人类的一个伟大实践，是多重因素共同促成的结果。从经济方面看，欧洲国家经济相互依赖、联系紧密，客观上确实需要一个稳定的货币合作机制。[②] 从安全考虑来看，发动两次世界大战的德国再次实现统一，必然会引起其他国家的警惕。德国放弃马克，和其他国家一起使用欧元，有利于消除欧洲国家对德国重新崛起的顾虑。

从币权角度看，欧洲国家打造欧元，也是不甘臣服美元霸权，是与美国进行竞争的一个结果。丁一凡认为，如果没有美元危机以及对欧洲的冲击，欧共体国家在货币一体化上也许不会走得这么快。[③] 王湘穗也认为，欧元币缘圈的出现，在很大程度上是由于美元体系推动的金融全球化侵蚀了欧洲的利益，并威胁到欧洲各国的生存，欧元体系是保护欧洲经济利益的城堡。[④]

2. 欧元的成就及对美元霸权的影响

作为一个新生事物，欧元站稳了脚跟。在国际货币方面的份额，与其所取代的成员国主权货币相当。既没有像批评者所说的那样引发灾难，

---

① Central Intelligence Agency, “French Actions in the Recent Gold Crisis,” Mar. 20, 1968，转引自［美］弗朗西斯·加文《黄金、美元与权力：国际货币关系的政治（1958—1971）》，严荣译，社会科学文献出版社 2011 年版，第 220 页。

② ［荷］玛德琳·赫斯莉：《欧元：欧洲货币一体化简介》，潘文、石坚译，重庆大学出版社 2011 年版，第 7—10 页。

③ 丁一凡：《欧元时代》，中国经济出版社 1999 年版，第 25 页。

④ 王湘穗：《币缘论：货币政治的演化》，中信出版集团 2017 年版，第 381—382 页。

也没有像支持者所期待的那样取得巨大成就。[①] 欧元区虽然在经济规模上可与美国相提并论，但也有很多不容忽视的缺陷：

第一，统一大市场尚不完善。不同国家使用不同的清算、结算系统，税收体制不尽相同，会计准则和商业习惯也不一样，银行等比较敏感的部门也归各国政府自行监管。[②] 尤其是各个成员国都有自己的债券，不能像美国那样提供单一的金融工具。债券市场的分割这一问题很难解决，这意味着交易成本高这一缺陷将持续影响欧元作为国际货币的吸引力。[③]

第二，经济增长慢。束缚欧洲经济增长的结构性因素很多：人口老龄化趋势日益严峻，根据欧盟委员会的数据，1960 年欧洲人口占全球比例为 11%，2015 年已经降到了 6%，预计到 2060 年将降到 4%；福利制度拖累严重，政府对劳动力的保护导致企业解雇工人困难，因而在雇雇新员工时非常谨慎，降低了就业水平。

第三，欧元区的币权主体不明确。欧洲没有一个单一的机构能够在国际事务中代表欧元区，这限制了欧元区作为一个整体在国际货币事务上的行动能力。比如在 IMF 和七国集团（G7）里，每个欧洲国家都在为自己而不是欧元区代言。[④] 政治学家凯瑟琳·麦克纳马拉和索菲·默尼耶认为，只要欧元区对外不能用一个声音说话，就像美国财政部长对外代表美元一样，美元作为国际货币的领先地位就无可动摇。[⑤]

（三）美国金融危机与转嫁风险

2008 年华尔街金融危机后，美国在进行内部调整的同时，还对“唯一的竞争对手”给予一定程度的打击，以转移自身压力，继续维系货币霸权。

---

① Barry Eichengreen, *The European Economy Since* 1945, Princeton and Oxford: Princeton University Press 2007, p. 370.

② ［美］巴里·埃森格林：《镜厅》，何帆等译，中信出版集团 2016 年版，第 70 页。

③ Barry Eichengreen, *Globilizing Capital*: *History of the International Monetary System*, second edition, Princeton and Oxford: Princeton University Press, 2008, p. 226.

④ Benjamin J. Cohen, *The Future of Global Currency*: *The Euro versus the Dollar*, London and New York : Routledge, 2011, p. 141.

⑤ Benjamin J. Cohen, *The Future of Global Currency*: *The Euro versus the Dollar*, p. 111.

1. 美国金融机构做空欧元

在美国金融危机后，欧洲爆发的债务危机始于希腊，而希腊问题又源于美国金融机构帮助其做假账，并在希腊财政问题暴露后在市场上进行做空操作。美国金融机构唱空、做空欧元，并非完全是资本的逐利行为，而是与国家利益和国家战略有关系。从逻辑上分析，通过打击欧元，美国政府和金融机构可以实现共赢：金融机构可以通过做空欧元牟利；政府可以转嫁风险，缓解财政和债务难题，维系货币霸权地位。未必是政府设计一套计谋来指挥华尔街的金融机构做空欧元，但逻辑上讲得通的是，金融机构在市场上觅得做空欧元牟利的机会并采取行动，美国政府对此采取了“纵容”态度，最终实现政府和华尔街的共赢，输家是欧元区。

2. 美国政府拒绝加强国际金融监管

作为金融危机的“受害者”，欧洲对美国危机迅速传染到欧洲做了深刻反思，并提出体制、机制上的改革建议，其中之一就是加强国际层面的金融监管。但欧洲的主张并未得到美国的积极响应，这显示出美国在自身仍未摆脱危机的情况下，无意阻止风险向欧洲的转移。双方在对冲基金监管问题上的分歧尤为严重，欧盟认为对冲基金是欧洲金融波动的直接推手，而时任美国财政部长盖特纳称，欧盟限制对冲基金是一种保护主义行为。[①]

3. 评级机构打压欧洲

欧债危机爆发的直接原因就是国际评级机构发动的对希腊等债务国的“降级潮”。自2009年希腊主权债务危机爆发以来，危机每次升级，背后都有三大评级机构下调欧元区成员国评级的举动。欧盟委员会负责内部市场与服务的委员米歇尔·巴尼耶曾表示，“这些评级机构所拥有的权力不仅对企业，而且对国家产生了严重影响”，并警告国际信用评级机构要“谨言慎行”[②]。安盛公司（AXA）投资战略主任帕里斯·奥尔

---

① 《欧盟回击美国财长盖特纳的批评》，英国《金融时报》中文网，http：//www. ftchinese. com/story/001031710/？ print = y。登录时间：2015年12月2日。

② 《揭密：美机构如何用评级毁灭一个国家》，新华网，http：//news. xinhuanet. com/world/2010-06/26/c_ 12265835_ 2. htm。登录时间：2017年2月10日。

维茨甚至怀疑标普对希腊、葡萄牙、西班牙的降级时机是经过精心选择的，对债务危机的扩散具有不可逃避的责任。[①]

4. 美国舆论唱衰欧元

二战后美国称霸全球，英语也成为全球通用语言，英文媒体对世界的影响力无可否认。舆论会影响人的心理，进而左右人的行为，最终在市场上有所体现。当国际舆论——其他语言的舆论氛围也很容易受到英语媒体的影响——铺天盖地都是对欧洲的负面报道和评论时，很难让投资者对欧洲保持信心。当然，欧洲的一些媒体对英文媒体的报道嗤之以鼻，其中不乏一些有理有据的反击，但其影响力无法形成"对冲"。英文舆论唱衰的结果是欧元资产被抛售，最终放大了危机，加大了欧洲应对危机的难度。美国对外关系委员会高级研究员彼得·凯南称："我们要谨记，货币衰落的威胁或贬值的谣言，都可能引发资本的外逃。"[②]

三　规律总结

在上面的理论和案例分析基础上，接下来尝试对美欧的币权竞争做一些规律性的总结，并展望未来的发展前景。

（一）美欧币权竞争的性质

双方为了币权，竞争是客观存在的，但为了共同利益也需要相互合作。下面将分别从美欧的角度，对各自追求的目标进行分析，总结双方币权竞争的性质。

1. 美国的目标

对美国来说，在"四大权力"中，它已经获得了第一大权力，也就是国际货币体系的主导权。可见，美国的目标并不是获得而是维系已经取得的这一权力。对于第二大权力，也就是对他国货币予以打击的权力，

---

① 《欧盟拟立法反制美国评级机构》，《人民日报》2012 年 5 月 23 日。

② Peter B. Kenen, *British Monetary Policy and the Balance of Payments 1951 – 1957*, Cambridge: Havard University Press, 1960, p. 16.

美国事实上也掌控着这一权力。对于第三大权力，也就是影响其他国家外交与安全政策的权力，美国则在全球多个区域建立起了“美元湖”，主要分布在环太平洋区域，占世界经济总量的65%。[①] 这些国家由于对美元的依赖，其国家利益和外交政策也在很大程度上向美国靠拢。对于第四大权力，也就是威胁货币体系的权力，这一权力并不适用于美国，因为美国是体系的主导国，其目标是维持体系的存在和稳定，并继续从中获得好处，而不是通过威胁体系来获益。

2. 欧洲的目标

对于欧洲而言，第一大权力是欧洲争取的目标。创建欧元，并让其在欧洲货币合作上处于主导位置，有助于抵御美元波动对欧洲所造成的打击，而且欧元区周边国家由于本国货币盯住欧元，也会提升欧元区的地位和影响力。第二大权力尚未成为欧洲国家追逐的目标。欧元形成至今，还很少见到以欧元作为武器或者说是外交工具，以实现自身战略目标的实例。其主要原因在于：欧洲虽然经济规模大，但还不具备将货币作为地缘政治武器打击其他国家的实力；欧洲在外交上奉行有效多边主义，主张通过国际谈判、设计合作框架来解决问题。对于第三大权力，这一目标是欧洲极为看重的，欧洲对这一权力的运用，应该说也是十分成功的。冷战结束后，为了应对邻国带来的安全挑战，欧盟以“软实力”为手段，对这些国家进行改造，如经济市场化、政治民主化、外交西方化等。对于第四大权力，如果欧洲要运用这一权力，目标毫无疑问是针对美国。但欧元区作为多个主权国家形成的集团，难以形成这样的政治共识。

3. 美欧的竞争点和互补性

美欧之间的币权竞争主要在两方面：一是国际货币体系主导权的竞争；二是对其他国家外交与安全政策影响力的竞争。对于前者，美元有明显的既得优势，欧洲清楚自己的实力和定位，争夺目标主要限于欧洲范围之内；对于后者，美国认可欧洲的“势力范围”，没有强烈的意愿将其夺走。由此可见，美欧之间的币权竞争并非全方位的国家

---

① 王湘穗：《认清币缘政治，中国方能不败》，《环球时报》2013年2月18日。

间竞争，而是局部地区和领域的竞争，而且竞争中双方根据自己的实力和势力范围，相互了解对方的底线，在多数情况下能够形成默契，避免直接对抗。

总的来看，美欧之间币权竞争的性质可以说是“合作性竞争”，而不是零和博弈的“破坏性竞争”。这类似于国际关系中所说的国与国之间的“竞合关系”。王湘穗教授关于货币政治的阐述也认为，兼顾彼此、兼顾博弈与合作是币缘政治的核心。①

（二）美欧币权竞争的方式

按照工作对象的不同，美欧币权竞争的方式可归结为以下三类。

1. 通过完善自己提升市场竞争力

“四大权力”并不是通过国际协定、国际组织和相关规则等法律形式赋予某个货币强国的，而是在既定规则下市场“自由选择”的结果。市场之所以选择美元，关键是因为美国的国家实力，是因为美元是“安全货币”。美元与欧元在市场上的竞争，如同微观经济学里所讲的，两个生产同样商品的厂商，要靠产品质量来争取市场份额。由于市场是“聪明的”，不论美国还是欧洲想要获得更多币权，都必须做同样的事情，就是把自己的货币做得更好、更安全、更方便、更有吸引力。自从欧元成立后，这种竞争就一直存在，因为市场一直存在而且是持续的，是一种“常态”。

2. 通过外交手段影响第三方行为

外交手段的目标是通过改变第三方的行为，提高自己的竞争优势。在这方面，美国的做法包括：第一，国际大宗商品以美元计价。美国通过各种手段促使国际大宗商品基本上以美元计价，这样相关交易也在美国的结算系统里进行，相关国家也需储备美元，结果是巩固了美元的地位。第二，利用国际金融机构为美国的币权服务。美元能维系货币霸权，还仰赖 IMF 和世行两大国际金融机构在国际贷款、投资、援助中大量使用美元，并推动欠发达国家“门户开放”，在全世界范围内推行“华盛

① 王湘穗：《币缘论：货币政治的演化》，中信出版集团 2017 年版，第 23 页。

顿共识”①。

欧元区的做法主要体现在对周边政策上。如前所述，欧元区的一个问题是在对外方面难以形成合力，因而难以像美国那样在全球范围内利用外交资源争夺币权。但在欧盟的周边，比如对中东、北非和中东欧地区的政策，欧盟国家相对容易达成共识，因为这涉及其至关重要的共同安全。欧洲在周边推广欧元的战略取得了成功，但利用外交手段获取币权的成绩也主要限于欧盟内部以及周边，而不像美国那样遍及全球。

3. 通过直接交锋压制对手

重要的直接交锋在历史上出现的次数有限，二战后主要有美英围绕战后国际货币体系、美英围绕苏伊士运河危机、美法围绕美元兑换黄金以及美欧围绕金融危机这几次直接交锋而已，平均超过10年才发生一次。但这种竞争方式最激烈，影响也是最深远的，比如美英竞争的结果决定了战后的国际货币体系，美法竞争的结果导致了布雷顿森林体系解体，金融危机后美元和欧元竞争导致了举世瞩目的欧债危机。这种竞争也是最值得关注和警惕的，如果双方处理不好，导致升级成更为严重的双边对抗，可能会影响整个跨大西洋关系。

（三）美欧币权竞争的前景

关于美欧币权竞争的前景，核心问题是未来竞争是否会变得更为激烈，是否会导致全面的政治对抗。

1. 竞争的边界

在以上三种竞争方式中，市场竞争是最常见也是风险最小的，这种竞争在很大程度上被理解成市场行为而不是国家战略，一般也不会引发竞争对手的敏感和过度警惕。虽然给对手的压力是有的，但不至于引发外交关系的持续紧张，更不会触及影响双方战略合作的底线。外交手段是明显的政府行为，而且在二战后的几十年里，美欧形成了自己的势力范围，任何打破当前格局的外交尝试，都可能引发双方关系的紧张。本

---

① ［美］迈克尔·赫德森：《金融帝国：美国金融霸权的来源和基础》，嵇飞、林小芳译，中央编译出版社2008年版，第19页。

杰明·科恩认为，欧元区会想尽一切办法提升欧元的市场吸引力，乐见周边国家政府对欧元形成依赖，尤其是中东欧和巴尔干地区，但这不会激怒美国，除非欧洲试图将影响力扩大至更大范围。欧洲将对自己的渴望加以限制，尽量不触碰美元的势力范围。①

2. 可能的冲突点

富裕的石油出口地区中东，可能是美元和欧元对抗之地。原因在于：第一，石油出口给中东国家带来巨大财富，这些国家如何保存和使用其财富，将对国际货币的命运有重大影响。第二，这一地区的大国博弈复杂。美国在这一地区的影响力无可否认，而欧洲国家与这一地区有紧密的经济和文化上的联系，一直致力于在这一地区发挥重要影响，也普遍怨恨美国排挤欧洲过去对这一地区的主导。第三，欧洲是中东最大的石油出口市场，也是最大的进口来源地，但金融上却为美国和美元所主导。美元占据了这一地区国家中央外汇储备和官方对外投资的绝大多数，在许多人看来，这是不匹配、不正常的，甚至是不理性的。人们经常问这样一个问题：与欧洲这一最大的贸易伙伴做生意，如果用欧洲的而不是美国的货币，是不是更合理呢?② 第四，从欧洲的角度看，与美国争夺中东是有诱惑力的。2018 年，时任欧盟委员会主席容克在“盟情咨文”中公开表示，欧盟只有 2% 的能源从美国进口，但却有 80% 的贸易用美元结算，这是“荒谬的”，欧洲应该努力提升欧元的国际使用。③

3. 最可能的态势

美国加州大学经济学家巴里·埃森格林认为，欧元要想在国际舞台上挑战美元，以下两种情况必须出现其一：第一，欧洲对主权的态度必须改变，必须向更深层次的政治一体化发展，需要发行欧元债券；第二，美国经济政策出现重大失误，导致其他国家失去对其货币的信任。④ 就

---

① Benjamin J. Cohen, *The Future of Global Currency*: *The Euro versus the Dollar*, London and New York : Routledge, 2011, p. 38.

② Benjamin J. Cohen, *The Future of Global Currency*: *The Euro versus the Dollar*, p. 133.

③ “State of the Union 2018: The Hour of European Sovereignty,” p. 10, https://ec.europa.eu/commission/sites/beta-political/files/soteu2018-speech_en_0.pdf.

④ ［美］巴里·埃森格林：《嚣张的特权：美元的兴衰和货币的未来》，陈召强译，中信出版社 2011 年版，第 156 页。

这两方面来看，二者并不是没有发生的可能。

就第一方面而言，华尔街金融危机和欧洲债务危机已经成为欧元区进一步深化一体化的催化剂。在金融危机后，面对美元的打压，欧洲自知在内部机制缺陷没有弥补的情况下，无还手之力，因而在应对举措方面，基本上都是围绕着机制建设展开的，已经走上“通往财政联盟的不可逆转的轨道”①。荷兰政治经济学家玛德琳·赫斯莉认为，债务危机给欧洲带来的不仅是风险和挑战，同时也是改革和发展的契机。② 特朗普执政期间的美欧关系紧张，让欧洲推进欧元国际化的紧迫感进一步增强。

从第二方面来看，美国经济出现重大失误的可能性不能排除。欧债危机的教训表明，政府赤字时间越长，所支付的利息就越多，债务越滚越多。有一天，投资者可能会醒悟并得出结论：这些债务不可持续，美国政府支付的利息不过是“庞氏骗局”，于是开始大规模地抛售证券，进而导致美元急剧贬值。从历史经验来看，这一场景的发展并不是渐进式的，而是突变式的。在新冠肺炎疫情暴发后，美国疫情和经济发展的态势，尤其是美国财政和债务状况的急剧恶化，也增加了未来美元地位不稳定的因素。

---

① 《欧元区已迈入通往财政联盟的不归路》，英国《金融时报》中文网，http：//www.ftchinese.com/story/001042249/? print = y。登录时间：2015 年 11 月 30 日。

② ［荷］玛德琳·赫斯莉：《欧元：欧洲货币一体化简介》，潘文、石坚译，重庆大学出版社 2011 年版，第 13 页。

容克时期欧盟内外挑战下的环境政策

赖昀辰[*]

一 前言

自美国2008年金融海啸以来，欧洲经济深受打击，引发了一系列的欧债危机。欧债危机在2013年达到高峰，容克于2014年上任时，正逢欧洲经济处于自冷战结束以来最为低谷之时，容克的第一个挑战即为如何复苏欧洲的经济。雪上加霜的2015年难民危机，一方面对欧洲已是问题重重的经济带来更大的负担，另一方面造成欧洲内部的社会冲突及争议。而2016年两场举世瞩目的重要选举，包括英国脱欧及美国总统大选皆不利于欧洲，英国人以公投表达离开欧盟的意向，对欧盟造成巨大打击，欧盟与英国一起深陷脱欧谈判的泥淖之中；而欧洲最坚强的盟友美国，则在2016年大选时选择由非典型政治人物特朗普担任国家领导者，特朗普对与欧洲的国际合作不断提出质疑，包括质疑保障欧洲安全的北约组织运作，以及停止与欧盟之间进行中的贸易谈判，种种举措对美国与欧洲的国际合作布局造成巨大冲击。一连串的国际变局对容克于2014年至2019年的执政造成巨大的挑战。

欧洲在1990年代美国缺席京都会议的环境权力真空下，取得了环境领袖的地位，显见国际结构创造了行为者塑造权力角色的机会。同理，

---

* 赖昀辰，东华大学公共行政学系助理教授、国际事务处国际学术合作交流组组长、欧盟研究中心执行长、欧盟莫内模块计划获奖学者。

国际结构亦可能对行为者造成限制。本文将观察欧盟在容克执政时期，内外环境结构对环境政策施政的影响及限制，接着探讨容克执委会在此内外限制下，在环境政策上的作为，包括欧盟内部的政策工具，以及欧盟对外的环境政策实践，最后分析外界对于容克环境政策给予的评价，以观察容克时期环境政策的机遇及挑战。

二 内部危机对欧盟环境政策的限制

欧盟在容克时期面临的内部危机众多，包括2015年的难民危机，以及难民危机后的民粹主义兴起。同时，虽然欧债危机在2013年达到高峰而于容克执政时情况略有好转，但容克仍面临如何在经济危机之后复苏欧盟经济的严峻问题，而这尤其会对欧盟的环境政策造成限制。

在经济层面，自2008年的金融危机以来，欧盟的政策排序受到经济冲击而有所变动。经济问题造成欧盟一方面在国际社会的影响力下降，另一方面经济议题成为欧盟的首要问题，于是环境议程的排序被后置，这使得欧盟在塑造环境规范上的影响力受到影响。①

在经济危机后，欧盟选择财政紧缩政策来缩减开销，由于政治焦点着重在经济、预算和财政政策上，这使得环境议题淡出公众视线。② 虽然欧盟并未直接删减在环境政策方面的财政承诺，而使得环境政策受到的影响相较于其他政策领域如重新分配领域的社会政策来得较小③，但为了复苏经济，在拟定环境政策时，越来越偏重经济思考，使得“绿色成长”（green growth）成为容克时期欧盟环境议案的基础。④ 简言之，经

① M. Latchoumaya（2018），“Normative Power Europe’ through the Lens of Environmental Policy：To What Extent the Concept of Normative Power Can Explain the Role of the EU as a Global Environmental Actor?” Revue-Ap. https：//en. revue-affairespubliques. org/single-post/2018/01/31/% E2% 80% 98Normative-power-Europe% E2% 80% 99-through-the-lens-of-environmental-policy-To-what-extent-the-concept-of-normative-power-can-explain-the-role-of-the-EU-as-a-global-environmental-actor.

② C. Burns，（2014），EU Environmental Policy in a Time of Austerity：Dismantling or leading.

③ T. Delreux，& S. Happaerts（2016），Environmental Policy and Politics in the European Union，Macmillan International Higher Education.

④ T. Delreux，& S. Happaerts（2016），Environmental Policy and Politics in the European Union，Macmillan International Higher Education.

济危机为环境政策的存在创造了价值，由于复苏经济的需求，环境政策成为政策的重要工具，但这也代表环境政策的目的并非只是保护环境，更多的是为经济服务。若由此观点来看，环境规范更像是追求权力的工具，而非施展权力所追求的目的。

在社会层面，2010 年的“阿拉伯之春”后，欧洲包括北非及中东的边界地区陷入混乱的内战之中，数量激增的难民或经济移民从中东及非洲跨越地中海及巴尔干半岛，前往欧洲寻求庇护。2015 年，随着叙利亚内战的恶化，难民潮达到了高峰，而随着一张库尔德族儿童伏尸土耳其海滩的照片在社交媒体上的流传，全球对欧洲难民危机高度关注。

在公众的压力下，欧盟采取接纳难民的政策，然而大量难民的涌入，引发了欧洲内部严重的社会与经济问题，不少会员国与政治人物批评欧盟的难民政策，认为欧盟的人口自由流动及开放边界政策威胁了国家安全。欧盟执委会的难民分配方案（Allocation Scheme）虽然获得理事会通过，但匈牙利与波兰却拒绝履行欧盟的决议，尽管有德国与法国声援容克的计划，但最后大多数的成员国却没有履行其承诺。难民分配方案根据固定配额将移民分配到所有成员国中，从理论上来说，这是增加团结的做法，旨在使整个欧洲地区更大限度地分摊风险和共同承担责任，但此团结方案却受到会员国的否决。欧盟在难民危机中显现出来的法规（不）遵守问题，令学者担忧将会开启恶例，造成欧盟的分裂。① 同时这也显现出欧盟在面对跨越边界的挑战时，难以形成共同立场，而这将会对同样是超边界的环境议题带来隐忧。

难民危机带来民粹主义的兴起。虽然民粹主义主要关注的焦点是移民问题，但民粹主义通常对气候政策怀有敌意。民粹主义的领袖及支持者常无视科学证据，提出气候怀疑论点，例如近期芬兰的民粹政党指控执政者为“气候歇斯底里”者，认为环保措施损害了劳工的利益。② 德

① M. Dawson (2018), “The Right Idea in the Wrong Hands? A Look at Juncker's Political Commission,” Hertie School. https://www.hertie-school.org/en/news/detail/content/the-right-idea-in-the-wrong-hands-evaluating-junckers-political-commission.

② M. Lockwood (2019), “Right-Wing Populism and Climate Change Policy,” Oxford Research Group, https://www.oxfordresearchgroup.org.uk/blog/right-wing-populism-and-climate-change-policy.

国智库阿德菲（Adelphi）的研究显示，由于缺乏决策及研究能量，民粹政党对于气候议题的立场相对简单，常常基于意识形态而采取反对政策，例如猜测环境政策会造成经济下滑、牺牲福利政策，呼吁民众将精力集中于国内事务上等，因此民粹政党通常都反对欧盟的气候与能源提案。民粹政党的兴起，造成了本届欧洲议会在气候议题上作为有限。① 简言之，民粹主义的兴起，阻碍了欧盟气候政策的发展。

三　外部变局对欧盟环境企图心带来的机会与挑战

在外部变化上，容克时期欧盟面临了几个重大变局，包括英国脱欧以及特朗普执政。此外，新兴国家的崛起，尤其是中国，以及持续中的乌克兰危机，都影响了欧盟环境政策的施展。

2016 年，英国首相卡梅伦为履行其竞选承诺，启动了英国脱欧公投。为了挽留英国，执委会接受英国包括经济、竞争力、移民及主权四项改革要求，甚而为英国提供许多独享的优惠待遇。在经济上，欧盟承诺加强保障非欧元区的欧盟国家，以保护伦敦金融城实力；在竞争力上，欧盟同意降低管制程度，扩张单一市场；在移民上，同意英国限制移民福利，甚至允许英国启动刹车条款；在主权上，欧盟同意免除英国加入“更紧密联盟”的政治统合进程。然而，尽管有着这些让步，然而最终英国公民仍然以些微差距选择离开欧盟。

在脱欧公投期间，欧盟的规范及标准成为脱欧派的抨击对象。英国的欧洲怀疑论者与绿色规范的反对派结合，运作了一系列反欧盟环境政策的运动，例如挑战繁文缛节（Red Type Challenge）。② 脱欧派指责欧盟

① S. Schaller, & A. Carius (2019), Mapping Climate Agendas of Right-wing Populist Parties in Europe, https://www.adelphi.de/de/system/files/mediathek/bilder/Convenient%20Truths%20-%20Mapping%20climate%20agendas%20of%20right-wing%20populist%20parties%20in%20Europe%20-%20adelphi.pdf.

② Defra (2014), Defra Better for Business: Strategic Reform Plan for Defra's Regulations. GOV.UK. https://www.gov.uk/government/publications/defra-better-for-business-strategic-reform-plan-for-defras-regulations.

的规范过于琐碎，沦为官僚主义，例如一部著名的脱欧派竞选影片《活在规范中的被规范之人》（Brexit the Movie-Regulated People Living Regulated Lives），就主张欧洲人的生活周遭充斥着各式愚蠢无用的欧盟法规，对生活及经济发展造成无谓的阻碍。[①] 而受到脱欧派抨击的欧盟法规，许多规范的目的在于保护环境及对抗气候变迁。脱欧派的成功，等同于打击了欧盟法规存在的价值，而环境法规亦是被批评的对象。另外，环境倡议者亦担心，英国脱欧会削弱欧盟在气候层面的企图心[②]，因为脱欧派中的重要人物多为气候怀疑论者，其对欧盟政策的成功质疑会使得欧盟为了防止再有类似的批评，而在日后的政策上趋于保守。此外，英国的脱欧削弱了欧盟的国际影响力，使得未来欧盟在推动环境政策时的总体实力下降。

欧盟面临的另一项国际变局是特朗普的掌政。欧盟在 2015 年的巴黎协议中所取得的重大成就，成功地将美国纳入环境国际建制之中。然而特朗普于 2016 年赢得总统大选后，旋即于 2017 年宣布将退出巴黎协议，并于 2019 年正式退出。特朗普为气候怀疑论者，不相信全球暖化的科学证据，质疑环境与气候议题阻碍了经济的发展。特朗普的掌政无疑将美国带回 1990 年代《京都议定书》时期的环境政策搭便车者（free rider）路线，打击了全球环境建制。然而，美国在《京都议定书》方面的缺席，为欧盟的环境领导者角色创造了空间，美国在巴黎协议上的不合作态度，是否能够使欧盟再度巩固环境议题领导者角色，有待持续观察。

另外一个外在变局是乌克兰危机的处理。乌克兰危机于 2013 年发生时，巴罗佐（Jose Barroso）执委会立场强硬，主动积极于各方之间斡旋。

---

① B. Winsor（2016），“The Wackiest EU Laws and Myths（and the Truth behind Them），” The Feed. https：//www. sbs. com. au/news/the-feed/the-wackiest-eu-laws-and-myths-and-the-truth-behind-them.

② J. Crisp，“Britain Threatens to Scupper EU Climate law Over *Brexit no Deal* Clause，” *The Telegraph*， https：//www. telegraph. co. uk/news/2017/11/18/britain-threatens-scupper-eu-climate-law-brexit-no-deal-clause. S. Oberthür（2016），“The European Union in Crisis：What Future for the EU in International Climate Policy，” *Research Gate*， https：//www. researchgate. net/publication/311747225_ The_ European_ Union_ in_ Crisis_ What_ Future_ for_ the_ EU_ in_ International_ Climate_ Policy.

巴罗佐执委会在针对乌克兰危机的声明中表示，乌克兰与俄罗斯的冲突是一场危及欧洲价值观与规范的危机，欧洲必须捍卫每个人和每个国家做出自由选择的权力与自由；而在2014年3月，巴罗佐表示，欧盟不接受对克里米亚的非法并吞，将致力于恢复司法和乌克兰领土完整。①

然而，到了容克执委会后，欧盟的强硬立场开始有了转变。容克执政之后，执委会不再强调保护乌克兰的欧洲价值观和规范方面的道义责任，而理事会在2015年10月的文件中，将欧盟角色定义为“在满足政治条件的前提下，在冲突中作为‘愿意提供援助和咨询’的被动角色”。2016年，容克在圣彼得堡经济论坛上致辞时，称俄罗斯为致力于维护世界和平、福利与社会价值的伙伴。在容克的执政下，执委会在乌克兰危机后期的言论相对温和开放，改为与俄罗斯进行对话。

容克时期的政策转变，或可被诠释为对于俄罗斯能源依赖下不得不为之的选择。欧洲27%的天然气供应来自俄罗斯，其中15%经由乌克兰输送。而一些欧盟会员国如保加利亚、罗马尼亚和斯洛伐克，仅有与乌克兰之间的管线，而尚未与欧洲市场的其他部分管线接通，这造成了欧盟对于俄罗斯及乌克兰的能源依赖。② 在乌克兰危机中，俄罗斯时不时威胁将切断对欧洲的能源供应，能源中断的隐忧使得欧盟的立场软化，从强硬谴责改为与俄罗斯交往。

乌克兰危机暴露出的欧洲能源脆弱度，使得欧盟一方面改善与俄罗斯的交往策略外，另一方面积极思考如何摆脱对俄罗斯的能源依赖，于是“能源联盟”（Energy Union）成为容克执委会的核心施政之一，造成了环境政策在容克执政时期的质变。

四 欧盟环境政策工具在容克时期的调整

在2008年金融危机后，经济议题的重要性持续升高。一方面，危机

① V. Veebel, & R. Markus (2018), “European Normative Power during Ukrainian-Russian Conflict,” *Baltic Journal of Law & Politics*, 11 (1), https://doi.org/10.2478/bjlp-2018-0001.

② A. Riley (2014),《乌克兰危机敲响欧洲能源的警钟》，纽约时报中文网，https://cn.nytimes.com/opinion/20140527/c27riley/zh-hant/。

使得采取更有企图心的气候目标变得困难，另一方面，危机使得气候政策变得以经济为中心，并被连接至“生态现代化”概念上。气候为经济服务考量的强调，在2014年容克执委会的“就业、成长与投资”方案中尤为明显；而在2018年容克执政下半任期的职务轮调中，气候行动总署署长改由前贸易总署副署长担任，又再度可见气候与经济结合的政策方针。①

容克时期的欧盟虽然已过了金融危机及欧债危机的最严峻时期，但仍面临内外诸多问题，而这些问题最后多半都与经济联系在一起。例如，欧债危机的遗绪本身就是个经济问题；而对难民的反对声浪也有很大部分源自于经济原因，因为公民一方面不满为来自域外而无经济贡献的非欧洲人投入大量的财政资源，另一方面担忧这些非欧洲人会抢夺工作机会及经济资源；英国脱欧重挫欧盟的经济前景，英国脱欧公投通过后，欧洲股市受重挫，欧元汇率波动，欧洲面临经济结构及产业布局重整的挑战；而乌克兰危机背后的能源问题，隐含着与经济发展的症结。

经济问题使欧盟环境政策的思考模式发生改变。环境议题的主要核心不再是环境保护考量，而是希望能够促进经济增长及竞争力。在这样的情况下，环境政策被视为经济复苏的一个解方，于是出现了“绿色经济”“绿色工作”“绿色成长”“永续成长”“低碳经济”等概念。这些概念主宰了容克时期的环境辩论，以及决定了环境问题在欧盟如何被思考。②

欧盟在面对经济危机时的最初做法，是转向绿色新法案，将绿色基础建设的投资，视为刺激景气就业的工具，希望绿色经济能够一石二鸟，既促进增长，又推动低碳经济。如巴罗佐执委会的欧洲2020年包裹法案（2020 Package）就将绿色经济视为对抗危机的关键，希望能最终达成智能、永续、包容性的成长（Smart，Sustainable，Inclusive Growth）。此法

① F. Von Lucke（2019），“（PDF）Green Principled Pragmatism：How the EU Combines Normative and Consequentialist Motivations in Its Climate Policy，” https：//blogs. lse. ac. uk/europpblog/2019/05/01/green-principled-pragmatism-how-the-eu-combines-normative-and-consequentialist-motivations-in-its-climate-policy/. ResearchGate.

② T. Delreux，& S. Happaerts（2016），*Environmental Policy and Politics in the European Union*，Macmillan International Higher Education.

案提出了一系列的路线图及国家策略，例如资源效率策略[①]、朝向2050年的低碳经济[②]，2050年能源路线图。[③] 因此，即使面临危机，欧盟仍持续强化其在环境政策目标上的理想承诺，将绿色经济作为经济复苏的垫脚石。[④]

自2010年以来，紧缩政策主宰了欧盟的政策走向。[⑤] 随着公共支出的紧缩，环境法规的持续性受到质疑。许多指标显示，环境议题在欧债危机后就不再是欧盟的首要目标。举例来说，在担任欧元集团主席期间就偏好紧缩政策的容克，在担任执委会主席后，就被认为缺乏对环境议题的重视。[⑥] 鉴于2008年的经济危机，容克执委会宣布，所有的政策都要在优先考虑就业与增长之下进行协调[⑦]，并且专注在大事（big things）上。[⑧] 因此容克在接替巴罗佐执政后，将政策核心从对绿色经济与绿色增长的强调，转变为更注重就业与成长，而其达成就业与增长的方法则是“更好的管制”，或者更精确地说，以“去管制化”为企业削减成本，以达到就业与增长，而在这些管制中，极大部分是针对环境的管制。[⑨] 因此

---

① https：//www. eea. europa. eu/policy-documents/com-2011-571-roadmap-to.

② https：//www. eea. europa. eu/policy-documents/com-2011-112-a-roadmap.

③ https：//ec. europa. eu/energy/sites/ener/files/documents/2012_ energy_ roadmap_ 2050_ en_ 0. pdf.

④ C. Burns，& P. Tobin（2018），“The Limits of Ambitious Environmental Policy in Times of Crisis，” *European Union External Environmental Policy*.

⑤ C. Burns，& P. Tobin（2016），“The Impact of the Economic Crisis on European Union Environmental Policy，” *JCMS：Journal of Common Market Studies*，54（6），1485 – 1494.

⑥ C. Burns，& P. Tobin（2016），“The Impact of the Economic Crisis on European Union Environmental Policy，” *JCMS：Journal of Common Market Studies*，54（6），1485 – 1494.

⑦ European Commission（2014），Communication from the Commission to the European Parliament，the Council，the European Economic and Social Committee and the Committee of the Regions Commission Work Programme 2015 A New Start，shttps：//eur-lex. europa. eu/legal-content/EN/TXT/？uri = CELEX：52014DC0910.

⑧ J. -C. Juncker（2014），The Right Team to Deliver Change［Text］. European Commission-European Commission. https：//ec. europa. eu/commission/presscorner/detail/en/SPEECH _ 14 _ 585. J. Pollex，& A. Lenschow（2020），“Many Faces of Dismantling：Hiding Policy Change in Non-legislative Acts in EU Environmental Policy，” *Journal of European Public Policy*，27（1），20 – 40.

⑨ W. Todts（2019），“Time's Nearly up：So，What Has Juncker's Commission Done to Advance the Green Agenda?，” *Transport & Environment*，https：//www. transportenvironment. org/newsroom/blog/time% E2% 80% 99s-nearly-so-what-has-juncker% E2% 80% 99s-commission-done-advance-green-agenda.

容克初就任时即面临了绿色团体的批评。

容克在执政后，修改了执委会的架构来增加政策领域的包容性。首先，容克设立了不同的任务小组，再将执委会各个相应的部门分入不同的小组之中，指派不同的副主席来领导任务小组，以求增加不同部门之间的协调性。与环境最为相关的任务小组是“能源联盟”，由执委会副主席 Maros Sefcovic 来管理。而在能源相关的部门中，容克指派 Miguel Arias Canete 同时管理能源总署与气候总署。能源总署与气候总署是两个具有竞争性的部门，容克将两个总署交由单一执委来管理，让两个总署能够在政策上一起合作。[①]

经济危机以及欧洲厂商要求减少环境政策负担的呼吁，迫使欧盟组织及会员国政府思考更弹性及软性的管制方案，因此去管制化的目标从 2000 年代末期开始成为欧盟环境政策的特色。执委会的“法规适当性及成效计划”（Regulatory Fitness and Performance，REFIT），就希望能简化欧盟法规的框架，以及减少繁文缛节，而许多环境法案是 REFIT 计划的目标，但 REFIT 计划对环境法案的影响仍相当有限。[②]

容克在上任后，除了做出以上的职务调派及组织调整外，还宣布了十项优先施政政策，而容克时期的政策即围绕着十项优先施政政策进行。这十项优先施政政策分别为：

1. 就业、增长和投资的强化（A New Boost for Jobs，Growth and Investment）。

2. 数字化单一市场（A Connected Digital Single Market）。

3. 具有前瞻性气候变迁政策的弹性能源联盟（A Resilient Energy Union with a Forward-Looking Climate Change Policy）。

4. 建立更深化及公平的内部市场以加强工业基础（A Deeper and

---

① T. Petitjean（2019），The Political Entrepreneurship of the Juncker Commission on the Energy and Environment Policy—Le Portail De référence Pour l' espace de Liberté，Sécurité et Justice，https：//www.eu-logos.org/2019/06/06/eyes-on-europe-the-political-entrepreneurship-of-the-juncker-commission-on-the-energy-and-environment-policy/.

② T. Delreux，& S. Happaerts（2016），*Environmental Policy and Politics in the European Union*，Macmillan International Higher Education.

Fairer Internal Market with a Strengthened Industrial Base）。

5. 更深化及公平的经济货币联盟（A Deeper and Fairer Economic and Monetary Union）。

6. 以平衡与进步的政策来调控全球化（A Balanced and Progressive Trade Policy to Harness Globalization）。

7. 基于互信的司法和基本权利区域（An Area of Justice and Fundamental Rights Based on Mutual Trust）。

8. 建立新的移民政策（Towards a New Policy on Migration）。

9. 更强壮的全球行为者（A Stronger Global Actor）。

10. 民主变革联盟（A Union of Democratic Change）。

在上述十项优先级政策中，与环境有关的政策为第一项及第三项。在第一项“就业、增长和投资的强化”中，“欧洲投资计划”及“循环经济计划”与环境有关。首先，“欧洲投资计划”的筹资方案是透过能源联盟来实施的。截至 2019 年 2 月，在“欧洲投资计划”带来的投资中，有 18% 来自于能源领域。① 其次，循环经济战略的目的是增强欧盟的竞争力、促进可持续的经济成长、创造新的就业机会并保护环境，而要透过节省能源来实现。

循环经济计划设定了五个优先领域，包括塑胶、食物垃圾、关键原材料、建筑垃圾，以及生物质燃料与生物质产品。欧盟执委会在 2019 年的报告中指出，在 2016 年至 2020 年期间欧盟提供了超过 100 亿欧元的资金来支持创新和调整工业基础。特别是在塑胶制品方面，2018 年 1 月，欧盟委员会发布了一项塑料战略，提出了“欧洲新塑料经济的构想”（vision for Europe’s new plastics economy）。根据这项塑料战略，所有塑胶包装的设计，都应在 2030 年之前实现变成可回收利用或可重复使用的材质。此外还包括提高可循环利用的成分、减少来自一次性塑胶的海洋垃圾、禁止氧化式可分解塑胶（oxo-degradable plastics）产品，以及遏

① EPRS（2019），“The Juncker Commission’s Ten Priorities：An End-of-term Assessment-Think Tank，” https：//www. europarl. europa. eu/thinktank/en/document. html？ reference = EPRS _ IDA（2019）637943.

制塑胶微粒（micro-plastics）的污染。

总体而言，在过去的几年中，欧盟通过了很多重要的立法来改善污染物排放的管理。循环经济行动计划首次促进了价值链分析的系统方法，根据2019年执委会报告，这项行动计划所设想的54项行动已经完成或正在执行，但是迄今为止采取的行动都只是迈向循环经济的第一步，剩下的关键还包括解决材料使用的问题，以及处理危险化学制品、适应大规模的过渡时期。①

容克执委会十大优先政策的第三项政策——建立能源联盟，是希望能够同时达到提供安全和可负担的能源，以及解决气候变迁两项目标，因此执委会在2015年启动欧洲能源联盟战略（European Energy Union Strategy）。该战略建立在高峰会于2014年10月提出的2030年气候与能源框架（2030 Policy Framework for Climate Change and Energy）基础上，为欧盟设定了2030年之前必须实践的三大目标，包括温室气体排放量相较1990年至少减少40%；再生能源供应占比至少达27%；能源效率提高27%以上。

2015年，欧盟执委会采纳了“建立具有前瞻气候变迁政策的弹性能源联盟战略框架”（Strategic Framework for a Resilient Energy Union，with a Forward-looking Policy on Climate Change），此项框架包括五个相互强化相互依赖的面向，来加强能源安全、永续性及能源竞争力。这五个面向包括能源安全，团结与互信；欧洲能源市场的整合；能源效率作为现代化的手段；经济去碳化；研究创新与竞争力。②

一个简单的小结是，容克时期的执委会对环境政策颇有想法。容克首先改组了执委会的横向连接，将富有理想主义色彩的环境议题，与更为实务利益面的海洋事务以及能源议题连接。其次，容克以REFIT计划

① EPRS（2019），“The Juncker Commission's Ten Priorities：An End-of-term Assessment—Think Tank，” https：//www. europarl. europa. eu/thinktank/en/document. html? reference = EPRS_IDA（2019）637943.

② T. Petitjean（2019），The Political Entrepreneurship of the Juncker Commission on the Energy and Environment Policy—Le Portail De référence Pour l' espace de Liberté，Sécurité et Justice，https：//www. eu-logos. org/2019/06/06/eyes-on-europe-the-political-entrepreneurship-of-the-juncker-commission-on-the-energy-and-environment-policy/.

来简化环境政策的法规。而在容克的十大优先施政方案中，首项目标及第三项目标即可见环境议题的色彩。然而，虽然环境议题在首项目标及第三项目标里皆被提及，看似容克对于环境议题具有企图心，但若细究内容，却可发现环境议题事实上是为了经济议题而服务的，希望能够提高竞争力、促进就业，或者是确保能源的充足性。因此，虽然容克建立了环境政策工具，但对于环境的保护仅为次要目的。

将环境政策置于“绿色增长”框架下成为当今欧盟环境政策的重要特色，而这呼应了“生态现代化”的政策主流。生态现代化的概念认为环境政策不能够阻碍经济增长，而是要对经济增长有所贡献，甚至要成为经济增长的动能，例如促进可再生能源的科技创新。由这样的政策态度可观察到，欧盟的绿色经济使得欧盟的环境政策成为经济增长的工具。①

五　容克时期欧盟国际环境政策领袖角色

欧洲以国际气候领袖来塑造其自我认同，其气候领袖地位可以从一些实证资料来观察。欧盟是世界上对抗气候变迁的最大投资者，欧盟透过欧洲投资银行来支持发展中国家的公共气候财政支出，举例来讲，2017 年投入 204 亿欧元来支持发展中国家。② 而在 TEU 第 21 条第 2 款中，也规定了欧盟对外部环境的责任，包括强化发展中国家的永续经济、社会与环境发展；帮助发展保护环境及全球自然资源永续管理的国际措施等。

虽然欧盟在国际社会上被普遍认为是气候领袖，但欧盟的领导并非总是持续稳定的。举例来说，欧盟虽然在 1990 年代的《京都议定书》上获得成功，但在 2009 年的哥本哈根会议上却被边缘化③，哥本哈根会

① T. Delreux, & S. Happaerts (2016), *Environmental Policy and Politics in the European Union*, Macmillan International Higher Education.

② S. Possenti (2019), The Trade-Climate Nexus: Assessing the European Union's Institutionalist Approach, College of Europe EU Diplomacy Paper 04/2019.

③ C. Burns, & P. Tobin (2016), "The Impact of the Economic Crisis on European Union Environmental Policy," *JCMS: Journal of Common Market Studies*, 54 (6), 1485 - 1494.

议的议程由美国及中国主导，强调发展多于强调管制。而更早期的2000年海牙COP会议及2002年的纽达里COP会议，欧盟在主导议程上也相对遭受到了挫折。[①]

哥本哈根会议的挫折使得欧盟调整策略。在哥本哈根会议后，欧盟希望能够扮演不同群体之间的协调者角色，而不是纯然的领导角色，因此欧盟被称为协调式领导者（leadiator）。[②] 因此，欧盟寻求在2011年德班气候大会上与小岛国家（Alliance of Small Island States，AOSIS）及非洲国家组成联盟，而在巴黎协议时，广邀国家组成“高企图心联盟”（High Ambition Coalition）。[③]

在巴黎大会开始前，执委会即积极运作。在大会开始前的10个月里，执委会就发表了气候贡献计划，成为第一个揭露巴黎大会目标的行为者。在这份计划书中，执委会表达了对2015年达成巴黎协议的愿景、提出60%的全球减排目标以及自身的贡献准备。欧盟在巴黎大会上的目标明确，企图签订一个全球的、各国均有义务的国际性协议，争取达到限制全球气候升温控制在2摄氏度之内的目标，在2100年前实现“接近零排放”目标。[④] 最后在各方的角力下，各国同意将气温控制在1.5摄氏度以内，算是部分达成欧盟的期望，因此容克在巴黎气候协议后发表的宣言表示：“欧洲是全球气候行动的领袖，欧洲促成了这个首度以法律规范的全球气候协议，由于欧洲的积极协调，才促成了巴黎协议，这是欧洲的全球影响力。”[⑤]

---

① J. Vogler（2005），“The European Contribution to Global Environmental Governance,” *International Affairs*, 81（4），835－850.

② K. Bäckstrand, & O. Elgström（2013），“The EU's Role in Climate Change Negotiations: From Leader to ‘leadiator’,” *Journal of European Public Policy*, 20（10），1369－1386.

③ C. Burns, & P. Tobin（2018），“The Limits of Ambitious Environmental Policy in Times of Crisis,” *European Union External Environmental Policy*.

④ 罗拉（2015）：《环境与发展——欧盟达成共识在巴黎气候大会上采取积极态度》，RFI—法国国际广播电台，https://www.rfi.fr/tw/中国/20150925-欧盟达成共识在巴黎气候大会上采取积极态度。

⑤ J.-C. Juncker（2016），State of the Union Address 2016［Website］，Publications Office of the European Union，http://op.europa.eu/en/publication-detail/-/publication/c9ff4ff6-9a81-11e6-9bca-01aa75ed71a1/language-en/format-PDF.

虽然巴黎气候协议反映出了欧盟在对抗气候变迁上的规划，但欧盟在巴黎会议上的行为，也反映出欧盟对于气候问题摇摆的立场。欧盟一方面与小岛国家组成了高企图心联盟（High Ambition Coalition）来积极达成气候协议，另一方面，欧盟在谈判中阻挠去碳化协商及拒绝在2020年前达成更有企图心的目标，因而在一天之内两次被环保团体攻讦为“最佳石油代表”（fossil of the day）。[①]

在巴黎协议后，欧盟表示未来任何新的贸易协议，都必须纳入巴黎协议，若没有巴黎协议，就没有贸易协定（No Paris Agreement，No EU Trade Agreement）。[②] 贸易执委玛姆斯托姆表示，除了欧日协议之外，与墨西哥及南锥共同体的自由贸易协定都会纳入巴黎协议的条款。[③] 欧盟表示，所有的欧盟贸易协议都包含了“可持续性”环节，为执行巴黎协议提供了明确的参考。

六　结论：对容克环境政策评价及未来前景

欧盟作为全球环境治理关键行为者的声望来自于其自1980年代以来的环境政策。欧盟现在拥有一套全面的环境政策，从较广泛的战略问题，如永续发展、废弃物管理、绿色采购，到传统的对于空气、水和土壤的监管，皆确立了立场和做法。

容克执委会刚一上任，即立刻搁置空气与水循环经济包裹法案，因此招致批评。[④] 容克以任务小组及首长共管来增加组织协调性，希望能够在各个领域都纳入关于气候的考量，这样的做法增加了政策协调性，然而，容克的组织改造计划亦招致批评。容克将环境议题放到海洋渔业

① C. Burns，& P. Tobin（2018），The Limits of Ambitious Environmental Policy in Times of Crisis，*European Union External Environmental Policy*.

② https：//km. twenergy. org. tw/Data/share？P2VmUY0Fa10 + Zy0pXzkW8g = =.

③ https：//www. forbes. com/sites/davekeating/2018/02/08/eu-tells-trump-no-paris-climate-deal-no-free-trade/#38e506fa37c7.

④ C. Burns，& P. Tobin（2018），The Limits of Ambitious Environmental Policy in Times of Crisis，*European Union External Environmental Policy*.

事务中，以及将气候议题与能源政策合并，这样的做法被认为使得环境议题与气候议题成为其他议题的政策工具。而容克的内阁任命也受到环境组织的批评，马耳他籍的执委 Karmenu Vella 被任命统领环境与海洋事务，他曾在对于马耳他的鸟类指令态度一事上有所争议。而担任能源与气候执委的 Miguel Arias Canete 则与能源公司过从甚密，直至其宣布放弃能源公司的股份后，方可接任能源与气候执委。①

容克的能源联盟策略由上而下进行推动，由副主席 Maros Sefcovic 担任核心角色。此种由副主席管理能源联盟、执委 Canete 管理能源及安全的制度设计，是个创新的做法。容克及其副主席的活跃角色是能源联盟能够成功的关键因素，而乌克兰危机以及环境议题持续增加的重要性则是促成能源联盟成功的机运。能源与环境政策透过欧盟制度组织的改变而变得更为协调。副主席担当管理能源联盟的新角色，以及能源与气候总署在同一个执委的管理下之合作性，对于欧盟能源联盟的成就有着重要的影响。②

有趣的是，Canete 及 Vella 被纳入由副主席 Maros Sefcovic 领导的“富有前瞻性的气候政策之适应力之能源联盟（resilient energy union with a forward looking climate policy）”之中，但只有 Canete 被包含在由最高外交代表莫盖里尼带领的全球事务团队之中。这样的安排显示出永续发展在欧盟的对外关系中，是由国际合作与发展执委 Neven Mimica 负责的，这暗示了欧盟对内的永续发展与对外的永续发展目标其实是不一致的。因此看起来，容克执委会对于全球环境政策领袖这样的角色关注度较低，而是偏向专注于能够增加就业与发展的议程。这暗示了永续发展目标被降级，且很有可能内部与外部的永续发展目标将

---

① A. Čavoški (2015), A Post-austerity European Commission: No Role for Environmental Policy? *Environmental Politics*, 24 (3), 501 – 505. https://doi.org/10.1080/09644016.2015.1008216.

② T. Petitjean (2019), The Political Entrepreneurship of the Juncker Commission on the Energy and Environment Policy—Le Portail De référence Pour l' espace de Liberté, Sécurité et Justice, https://www.eu-logos.org/2019/06/06/eyes-on-europe-the-political-entrepreneurship-of-the-juncker-commission-on-the-energy-and-environment-policy/.

会有制度化的分别。[①]

虽然环境政策并未直接受到财政危机的影响，但其仍被两种间接的方式影响着。首先，环境政策所受到的政治关注以及政治重要性下滑。欧盟原本希望在环境政策上有所作为的企图心减少，环境议题的重要性下降。[②] 而欧盟 2014—2020 年的预算是欧盟史上首度出现实质性的削减，以反映联盟的紧缩立场。虽然执委会承诺投入总预算的 20% 到气候议题上，已算是预算内的大宗，但部分预算是来自紧缩的发展运算，以确保欧盟符合 UNFCCC 的气候承诺。将既有的承诺计入对气候的投入中这种算法受到 NGO 的强烈批评[③]，并被攻击这样的做法与发达国家提出新的来源以发展气候金融之承诺不符。

在容克于 2019 年任期结束之际发表卸任感言后，由公民团体组成的欧洲环境司（The European Environmental Bureau，EEB）批评容克在他的执政中，做得并不够多[④]，并认为容克的卸任感言虽然提到他相信未来欧盟将会致力于创造一个更好的地球，但这样的发言内容是空洞的。[⑤]

---

① C. Burns，& P. Tobin（2018），The Limits of Ambitious Environmental Policy in Times of Crisis，*European Union External Environmental Policy.*

② T. Delreux，& S. Happaerts（2016），Environmental Policy and Politics in the European Union，Macmillan International Higher Education.

③ A. Neslen（2013），EU Admits Double-counting Climate Finance and Development Aid，www. Euractiv. Com. https：//www. euractiv. com/section/development-policy/news/eu-admits-double-counting-climate-finance-and-development-aid/.

④ https：//safety4sea. com/eeb-jean-claude-junckers-environmental-record-is-poor/？ _ _ cf _ chl_ jschl _ tk _ _ = 63fefc97a5c0105d3348f0a85a6f2227eb5fcc04-1598717993-0-Aet6 _ dce5uzWn44yX9DsspIkE7gIp5 _ 5oTi7Vk70fXNw2snhn26Z287Xd2YhjpG4MJDZ032Xcl2bhpWRlEgqqOxBco1YMRSJghF3IORkXM72wHKGy9sP1jolJFbxySOymO _ 236pvcFJ3VbrYh8lvt5SlGn2CSH64-Gz-EENFdnidrI-OnDheH1DFiI1uYubw8pK8ZwysL73pN3HttKgGioSnRmUBL6QxBNJu8EgphXfrtvHzDj2wHoEs0oGxvr-VwbtQDAqwinvtCeUfzZG33ntsmNf5W2geV7z4odsP _ 6eILmzICR53TkFhiNwpvJ4TKXxPUJBwGZxRuqZn9BvbSkXb-G7ReqfY5MtyQkLUxlgl-U.

⑤ https：//safety4sea. com/eeb-jean-claude-junckers-environmental-record-is-poor/？ _ _ cf _ chl_ jschl _ tk _ _ = 63fefc97a5c0105d3348f0a85a6f2227eb5fcc04-1598717993-0-Aet6 _ dce5uzWn44yX9DsspIkE7gIp5 _ 5oTi7Vk70fXNw2snhn26Z287Xd2YhjpG4MJDZ032Xcl2bhpWRlEgqqOxBco1YMRSJghF3IORkXM72wHKGy9sP1jolJFbxySOymO _ 236pvcFJ3VbrYh8lvt5SlGn2CSH64-Gz-EENFdnidrI-OnDheH1DFiI1uYubw8pK8ZwysL73pN3HttKgGioSnRmUBL6QxBNJu8EgphXfrtvHzDj2wHoEs0oGxvr-VwbtQDAqwinvtCeUfzZG33ntsmNf5W2geV7z4odsP _ 6eILmzICR53TkFhiNwpvJ4TKXPUJBwGZxRuqZn9BvbSkXb-G7ReqfY5MtyQkLUxlgl-U.

欧洲环境局秘书长表示，虽然听到容克主席强调气候变迁的重要性以及提供了一个欧洲愿景来帮助我们的下一代创造一个更好的世界，但他在环境上的作为事实上并不佳。①

容克执委会明显地将经济成长作为其施政的最优先考量，担忧环境政策可能会对产业造成太大压力，为增长带来潜在威胁。② 因此，容克执委会在2016年延缓了2015—2017的生态设计工作计划，以便在英国脱欧公投前安抚欧洲怀疑论者。明显地，欧盟的政策企图心下降。执委会的政策延宕受到绿色公民组织的联合批评。③

平心而论，容克执委会在全球环境政治上是有所成就的。④ 欧盟在巴黎气候协议上担任斡旋者，成功地达成全球共同参与减排的目标；欧盟改革了其碳交易系统，使现今的碳交易系统每吨碳排放的价格达到24欧元，远超2014年的4欧元，以此增加减排诱因，而且提出了2030年的气候目标。欧盟也首度对卡车的碳排放进行监管，更在Dieselgate事件后，加强对汽车的排放测试与控制，设定汽车的新二氧化碳标准，决定逐渐淘汰生物柴油中的棕榈油，并开始制定2050年前经济完全脱碳的规划。

---

① https://safety4sea.com/eeb-jean-claude-junckers-environmental-record-is-poor/?__cf_chl_jschl_tk__=63fefc97a5c0105d3348f0a85a6f2227eb5fcc04-1598717993-0-Aet6_dce5uzWn44yX9DsspIkE7gIp5_5oTi7Vk70fXNw2snhn26Z287Xd2YhjpG4MJDZ032Xcl2bhpWRlEgqq0xBco1YMRSJghF3IORkXM72wHKGy9sP1jolJFbxySOymO_236pvcFJ3VbrYh8lvt5SlGn2CSH64-Gz-EENFdnidrI-OnDheH1DFiI1uYubw8pK8ZwysL73pN3HttKgGioSnRmUBL6QxBNJu8EgphXfrtvHzDj2wHoEs0oGxvr-VwbtQDAqwinvtCeUfzZG33ntsmNf5W2geV7z4odsP_6eILmzICR53TkFhiNwpvJ4TKXPUJBwGZxRuqZn9BvbSkXb-G7ReqfY5MtyQkLUxlgl-U.

② C. Barbière (2016), Commission Delays Ecodesign Strategy for Fear of Offending UK Businesses, www.Euractiv.Com. https://www.euractiv.com/section/sustainable-dev/news/commission-delays-ecodesign-strategy-for-fear-of-offending-uk-businesses/. Pollex, J., & Lenschow, A. (2020), Many Faces of Dismantling: Hiding Policy Change in Non-legislative acts in EU Environmental Policy, *Journal of European Public Policy*, 27 (1), 20-40.

③ J. Pollex, & A. Lenschow (2020), Many Faces of Dismantling: Hiding Policy Change in Non-legislative Acts in EU Environmental Policy, *Journal of European Public Policy*, 27 (1), 20-40.

④ W. Todts (2019), "Time's Nearly up: So, What Has Juncker's Commission Done to Advance the Green Agenda?," *Transport & Environment*, https://www.transportenvironment.org/newsroom/blog/time%E2%80%99s-nearly-so-what-has-juncker%E2%80%99s-commission-done-advance-green-agenda.

然而，虽然有上述成就，但容克的许多政策却较为保守，例如在执行欧洲高峰会 2014 年规划的政策优先目标，包括碳排放交易、2030 年目标，以及车辆二氧化碳排放标准上，执委会的提案常被认为过于保守。[①] 容克的策略帮助执委会推动了不少政策的实施，但有时也要为此付出代价。例如气候与能源包裹计划中的运输部分远未达到能实现 2030 年气候目标所需的标准，在棕榈和大豆生物柴油方面也是如此。或以欧洲发展最快的航空问题为例，执委会将责任推卸给国际民航组织。简言之，为了安抚利益团体及欧盟贸易伙伴，很多问题仅处理一半。因此容克的执政被评价为“具有企图心，但实际行动却相对迟疑”，也就是在理想提出后，常常缺乏适当的执行。[②]

容克时期的欧盟由于面临重重危机，因此政策趋于保守，环境政策沦为经济发展服务的工具。冯德莱恩（Ursula von der Leyen）接任容克成为新执委后，2019 年一上任便积极推动减碳计划，宣布欧盟正研究拟于 2050 年达成零排放的措施。冯德莱恩上任时的欧盟正处于一个前景相对稳定的状态，叙利亚战争告一段落，难民问题相对减轻；欧债危机的阴影逐渐淡去，经济逐渐复苏；而英国脱欧的僵局也于容克任期末有了决定。在此情况下，冯德莱恩在推动实施有企图心的政策时较有施展空间。然而，2020 年的 COVID-19 重击了世界经济，欧洲亦成为重灾区，因此在经济前景相对黯淡时，欧洲是持续其“绿色理想”，还是持续容克的做法，将“绿色构想”作为其解决经济问题的药方，值得持续观察。

---

① W. Todts（2019），“Time's Nearly up：So，What Has Juncker's Commission Done to Advance the Green Agenda?，” *Transport & Environment*，https：//www. transportenvironment. org/newsroom/blog/time% E2% 80% 99s-nearly-so-what-has-juncker% E2% 80% 99s-commission-done-advance-green-agenda.

② W. Todts（2019），“Time's Nearly up：So，What Has Juncker's Commission Done to Advance the Green Agenda？，” *Transport & Environment.* https：//www. transportenvironment. org/newsroom/blog/time% E2% 80% 99s-nearly-so-what-has-juncker% E2% 80% 99s-commission-done-advance-green-agenda.